Kleinkunststücke
Eine Kabarett-Bibliothek in fünf Bänden
Herausgegeben von Volker Kühn

KLEINKUNSTSTÜCKE

Band 3

Deutschlands Erwachen
Kabarett unterm Hakenkreuz 1933–1945

Herausgegeben von Volker Kühn

QUADRIGA

CIP-Titelaufnahme der Deutschen Bibliothek
Kleinkunststücke / hrsg. von Volker Kühn. –
Weinheim ; Berlin : Quadriga
NE: Kühn, Volker [Hrsg.]
Bd. 3. Deutschlands Erwachen. – 1989

Deutschlands Erwachen : Kabarett unterm Hakenkreuz ;
1933 – 1945 / hrsg. von Volker Kühn. – Weinheim ;
Berlin : Quadriga-Verl., 1989
(Kleinkunststücke ; Bd. 3)
ISBN 3-88679-163-7
NE: Kühn, Volker [Hrsg.]

Alle Rechte, insbesondere die der Vervielfältigung und
Verbreitung sowie der Übersetzung, vorbehalten.
Kein Teil des Werkes darf in irgendeiner Form
(durch Photokopie, Mikrofilm oder ein anderes Verfahren)
ohne schriftliche Genehmigung des Verlages oder der
jeweiligen Rechteinhaber reproduziert oder
unter Verwendung elektronischer Systeme verarbeitet,
vervielfältigt oder verbreitet werden.
Die Aufführungsrechte liegen bei den Autoren und/oder
ihren Rechtsnachfolgern.

© 1989 Quadriga Verlag · Weinheim und Berlin

Lektorat: Harro Schweizer
Herstellung: Jürgen Reverey
Umschlaggestaltung: Manfred Manke
Gesamtherstellung: Druckhaus Beltz · 6944 Hemsbach
Printed in Germany
ISBN 3-88679-163-7

INHALT

VORWORT 13

DEUTSCHES REQUIEM
Abgesang auf kommende Zeiten 15

Werner Finck: Herbst 1932 20
Erich Kästner: Ganz rechts zu singen 20
Walter Mehring: Die Sage vom Großen Krebs 22
Hardy Worm: Die Nationalstrolchisten 23
Kurt Tucholsky: Das dritte Reich 25
Friedrich Hollaender: Höchste Eisenbahn! 26
Erich Kästner: Marschliedchen 28
Erich Kästner: Das Führerproblem, genetisch betrachtet 29
Hellmuth Krüger: Der Bücherkarren 29
Erich Kästner: Große Zeiten 30
Walter Mehring: Porträt nach der Natur 31
Robert Gilbert: Aufbruch der Nation 32

ES WEHT EIN FRISCHER WIND, ZWEI, DREI!
Im Kleinkunstkeller geht's ums Überleben 33

Werner Finck: Es weht ein frischer Wind, zwei, drei! 38
Julian Arendt: Ich steh auf dem Boden der Tatsachen 38
Erich Kästner: Die Existenz im Wiederholungsfalle 40

Werner Finck: Sinn des Lebens ...? 41
Valeska Gert: Gruß aus dem Mumienkeller 41
Joachim Ringelnatz: Volkslied 42
Anonym: Eine Seefahrt, die ist lustig 42
Werner Finck: Die Kuhfort-Conference 44
Werner Finck: Gang durch die Kuhherde 45
Die Nachrichter: Chanson vom Aberglauben 46
Die Nachrichter: Sie müßten mal zum Doktor gehn 48
Frank Günther: Emil seine Hände 49
Fritz Rotter: Ein neuer Frühling 50
Weiß Ferdl: Das kitzlige Thema 51
Erich Carow: Männeken steh! 52

EMIGRANTENCHORAL
Das Kabarett geht ins Exil 53

Robert Gilbert: Abschied im April 58
Walter Mehring: Der Emigrantenchoral 59
Anonym: Diese Emigranten! 60
Hedda Zinner: Passagier der leeren Plätze 61
Friedrich Hollaender: Ach, sie haben ihre Sprache verloren 62
Kurt Robitschek: Die Novaks aus Prag 63
Erich Weinert: Die braune Kuh 65
Erika Mann: Frau X 66
Erika Mann: Der Prinz vom Lügenland 68
Erika Mann: Die Krankenschwester 70
Klaus Mann: Ein Brief 72
Max Herrmann-Neiße: Requiem 74
Walter Mehring: Die alte Vogelscheuche 75

WITZ ALS WIDERSTAND
Vom Ende des Tingel-Tangel 77

Walter Lieck: Mancher lebt! 82
Werner Finck: Das Fragment vom Schneider 82
Walter Gross/Walter Lieck: Die Miesmacher auf der
   Herrenpartie 83

Walter Lieck: Gärten sehen dich an!	86
Herbert Witt/Günter Neumann: Winter a.D.	88
Die Nachrichter: Himmlische Zustände	92

DREIMAL KURZ GELACHT!
KdF-Frohsinn und KdK-Humor ... 97

Weiß Ferdl: Gleichgeschaltet, gleichgeschaltet	102
Ludwig Manfred Lommel: Mir ist schon alles ganz egal	104
Theo Prosel: Die Humorspritze	105
Jupp Hussels: Winter	107
Werner Kroll: Der Mitmensch	107
Carl Napp: Der Radfahrer	108
Fred Endrikat: Nörgler hinterm Ofen	111
Beda: In der Bar zum Krokodil	112
Lothar Wichmann: Gemüse, Gemüse, Gemüse ...	114
Heinz Erhardt: Fräulein Mabel	115
Hellmuth Krüger: Jüterbog	116
Peter Frankenfeld: Eukrasit is jut, weil neu!	118
Ralph Maria Siegel: Reite, kleiner Reiter ...	119
Rudi Godden: Die Liebe macht gewöhnlich blind	120
Hans Leip: Lili Marleen	121

ÜBER DIE GRENZE GERUFEN
Nachbarn melden sich zu Wort ... 123

Jura Soyfer: Weltuntergang	128
Herrmann Mostar: Legende vom namenlosen Soldaten	129
Jura Soyfer: Lied des einfachen Menschen	130
Curt Bry: Kleine Betrachtung über das Heil	131
Walter Lesch: Er ist an allem schuld	132
Jura Soyfer: Moritat im Paradies	134
Walter Lesch: Großes Oratorium für Zufriedene	135
Max Werner Lenz: Mensch ohne Paß	136

Franz Engel: Erlebnis bei meinem Friseur 137
Robert Gilbert: Weltgeschichten aus dem Wiener Wald 138
Anton Kuh: Der Anschluß 140

ZWISCHEN DEN ZEILEN
Versteckte Pointen, geflüsterter Witz 143

Werner Finck: Was jeder hören kann 148
Georg Kaiser: Flugblätter 149
Pointen, die sich der Zensor notierte 150
Anonym: Zehn kleine Meckerlein 153
Karl Küpper: SOS – schweig oder sitz! 154
Karl Valentin: Wenn ich einmal der Herrgott wär 155
Liesl Karlstadt: Die deutsche Laugenbretzel 156
Fritz Eckhardt: Die Tokioten kommen! 157
Rudolf Weys: Der Wiener Januskopf 159
Peter Hammerschlag: Lüneburger Heide und
   Simmeringer Had 161
Fritz Feldner: Interview mit einer Kuh 163
Rudolf Weys: Der losgelassene Spießer 165
Die Drei Rulands: Neubau Berlins 166
Werner Finck: Haben wir eigentlich Humor? 170
Aldo v. Pinelli: Werner Finck beim Agenten 170
Wolfgang Borchert: Brief aus Rußland 173
Elow: Die Zeit der Witze ist vorbei 174
Dr. Owlglass: Vom Schweigen 176

IN ALLE WINDE ...
Exil-Kabarett zwischen Moskau und Manhattan 177

Anonym: Neujahrsgruß 182
Walter Mehring: Ode an Berlin 182
Curt Bry: Die Ballade von der Unzulänglichkeit 184
Alice Dorell: Tempo, Tempo, Tempo! 185
Emmerich Bernauer/Herbert Nelson: Abgelaufen! 187
Emmerich Bernauer/Herbert Nelson: Ich hab so das
   Gefühl... 188

Max Zimmering: Lied von Finsternis und Licht 190
Bertolt Brecht: Winterhilfe 192
Robert Gilbert: Berlin 1940 194
Rolf Anders: Solo einer Scheuerfrau 194
Robert Gilbert: Resolution der bombardierten Babies 196
Bertolt Brecht: Ballade von der »Judenhure« Marie Sanders 197
Jimmy Berg: Lorelei – aufgenordet 198
Egon Larsen: Die Kosmopolitin 200
Hugo F. Königsgarten: Der Reisepaß erzählt 201
Curt Bry: Die Welt ist weit geworden 203
Herbert Nelson: Ein neues Kinderlied 204
Herbert Nelson: Das Leben geht weiter 206
Herbert Nelson: Die große Straße 206
Armin Berg/Karl Farkas: Doppelconference 208
Valeska Gert: Die seltsame Reise des Professor Blitz 208
Curt Bry: Die Pointe 210

BOMBENSTIMMUNG
Die leichte Muse macht mobil 211

Willi Schaeffers: Gruß der Kleinkunst 216
Udo Vietz: Lachen ist gesund 217
Weiß Ferdl: Ich bin so froh, ich bin kein Intellektueller! 218
Die Brennessel: Wilde Tiere 219
Die Drei Rulands: Ham Se nicht den kleinen Cohn gesehn? 220
Friedrich Luft: Das Gerücht 223
Jupp Hussels: Tran und Helle hören fremd 226
Anonym: So you left me 227
Günther Schwenn: Columbus 228
Günter Neumann: In der Feuerwehrwache 229
Die Eichkater: Lied vom Arsch der Welt 230
Hans Carste: Man muß zufrieden sein mit zehn Prozent 231
Gerhard Fliess: Das muß den Seelord doch erschüttern 232
Peter Frankenfeld: Wehrkunde-Unterricht 233
Anonym: Das Lied von den Lügenlords 234
Der Knobelbecher: Wann ist Frieden in Berlin? 236
Werner Finck: Hurra! 237
Wolfgang Neuss: Herr Hauptmann, Herr Hauptmann ... 238

DAZWISCHENGEFUNKTES
Satire, Prop und Anti-Prop im Ätherkrieg 239

Bertolt Brecht: An die Gleichgeschalteten 244
Bruno Adler: Frau Wernicke singt uffn Hof 246
Bertolt Brecht: Mies und Meck 247
Karl Farkas: Grüß Gott, Herr Hinz! Grüß Gott... 248
Martin Miller: Kometenlied 1941 250
Bruno Adler: Frau Wernicke und der Feindsender 251
Anonym: Lili Marleen 1943 253
Marguerite Wolff: Wir fahren immer hin und her 254
Bertolt Brecht: Das Lied vom Weib des Nazisoldaten 254
Robert Lucas: Brief des Gefreiten Adolf Hirnschal 256
Bruno Adler: Kurt und Willi 258
Martin Miller: Der Führer spricht 259
Erich Weinert: Der Führer 261

AUF LEBEN UND TOD
Gesänge hinter Gittern 263

Leo Strauß: Einladung 268
Anonym: Es ist serviert 269
Manfred Greiffenhagen: Spuk in der Kaserne 270
Hans Hofer: Bad Blockhaus 271
Leo Strauß: Theresienstädter Fragen 272
Leo Strauß: Als ob 273
Franz Engel: Herr Fröhlich und Herr Schön 275
Hans Hofer: Die Thermosflasche 276
Manfred Greiffenhagen: Die Ochsen 278
Willy Rosen: Der Pojaz 279
Werner Finck: Keine Angst! Wir sind ja drin! 280
Peter Pan: Baron Münchhausen erzählt 280
Fritz Grünbaum: Die Hölle – im Himmel! 282
Leo Strauß: Ansprache des Generaldirektors 285
Leo Strauß: Karussell 287
Johnny & Jones: Die Consi-Ballade 288
Willy Rosen: Wenn man kein Glück hat 290

Karl Schnog: Na ja!	290
Beda: Ich warte!	292
Charles Amberg: Lied vom alten Eisenbahner	292
Manfred Greiffenhagen: Transport	294
Willy Rosen: Abschied von Westerbork	295
Beda: Apokalypse	297
Ernst Busch: Neue Zuchthausballade	297
Emil F. Burian: Song von der Kuhle	299
Wolfgang Borchert: Moabit 1944	300
Robert T. Odeman: Enfant terrible	300
Otto Halle: Doch auch für uns kommt mal die Zeit	302
Wolfgang Borchert: Der Mond lügt	304
Max Colpet: Wir sind noch einmal davongekommen	305
Hermann Hakel: Emigrantenlied	306
Johann Esser/Wolfgang Langhoff: Die Moorsoldaten	308
Beda: Buchenwald-Lied	309
Rudolf Kalmar: Die Blutnacht auf dem Schreckenstein	310
Jura Soyfer: Dachau-Lied	316
Ferdinand Römhild: Der Flüchtling	317
Grete Weil: Weihnachtslegende 1943	318
Beda: Kindermärchen	321
Anonym: Wir leben ewig	322

ANHANG 323

Anmerkungen	325
Autoren	367
Chronik	389

VORWORT

Als die Nazis in Deutschland die Macht übernahmen, gab es im Kleinkunstkeller bald nichts mehr zu lachen. Die Mehrzahl der Kabarettisten ging, aus politischen oder rassischen Gründen verfolgt, ins Exil. Nur wenige, unter ihnen »Spottdrossel« Werner Finck, blieben im Lande und versuchten, mit versteckten Pointen gewissermaßen »zwischen den Zeilen« zu überleben.

Nach und nach wurden die Kabaretts geschlossen und die Kabarettisten mundtot gemacht, viele von ihnen verhaftet, interniert und ermordet. Das Kabarett, den Nazis seit den frühen Zwanzigern als Brutstätte oppositionellen Denkens ein Dorn im rechten Auge, gab auf oder verkam in einer Zeit, in der die politische Pointe den Kopf kosten konnte, zum blödelnden Freizeit-Spaß und wich mehr und mehr ins Unverbindlich-Unterhaltende aus – todgeweiht so oder so. »Man komme uns nicht mit dem Einwand«, äußerte sich NS-Minister Goebbels 1938 in einer Rede zur traurigen Kabarett-Lage der Nation, »man wolle ja nur durch positive Witze unsere Politik unterstützen. Wir haben eine solche Unterstützung durch Conferenciers und sogenannte Ulkmacher nicht nötig.«

Und doch sind die zwölf braunen Jahre der Hitler-Diktatur mehr als ein weißes Blatt in der Chronik der deutschen Kabarett-Geschichte. Das Kabarett jener Jahre hat viele Gesichter: es ging auf und geriet unter den Strich, es jonglierte zwischen Anpassung und Aufbegehren, zwischen geflüsterten Pointen und brüllendem Frohsinn, zwischen faden KdF-Kleinkunststückchen und derbem, völkischen Spaß an der Freud. Es gab sogar Kabarett-Neugründungen, junge Ensembles, die sich ebenso karrierebewußt wie konsequent dem neuen Ungeist unterwarfen, andere, die eher aufgaben als sich zur Stimme der neuen Herren zu machen. Das Exil-Kabarett nahm, soweit man es ließ, vehement gegen Hitler Partei, und über Ätherwellen erreichten antifaschistische Satiren die deutschen Rundfunkhörer. Selbst in den Konzentrationslagern gab es kabarettistische Versuche – Witz als Waffe und Widerstand, Humor als Mittel gegen Verzweiflung und Hoffnungslosigkeit.

Die Geschichte vom Leben und Sterben des deutschen Kabaretts unterm Hakenkreuz ist in seinen Texten hier nachzulesen: Dokumente aus Deutschlands dunkelster Zeit, in der die Kleinkunst zur todernsten Sache wurde.

Dieser Band ist dem Andenken jener deutschsprachigen Kabarettisten gewidmet – all der Schauspieler, Regisseure, Autoren und Musiker –, die zwischen 1933 und 1945 Opfer des faschistischen Rasse- und Vernichtungswahns wurden. Im Exil, noch jenseits der Grenzen, wurden Paul Nikolaus, Ernst Toller und Kurt Tucholsky in den Tod getrieben. Andere, denen die Flucht ins Ausland versperrt blieb, sahen im Selbstmord den letzten Ausweg, starben in den Konzentrationslagern oder unter dem Fallbeil der Blutjustiz:

Eugen Auerbach	Kurt Lilien
Carl Carlsen	Walter Lindenbaum
Alice Dorell	Fritz Löhner-Beda
Robert Dorsay-Stampa	Hans Meyer-Hanno
Max Ehrlich	Ernst Morgan
Franz Engel	Paul Morgan
Richard Fall	Erich Mühsam
Egon Friedell	Erich Ohser
Kurt Gerron	Paul O'Montis
Dora Gerson	Hans Otto
Manfred Greiffenhagen	Willy Rosen
Fritz Grünbaum	Willy Schürmann-Horster
Peter Hammerschlag	Moritz Seeler
Leo Hirsch	Jura Soyfer
Jakob van Hoddis	Leo Strauß
J. Jushny	Myra Strauß
Franz Eugen Klein	Otto Wallburg
James Klein	Geza L. Weisz

Mit ihnen starb ein wesentlicher Teil des deutschen Kabaretts. Das Kapitel, das nach 1945 begann, wird deutlich machen, daß die Nazis mehr ausgelöscht hatten als nur das Leben der von ihnen Verfolgten. Das Nachkriegskabarett, so zeigte sich später, trat geschichtslos und ohne Tradition auf den Plan. Die Namen der Opfer waren vergessen, ihre Werke verbrannt und aus dem Bewußtsein verbannt. An sie zu erinnern, ist eine der Aufgaben, die sich dieser Band stellt.

Schmitten, im Mai 1989   Volker Kühn

Deutsches Requiem
Abgesang auf kommende Zeiten

> Deutschland – ?
> Schweigen und vorübergehen.
>
> *Kurt Tucholsky*

Die erste deutsche Republik starb nicht an einem Tag, und sie starb nicht von ungefähr. Ungeliebt wie der Sturz der Monarchie, der sie ihre Existenz verdankt, war sie bereits mit einem Geburtsfehler auf die Welt gekommen, von dem sie sich nie erholt hat. Die Folge war ein langes Siechtum, eine Agonie, die sich über Monate und Jahre hinzog. Als die Republik im Januar 1933 das Zeitliche segnete, gab es mehr als nur eine Todesursache; die Machtübernahme Hitlers, die ja eigentlich eine Machtübergabe war, war nur eine unter anderen. Schon vor dem endlichen Exitus war klar, daß hier das gesamte Immunsystem eines todgeweihten Patienten zusammengebrochen war, daß die Abwehrkräfte aufgezehrt waren, die Aussicht auf Heilung und Überleben versprochen hätten. Auch die politische Linke, deren langgehegten Träume von einer freien Gesellschaft und einem radikaldemokratischen Staat bereits früh an der Realität dieser auf den Trümmern des alten Kaiserreiches aus der Taufe gehobenen Republik Weimarer Zuschnitts zerschellt waren, mochte sich, wenn überhaupt, nur widerstrebend zu letzter Rettungsaktion aufraffen.

Denn es war nicht ihre Republik, die da in den letzten Zügen lag. Zu früh hatte sich abgezeichnet, wohin die Reise nach dem Willen derer, die das politische Sagen hatten, gehen sollte: zurück in eine ungewisse Zukunft. Resigniert schrieb Kurt Tucholsky 1928, zehn Jahre nach der deutschen »Revolution«, dem ungeratenen Geburtstagskind ins Stammbuch: »Wir sind eine Republik. Mit Hilfe der Sozialdemokraten halten wir uns die alten Kommißsoldaten – Die Revolution findet wegen schlechten Wetters im Saale statt – Wohl dem, der solch eine Republik hat! Immer herein! Eintrittsgeld nach Belieben! Wir haben die Firma gewechselt. Aber der Laden ist der alte geblieben.«

Uneins darüber, wie man den lebendigen Leichnam retten könne, verbittert darüber, wie nachhaltig demokratische Hoffnungen enttäuscht worden waren, weint man der ersten deutschen Republik in ihrem Sterbezimmer keine Träne nach. Allenfalls gibt es Warnungen vor dem, was sich da mit den braunen Bataillonen zusammenrottete, um der demokratischen Idee den Todesstoß zu versetzen.

Aus dem Kleinkunstkeller, in dem Anfang der dreißiger Jahre durch wirtschaftliche Not und gelegentliche Zensureingriffe das Forum für politisch-satirische Töne merklich eng geworden ist, dringen hier und da noch kämpferische Gesänge gegen den Zug der

Zeit, den Tucholsky als »leises Wandern« ins Dritte Reich wahrnimmt. Aber die Stimme der Vernunft, das zeigt sich bald, hat keine Chance gegen das brachiale Heil-Gebrüll der fanatisierten Braunhemd-Kolonnen. Und daß vom Brettl aus der Gang der Weltgeschichte aufgehalten werden könnte, daran glauben auch die engagierten Kabarettisten bald nicht mehr. Wenn sie dennoch beherzt und entschlossen gegen die sich abzeichnende Hitler-Barbarei Stellung beziehen, hat das etwas von der Mutmach-Aktion, die einen nachts auf dem dunklen Dachboden laut pfeifen läßt, um die eigene Angst zu bannen.

Tucholsky, der sich, angewidert vom völkisch-rassischen Nazional-Wahn seiner Landsleute, ins schwedische Exil zurückgezogen hat, baut schon lange nicht mehr auf die Überzeugungskraft der Vernunft, auch dem politischen Kabarett gibt er keine Chance mehr, wo Hitler im Vormarsch ist und die Deutschen »zur Reise ins Dritte Reich« rüsten. Wie er zweifelt auch Walter Mehring angesichts der »Aura von Waih-Geschrien und Heil-Gezeter« an der Möglichkeit, im Kabarettkeller Andersdenkende umzustimmen und ihnen die Gefolgschaft auszureden, die sie dem »Mittelstandsheiland« aus Braunau geschworen haben. »Ich schreibe und ich werde kein Atom verändern«, resigniert er schon 1931. Als Mehrings »Sage vom Großen Krebs« in der »Weltbühne« erscheint, ist der Autor, in letzter Minute seinen Häschern entkommen, schon mit dem Nachtzug nach Paris unterwegs. »Gott geb's«, beschwört Mehring in seinem Text, Vermächtnis und Requiem in einem, seine Zeitgenossen, »daß nimmermehr loskomm der Große Krebs« – ein ganzes Heer werde, »wär er frei«, würgend, mordend, hetzend und hassend seinem Rückwärts-Krebsgang folgen.

Er kam dennoch frei, und das Heer folgte ihm wie vom Dichter beschrieben. Das Kabarett, ebenso Produkt und Bestandteil der Epoche, die es hervorbringt, wie auch Ausdruck des herrschenden Lebensgefühls, das es zu beschreiben, kritisch zu begleiten und zu analysieren hat, hielt es lange Zeit mit Morgensterns Maxime, daß da nicht sein kann, was nicht sein darf. Im Kleinkunstkeller, wo seit eh und je Kunst nach Brot geht, war zu Zeiten wirtschaftlicher Baisse eher Zerstreuung und harmlose Unterhaltung als ätzende Zeitkritik angesagt. Und doch gibt es Anfang der dreißiger Jahre nicht wenige Kabarettisten, die sich politisieren und ihr Podium nutzen, um vor der anrollenden braunen Flut zu warnen.

Bei den *Wespen*, den *Wanderratten*, im *Larifari* und in der *Katakombe*, bei der *Brücke* und im *Kabarett der Komiker* werden mit eindringlichen Songs und Texten von Erich Kästner, Walter Mehring, Kurt Tucholsky und Erich Weinert Zeitzeichen gesetzt, wird gewitzelt und beschworen, agitiert und verballhornt, der Lächerlichkeit preisgegeben und vorausgesagt – alles umsonst.

Auch Friedrich Hollaender, der erfolgreich kabarettelnde Texter-Komponist, dessen Marlene-Schlager von der männermordenden, feschen Lola, die da »von Kopf bis Fuß auf Liebe eingestellt« ist, in aller Munde sind, gehört zu denen die noch nicht aufgeben wollen. In einem von der »Weltbühne« veröffentlichten Beitrag macht er sich im Februar 1932 für ein angriffsfreudiges, kämpferisches Kabarett stark, von dem er hofft, es werde »mit den einzig sauberen Waffen geschliffener Worte und geladener Musik jene mörderischen aus Eisen in die Flucht« schlagen können. Einen »gesunden seelischen Schock« erhofft er sich vom zeitkritischen Chanson, das, »zwischen zwei parodistischen Lustigkeiten« hingepfeffert, »das träge Gehirn zum Denken« aufreizen soll. Der fromme Wunsch erfüllt sich nicht, der Zweckoptimismus kurz vor Toresschluß der Weimarer Republik stößt ins Leere. Alles was Hollaenders Chansons im *Tingel-Tangel* bewirken, wenn etwa allegorisch vom »falschen Zug« die Rede ist, der offensichtlich »verkehrt verkehrt«, weil der Pazifik nach »Nazedonien« fährt, ist die Mobilmachung uniformierter Schlägertrupps, die die Kabarettkeller stürmen, Krawall schlagen und die unliebsamen oppositionellen Kabarettisten von der Bühne zerren.

»Höchste Eisenbahn!« heißt das letzte *Tingel-Tangel*-Programm, mit dem Friedrich Hollaender »über den harmlosen Abend hinaus das gemütlich rollende Blut« entzünden will. Aber dafür ist es längst zu spät. Denn das Blut kocht bereits: Der alte Rattenfänger-Trick, immer und immer wieder vom Kabarett als Inbegriff menschlicher Dummheit beschrieben und bloßgelegt, funktioniert noch immer – allen kabarettistischen Kassandra-Rufen zum Trotz. Bald wird, wie Bert Brecht das formulierte, das Fleisch in den Vorstädten aufschlagen und das große Morden beginnen.

Der Weg in den Untergang ist damit vorprogrammiert. Für oppositionelles Denken, für kritische Zwischenrufe, für Witz, Ironie und ätzende Satire ist in diesem Deutschland, das da derart erwachen sollte, kein Platz mehr.

WERNER FINCK

Herbst 1932

Wie es so regnete heut nacht,
Hab ich sofort: Aha! gedacht,
Der Sommer ist zu Ende.
O mein prophetisches Gefühl!
Heut morgen war's schon richtig kühl
Und herbstlich im Gelände.
Die Sonne scheint noch immer froh,
Doch sieh dich vor: es scheint nur so,
Das sind noch Restbestände.
Nein, nein, der Sommer ist vorbei,
Und Feld und Fluren werden frei
Für unsre Wehrverbände.
Wie schnell das ging! Ja, die Natur!
Glaubt nicht, daß eine Diktatur
Mal ähnlich schnell verschwände!

ERICH KÄSTNER

Ganz rechts zu singen

Stoßt auf mit hellem hohem Klang!
Nun kommt das Dritte Reich!
Ein Prosit unserm Stimmenfang!
Das war der erste Streich!

Der Wind schlug um. Nun pfeift ein Wind
Von griechisch-nordischer Prägung.
Bei Wotans Donner, jetzt beginnt
Die Dummheit als Volksbewegung.

Wir haben das Herz auf dem rechten Fleck,
Weil sie uns sonst nichts ließen.
Die Köpfe haben ja doch keinen Zweck.
Damit kann der Deutsche nicht schießen.

Kein schönrer Tod ist auf der Welt
Als gleich millionenweise.
Die Industrie gibt uns neues Geld
Und Waffen zum Selbstkostenpreise.

Wir brauchen kein Brot, und nur eins ist not:
Die nationale Ehre.
Wir brauchen mal wieder den Heldentod
Und schwere Maschinengewehre.

Und deshalb müssen die Juden raus!
Sie müssen hinaus in die Ferne.
Wir wollen nicht sterben fürs Ullsteinhaus,
Aber für Kirdorf sehr gerne.

Die Deutsche Welle, die wächst heran
Als wie ein Eichenbaum.
Und Hitler ist der richtige Mann,
Der schlägt auf der Welle den Schaum.

Der Reichstag ist ein Schweinestall,
Wo sich kein Schwein auskennt.
Es braust ein Ruf wie Donnerhall:
Kreuzhimmelparlament!

Wir brauchen eine Diktatur
Viel eher als einen Staat.
Die deutschen Männer kapieren nur,
Wenn überhaupt, nach Diktat.

Ihr Mannen, wie man es auch dreht,
Wir brauchen zunächst einen Putsch!
Und falls Deutschland dran zugrunde geht –
Juvivallera, juvivallera –
Dann ist es eben futsch.

Walter Mehring

Die Sage vom Großen Krebs

Es geht um – es geht um eine böse Mär
Vom Krebs im Mohriner See ...
Ihn ketten zwei Jahrtausende schwer –
Und wär er frei,
   Ging alles rückwärts und verquer,
     rückwärts und verquer.
Läutet die Glocken bim bam bom
   Hosiannah!
     Gott geb's,
   Daß nimmermehr loskomm
   Der Große Krebs!

Denn kröche der Krebs aus dem Morast,
Marschierte ein ganzes Heer,
Das würgt und mordet, hetzt und haßt
Ihm hinterher.
   Im Krebsgang rückwärts und verquer,
     rückwärts und verquer ...
Marschierte das ganze Rückwärtser-Heer.
   Hosiannah!
     Gott geb's,
   Daß loskomm nimmermehr
   Der Große Krebs!

Dann kreiste zurück die Jahrhundertuhr
Zur ewigen Mitternacht ...
Und wenn die berauschte Kreatur
Vom Traum erwacht,
   Geht alles rückwärts und verquer,
     rückwärts und verquer
Zu Hexenbränden und Judenpogrom ...
   Hosiannah!
     Gott geb's,
   Daß nimmermehr loskomm
   Der Große Krebs!

Wohin er kröche, folgt seiner Spur
Die Pest vom Mohriner See,
Und es regierte die Krebs-Diktatur
Und kommandiert:
    Das Ganze rückwärts und verquer,
       rückwärts und verquer!
Nieder mit euch! Kadaverfromm!
    Hosiannah!
       Gott geb's,
Daß nimmermehr loskomm
Der Große Krebs!

Ach, hör mich, Volk – welch du hier lebst
Und zwischen Berg und See
Um täglich Brot und Freiheit krebst:
Laß ihn nicht frei –
    Sonst geht es rückwärts und verquer,
       rückwärts und verquer ...
    Wir alle, alle hinterher –
    Und euer Wille geb's,
Daß loskomm nimmermehr
    nimmermehr
Der Große Krebs
Der Große Krebs!

Hardy Worm

Die Nationalstrolchisten

Anjetreten! Held markieren!
Und Proleten massakrieren!
Saal umstellen! Blut muß fließen!
Janze Blase niederschießen!

Jeist ist Dreck. Mit Dolch und Knüppel,
Arjument der Jeisteskrüppel,
Haun sie ein uff jeden Mann,
Wenn der sich nicht wehren kann.
   Stilljestanden! Augen rechts!
   Hakenkreuz uff rotem Jrunde
   Flattert über der Rotunde –
   Hosen runter vorm Jefecht!

An der Spitze von det Janze:
Goebbeles im Heldenjlanze!
Mimt des Vaterlandes Retter
Uff der Schmiere blutje Bretter.
Alle sind hurrabejeistert,
Wenn er ihr Jehirn verkleistert.
Beifall tobt durchs volle Haus,
Läßt er weiße Mäuse raus.
   Stilljestanden! Hand zum Schwur!
   Hakenkreuz uff roter Fahne,
   Stramm bezahlt von Thyssens Jelde,
   Is das Sinnbild der Kultur.

Phrasen dreschen, Mord ausbrüten,
Wie die wilden Tiere wüten –
Das, nur das, kann diese Horde,
Stets bereit zum Meuchelmorde.
Wenn's bezahlt jibt und die Pässe,
Haun sie jeden vor die Fresse.
Jeld her! Die Kanone kracht.
Nachher ham se nischt jemacht.
   Stilljestanden! Denn es naht:
   Hakenkreuz uff rotem Felde,
   Ruhmjekrönt wird ein Jermane,
   Den ihr an der Front nie saht.

Kurt Tucholsky

Das dritte Reich

Es braucht ein hohes Ideal
Der nationale Mann,
Daran er morgens allemal
Ein wenig turnen kann.
    Da hat denn deutsche Manneskraft
    In segensreichen Stunden
    Als neueste Errungenschaft
    Ein Ideal erfunden:
Es soll nicht sein das erste Reich,
Es soll nicht sein das zweite Reich...
Das dritte Reich?
Bitte sehr! Bitte gleich!

Wir dürfen nicht mehr massisch sein –
Wir müssen durchaus rassisch sein –
Und freideutsch, jungdeutsch, heimatwolkig
Und bündisch, völkisch, volkisch, volkig...
Und überhaupt.
             Wers glaubt,
Wird selig. Wer es nicht glaubt, ist
Ein ganz verkommener Paz- und Bolschewist.
Das dritte Reich?
Bitte sehr! Bitte gleich!

Im dritten Reich ist alles eitel Glück.
Wir holen unsre Brüder uns zurück:
Die Sudetendeutschen und die Saardeutschen
Und die Eupendeutschen und die Dänendeutschen...
Trutz dieser Welt! Wir pfeifen auf den Frieden.
Wir brauchen Krieg. Sonst sind wir nichts hienieden.
Im dritten Reich haben wir gewonnenes Spiel.
Da sind wir unter uns. Und unter uns, da ist nicht viel.
Da herrscht der Bakel und der Säbel und der Stock –
Da glänzt der Orden an dem bunten Rock,
Da wird das Rad der Zeit zurückgedreht –

Wir rufen »Vaterland!«, wenns gar nicht weiter geht...
Da sind wir alle reich und gleich
Im dritten Reich
Und wendisch und kaschubisch reine Arier.

Ja, richtig... Und die Proletarier!
Für die sind wir die Original-Befreier!
Die danken Gott in jeder Morgenfeier –
    Und merken gleich:
Sie sind genau so arme Luder wie vorher,
Genau solch schuftendes und graues Heer,
Genau so arme Schelme ohne Halm und Haber –
    Aber:
    Im dritten Reich.

Und das sind wir.
    Ein Blick in die Statistik:
Wir fabrizieren viel. Am meisten nationale Mistik.

FRIEDRICH HOLLAENDER

Höchste Eisenbahn!

Höchste, höchste, allerhöchste Eisenbahn!
Für alles, was du nicht getan!

Gibt's eine Frau, die du noch nicht geküßt?
Gibt's noch ein Land, wo du nicht gewesen bist?
Höchste Eisenbahn! Höchste Eisenbahn!!
Gibt's einen Ausweg, den du noch nicht ersannst?
Gibt's ein Recht, das du dir holen kannst?
Höchste Eisenbahn! Höchste Eisenbahn!!

Denn keiner weiß, was morgen wird geschehn,
Und niemand kann die nächste Stunde sehn.
Schon übermorgen kann sich alles drehn!
Heute gilt nur:
    Zu fassen, was zu fassen ist,
    Zu hassen, was zu hassen ist,
    Zu ketten, was zu ketten ist,
    Zu retten, was zu retten ist.
    Höchste Eisenbahn! Höchste Eisenbahn!!
    Höchste, allerhöchste Eisenbahn!!
Wer heute seine Zeit verpaßt, der ist ein schlimmer Sünder,
Für verlorne Chancen gibt es keine ehrlichen Finder.
Höchste Eisenbahn!
Ach, es rast der Uhrenzeiger wie im Fieberwahn:
Höchste, allerhöchste Eisenbahn!!!

Gibt es ein Unrecht, das du nicht gesühnt?
Gibt es ein Glück, das du dir nicht verdient?
Höchste Eisenbahn! Höchste Eisenbahn!!
Gibt's einen Schuft, den du noch nicht gefaßt?
Gibt's einen Armen, dem du nicht geholfen hast?
Höchste Eisenbahn! Höchste Eisenbahn!!
Gibt's eine Wahrheit, die dein Mund verschwieg?
Gibt es noch immer Militärmusik?
Immer noch den verfluchten Traum vom Krieg?
Jetzt ist's an dir:
    Zu wagen, was du wagen mußt!
    Zu sagen, was du sagen mußt!
    Verzeihn, was du verzeihen mußt!
    Zu schreien, was du schreien mußt!
    Höchste Eisenbahn! Höchste Eisenbahn!!
    Höchste, allerhöchste Eisenbahn!!
Der Zug, den du jetzt verpaßt, du träge Menschenschnecke,
Fährt dir vor der Nase weg, und du bleibst auf der Strecke.
Höchste Eisenbahn!
Unbarmherzig rückt der Zeiger. Hast du deine Pflicht getan?
Höchste, allerhöchste Eisenbahn!!!

Erich Kästner

Marschliedchen

Ihr und die Dummheit zieht in Viererreihen
In die Kasernen der Vergangenheit.
Glaubt nicht, daß wir uns wundern, wenn ihr schreit.
Denn was ihr denkt und tut, das ist zum Schreien.

Ihr kommt daher und laßt die Seele kochen.
Die Seele kocht, und die Vernunft erfriert.
Ihr liebt das Leben erst, wenn ihr marschiert,
Weil dann gesungen wird und nicht gesprochen.

Marschiert vor Prinzen, die erschüttert weinen:
Ihr findet doch nur als Parade statt!
Es heißt ja: Was man nicht im Kopfe hat,
Hat man gerechterweise in den Beinen.

Ihr liebt den Haß und wollt die Welt dran messen.
Ihr werft dem Tier im Menschen Futter hin,
Damit es wächst, das Tier tief in euch drin!
Das Tier im Menschen soll den Menschen fressen.

Ihr möchtet auf den Trümmern Rüben bauen
Und Kirchen und Kasernen wie noch nie.
Ihr sehnt euch heim zur alten Dynastie
Und möchtet Fideikommißbrot kauen.

Ihr wollt die Uhrenzeiger rückwärts drehen
Und glaubt, das ändere der Zeiten Lauf.
Dreht an der Uhr! Die Zeit hält niemand auf!
Nur eure Uhr wird nicht mehr richtiggehen.

Wie ihr's euch träumt, wird Deutschland nicht erwachen.
Denn ihr seid dumm und seid nicht auserwählt.
Die Zeit wird kommen, da man sich erzählt:
Mit diesen Leuten war kein Staat zu machen!

Erich Kästner

Das Führerproblem, genetisch betrachtet

Als Gott am ersten Wochenende
Die Welt besah, und siehe, sie war gut,
Da rieb er sich vergnügt die Hände.
Ihn packte eine Art von Übermut.

Er blickte stolz auf seine Erde
Und sah Tuberkeln, Standard Oil und Waffen.
Da kam aus Deutschland die Beschwerde:
»Du hast versäumt, uns Führer zu erschaffen!«

Gott war bestürzt. Man kann's verstehn.
»Mein liebes deutsches Volk«, schrieb er zurück,
»Es muß halt ohne Führer gehn.
Die Schöpfung ist vorbei. Grüß Gott. Viel Glück.«

Nun standen wir mit Ohne da,
Der Weltgeschichte freundlichst überlassen.
Und: Alles, was seitdem geschah,
Ist ohne diesen Hinweis nicht zu fassen.

Hellmuth Krüger

Der Bücherkarren

Ich baue meinen Karren um, weil ich so langsam spüre,
Der Felix Dahn kriegt Publikum, nach rechts geht die Lektüre.
Den Emil Ludwig stell ich weg, der hat nun ausgejodelt,
Jetzt kommt die Karre aus dem Dreck: Wir werden umgemodelt!
Wie sag ich's meinen Lesern gleich:
Wir kriegen jetzt das Dritte Reich!

Wenn ich wüßte, was der Adolf mit uns vorhat,
Wenn er erst die Macht am Brandenburger Tor hat?
Müssen wir dann alle braune Hemden tragen?
Darf dann niemand mehr das Wörtchen »nebbich« sagen?
Wird ein Vollbart unsre Heldenbrust bedecken?
Werden wir zum Gruß die dürren Arme recken?
Rufen wir dem Adolf »Heil«?!
Oder auch das Gegenteil?

Bald gibt es keine Mollen Bier, nur Met gibt es zu trinken,
Und bei Kempinski rollen wir aufs Brot den Bärenschinken.
Statt Girls tanzt ein Walkürenchor bei Herman Haller balde,
Das Kadeko macht Kabarett im Teutoburger Walde.
Hab ich das richtig vorgeahnt?
Ich weiß ja nicht, was Adolf plant!
Wenn ich wüßte, was der Adolf mit uns vorhat,
Macht er aus Berlin nur eine Münchner Vorstadt?
Wird das Tageblatt Fraktur nur schreiben?
Wird der Kreuzberg ohne Haken bleiben?
Darf sich Reinhardt nur noch Goldmann nennen?
Oder wird man ihn trotzdem verbrennen?
Trifft ins Herz uns Adolfs Pfeil?
Oder nur ins Gegenteil?

Erich Kästner

Große Zeiten

Die Zeit ist viel zu groß, so groß ist sie.
Sie wächst zu rasch. Es wird ihr schlecht bekommen.
Man nimmt ihr täglich Maß und denkt beklommen:
So groß wie heute war die Zeit noch nie.

Sie wuchs. Sie wächst. Schon geht sie aus den Fugen.
Was tut der Mensch dagegen? Er ist gut.
Rings in den Wasserköpfen steigt die Flut.
Und Ebbe wird es im Gehirn der Klugen.

Der Optimistfink schlägt im Blätterwald.
Die guten Leute, die ihm Futter gaben,
Sind glücklich, daß sie einen Vogel haben.
Der Zukunft werden sacht die Füße kalt.

Wer warnen will, den straft man mit Verachtung.
Die Dummheit wurde zur Epidemie.
So groß wie heute war die Zeit noch nie.
Ein Volk versinkt in geistiger Umnachtung.

WALTER MEHRING

Porträt nach der Natur

Ein Schritt von mir! Tuchfühlung fast! Da steht Er!
   Bumm!
Aura von Waih-Geschrien – und Heil-Gezeter!
Fünf Herren! Zackig! Seele angewinkelt!
   Nackenkrumm!
Zwei Falten! Mundabwärts gesteilt! Verhalten!
   Vom Schicksal eingeplättet!
Die rechte Schulter hängt! Krampfhaft-lässig!
Stimme knarrt: Anpfiff!
   Böhmisch gefettet!
Kinn flieht! Gehacktes Bärtchen trommelt: Angriff!

   Nachts aber träumt das!
   Bodenloses öffnet sich dem Falle –
   Der Wille irrt in Öden ohne Zweck
   Der Traum, kaftangewandet, spreizt die Kralle:
   Judas Rache!
   Den Albdruck weg!
   Den Albdruck weg!
   Deutschland erwache!

Die Rechte in der Tasche! Linke mahnt!
All-Deutschlands Ober-Haupt!

Versetztes Lächeln! Ein getretner, grober
Schani, der eines dicken Juden ekles Trinkgeld klaubt –
Verfluchte Drohnen! Faust stößt vor! Der Wunder-Attentäter!
   Mittelstandsheiland!
Den Kopf im Mythos! Knöcheltief durchs
Blutmeer der Verräter
   Zum Rasse-Eiland!
Hat er geträumt? Er sieht sich um! Millionen folgen!
                                 Bumm! Da steht er!

Robert Gilbert

Aufbruch der Nation

Weil das Vaterland erwacht ist,
Müssen viele schlafen gehn.
Weil's die Langemessernacht ist,
Will man Leichen sehn.

Und die großen Pulvertonnen
Stehn schon explosionsbereit;
Denn die Saalschlacht ist gewonnen –
Und die Welt ist weit.

Keiner braucht mehr anzupochen,
Mit der Axt durch jede Tür –
Die Nation ist aufgebrochen
Wie ein Pestgeschwür!

Es weht ein frischer Wind, zwei, drei!
Im Kleinkunstkeller geht's ums Überleben

Ich singe nicht laut, ich sing vor mich hin;
Nicht etwa aus Furcht, wo denken Sie hin?
Nur weil ich so furchtbar vorsichtig bin.

Die Nachrichter

Als Adolf Hitler im Januar 1933 vom greisen Feldmarschall-Präsidenten Hindenburg die Macht übergeben wird, tritt Werner Finck in der Berliner *Katakombe* allabendlich mit einem Herbstlied vor den Vorhang, das sich von einer Jahreszeit verabschiedet und mit den Worten endet: »Wie schnell das ging! Ja, die Natur! Glaubt nicht, daß eine Diktatur mal ähnlich schnell verschwände!« Das Publikum bedankt sich für den heiter-melancholischen Ausblick in die Zukunft wie gewohnt mit freundlichem Beifall: Das ist Kabarett wie es sein soll, linkes Lächeln zur rechten Zeit, Heiteres zum Ernst der Lage, das sprichwörtlich durch den Kakao gezogene heiße Eisen, schmackhaft zubereitet und zum alsbaldigen Verbrauch bestimmt. Ja, natürlich – man rechnet mit allem, ist auf vieles vorbereitet, zieht sich warm an. Daß aber aus dem Winter, der da launig angekündigt wurde, eine zwölfjährige Eiszeit werden könnte, daran glaubt so recht niemand. Nicht einmal der witzig witzelnde Conferencier vor dem Vorhang.

Er verliert auch in der Folgezeit die gute Laune nicht, verfängt sich immer kunstgerechter im Gestrüpp seiner anspielungsreichen Halbsätze und mehrdeutigen Pointen, fordert seine Besucher auf, seinem »Kampfbund für harmlosen deutschen Humor« beizutreten und in die KfhdH-Hymne einzustimmen, die davon zu singen weiß, daß die geliebte Heiterkeit langsam vor die Hunde geht.

Zur gleichen Zeit sind viele von Fincks Kollegen damit beschäftigt, ihre Koffer zu packen. Aus politischen und rassischen Gründen auf der schwarzen Liste, bereiten sie sich darauf vor, Deutschland zu verlassen, bevor sie verhaftet werden. Unter ihnen die Protagonisten, die dem Kabarett der zwanziger Jahre zu Blüte, Erfolg und Ansehen verholfen haben: Autoren wie Walter Mehring, Erich Weinert und Max Kolpe, Conferenciers wie Kurt Robitschek, Fritz Grünbaum, Karl Farkas, Paul Morgan und Karl Schnog, Musiker wie Rudolf Nelson, Friedrich Hollaender, Werner Richard Heymann, Hans May und Mischa Spoliansky, Darsteller wie Dolly Haas, Dora Gerson, Lucie Mannheim, Valeska Gert, Margo Lion, Annemarie Hase, Paul Graetz, Otto Wallburg, Kurt Lilien, Siegfried Arno, Curt Bois, Kurt Gerron und Ernst Busch. Joachim Ringelnatz, zum »unerwünschten Autor« erklärt, erhält bereits im April 1933 Auftrittsverbot und stirbt kurze Zeit später; Max Hansen geht außer Landes, nachdem man ihn während einer Filmpremiere mit faulen Eiern beworfen und »Juden raus!« gebrüllt hatte. Erich Kästner, der seiner eigenen

Bücherverbrennung beiwohnen wird, beschließt – »um Augenzeuge zu sein« – in Deutschland zu bleiben und beliefert anfangs noch, ohwohl mit Schreibverbot belegt, wie Curt Bry und Julian Arendt die *Katakombe* unterm Pseudonym mit Kabarett-Texten.

Wer bleibt, lebt gefährlich. Werner Finck weiß das. Und doch hat der beifallumbrandete Berliner Publikumsliebling der *Katakombe*, so scheint es jedenfalls, allen Widerständen, Beschwerden und offiziellen Maßregelungen zum Trotz, zu seiner Form gefunden. Selbst ein Teil der bereits gleichgeschalteten Presse findet Gefallen an der Art, wie im Kabarettkeller Freiräume ausgelotet und Ventile für angestauten Unmut der Großstadtbevölkerung geschaffen werden: »Seine raffiniert-verlegene Art, das Programm in Szene zu setzen, sein Publikum bei guter Laune zu erhalten und mit Anmut frech zu sein, feiert Triumphe«, heißt es im Berliner »Börsen-Courier« über die *Katakomben*-Revue, mit der Finck im September 1933 Premiere hatte. Noch sieht es so aus, als versuchten die neuen Machthaber, sich mit der aufmüpfigen zehnten Muse arrangieren zu wollen und das Kabarett nicht aus-, sondern wie Presse, Film und Rundfunk gleichzuschalten.

Bereits wenige Wochen nach Hitlers Machtübernahme wedelt das traditionsreiche Witz- und Satire-Blatt »Simplicissimus«, in dem einst Frank Wedekind scharfzüngig gegen Monarchen-Obrigkeit, Muckertum und Untertanengeist zu Felde gezogen war, mit der weißen Fahne: »Erklärung! Schon einmal, beim Beginn und im Verlauf des Weltkriegs, hat der ›Simplicissimus‹, der als Kampfblatt gegründet wurde, bewiesen, daß er nicht bloß kritisch und negativ, sondern sehr nachdrücklich positiv sein kann: Wenn es sich nämlich um Deutschland handelt... Ihm und seinen großen Zielen im Innern wie nach außen auf seine Art zu dienen, sieht der ›Simplicissimus‹, nach einer grundlegenden Umbesetzung der Redaktion, als seine vaterländische Pflicht an.«

Vaterländische Ergebenheitsadressen kommen bald auch aus dem Kabarettkeller, wo Willi Schaeffers ein »Vergnügen« verspricht, »das nicht durch irgendwelche politischen oder sonstige Anschauungen gestört wird«, wo er seine Mitgliedsbeiträge als Förderer der SS entrichtet und Schilder mit der Aufschrift »Juden ist der Zutritt verboten!« anbringen läßt.

Andere Kollegen, wie Fritz Genschow vom sozialistisch eingestellten Kabarett-Kollektiv *Die Brücke*, üben bereits den Hitler-Gruß, gehen, wie Alt-Conferencier Paul Schneider-Duncker, in einer schwarzen Uniform spazieren, sehen sich, wie Brettl-Baron von Wolzogen, am Ziel ihrer reaktionär-völkischen Heilswünsche, klampfen, wie Ex-*Scharfrichter* Robert Kothe, jetzt NS-Lieder auf der Gitarre, empfehlen sich, wie *Kadeko*-Bühnenbildner Benno von Arent, bei Hitler als Chefausstatter, avancieren, wie *Nelson-Revue*-Darsteller Gustaf Gründgens, zum Theaterintendanten und Staatsrat, steigen, wie Kabarettautor Hans Heinz Zerlett, ins NS-Propagandafilm-Geschäft ein oder machen, wie Ex-*Überbrettl*-Barde Hanns Heinz Ewers, mit einem Roman-Hymnus auf SA-Sturmführer Horst Wessel von sich reden. Darsteller, Autoren, Musiker, Regisseure dienen sich den neuen Machthabern an, während ihre einstigen Kabarett-Kollegen mit Berufsverbot belegt und aus ihrer Heimat verjagt werden, es sei denn, man schlägt sie, wie *Kadeko*-Zeichner Herrmann Krehan, auf der Bühne krankenhausreif oder quält sie, wie Erich Mühsam, im Konzentrationslager zu Tode.

»Die Welt, für die wir gearbeitet haben und der wir angehörten, existiert nicht mehr«, schreibt Tucholsky aus dem schwedischen Exil an einen Freund. Nein, auch die Kabarett-Szene, die sich oft und gern als kritische Instanz begreift und den Witz als Widerstand postuliert, kommt in jenen Jahren nicht ohne braune Flecken davon. Wer gelernt hat, auf die Zeichen der Zeit zu achten, hat deswegen noch kein unbefristetes Abonnement auf Zeitkritik und Zivilcourage in der Tasche. Den Trend erkennen, kann auch heißen, sich ihm anzuschließen, sich ihm zu unterwerfen und die Anpassung als hohe Schule des Überlebens zu praktizieren.

Selbst Trude Hesterberg, die einst ihre polit-satirische *Wilde Bühne* Autoren wie Tucholsky, Mehring und Klabund öffnete, macht da nach dem Machtantritt der Hitler-Stiefel keine Ausnahme. Für ihr im Dezember 1933 neu eröffnetes Kabarett *Die Musenschaukel* läßt sie sich von ihrem Cheftexter Megerle von Mühlfeld auf recht unkabarettistische Weise einen unterwürfigen Ergebenheitsgruß an die neuen Machthaber ins Programmheft schreiben: »Es liegt uns fern, Politik von unserer kleinen Bühne zu beleuchten. Diese schwere Zeit verlangt wohl eine ernstere Behandlung dieser Themen. Die Kunst kommt von Können, und darum bitte lassen Sie uns es versuchen. Wir verfolgen nur einen Zweck, den schwer ringenden und schaffenden Menschen einige heitere Stunden abzugewinnen. Weiter wollen wir nichts.«

WERNER FINCK

Es weht ein frischer Wind, zwei, drei!

Es weht ein frischer Wind, zwei, drei,
Wir wollen wieder lachen.
Gebt dem Humor die Straße frei,
Jetzt muß auch der erwachen.

Der Löwe ist das Tier der Zeit,
Der Mars regiert die Stunde;
Doch die geliebte Heiterkeit
Geht langsam vor die Hunde.

Das aber soll dem Teufel nicht
Und keiner Macht gelingen,
Uns um das inn're Gleichgewicht
Und um den Spaß zu bringen.

Drum laßt des Zwerchfells Grundgewalt
Am Trommelfell erklingen.
Wem das nicht paßt, der soll uns halt
Am Götz von Berlichingen.

JULIAN ARENDT

Ich steh auf dem Boden der Tatsachen

Ich ging mit meiner Frau spazieren,
Da kam ein Mann an uns heran.
Der wollte meine Frau verführen
Und sprach sie ohne weiteres an.

Er kniff ihr in den Arm und lachte
Und kümmerte sich nicht um mich
Und sagte »Püppchen«, und das machte
Mich schon beinahe ärgerlich.
»Herr, gehn Sie bitte weiter«, rief ich,
Es hatte aber keinen Zweck.
Er war viel stärker. Darum lief ich
Mannhaft entschlossen selber weg.
    Ich steh auf dem Boden der Tatsachen.
    Schwergewicht – ist schwer.
    Das sind doch wohl meine Privatsachen.
    Nicht wahr? Ich bitte doch sehr.

Doch meine Frau, die gut trainiert ist,
Die sagte ihm: »Sie sind wohl dumm!«
Denn weil sie selten anpoussiert ist,
Drum nimmt sie so was meistens krumm.
Erst gab sie ihm zwei linke Dinger,
Darunter einen upper cut,
Und schlug ihm mit korrektem Schwinger
Sein ganzes Nasenbein kaputt.
Das war ihm recht, dem bösen Lumpen!
Ich lief nun hochbeglückt hinzu.
Sie schlug ihn schließlich ganz in Klumpen.
Ich sagte ihm: »Du Feigling, du!«
    Ich steh auf dem Boden der Tatsachen...

Ich bin kein Raufbold, auch politisch
Hab ich am liebsten meine Ruh.
Die Leute sind so scheußlich kritisch
Und nörgeln alle immerzu.
Ich sag: Wer nachgibt, der ist weiser.
Ich bin nicht den Extremen hold,
Ich war monarchisch unterm Kaiser,
Und dann war ich für Schwarz-rot-gold.
Dann drohten einmal linke Putsche,
Da war ich ganz für Gleich-und-gleich.
Ich wär faschistisch unterm Duce.
Jetzt bin ich auch fürs Dritte Reich.
    Ich steh auf dem Boden der Tatsachen...

ERICH KÄSTNER

Die Existenz im Wiederholungsfalle

Man müßte wieder sechzehn Jahre sein
Und alles, was seitdem geschah, vergessen.
Man müßte wieder seltne Blumen pressen
Und (weil man wächst) sich an der Türe messen
Und auf dem Schulweg in die Tore schrein.

Man müßte wieder nachts am Fenster stehn
Und auf die Stimmen der Passanten hören,
Wenn sie den leisen Schlaf der Straßen stören.
Man müßte sich, wenn einer lügt, empören
Und ihm fünf Tage aus dem Wege gehn.

Man müßte wieder durch den Stadtpark laufen.
Mit einem Mädchen, das nach Hause muß
Und küssen will und Angst hat vor dem Kuß.
Man müßte ihr und sich, vor Ladenschluß,
Für zwei Mark fünfzig ein Paar Ringe kaufen.

Man würde seiner Mutter wieder schmeicheln,
Weil man zum Jahrmarkt ein paar Groschen braucht.
Man sähe dann den Mann, der lange taucht.
Und einen Affen, der Zigarren raucht.
Und ließe sich von Riesendamen streicheln.

Man ließe sich von einer Frau verführen
Und dächte stets: Das ist Herrn Nußbaums Braut.
Man spürte ihre Hände auf der Haut.
Das Herz im Leibe schlüge hart und laut,
Als schlügen nachts im Elternhaus die Türen.

Man sähe alles, was man damals sah.
Und alles, was seit jener Zeit geschah,
Das würde nun zum zweitenmal geschehn...
Dieselben Bilder willst du wiedersehn?
Ja!

WERNER FINCK

Sinn des Lebens ... ?

Wir treiben auf dem Sinn des Lebens
Wie Blüten auf dem Ozean.
Wer Unglück hat, sagt sich vergebens:
Das Gute bricht sich selber Bahn.

Mein Schiffchen sah so manches Wetter,
Doch blieb es heil und sank noch nicht.
Das Schwein im Leben spart den Retter,
Und Sparen ist die erste Pflicht.

Wer weiß, wo ich noch einmal lande
Und wo mein Schicksal mich erwischt.
Vielleicht verlaufe ich im Sande.
Na, schön. Dann war es eben nischt.

VALESKA GERT

Gruß aus dem Mumienkeller

Was nicht geht,
Das geht nicht mehr.
Mir ist recht sonderbar zumut.
Wenn das wirklich alles war,
Ist das Leben
Nicht sehr gut.
Seht, mein Fleisch verfaulet schon,
Viel zu vieler Liebe Lohn.
Früh zu Ende ist der Spaß,
Früh sind wir der Würmer Fraß.

Joachim Ringelnatz

Volkslied

Wenn ich zwei Vöglein wär,
Und auch vier Flügel hätt,
Flög die eine Hälfte zu dir.
Und die andere, die ging auch zu Bett,
Aber hier zu Haus bei mir.

Wenn ich einen Flügel hätt
Und gar kein Vöglein wär,
Verkaufte ich ihn dir
Und kaufte mir dafür
Ein Klavier.

Wenn ich kein Flügel wär
(Linker Flügel beim Militär)
Und auch keinen Vogel hätt,
Flög ich zu dir.
Da's aber nicht kann sein,
Bleib ich im eignen Bett
Allein zu zwein.

Anonym

Eine Seefahrt, die ist lustig

Eine Seefahrt, die ist lustig,
Eine Seefahrt, die ist schön.
Ja, da kann man unsre Leute
An der Reeling kotzen sehn.
   Hollahe, hollahoahoahoa,
   Hollaheaheaheahollaho.

In der Rechten einen Whisky,
In der Linken einen Köm,
Und die spiegelblanke Glatze:
Das ist unser Kapitän.

Unser Erster auf der Brücke
Ist ein Kerl, Dreikäsehoch,
Aber eine Schnauze hat er
Wie ne Ankerklüse groß.

Unser erster Maschiniste
Ist kein Jude, ist kein Christe,
Unser Unteroffizier
Trägt die Wäsche von Papier.

Hat der Kuli sich gewaschen
Und er denkt, er ist jetzt rein –
Kommt der Maschinist gelaufen:
»Wasch dich doch mal, altes Schwein!«

Und der Koch in der Kombüse,
Diese vollgefressne Sau,
Mit den Beinen im Gemüse
Und dem Achtern im Kakao.

Und die silberweißen Möwen,
Die erfüllen ihren Zweck:
Pfffffft –
Auf das frischgewaschne Deck.

In der Heimat angekommen,
Fängt ein neues Leben an.
Eine Frau wird sich genommen,
Kinder bringt der Weihnachtsmann.
   Hollahe, hollahoahoahoa,
   Hollaheaheaheahollaho.

Werner Finck

Die Kuhfort-Conference

Ich habe mir jetzt auch ein Stück Mutterland gekauft, Blut und Boden. Also Blut bekam ich nicht, aber Boden wurde mir angeboten. Es ist ein verhältnismäßig kleines Grundstück. Zwei Morgen Land, ein Übermorgen ist noch vorgesehen – also, das ist schon etwas, worüber sich reden läßt. Das Grundstück hat kleine Bäume. Apfelbäumchen. Die sind aber noch so jung, daß sie in eine Baumschule müssen. Es wird ja heute alles in die Schule geschickt, alles wird geschult und auch die Bäume, damit sie wissen, was ein Baumstamm ist und was ein Stammbaum, damit keine Schwierigkeiten entstehen. Und dann ist ein Zaun um das Ganze herumgezogen.
Auf dem Haus liegen natürlich Hypotheken, damit es nicht zu leicht ist. Das Ganze schließt sich an eine Tradition meiner Eltern an. Väterlicherseits stamme ich von Großagrariern ab. Ich sage natürlich, es waren Bauern, damit es keine Schwierigkeiten gibt. Diese Vorfahren haben ihr ganzes Geld, das sie schon vom Großvater geerbt haben, nicht in Papieren angelegt, Aktien oder so, sondern sie haben es in Grund und Boden gewirtschaftet.
Um das ganze Grundstück ist eine Hecke gezogen, aus irgendwelchen Heckenbestandteilen zusammengeheckt. Jedenfalls sind die Maulwürfe daran. Ich habe die Nachbarn, die mehr von der Sache verstehen, gefragt, was man da macht. Da haben sie mir gesagt, an die Wurzel spritze man Petroleum. Das sei gut gegen die Maulwürfe. Ich bin auf den Vorschlag eingegangen – und die Hecke auch. Auf dem Grundstück haben wir einen Storch, der hat da sein Nest; aber eines Tages ist er von einem Fremden erschossen worden. Das ist der erste Fall, daß mal ein Storch selber daran glauben mußte.
Das Herrlichste ist die Bepflanzung. Die macht großen Spaß. Es wird ja heutzutage sehr viel gesät. In den Sämereien kann man Tütchen kaufen mit bunten Bildchen drauf. Da ist die Pflanze dargestellt, wie der Gärtner sich das so vorgestellt hat. Diese Tütchen habe ich in den Boden hineingesteckt, damit etwas Produktives herauskäme – mit Bildern – damit der Boden wußte, was er sollte. Dann kamen nach ein paar Wochen die ersten Rechnungen von den

Sämereien, auch Unkraut war gekommen und etwas, was man nicht erkennen konnte, aber dazwischen auch ein kleines Bäumchen, es war noch kein Bäumchen, aber man sah schon das dünne Stämmchen, das war deutlich zu erkennen mit kleinen Ästchen – und wie das so hervorkam, habe ich Gartenstühle besorgt, sie um das Pflänzchen herumgebaut und mir gesagt, da wird dann der Schatten hinkommen. Das war alles sehr gut organisiert. Und dann wuchs das kleine Bäumchen auch. Aber dann kam schlechtes Wetter, Regen und Wind, der Sturm peitschte. Da mußte ich es anbinden. Die Leute hatten mir gesagt, man müsse es an einen Pfahl binden, mit Bast. Das habe ich getan, aber das Bäumchen hat es wohl nicht vertragen und ist eingegangen – es war Dill.
Nach dieser Erfahrung bin ich zum Gärtner gegangen, um mir ein richtiges Bäumchen zu kaufen, einen Stämmling, was eben so beim Gärtner als Bäumchen verkauft wird. Ich fand da eine Eiche, ein sehr hübsches Ding, aber wahnsinnig teuer, es kostete zwanzigmal so viel wie eine normale Eiche. Ich fragte: Wieso ist das so teuer? Man sagte mir: Ja, das ist eine Hitler-Eiche, die kann tausend Jahre alt werden. Da habe ich gesagt, das sei eine Vertrauenssache, das möchte ich mir lieber nicht anschaffen. Da haben sie mir eine andere Eiche gegeben, und ich habe mir gesagt: für mich ist das eine Hitler-Eiche. Sie wuchs sehr schnell und immer höher und höher, und jetzt geht sie mir schon bis hierher.
Hält sich die flache Hand horizontal vors Kinn.

Werner Finck

Gang durch die Kuhherde

Nächtlich auf der dunklen Weide
Grasen viele große Kühe,
Kauen,
Schauen,
Tun mir nichts zuleide,
Während ich mich durch sie durch bemühe.

Wenn sie wollten, könnten sie mich überrennen,
Doch sie werden nicht dran denken,
Da sie
Quasi
Gar kein Denken kennen.
Außerdem sind sie nicht abzulenken.

Und so geh ich lautlos durch die Herde
Auf dem Gras, daran sie kauen,
Eilig,
Weil ich
Plötzlich bange werde,
Daß sie meine schwache Position durchschauen.

Die Nachrichter

Chanson vom Aberglauben

Sie kennen das Märchen von einem, der auszog,
Das Fürchten zu lernen. Ich find so was dumm.
Es gibt keine Geister, es gibt nichts zu fürchten.
Man kann's auch nicht lernen. Und wenn – dann warum?
Man muß ja nicht grade, man braucht ja nicht extra
Allein in der Nacht übern Kirchhof zu gehn,
Um Gespenster zu sehn,
Falls die Toten auferstehn.
Ich könnte ja hingehn, doch geh ich nicht hin.
Nicht etwa aus Furcht, wo denken Sie hin?
Nur weil ich so furchtbar –
Vorsichtig bin.
    Ich hab es mit der Dreizehn, mit der Sieben.
    Ich kann und mag mich doch am Freitag nicht verlieben.
    Ich zünde nie mit einem Streichholz drei Zigarren an.

Ein Schornsteinfeger bringt mich zu Ekstasen.
Die schwarze Katze übern Weg bringt mich zum Rasen.
Was kluge Leute denken, geht mich einen Schmarren an.
Ich glaub fest an den Weihnachtsmann,
Die weiße Frau, den schwarzen Mann –
Ich leg auf solche Sachen viel Gewicht,
Aber, aber, aber, aber
Abergläubisch bin ich wirklich nicht.

Es gibt viele Leute, die sagen sie könnten
Für schwere Bezahlung die Zukunft verstehn.
Sie könnten aus Händen und Schriften und Sternen
Charakter und Zahl deiner Kinder ersehn.
Ein Hellseher schrieb mir: »Sie kriegen 'n Charakter
Für 7 Mark 50.« Der wär mir schon recht,
Und ich glaub fest, ich möcht.
Doch vielleicht ist er echt.
Ich könnte ja gehn, doch geh ich nicht hin.
Nicht etwa aus Furcht, wo denken Sie hin?
Nur weil ich so furchtbar –
Vorsichtig bin.
Ich hab es mit der Dreizehn...

Es gibt viele Leute, die glauben zu meinen,
Die Nachrichter müßten politischer sein.
Man kann sich nicht völlig der Ansicht verschließen,
Doch liegt es sehr nah, anderer Ansicht zu sein.
Es gibt Aktuelles in Hülle und Fülle;
Ich laß mich verleiten, politisch zu sein –
Vielleicht fällt mir was ein.
Vielleicht fall ich auch rein.
Ich singe nicht laut, ich sing vor mich hin.
Nicht etwa aus Furcht, wo denken Sie hin?
Nur weil ich so furchtbar –
Vorsichtig bin.
Ich hab es mit der Dreizehn...
Die Musik übertönt den Sänger – aus Angst, er könnte was singen. Er denkt gar nicht dran. Nur zum Schluß fällt er ein
Aber, aber, aber, aber
Politisch bin ich wirklich nicht!

Die Nachrichter

Sie müßten mal zum Doktor gehn, Herr Doktor!

Helmut   Nabend, Doktor. Na, wie geht's denn?
Bobby   Na, es geht so.
Helmut   Na, denn geht's ja.
Kurd   Na, wie sehn Sie denn aus, Doktorchen?
Helmut   Was ist denn mit Ihnen los?
Bobby   Ich bin Ihnen dankbar, daß Sie mich gefragt,
    Denn Gelegenheit macht Lieder.
    Man hat sich zwar alles schon einmal gesagt,
    Doch man singt es immer wieder.
    Man sagt, Musik sei Zwiegespräch der Seelen.
    Man soll für alles dankbar sein;
    Denn eben da, wo die Gefühle fehlen,
    Stellt sich zur rechten Zeit ein Schlager ein.
Helmut/Kurd
    Sie müßten mal zum Doktor gehn, Herr Doktor!
    Das kann doch nicht so weiter gehn, Herr Doktor.
    Sicher hat Professor Freud
    Auch für Sie etwas bereit,
    Was Sie von dem Leiden,
    Das sie leiden,
    Ganz befreit.
    Das ist ja nicht mehr anzusehn, Herr Doktor,
    Sie sollten wirklich mal, Sie müßten wirklich mal,
    Sie müßten wirklich mal zum Onkel Doktor gehn.
Kurd   Was macht denn Ihre liebe Frau?
Bobby   Ich hab eine Frau, die es gut mit mir meint,
    Aber besser mit den andern.
    Der Magen wird schwach und das Herz, wie es scheint;
    Und die Niere möchte wandern.
    Gehirnschwund, Kalk, Arteriosklerose –
    Rasch tritt die Gicht den Menschen an.
    Und seufzend stehst du vor der Diagnose:
    Bei dir ist irgendwas nicht richtig, Mann.
Helmut/Kurd
    Sie müßten mal zum Doktor gehn, Herr Doktor! ...

Frank Günther

Emil seine Hände

Det sind nun schon zwee Monat oder drei her,
Seit ick dem Emil sachte, nu hör uff.
Ick wußte stets, dat der nich richtig treu wär,
Doch, wat mir störte, war allein sein Suff.
Drum hab ich ihm den Laufpaß nu jegeben.
Ach, des Luder war schon knülle, früh um zehn.
Und nu schwirr ick alleene durch das Leben
Und denke manchmal bloß, ach, es war doch schön.
Ich kann den Emil seine Hände nich verjessen.
Das waren Dinger, das waren Dinger.
Mit eener Hand, da konnte der fünf Beefsteaks fressen,
Ja so mit zwee Finger, so mit zwee Finger.
Und hat er mal mit mir jetanzt, also, so richtig frech,
Ach, denn war ick wech. Janz reene wech.

Wenn wir mal uff dem Jartenjrundstück weilten,
Dann nahm er mir meist herzhaft uff'n Schoß.
Und wenn wir uns die fünf Radieschen teilten
Und machten Erntefest, ach, denn jing et los.
Denn warf der mit die großen kessen Pfoten
Mir een Radieschen oben in de Brust.
Also, denn hab ick mir det sofort verboten,
Und hab doch immer lachen bei jemußt.
Also, nee, ich kann den Emil seine Hände nich verjessen.
Det warn Dinger, na, unjefähr so'ne Dinger.
Mit eener Hand konnt der bei mir de Taille messen.
Ach, wat heeßt denn Hand hier, so mit zwee Finger.
Det warn die schönsten Männerhände, die et jibt,
Ach Jott, war ick in die verliebt.

Wenn ick nu denke, der hat nu ne andre,
Denn wird ma manchmal bisgen plümerand.
Und wenn ick sonntags nu alleene wandre,
Denn spür ick plötzlich eene Männerhand.
Nich etwa richtig, nee, bloß in Jedanken,
Wenn mir beim Spinnen so die Bilder komm',

Wie mir der Emil mit die Fleischerpranken
Manchmal so richtig uff'n Arm jenomm'.
Also, ick kann den Emil seine Hände nich verjessen.
Det waren Dinger, Mensch, warn det Dinger.
Ick habe die Erinnerung in mir reinjefressen
An die fünf Finger, an die fünf Finger.
Und käm er jetzt zurück und knallt' mer eene rein,
Denn würd ick wieder glücklich sein.

Fritz Rotter

Ein neuer Frühling

Auch die grauen Wintertage gehen mal vorbei:
Dann ist's Mai!
Und das große Wunder, das die Sonne wieder schafft,
Gibt uns Kraft!
Unter die Vergangenheit ein Strich!
Jeder hofft wie ich:
   Ein neuer Frühling wird in die Heimat kommen,
   Schöner noch, wie's einmal war.
   Ein neuer Frühling wird in die Heimat kommen,
   Alles wird so wunderbar!
   Und man wird wieder das Lied der Arbeit singen,
   Geradeso, wie's einmal war.
   Jetzt geht im Schritt und im Tritt
   Auch das Herz wieder mit,
     Und dann fängt ein neuer Frühling an.

Arbeit und Zufriedenheit und innerer Sonnenschein,
Das muß sein!
Du und ich, wir alle brauchen wieder neuen Mut,
Dann wird's gut!
Unsere Heimat muß und bleibt bestehn
Und wird wieder schön!
   Ein neuer Frühling wird in die Heimat kommen...

Weiss Ferdl

Das kitzlige Thema

Heutzutage ist es nicht leicht, Humorist zu sein. Ich weiß genau, was die Leute am liebsten hören. Schon im grauen Altertum freuten sie sich, wenn ein Spaßvogel über die Großkopfat'n losgezogen hat, und dieser Brauch hat sich bis auf den heutigen Tag erhalten. Nun werden Sie aber verstehen, daß dieses momentan eine etwas kitzlige Angelegenheit ist – zur Zeit hat halt ein Komiker bei diesem Thema Konzentrationshemmungen. Sie werden das verstehen. Mir persönlich kann ja nichts passieren, ich bin ja schon längere Zeit »Dachauer« – da käme höchstens eine kleine Luftveränderung in konzentrierter Form in Frage.
Aber die Sache ist nicht so gefährlich. Ich weiß auch, daß die wirklich großen Männer schon einen Spaß verstehen und selber drüber lachen. Und die wissen auch ganz genau, daß wenn ein kleiner Komiker einen Witz macht, daß deshalb ihre Position noch lange nicht erschüttert ist. Unangenehm sind aber die anderen, die sich immer einbilden, Großkopfate zu sein und sind gar keine. So Gschaftlhuber hat's immer gegeben, man nennt sie heutzutage Hundertzehnprozentige. Man wird doch noch lachen dürfen. Es heißt doch immer: »Kraft durch Freude!« Gibt's aber eine schönere Freude als die Schadenfreude? Nein.
Über die prominenten Persönlichkeiten existieren schon unzählige Witze, die die Herren sicher selber kennen. Interessant ist nur, wie diese Witze erzählt werden. Während die wirklichen Nationalsozialisten, SA- und SS-Leute, solche Witze hemmungslos mit voller Namensnennung erzählen – ihnen kann ja nichts passieren –, sind andere etwas vorsichtiger.
Wenn da einer'n Bekannten auf der Straße trifft, winkt er ihm, schaut ängstlich umher, ob kein Lauscher in der Nähe, und sagt dann: »Du, ich weiß einen wunderbaren Witz!« Nochmal schaut er ängstlich um sich, und dann zischelt er ihm den Witz ins Ohr hinein. »Ausgezeichnet, gell?« – Wenn der andere lacht, dann ist es gut, doch macht der ein bedenkliches Gesicht, kriegt's der Witzeerzähler schon mit der Angst zu tun und sagt: »Ich hab ihn halt auch g'hört, er wird überall erzählt, mhm – also Heil Hitler!«

Erich Carow

Männeken steh!

Freut euch Leute, jetzt wird's schön,
Jetzt gibt's wieder was zu sehn.
Denn jetzt kommt der Carow an
Mit dem kleinen Stehaufmann.
Dieses kleine Männchen hier
Bringt für Alt und Jung Pläsier.
Darum schaff sich jeder Mann
So ein kleines Männchen an.
    Er kann nie am Boden liegen.
    Männeken, Männeken, Männeken steh!
    Kann nie kalte Füße kriegen.
    Männeken, Männeken, Männeken steh!
    Wenn ich mal zu Boden falle,
    Ob es Glatteis oder Schnee,
    Er steht immer wie 'ne Bombe.
    Männeken, Männeken, Männeken steh!

Emigrantenchoral
Das Kabarett geht ins Exil

Daß diese Zeit uns wieder singen lehre
Die guten Lieder eines bösen Spotts –
Selbst wenn uns Herz und Sinn danach nicht wäre –
Nur euch zum Trotz!

Walter Mehring

Am ersten Tag des unheilvollen Jahres 1933 stellt sich in der Münchner *Bonbonniere*, unweit des Hofbräuhauses, ein neues Kabarett vor, zu dem sich Erika Mann, ihr Bruder Klaus und die Schauspielerin Therese Giehse zusammengefunden haben, um in letzter Minute dem verhängnisvollen Zeitgeist Paroli zu bieten. Thomas Mann kennzeichnet die verzweifelte Unternehmung seiner Kinder als »Schwanengesang der deutschen Republik«; von ihm stammt auch der Name des engagierten Kabaretts: *Die Pfeffermühle*.

Klaus Mann beschreibt das Programm als einen »anmutig spielerischen, dabei aber bitterernsten, leidenschaftlichen Protest gegen die braune Schmach«; und während die jungen Kabarettisten auf der kleinen Brettl-Bühne protestieren, sitzt unten im überfüllten Zuschauerraum Hitlers Innenminister Frick und kritzelt mit. Nach dem Reichstagsbrand, den die Nazis mit einer großangelegten Verhaftungsaktion beantworten, flieht das Ensemble in die Schweiz und läßt dort, im Zürcher Gasthof »Hirschen«, die *Pfeffermühle* Anfang Oktober neu erstehen – es ist das erste deutsche Exil-Kabarett.

Bei allem Erfolg, den das Emigranten-Ensemble in der Schweiz und auf ausgedehnten Gastspielreisen durch die Tschechoslowakei, die Niederlande, Belgien und Luxemburg hat, türmen sich bald unüberwindliche Hindernisse auf. Da sind mehr als nur Barrieren zu überwinden, die sich aus der Muttersprache ergeben. Obwohl die *Pfeffermühle* ihre Attacken auf die braune Gefahr, die von Deutschland ausgeht, in die Form des Märchens, der Parabel und der allegorischen Fabel kleidet und keinen der Nazigrößen beim Namen nennt, kommt es bald zu wütenden Angriffen, die in dem Vorwurf gipfeln, hier werde das Gastrecht mißbraucht und das politische Klima vergiftet. Dazu kommt, daß die NS-Regierung über ihre Auslandsvertretungen massiv auf ein Verbot des Kabarettprogramms drängt, diplomatische Konsequenzen androht und alles daransetzt, die unbequeme Stimme der Opposition zum Schweigen zu bringen. Schweizer Faschisten, die sogenannten »Frontisten«, inszenieren im November 1934 im Zürcher Kursaal, wo die *Pfeffermühle* gastiert, einen spektakulären Krawall, es fliegen Stinkbomben, es ertönt ein Trillerpfeif-Konzert, es kommt zu gewalttätigen Auseinandersetzungen.

Erika Mann tritt die Flucht nach vorn an, setzt sich in einer Presseerklärung gegen den Vorwurf zur Wehr, eine »Hetzbühne« zu sein: »Wir versuchen, in der leichten Form, die wir uns gewählt haben, die schweren Dinge zu sagen, die heute gesagt werden müssen, – und wir hätten allen Grund, uns zu schämen, wollten wir jemals damit aufhören.« Und doch ist das Ende bereits programmiert. Die Schweizer Behörden verabschieden eine »Lex Pfeffermühle«, die es Ausländern verbietet, sich öffentlich zu politischen Fragen zu äußern – damit haben die engagierten Kabarettisten, zumindest im Kanton Zürich, Auftrittsverbot.

Die besonderen Erfahrungen der *Pfeffermühle* sind ein bitterer Vorgeschmack auf die Schwierigkeiten, die das Exil-Kabarett im allgemeinen mit seinen Gastgebern hat. Das europäische Ausland verhält sich zurückhaltend gegenüber der reichsdeutschen Regierung, scheut diplomatische Verwicklungen, setzt früh auf eine Politik des Appeasement. Hinzu kommt, daß die Nationalsozialisten in den Nachbarstaaten, in der Schweiz, in den Niederlanden, in der Tschechoslowakei wie vor allem auch in Österreich militante Gesinnungsfreunde haben, die, als faschistische Schlägertrupps organisiert, bereit und in der Lage sind, jede NS-kritische Äußerung von Emigranten zum Politikum hochzuspielen und niederzuknüppeln.

Vor diesem Hintergrund muß der enorme künstlerische wie propagandistische Erfolg der *Pfeffermühle* gesehen werden, der Schriftsteller Joseph Roth bescheinigt, zehnmal mehr gegen die Barbarei getan zu haben »als wir alle Schriftsteller zusammen.« Und das nicht nur in Bezug auf Qualität – immerhin bringt es das Kabarett in drei Jahren mit seinen Gastspielreisen durch sieben europäische Länder auf mehr als tausend Vorstellungen. Das Aus kommt in Übersee, als sich das Ensemble im Januar 1937 in New York als *Peppermill* etablieren will. Das politische Engagement der Emigranten, die einen Teil ihrer Texte auf Englisch vortragen, stößt auf Unverständnis und Desinteresse: Europa ist weit, Hitler erinnert an eine teutonische Comic-Figur, und eine *Peppermill*-Revue ohne Fleischbeschau und beineschwingende Girls ist in der Neuen Welt, in der literarisches Kabarett ohne Tradition ist, eine halbe, fade Sache.

Ähnliche Erfahrungen muß Friedrich Hollaender machen, der in Hollywood vergeblich versucht, sein *Tingel-Tangel* wiederaufleben zu lassen. Kurt Robitschek, den es an die amerikanische Ostküste verschlägt, läßt deshalb bald von der politisch-literarischen Tradition seines *Kabaretts der Komiker* und inszeniert stattdessen in New York in loser Folge Bunte Abende, die eher nach Bierulk, Heurigenseligkeit und Operettenschmock schmecken als nach der anregenden Kabarett-Würze von Pfeffer und Pointen.

In den europäischen Ländern gibt es zudem verstärkt Schwierigkeiten mit den Behörden, die mit Zensurauflagen, hinter denen politische Rücksichtnahme steht, dem Kabarett den Garaus zu machen drohen, bevor es sich etablieren kann. Oft bedarf es der List, die Wahrheit zu verbreiten; das gilt für die Tschechoslowakei, wo sich Hedda Zinner mit ihrem *Studio 34* vorstellt, ebenso wie für die deutsche Kabarettszene, die sich in den Niederlanden bildet.

Die zermürbenden Erfahrungen des Emigranten-Daseins bleiben ihnen allen nicht erspart, jenen aus ihrer Heimat verjagten Kabarettisten, die, angeregt durch das Beispiel der *Pfeffermühle*, versuchen, sich ein Kleinkunst-Podium im Exil zu zimmern. Entwurzelt und entrechtet, leiden sie wirtschaftliche Not, betteln sie – als Freiwild den Ausländerbehörden ausgeliefert – um Aufenthalts- und Arbeitserlaubnis und leben dabei immer in der Furcht, über die Grenze abgeschoben und den Nazis überstellt zu werden. »Ununterbrochen hat man mit der Polizei zu tun«, resigniert Georg Kaiser im Schweizer Exil, »das verelendet den Charakter und bereitet Handlungen vor, die mörderischen Wesens sind.«

Walter Mehring hat das bittere Leben der Exilanten in der Fremde eindringlich beschrieben: »Die Wache gab ihm einen Stoß – da stand der Mann im Staatenlos«, heißt es da an einer Stelle. Sein Emigrantenchoral, von ihm selbst in der *Pfeffermühle* vorgetragen, wird in Pariser Exilkreisen, die sich um das Kabarett *Die Laterne* scharen, zur »heimlichen Nationalhymne«. Aber nicht allen ist es gegeben, mit Mehring Herzen und Hoffnungen »über alle Grenzen zu werfen« und die »ganze Heimat und das bißchen Vaterland« an den Sohlen und im Sacktuch mit sich fortzutragen. Viele Künstler, darunter vor allem die Autoren, Darsteller und Conferenciers, fühlen sich ihres Wesens beraubt, haben, wie Hollaender schreibt, ihre Sprache verloren: »Und es steht uns auf der Stirn geschrieben, daß wir Fremde sind.« Sie fühlen sich mit Tucholsky als »aufgehörte Schriftsteller« und berlinern, wie Mehring, allenfalls noch manchmal »aus'n Traume«. Nicht alle sind diesem Druck gewachsen. Resigniert, verbittert und vereinsamt, gehen sie irgendwo ins Nirgendwo: Kurt Tucholsky in Schweden, Walter Hasenclever in Frankreich, Ernst Toller in New York, Paul Nikolaus in der Schweiz.

Robert Gilbert

Abschied im April

Leb wohl, Berlin. Es muß geschieden sein.
Rixdorf, ich muß dich lassen.
Anhalter Bahnhof. Ja, da steig ich ein
Und zieh dahin mein Straßen.

Allüberall die Hakenwimpel wehn.
Auch ein SA-Mann sitzt mit im Coupé.
Wer weiß, wer weiß, wann wir uns wiedersehn
Am grünen Strand der Spree.

Die Lichter flimmern durch die Scheibe noch.
Ich kenn fast jedes Haus.
So grüßt mich meine alte Bleibe noch
Zum Städtele hinaus.

Hab keinen Dunst, wie lang es dauern wird
Und was vom Elbstrom bis zum Rhein
Aus deinen Arbeitern und Bauern wird,
Lieb Vaterland. Und kann nicht ruhig sein.

Zollrevision, Devisen, Paßkontrolle. Ach,
Man läßt mich durch. Es ist gelungen.
Da murmelt noch der letzte deutsche Bach:
Es ist ein Ros' entsprungen.

Da, wo die galgenlangen Pappeln stehn,
Deutschland, ade.
Wer weiß, wer weiß, ob wir uns wiedersehn
Am grünen Strand der Spree.

WALTER MEHRING

Der Emigrantenchoral

Werft Eure Herzen über alle Grenzen,
Und wo ein Blick grüßt, werft die Anker aus!
Zählt auf der Wandrung nicht nach Monden, Wintern, Lenzen –
Starb eine Welt – Ihr sollt sie nicht bekränzen!
Schärft Euch das ein und sagt: Wir sind zu Haus!
Baut Euch ein Nest!
Vergeßt – vergeßt
Was man Euch aberkannt und Euch gestohlen!
Kommt Ihr von Isar, Spree und Waterkant:
Was gibt's da heut zu holen?
Die ganze Heimat und
Das bißchen Vaterland
Die trägt der Emigrant
Von Mensch zu Mensch – von Ort zu Ort
An seinen Sohlen, in seinem Sacktuch mit sich fort.

Tarnt Euch mit Scheuklappen – mit Mönchskapuzen:
Ihr werdet Euch doch die Schädel drunter beuln!
Ihr seid gewarnt: das Schicksal läßt sich da nicht uzen –
Wir wolln uns lieber mit Hyänen duzen
Als drüben mit den Volksgenossen heuln!
Wo Ihr auch seid:
Das gleiche Leid
Auf 'ner Wildwestfarm – einem Nest in Polen,
Die Stadt, der Strand, von denen Ihr verbannt:
Was gibt's da noch zu holen?
Die ganze Heimat und
Das bißchen Vaterland
Die trägt der Emigrant
Von Mensch zu Mensch – von Ort zu Ort
An seinen Sohlen, in seinem Sacktuch mit sich fort.

Werft Eure Hoffnung über neue Grenzen –
Reißt Euch die alte aus wie'n hohlen Zahn!
Es ist nicht alles Gold, wo Uniformen glänzen!
Solln sie verleumden – sich vor Wut besprenzen –

Sie spucken Haß in einen Ozean!
Laßt sie allein
Beim Rachespein
Bis sie erbrechen, was sie Euch gestohlen,
Das Haus, den Acker – Berg und Waterkant.
Der Teufel mag sie holen!
Die ganze Heimat und
Das bißchen Vaterland
Die trägt der Emigrant
Von Mensch zu Mensch – landauf, landab
Und wenn sein Lebensvisum abläuft, mit ins Grab.

Anonym

Diese Emigranten!

An jedem Übel, wie bekannt,
Trägt Schuld allein der Emigrant.

In Deutschland droht ein harter Winter –
Da steckt ein Emigrant dahinter!

Verloren ist die Arbeitsschlacht,
Ein Emigrant hat das gemacht!

Dem Schacht entgleiten die Devisen, –
Die Emigranten ziehn an diesen!

Kein Leder, keine Woll im Land, –
Ha, – wiederum der Emigrant!

Reichsbischof Müller steckt in Nöten –
O, diese Emigrantenkröten!

Wie Röhm mit Heines hat verkehrt,
Hat sie ein Emigrant gelehrt!

Das braune Reich voll Defraudanten?
Die Treue floh – zu Emigranten!

Die haben, eh sie abkosackt,
Flugs allen Vorrat eingepackt,

Der nun bei Emigranten steckt; –
Daher in Deutschland der Defekt!

Das braune Lumpenpack in Massen,
Schmarotzt in Ämtern, in den Kassen.

Sie werden fett, die Kassen leer,
Die Ehrlichkeit, die gibt's nicht mehr,

Die ist abhanden ganz gekommen,
Da sie ins Ausland mitgenommen.

Nimmt nun das Laster überhand,
Wer ist dran Schuld? – Der Emigrant!

HEDDA ZINNER

Passagier der leeren Plätze

Überall warten Plätze
Die leer sind
Auf dich
In den Bahnen, auf den Schiffen
Warten die leeren Plätze auf dich
Passagier der letzten Plätze.
Überall dort, wo man ißt
Überall dort, wo man trinkt
Wo die Tische reichlich gedeckt sind
Fehlst du
Passagier der leeren Plätze.

Friedrich Hollaender

Ach, sie haben ihre Sprache verloren...

Ach, sie haben ihre Sprache verloren
Und der Zunge flinke Biegsamkeit,
Auszudrücken Glück und neues Leid
In der Melodie, in der sie nicht geboren.
Ach, sie spitzen ängstlich ihre Ohren,
Und der Klang erreicht ihr Trommelfell,
Doch die Worte kommen viel zu schnell,
Auf dem Weg schon haben sie den Sinn verloren.
Und sie schaun auf die bewegten Münder,
Und ihr Mund ahmt alle Lippen nach,
Und sie formen wie die kleinen Kinder
Neue Laute für das Brot, das Bett, das Dach.
Sie sind schamhaft, öffentlich zu reden
In den Läden und an Telephonen.
Sie bewundern und beneiden jeden,
Von der Jugend auf in diesem Land zu wohnen.
Anders scheinen Tisch und Stuhl gedrechselt,
Geld und Münzen sind verwirrend klein.
Das Ersparte, als es umgewechselt,
Ging so mühelos in einen Strumpf hinein.
Lachen hier die Menschen über andre Sachen,
Dinge, die im Grunde traurig sind?
Wird das Traurige lustig, wenn man zu lächeln beginnt,
Oder klingt ihr Weinen wie Lachen?
Ach, wüchse man doch zurück zum kleinen Kinde,
Daß man ihr Lachen und ihr Weinen verstünde.
Warum verstummen sie, wenn man es ihnen gleichtun möchte?
Ach, wir verstehn ihre Seelen nicht.
Das Verkehrte scheint hier so oft das Rechte,
Alles wechselt die Farbe im wechselnden Licht.
O Bürde der neuen Freiheit. Qualvolles Glück.
O tausendmal täglich neu zu erobernde Erden.
Und tausendmal täglich in die Schranken verwiesen werden,
Und kein Zurück.
O ihr Abende, mit der Gefährtin, unter der stillen Lampe,

Wenn die Zeitung raschelt, und das Gedruckte
Noch zehnmal unbegreifbarer als das Gesprochene scheint,
Nichts einen Sinn gibt,
Nebenan in der Kammer das Kind im Schlaf aufweint, –
Tief herabgeschraubt das Radio gurrt,
Von der Wirtin mürrisch hergeliehn,
Tanz und gedrosseltes Gelächter
Aus dem Lautsprecher Fäden ziehn –
Und ich sehe deine Tränen fließen,
Deine Augen sind vom Weinen blind,
Und es steht uns auf der Stirn geschrieben,
Daß wir Fremde sind.

Kurt Robitschek

Die Novaks aus Prag

Sie kennen die Novaks,
Die Novaks aus Prag?
Sie haben sie sicher gekannt.
Ein Gansel bei Novaks, am Sonntag in Prag,
Berühmt war's im böhmischen Land.
Gewohnt hab'n die Novaks am Altstädter Ring.
Die Wohnung war stets aufgeräumt.
Der einzige Fehler, den Novaks gehabt:
Sie waren so schrecklich verträumt.
Es träumte der Leo
Von Montevideo,
Von Damen, die flüstern: Señore,
Die Nacht ist gemacht für Amore.
Die Tante, die Anna,
Die träumt von Havanna.

Die Sehnsucht von Arthur, dem Jüngsten,
War ein Stierkampf in Lisbon zu Pfingsten.
Die Köchin Marianka
Träumt von Casablanca.
Die Tochter, die Mali,
Träumt von Tänzen in Bali,
Von Schanghai und Bombay.
   Ach, schön ist die Welt!
   Die Novaks, die träumen
   In den eigenen Räumen
   Von einer Sehnsucht
   Der herrlichen Welt.

Der Fußtritt der Zeit
Hat die Novaks geknickt.
Sie wurden aus Träumen geweckt.
Den böhmischen Löwen, den hat man verkauft,
Die Ganseln, die hab'n sich versteckt.
Marschierende Schritte – ein Führer, ein Volk...
Da hat man im Schnellzug gesehn:
Die Wrbas, die Krejcis, die Bilys, die Krcs.
Doch was ist mit Novaks geschehn?
Es sitzt jetzt der Leo
In Montevideo.
Er denkt nicht mehr an die Señoras,
Er hat jetzt ganz andere Zoras.
Die Tante, die Anna,
Die sitzt in Havanna
Und wartet auf Arthur, den Jüngsten,
Denn der Dampfer aus Lisbon kommt Pfingsten.
Die Köchin Marianka,
Sitzt in Casablanca.
Die Tochter, die Mali,
Hat kein Visum von Bali
Nach Schanghai und Bombay.
   Und lang wird der Tag!
   Die Novaks, die träumen
   In gemieteten Räumen
   Von einem Ort nur.
   Sie träumen von Prag.

ERICH WEINERT

Die braune Kuh

Für ein deutsches Kabarett

Ach bitte, nicht mehr Frau Direktor sagen!
Man nennt mich heut Frau Führer, Gott sei Dank.
Ich spreche gern mit Leuten ohne Kragen
Und setze mich zu ihnen auf die Bank.
Mein Mann gab jetzt im Direktionsgebäude
Ein Fest fürs Personal mit Bier und Wurst.
Denn man erhöht jetzt Arbeitskraft durch Freude.
Und wirklich, keiner trank da übern Durst.
Gott, dem Betrieb hat's weiter nicht geschadet;
Mein Mann zog's ab vom Lohn, prozentual.
Und alles freut sich, wenn er wieder mal einladet.
Die Kosten trägt ja gern das Personal.
 Sieg Heil!

Ach, bei den Roten gab es immer Feindschaft.
Ausbeuter sagten sie zu meinem Mann.
Doch unser Führer schuf die Volksgemeinschaft,
Wo keiner meinem Mann diktieren kann.
Er hatte schon vor Ärger Rheumatismus.
Doch plötzlich gab's für uns die neue Zeit.
Nun kam von *oben* her der Sozialismus;
Denn der von unten war nur blasser Neid.
Heut braucht man nicht mehr der Gewerkschaft Segen.
Und wird die Dividende etwas schmal:
Heut kann man den Verlust ja auf den Lohn umlegen.
Da opfert gern das ganze Personal.
 Sieg Heil!

Jetzt tu ich viel fürs Volk im engsten Kreise.
Vier Mädchen hab ich. Kosten ja nichts mehr!
Man nimmt sich immer neue, probeweise.
Und so vermindert man das Arbeitslosenheer.
Wohltätigkeit, wer sollte sie denn üben,

Wenn *wir* nicht? Und das sieht man jetzt auch ein.
Ja, sehn Sie doch einmal nach Rußland drüben!
Wo man die Reichen abschafft, wird das Volk gemein!
Heil unsrem Führer, der uns rettete vor ihnen,
Die neidisch sind auf unser Kapital!
Er schuf ein Volk, das wieder glücklich ist im Dienen,
Ein dankbar und bescheidnes Personal.
    Sieg Heil!

Mein Mann sagt oft: Bald kommen große Zeiten!
Das Vaterland ist wieder eingekreist.
Wir werden auf dem Feld der Ehre streiten
Und tragen in die Welt den neuen Geist!
Mein Mann hofft, im Vertraun, auf Staatsaufträge.
Die Wirtschaft wird dann fabelhaft gedeihn.
Wir Damen widmen uns der Heldenpflege.
Das werden intressante Zeiten sein!
Mein Mann sagt: Siegen wir nach heißem Ringen,
Dann setzt er im Betrieb ein Ehrenmal
(Auch die Gefolgschaft wird hier gern ein Opfer bringen)
Für das für uns gefallne Personal.
    Sieg Heil!

Erika Mann

Frau X

Ich heiße X und habe einen Laden,
Drin es Verschiedenstes zu kaufen gibt.
Ich will im ganzen keinem Menschen schaden –
Ich und mein Mann, wir sind auch recht beliebt.
Man lügt und man betrügt sich durch die Woche,
Am Sonntag reicht es dann zu Wein und Huhn.
Mit Ehrlichkeit hat unsere Epoche
Und mit Charakter ja nichts mehr zu tun.

Es kräht kein Hahn danach,
Es kräht kein Hahn danach,
Die Hühner lachen leis.
Es schert sich keine Katz,
Weil das doch jeder weiß:
Wer's Pech hat, na, der hat's.

Mein Mann betrügt mich oft, ich weiß es immer,
Und ich betrüge ihn in mancher Nacht.
Er mietet sich zu diesem Zweck ein Zimmer,
Ich und mein Freund, wir haben's oft belacht.
Dabei betrügt mich der mit meiner Jüngsten,
Die lügt mich an, das lebenstüchtge Ding.
Ja, ja, ich weiß, es war vergangne Pfingsten,
Daß sie zum ersten Male zu ihm ging.
    Es kräht kein Hahn danach...

Und gibt es Krieg, dann muß es ihn halt geben –
Wozu denn sonst das Militär im Land?
Die Industrie will schließlich weiterleben.
Ich und mein Mann, wir haben's längst erkannt.
Wenn wir daheim sind und am Radio hören,
Wie das so funkt und tut aus manchem Reich.
Und andre Leute lassen sich nicht stören –
Nur Österreich selber ward ein bißchen bleich:
    Es kräht kein Hahn danach...

Wenn wir's nicht hindern, sind wir schnell verloren –
Der Vogel Strauß macht große Politik;
Den Kopf im Sand bis über beide Ohren,
Zwitschert er dumpf: »Ich bin nicht für den Krieg.«
Am Ende liegt die Welt in Schutt und Trümmern,
Die wir so listig-tüchtig aufgebaut.
Das Giftgas schwelt in unsern guten Zimmern –
Ich und mein Mann, wir geben keinen Laut.
    Nun krähn die Hähne all
    Ums blutge Morgenrot –
    Die Hühner weinen leis.
    Zu spät schert sich die Katz,
    Die es nun gründlich weiß:
    Wer's Pech hat, na, der hat's.

ERIKA MANN

Der Prinz vom Lügenland

Ich bin der Prinz vom Lügenland,
Ich lüg, daß sich die Eichen biegen –
Du lieber Gott, wie kann ich lügen,
Lüg alle Lügner an die Wand.
Ich lüge so erfindungsreich
Das Blau herunter von den Himmeln.
Seht Ihr die Luft von Lügen wimmeln?
Es weht der Wind vom Lügenteich.
Der liebe Sommer naht sich jetzt,
Schon sprießen Knospen an den Bäumen,
Lieb Veilchen gelb die Wiesen säumen,
Im Kriege ward kein Mann verletzt.
Ha, ha! Ihr glaubt's, ich merk es ja.
Ich kann in Euren Mienen lesen.
Obwohl es lügenhaft gewesen,
Steht es vor Euch wie Wahrheit da.
   Lügen ist schön,
   Lügen ist gut,
   Lügen bringt Glück,
   Lügen schafft Mut,
   Lügen haben hübsche lange Beine.
   Lügen macht reich,
   Lügen sind fein,
   Wirken wie wahr,
   Waschen dich rein,
   Gehn wie Hündlein folgsam an der Leine.

Bei mir daheim im Lügenland
Darf keiner mehr die Wahrheit reden,
Ein buntes Netz von Lügenfäden
Hält unser großes Reich umspannt.
Bei uns ist's hübsch, wir haben's gut,
Wir dürfen unsre Feinde morden.
Verleihn uns selbst die höchsten Orden
Voll Lügenglanz und Lügenmut.

Wer einmal lügt, dem glaubt man nicht,
Wer immer lügt, dem wird man glauben.
Zum Schluß läßt sich's die Welt nicht rauben,
Daß er die lautre Wahrheit spricht.
  Lügen ist recht,
  Lügen ist leicht,
  Alles ist gut,
  Wenn man's erreicht,
  Lügen sind zu unserm Zweck die Mittel,
  Lügen bringt Ruhm
  Dem Lügenland,
  Lügen sind bunt
  Und elegant;
  Dumme Wahrheit geht in grauem Kittel.

Ein Prinz bin ich aus Lügenland,
Ich will die Wahrheit überdauern.
Verborgen hinter Lügenmauern,
Halt ich den wahrsten Stürmen stand.
Ich misch das Gift, ich schür den Brand,
Nur so schütz ich mein Reich vor Kriegen.
Wer mir nicht glaubt, den straf ich Lügen,
Ich selbst, der Prinz vom Lügenland!
Die Welt hat gern mit mir Geduld
Und sollt sie auch zugrunde gehen –
Mich hört man auf den Trümmern krähen:
Daran sind nur die andern schuld!
  Lügen sind sanft
  Lügen sind fein
  Machen Euch still
  Singen Euch ein.
  Bis zu einem gräßlichen Erwachen,
  Laßt's nicht geschehn!
  Glaubt ihnen nicht
  Schleudert die Wahrheit
  Ins Lügengesicht!
  Denn die Wahrheit ganz allein kann's machen!

Erika Mann

Die Krankenschwester

*Die Krankenschwester ist säuberlich und anheimelnd uniformiert –
mit weißer Haube, weißer Schürze etc. Auf der Bühne das Fußende
eines Bettes mit Fieberkurve – der Patient unsichtbar. Die Verse des
Chansons werden in leichtem, ja hüpfendem Ländler-Rhythmus
gesungen, die Prosatexte ohne Begleitung gesprochen; in stetig
zunehmender Stärke und rhythmisch stark betont kommen die
»Refrains«.*

So, jetzt kommt die sanfte Schwester –
Nur schön ruhig, still und brav!
Sie sind eben krank, mein Bester –
Darum meidet Sie der Schlaf.
Unser Kopf tut weh seit gestern?
Spür'n wir unsern armen Bauch?
Ja, wir einfühlsamen Schwestern
Merken fremde Schmerzen auch.
Ist's der Fuß, der Arge, Schlimme?
Milde herrscht im Krankenhaus.
Manchmal wächst die eigne Stimme
Mir direkt zum Hals hinaus!

Was möchten Sie? Was Kräftiges? Aber hier ist doch das feine gute Vanille-Eiseli. Das ist nicht kräftig?!
Der Herr Professor
Weiß das besser!
Und unser Eis ist voller Kraft und Mark.
Unser Teechen, unser Süppchen,
Nur brav schlürfen,
Armes Püppchen –
Unser Süppchentee macht stark!
So – ein Schlückchen für die Mutter,
Und ein Schlückchen für die Braut.
Ei, da rutscht es gleich, wie Butter!
Na, wer klopft denn da so laut?
Nein, Besuch darf jetzt nicht kommen,
Die Besuchszeit ist vorbei.

Jetzt wird Pülverchen genommen,
Ohne Faxen und Geschrei.
Sie geht zur Tür, spricht seitlich in die Kulisse
Ja, es geht sehr ordentlich. Nein, herein dürfen Sie nicht – wir sind müde. Der Patient erwartet Sie? Sie haben versprochen, gute Nacht zu sagen? Er wird nicht schlafen???
Der Herr Professor
Weiß das besser!
Auch ausnahmsweise dürfen Sie nicht rein.
Nein, Sie sind da nicht im Bilde,
Ich bin stark bei aller Milde –
Und es darf nun mal nicht sein.

So – jetzt kommt unser feines Brechmittel. Nehmen Sie nicht? Was soll ich Sie? Aber das hat der Professor nun ausdrücklich verboten. Pfui – jetzt geh ich zu einem andern Patienten!
Wendet sich ab vom Bett, der Rampe zu, scheint von nun an »draußen«, im Dunkel, den »anderen Patienten« zu sehen
Ach, er hört mich gar nicht kommen.
Traurig liegt's da hingestreckt –
Fiebrig scheint man und benommen –
Bis zum Halse zugedeckt.
So, nur still, mein armes Lämmchen,
Nicht gemuckst und nicht geklagt!
Totenbrav ist das Patientchen,
Bis der Morgen wieder tagt.
Hier ist's Nacht, laßt vor den Pforten
Morgendlich die Menschheit schrein.
Hier im Haus soll's allerorten
Diktatorisch dunkel sein!

Wie – Sie möchten was sagen? Ei, was denn? Ja oder Ja? Als dritte Möglichkeit bliebe dann nur noch Ja – wenn Sie das meinen...?
Was? Ihnen geht's nicht besonders? Sie sind hier nicht zufrieden?
schreit Der Herr Professor
Weiß das besser!
Sie sind zufrieden, Ihnen geht's famos!
Lüge, daß man sie gequält hat!
Und den Arzt, den man gewählt hat –
Wird man so leicht nicht mehr los!

Klaus Mann

Ein Brief

Ich hätte Dir, Du liebes altes Stück,
Schon lange schreiben sollen.
Doch Du weißt, wie schwer es ist.
Es ist so schrecklich schwer.

Der Tag vergeht so rasch mit tausend Dingen.
Am Abend leg ich das Papier zurecht.
Dann wage ich den Brief nicht anzufangen,
Weil ich mich fürchte, daß er traurig wird.

Kann ich Dir lustig schreiben? Es ist Abend.
Der Tag war nicht sehr schön. Man hoffte,
Der Abend würde klar. Es ging ein Wind.
Aber am Abend brachte er nur Wolken.

Es war so gut von Dir, daß Du mir's selber
Geschrieben hast. Dein Bruder hinterließ
Kein Wort für mich. Ganz wortlos ging er fort.
War auch für Dich nichts da? Gar keine Zeile?

Und Ihr wart Geschwister. Aber keinen Namen
Trägt er für mich. Wie ich es möchte,
Darf ich ihn doch nicht nennen. Also bleib ich still.
Ich habe keinen Namen, ihn zu rufen.

Ich habe nichts zu denken, als nur dies:
Wie leicht vermeidbar es gewesen wäre,
Und daß man ihn doch hätte halten können.
Man hat so viel versäumt. Es liegt an uns.

Das glaubst Du nicht? Es zog ihn gar zu sehr?
Er wollte sich von uns nicht halten lassen?
Er hat das Dunkle inniger geliebt
Als alles andre? Mehr als Dich und mich?

Das weiß ich schon. Ich hab's so oft gedacht,
Daß es mich müde macht, es noch zu denken.
Er hat das Dunkle fürchterlich geliebt.
Er liebte aber auch die hellen Dinge.

Das Helle war nicht hell. Es war beschmutzt.
Da fand er, daß das Dunkle reiner wäre.
Er war erst sechsundzwanzig. War kein Weg
Aus diesem bittren Jungsein mehr zu finden?

Er litt darunter, daß er nichts verdiente.
Es sind doch so viel andre stellungslos.
Er hätte sicher wieder was gefunden.
Er war zu anspruchsvoll. Man braucht Geduld.

Man braucht Geduld. Es wird viel Arges kommen.
Man trägt es nicht, wenn man nicht doch vertraut –
Ganz heimlich weißt Du, daß sich im Gemeinsten
Und Grausigsten ein Andres vorbereitet.

Er haßte, was heut herrscht. Wir hassen's auch.
Er aber tat es maßlos, hoffnungslos.
Man hätte ihn gebraucht – während der großen Kämpfe,
Die kommen werden – und nachher erst recht.

Hat er gewußt, wie er uns fehlen wird?
Um wieviel schwerer ohne ihn der Tag,
Der schwere Tag vergeht, und wie die Nacht,
Die tränenlose, wie sie endlos wird?

Was für ein Hochmut, sich davonzustehlen,
So abzuwinken: »Weg, laßt mich allein!«
Schon war er schwerelos. Schon lernt er fliegen.
Hebt Flügel. Steigt. Wir starren hin und spüren

Ein Herz so schwer wie Stein – das neubeschwerte
Wird uns am Fliegen und am Fliehen hindern.
Wir müssen drunten bleiben. Unser Platz
Ist mittendrin. Du hälst doch mit mir aus?

Ich kann mir nächstens einmal Urlaub nehmen.
Dann komme ich zu Dir. Wir wollen reden.
Nicht nur von ihm. Von allem. Das tut gut.
Sei brav inzwischen. Ich will's auch versuchen.

Wir können doch nichts schaffen, als nur jeden Tag
Uns Mühe geben, diese arme Welt
Dem etwas ähnlicher zu machen,
Was unser stolzer Bruder, der Leichtgewordene, ertragen hätte.

MAX HERRMANN-NEISSE

Requiem

Für Paul Nikolaus

Die Abendröte faltet die Flügel zusammen,
Es naht uns eine Nacht, die wohl nie enden mag.
Was von Dir sterblich ist, vergeht in Flammen,
Und unsre Trauer tröstet nicht der schönste Frühlingstag.

Ich feire ernst beim Wein Dein Angedenken
Mit einem Spruch, der Dir nun nichts mehr nützt.
Wenn sich die Nebel über unsere Welt jetzt senken,
Ist niemand mehr von einem guten Geist beschützt.

Bargst du Dein Leid vor mir? Ich sah Dich immer heiter
Und wußte nicht, wie schwer auch Dir Dein Schicksal war.
Wir, die noch leben, leben wie Gefangene weiter
In einem Labyrinth voll Fallen und Gefahr.

Wo enden unsre Ängste, Kämpfe, Nöte?
Das Dunkel weicht, der letzte Stern verglimmt.
Ihr Flügelpaar entfaltet groß die Morgenröte,
Die Dein Unsterbliches hinübernimmt.

WALTER MEHRING

Die alte Vogelscheuche

Nicht Haupt, nicht Haut – nur Frack und Knochen
Vom Sturm zum Wesen aufgeschwemmt
Die Glieder starr ins Kreuz gebrochen
Ich habe keinen Leib am Hemd
Nur meine Seele, jung und keusch,
Füllt man in alte Kleiderschläuche
   Ich bin nicht Fisch – nicht Fleisch
   Nicht Vogel
   Ich bin Nichts
   Als
     Vogelscheuche.

Ein Mahnmal der gefallenen Kleider,
So steh ich um als Stoffgespenst –
Es fleht aus mir ein toter Schneider,
Daß ihr zum Nachruhm mich bekränzt –
Ich spitze lippenlosen Mund,
Ich wölb in mich vergangne Bäuche
   Ich bin nicht krank – bin nicht gesund
   Bin nicht gestorben
   Ich bin nichts
   Als
     Vogelscheuche.

Wenn alle Ängste aus mir schlottern,
Hilflos zum Heldentum verdammt,
Den Raben, Füchsen, Igeln, Ottern
Werd ich zum Gott, urangestammt –
Zum Schreck in diese Welt geborn
Ein Träger abgelegter Bräuche
   Ich bin nicht hinten – bin nicht vorn
   Nichts drin – nichts draußen
   Ich bin nichts
   Als
     Vogelscheuche.

Von Spatzenhirnen ausgedacht
Bläh ich mich groß, ich Lump aus Lumpen –
Und Dünste der Gespensternacht,
Die mich zum Völkerschreck aufpumpen –
Ich: Manito der hohlen Gäuche –
Ich: Frack – Ich Braunhemd – Ich Brokat
Bin das System – Ich bin der Staat
  Ich bin der Führer
  Ich bin Nichts
  Die
    Menschenscheuche.

Witz als Widerstand
Vom Ende des Tingel-Tangel

Am seidnen Faden hing ein Schwert,
Sich auf mein Haupt zu laden.
Glaubt ihr, daß mich das Schwert gestört?
Mich schreckte nur der Faden.

Werner Finck

Als Diether von Wedel, persönlicher Adjutant des Reichsministers für Volksaufklärung und Propaganda, am Abend des 28. April 1935 in der Berliner Lutherstraße seine Schritte in Richtung *Katakombe* lenkt, ist er bereits mannhaft entschlossen, übel zu nehmen. Der Auftrag, sich eine Kabarett-Vorstellung anzusehen, stammt von seinem obersten Dienstherrn, Joseph Goebbels, persönlich. Nachdem sich seit Ende 1934 auf dem Goebbels-Schreibtisch Berichte des Geheimen Staatspolizeiamtes stapeln, die davon zu berichten wissen, daß in der *Katakombe* »die Maßnahmen der Reichsregierung ins Lächerliche gezogen und kritisiert werden«, kommen immer mehr unübersehbar unauffällig gekleidete Staubmäntel in Werner Fincks Kabarett, wo sie unter dem Gelächter des Publikums vom Hausherrn zuweilen freundlich begrüßt werden: »Na, so geheim scheinen Sie ja nun auch nicht zu sein, ich sehe ziemlich deutlich, was Sie da machen...«

Werner Finck, inzwischen auch als Filmdarsteller populär und selbst auf NS-Parteiveranstaltungen kein Unbekannter, läßt man in den ersten Jahren der Hakenkreuz-Ära witzelnd gewähren, obwohl Goebbels bald erkennt, daß der *Katakomben*-Conferencier nicht so sehr gefährlich ist durch das, was er sagt, als vielmehr durch das, was er verschweigt. Mehr noch: Die *Katakombe* hat auch unter den Parteigenossen einflußreiche Fürsprecher. So lobt der »Völkische Beobachter«, das Zentalorgan der NSDAP, das neue »Frühlingsprogramm«, das nun Goebbels-Adjutant von Wedel zu inspizieren hat, als einen »Abend voll fröhlicher, geistreich zugespitzter Heiterkeit« und attestiert Finck und seinem »manchmal geflügelten, manchmal überraschend pointensicheren Scherz« eine »gern zugestandene Narrenfreiheit«. Und Hans Schwarz van Berk, Chefredakteur des NS-Kampfblattes »Der Angriff«, schreibt ins Gästebuch der *Katakombe*: »Gefährlich oder ungefährlich – weitermachen!«

Goebbels-Vertrauter von Wedel sieht das anders. Was er da vom Ensemble an »schlechten politischen Witzen« über den Zeitgeist, über NS-Presse und Blubo-Ideologie serviert bekommt, nimmt er als »geradezu unverschämte Gehässigkeit« wahr. »Alles in allem«, empfiehlt er seinem Chef, »erscheint es mir angebracht, dieses Lokal zu schließen und den Herrn Finck und Herrn Giesen für einige Zeit in Verwahrung zu nehmen, damit ihnen dort klar werden kann, daß eine solche Art von Unterhaltung des Publikums in der heutigen Zeit nicht mehr angebracht ist.«

Zwei Tage später ist der strenge Kabarett-Kritiker im *Tingel-Tangel* in der Kantstraße zu Gast, dem einstigen Hollaender-Theater, für das jetzt Günther Lüders als künstlerischer Leiter verantwortlich zeichnet. Wie schon in der *Katakombe* nimmt Wedel auch hier einen Ton wahr, »der nicht mehr in die heutige Zeit paßt«, und zeigt sich empört darüber, daß man es wagt, »sich über Deutsche und deren Einrichtungen zu mokieren und diese in den Dreck zu ziehen.« Sein Fazit: »Auch das *Tingel-Tangel* müßte ausgeräumt und verboten werden und Herr Walter Lieck in ein Konzentrationslager überführt werden.«

Es ist nicht der einzige Bericht, der auf dem Goebbels-Tisch landet. Kriminalkommissare, Gestapobeamte und SS-Leute schreiben um die Wette Aktenvermerke, die in dem Vorwurf gipfeln, hier werde der Nationalsozialismus verhöhnt und das Staatsinteresse geschädigt. Major Rettelsky, Mitarbeiter des Propagandaministeriums, schlägt seinem obersten Dienstherrn sogar vor, beide Kabaretts, »die beiden übrig gebliebenen Brutstätten jüdischer und marxistischer Propaganda während der Vorstellung zu schließen und sämtliche Beteiligten einschließlich des Publikums in Schutzhaft zu nehmen.«

Als von der SS-Führung bestätigt wird, daß »Partei- und SA-Angehörige heute, den 10. Mai 1935, abends beabsichtigen, das Lokal des Kabaretts *Tingel-Tangel* zu demolieren«, ist es so weit: Goebbels läßt noch am gleichen Tage *Katakombe* wie *Tingel-Tangel* schließen und Werner Finck, Heinrich Giesen, Walter Trautschold, Rudolf Platte, Walter Lieck, Walter Gross und Ekkehard Arendt verhaften. Nach mehrtägigem Gestapo-Verhör, bei dem sich vor allem Finck in gewohnter Manier naiv-ahnungslos gibt, werden Platte und Arendt aus der Haft entlassen; Arendt, weil er auf seine österreichische Staatsbürgerschaft und NSDAP-Mitgliedschaft verweisen kann, Platte, weil er Goebbels gegenüber Reue zeigt und Besserung gelobt haben soll. Denunziationen, an denen sich auch Kabarett-Kollegen beteiligen, führen zur Festnahme von Lüders; er wird zusammen mit seinen *Tingel-Tangel*-Partnern Lieck und Gross sowie den drei *Katakomben*-Künstlern Finck, Trautschold und Giesen ins Konzentrationslager Esterwegen eingeliefert.

Es gibt Reaktionen. In der Emigranten-Zeitung »Pariser Tageblatt« kann man unter der Überschrift »Warum man über Finck lachte« lesen: »In Deutschland blüht der Sarkasmus gegen das verhaßte Regime weiter. Zwar hat man jetzt alle Ventile, durch die sich der gequälte deutsche Mensch Luft machte, verstopft. Aber immerhin ist es doch erfreulich, zu konstatieren, wie weit sich manche vorgewagt haben.« Und Staatskommissar Hinkel flattert ein illegales Flugblatt der »deutschen antifaschistischen Bühnen-Angehörigen« in die Reichskulturkammer, in dem die Freilassung der Kabarettisten gefordert wird.

Daß sie nach sechs Wochen wieder, mit vorläufigem Arbeits- und Auftrittsverbot belegt, entlassen werden, verdanken sie der Schauspielerin Käthe Dorsch, die für die Kollegen bei ihrem Ex-Verlobten, Reichsminister Hermann Göring, interveniert hat. Ein gutes Jahr später, im Oktober 1936, gibt es vor dem Sondergericht des Landgerichts Berlin ein gerichtliches Nachspiel: »Hauptverhandlung gegen Finck u. a. wegen Vergehens gegen das Heimtückegesetz«. Die Anklage stützt sich auf zwei Szenen, das »Fragment vom Schneider« aus dem *Katakomben*-Programm und die »Miesmacher«-Nummer des *Tingel-Tangel*. Beide Kabarett-Sketche müssen vor Gericht nachgespielt werden, dabei kommt es zu »ungeniertem Gelächter« der Prozeßbeobachter. Die Verhandlung endet mit dem Freispruch aller Angeklagten mangels ausreichender Beweise.

Immerhin, das Regime hat Zähne gezeigt und einen Warnschuß abgefeuert. Auch das neue Kabarett-Stück »Der Apfel ist ab« der *Nachrichter* wird im Oktober 1935 von Goebbels verboten. Und das eher unpolitisch, dafür herzhaft-aufmüpfig blödelnde Ensemble um Helmut Käutner, Kurd E. Heyne und Bobby Todd gleich mit: Das Reichspropagandaministerium spricht der Kabarettgruppe kurzerhand die »Zuverlässigkeit und Eignung im Sinne der nationalsozialistischen Staatsführung« ab – Auftrittsverbot.

Damit sind die letzten vorsichtigen Versuche, im Kabarett wider den Stachel zu löcken, liquidiert. Und die Kabarettisten haben die Botschaft von oben verstanden. Das Kabarett *Tatzelwurm*, das sich im September 1935 unter der Leitung von Tatjana Sais und Bruno Fritz in den Räumen der von Goebbels geschlossenen *Katakombe* einnistet, gibt keinen Anlaß mehr zu staatlichem Eingreifen. Das Programm, von Gestapobeamten »wiederholt kontrolliert«, ist, wie die Spitzelberichte vermelden, »in sittlicher, religiöser und politischer Hinsicht nicht zu beanstanden«.

Eine ganze Zunft hat, um des Überlebens willen, um ihren Abschied gebeten. Er ist ihnen gewährt worden.

Walter Lieck

Mancher lebt!

Mancher lebt von seinen Schulden,
Mancher lebt von seinem Geld,
Mancher lebt vom Sichgedulden,
Mancher lebt, wie's ihm gefällt!
Früher lebten Kabarette
Meistens von der Politik.
Heute, das ist ja das Nette,
Machen wir dafür Musik.

Werner Finck

Das Fragment vom Schneider

Ein Kunde kommt zum Schneider
SCHNEIDER Womit kann ich dienen?
KUNDE *beiseite* Spricht der auch schon vom Dienen! *laut* Ich möchte einen Anzug haben... *vielsagende Pause, dann nachdenklich* Weil mir etwas im Anzug zu sein scheint.
SCHNEIDER Schön.
KUNDE Ob das schön ist – na, ich weiß nicht.
SCHNEIDER *ein wenig ungeduldig* Was soll's denn nun sein? Ich habe neuerdings eine Menge auf Lager.
KUNDE Aufs Lager wird ja alles hinauslaufen.
SCHNEIDER Soll's was Einheitliches oder was Gemustertes sein?
KUNDE Einheitliches hat man jetzt schon genug. Aber auf keinen Fall Musterung!
SCHNEIDER Vielleicht etwas mit Streifen?
KUNDE Die Streifen kommen von alleine, wenn die Musterung vorbei ist. *resigniert* An den Hosen wird sich ein Streifen nicht vermeiden lassen...

SCHNEIDER Fangen wir erst mal mit der Jacke an. Wie wäre es denn
    mit Winkel und Aufschlägen?
KUNDE Ach, Sie meinen eine Zwangsjacke.
SCHNEIDER Wie man's nimmt. Einreihig oder zweireihig?
KUNDE Das ist mir gleich. Nur nicht diesreihig!
SCHNEIDER Wie wünschen Sie die Revers?
KUNDE Recht breit, damit ein bißchen was draufgeht. Vielleicht gehen wir alle mal drauf. Der Kronprinz hat ja gesagt: Immer feste druff!
SCHNEIDER Dann darf ich vielleicht einmal Maß nehmen?
KUNDE Doch, doch, das sind wir gewöhnt.

Der Kunde nimmt Haltung an, der Schneider stellt sich mit dem Zentimetermaß neben ihn. Er nimmt Maß, während der Kunde die Hände stramm an die Hosennaht legt

SCHNEIDER *auf das Maßband schauend* 14/18 – Ach, bitte, stehn Sie doch einmal gerade.
KUNDE Für wen?
SCHNEIDER Und jetzt bitte den rechten Arm hoch – mit geschlossener Faust... 18/19. Und jetzt mit ausgestreckter Hand... 33... Ja, warum nehmen Sie denn den Arm nicht herunter? Was soll denn das heißen?
KUNDE Aufgehobene Rechte ...

WALTER GROSS/WALTER LIECK

Die Miesmacher auf der Herrenpartie

Drei Männer unterm Baum, von der Natur zu schweigen!

ALLE Alles können wir lassen,
  Bloß das Miesmachen nicht,
  Das Miesmachen nicht!
  Das lassen wir nicht!
  Und sollt die Welt in Trümmer gehn –
  Es schimpft sich ja so schön!

GROSS Hier ist es richtig, meine Herren, hier laßt uns Dings bauen –
LIECK Hütten!
GROSS Hütten! Jawohl, also bitte, nehm' Se Platz, meine Herren! Aber meine Herren, eins möchte ich gleich mal sagen: Nun sind wir also heute hier draußen im Freien ...
LÜDERS Pst!
LIECK Nun fangen Sie aber nicht schon wieder an!
GROSS Immer dieselben. Immer dieselben! Jawohl, hier draußen im Freien! Soll man es für möglich halten, daß an einem Tag wie heute, wo durch unser ganzes Land ein Lenzesahnen geht...
LÜDERS *hustet*
GROSS Bitte?
LÜDERS Husten wird man wohl noch dürfen.
GROSS ... lichtscheues Gesindel ...
LIECK Nana! Nana!
GROSS ... in den Kneipen herumsitzt und dort Skat spielt, anstatt hier draußen!
LIECK Na eben, wenn wir wirklich mit dem Bier nicht langen, können wir ja noch immer einkehren!
GROSS So ist es, meine Herren, wir sind ja schließlich keine Spießbürger, wir haben uns noch jeder gegebenen Situation anpassen können.
LÜDERS *hustet*
LIECK Sie, hör'n Sie mal, Ihr Husten gefällt mir aber gar nicht!
GROSS Und wenn ich Ihnen einen guten Rat geben darf, nehmen Sie wenigstens die Hand vor den Mund!
LÜDERS Entschuldigen Sie bitte.
LIECK Wissen Sie, ein Freund von mir, der hat auch immer so gehustet, bei dem ist das aber schlimm geworden.
LÜDERS Tatsache?
LIECK Jaja, der hat jetzt 6 Wochen – im Krankenhaus gelegen.
LÜDERS *hält sich die Hand vor den Mund*
GROSS Na, sagen Sie mal, meine Herren, zu was sind wir denn nun eigentlich hier? Karten raus, oder ich geh nach Hause. Los, Sie geben.
LIECK Natürlich! Ich gebe. Selbstverständlich! Sehr gern!
GROSS Wollen wir jetzt gemütlich sein oder nicht?! Na also, meine Herren, wenn ich bitten darf. Und die Politik beiseite. Was haben wir uns da einzumischen?

LÜDERS   Es soll sich schon mal einer den Daumen abgemischt haben.
LIECK   Haben Sie das in der »Wahrheit« gelesen?
LÜDERS   Ich höre was! – Vorne!
GROSS   Bitte?
LÜDERS   Na, er hat gegeben, und Sie müssen mir was sagen.
GROSS   Ach so, ich muß reizen, ja! Na, Sie können sich man auch mal die Finger vergolden lassen. So'n Mistblatt müßte verboten werden.
LÜDERS   Sag ich ja, hab ich ja immer gesagt!
GROSS   Nana, nun beruhigen Sie sich man und hören Sie auf zu jodeln! Ich sag Ihnen jetzt 18.
LÜDERS   Da fängt's gerade an!
GROSS   20.
LÜDERS   Bin ich mit bei.
GROSS   22!
LÜDERS   Immer noch.
GROSS   23.
LÜDERS   Noch und noch.
GROSS   24.
LÜDERS   Da wird's erst richtig
GROSS   27.
LÜDERS   Solange diese Eiche steht.
GROSS   30.
LÜDERS   *reckt die geballte Faust* So stehn wir da!
GROSS   33.
LÜDERS   *läßt den Arm sinken*
GROSS   Was ist los?
LÜDERS   Na, passen wird man doch wohl noch dürfen.
GROSS   *zu Lieck* Und was haben Sie?
LIECK   Kein Interesse.
GROSS   Au, Watte! Zwei Kreuzer, rüstig, rüstig.
LÜDERS   Wem sagen Sie das!
GROSS   Nun können Sie aber antreten. Jetzt stehn wir lang.
LÜDERS   Pst.
GROSS   So, Herr Nachbar, nun fangen Se an!
LÜDERS/GROSS   Wenn wir im Frühling in den Wald marschieren, Hängt für uns der Himmel voller Grand mit Vieren.
LIECK   *nimmt einen Stich*
LÜDERS   Ei warum?

LIECK/GROSS   Ei darum!
LÜDERS   Ei warum?
LIECK/GROSS   Ei darum!
LÜDERS   Ei bloß wegen Bube, Dame, König und des As?
LIECK/GROSS   Ei bloß wegen Bube, Dame, König, dummet Aas!
GROSS   Mit so einem Idioten muß man nun Skat spielen!
ALLE   Wir sind ein einig Volk von Kartenspielern!
  Und wer da nicht mitspielt, der rechnet zu den Wühlern.
  Ei warum, ei darum.
  Ei warum, ei darum.
  Ei bloß wegen Bube, Dame, König und des As!
  biertrinkend
  Ein Prosit, ein Prosit der Gemütlichkeit!
  Ach, es ist ja so schwer, aus der Heimat zu gehn...
  Ei bloß wegen dem Tschingderassa, Bumderassassa.
  Ein Prosit, ein Prosit der Gemütlichkeit!

WALTER LIECK

Gärten sehen dich an!

Was wir in den Gärten sehen,
Bei den Staaten sehn wir's auch:
Sehn den Grafensteiner stehen
Über einem Rosenstrauch!

Dort ne Pumpe zu dem Zwecke,
Daß man sich was pumpen kann,
Hier den Rotkohl in der Ecke,
Da den Weißkohl vornean.

Den Kohlrabbi, den entfernte
Der ganz gern aus seinem Reich,
Dort ist eben große Ernte,
Grade sind die Birnen weich.

Blumen stehn an manchem Wege,
Und an manchem ein Spalier,
Da kommt man gleich ins Gehege,
Dort vor ne verschlossne Tür.

Nirgendwo ist alles Blüte,
Nirgendwo ist alles reif,
Der, der bückt sich! Gott behüte!
Der, der hält den Rücken steif.

Will mal eine kleine Ranke
Irgendwo durch einen Zaun, –
Wozu ist der Zaun da? Danke! –
Bums! Schon ist sie abgehaun!

Stets wächst auch nach einer Krisis
Aus der Erde wieder Schönes!
Harre nicht des Paradieses,
Denn du hast ja Parajenes!

Gibt es manchmal auch Beschwerden,
Ist es doch im Garten schön,
Selbst der Mist wird fruchtbar werden,
Und das Unkraut nie vergehn!

HERBERT WITT/GÜNTER NEUMANN

Winter a.D.

Personen
Winter a.D.
Betty Holle
Die Windsbraut
Schüttelfrost
Celsius
Röschen Lenz

WINTER *singt*
Selbst noch im März
Kühl bis ans Herz,
Der Herr Winter,
Sicher kommse bald dahinter –
Kennse mich nich?
Der Winter bin ich!
Persönlich!
Gestatten!
Die Damen!
Stets unter Null,
Als kalter Lull
Unverfroren,
Neuschnee hinter beiden Ohren
Saus ich umher,
Kühl wie ein Frigidair.
Es klappern
Die Zähne
Und Beene!
Halt! Was liegt für'n Duft, nanu?
Für'n Duft, nanu?
Plötzlich in der Luft, nanu?
Nanu, ganz lau, nanu?
Da hat doch einer dran gedreht,
Na wenn schon, wenn schon, wenn!
Und wenn der ganze Schnee verbrennt,
Der Winter lacht sich eins,

Lacht sich zwei, lacht sich drei,
Mensch, und wenn der ganze Schnee verbrennt!
Ich kaltes Element
Bleib konsequent!
Ein jeder niest! Die Gurken glühn!
Hoch lebe Aspirin!
Und wenn der ganze Schnee verbrennt!
Hipphipphurra!
Ich bleibe da
Und nehm sobald kein End!
He, holla! Wo steckt denn meine ganze Belegschaft? Wenn ich da nicht bald zwischenhagele, macht die Witterung noch Umschlag. Eismannschaft Berlin, hierher angetreten!!

SCHÜTTELFROST Melde gehorsamst, Ortsgruppe Zoo des Berliner Frostbundes zur Stelle. Ein Eisblockwart und drei Eisbomben!

WINTER Verdammt und zugeschneit! Nennt ihr das Disziplin? Ist das euer Eiszapfenstreich? Na, wartet mal, Jungens, ich werde euch schon schleifen! Stillgestanden! Friert fest! Nasen, lauft! Auftauen! Frieren! Auftauen! Frieren! Auftauen! Frieren! Mit Eisbein, marschmarsch! Friert fest! Gebt Feuer! *sie schlagen sich die Arme um die Schultern*
Frau Betty Holle!

HOLLE Hier!

WINTER Vortreten! Sagen Sie mal, meine Beste, was war denn da heute mittag eigentlich los? Ich hatte doch ausdrücklich um 13 ein Viertel zwei Wolken Pulverschnee für Berlin W 15 bestellt. Stattdessen schütteln Sie ne Handvoll Hagel aus. Was soll das?

HOLLE Ach, Herr Winter, ich hatte doch keine Rohstoffe mehr! Der Schneemann hatte die Flocken nicht geliefert, und da konnte ich nicht reinschnein.

WINTER Immer wieder dieselben! Den Kerl stoße ich noch mal aus der Fachschaft!

CELSIUS Verzeihung, der Schneemann ist von selbst ausgetreten und hat sich entwässert!

WINTER Wie ist denn das passiert?

CELSIUS Er flirtete mit der Frau Sonne.

WINTER Da läufts einem ja heiß über den Rücken! Kalt muß es werden, daß euch die Köpfe rauchen! Fräulein Windsbraut, warum bläst denn der Kerl, der Nordwind, nicht?

WINDSBRAUT Er liegt zu Bett. Er hat die Windrose.

WINTER   Und Ihr anderer Bräutigam, der Ostwind?
WINDSBRAUT   Der Windbeutel? Dem genügte die Windstärke nicht mehr, nun ist er zum Sturm 17 übergegangen. Nun hab ich bei uns die Windhosen an.
WINTER   Das ist doch um aus der Gänsehaut zu fahren. Wenn das so weitergeht, wird mir der Boden unter den Füßen zu heiß, dann kann der Winter in Pension gehen!
Röschen Lenz tritt auf, begleitet von leisem Glockenspiel
WINTER   Wieviel Grad haben wir denn überhaupt? Celsius treten Sie mal vor! *Celsius tritt vor, sein Quecksilber steigt zusehends* Acht Grad? Wie kommen Sie dazu, eigenmächtig den Nullpunkt zu überschreiten? Wenn Sie mir zu warm werden, werde ich mit Reaumur verhandeln.
CELSIUS   Wo der doch immer noch links steht!
WINTER   Was, nun haben Sie ja wieder ein Grad mehr!
CELSIUS   Verzeihung, Herr Winter, wenn so'n nettes Mädchen neben mir steht, dann kann ich mein Quecksilber einfach nicht mehr beherrschen!
WINTER   Sie verderben mir ja das ganze Geschäft, Sie sinnliches Thermometer. Wer ist denn die Person? Haben Sie den Fragebogen schon ausgefüllt? Vor- und Zuname?
LENZ   Röschen Lenz!
WINTER   Na, na – Konfession? Nun mal ganz ehrlich, Urahne, Oma, Mutter und Kind?
LENZ   In genehmigter Sippe beisammen sind!
WINTER   Beruf?
LENZ   Frühling!
WINTER   Was??? Neeneenee! Dieses Jahr nicht! Machen Sie sich keine Illusionen, mir gefällt es hier sehr gut, und Sie können ruhig verduften, liebes Röschen!
LENZ   Herr Winter, im Vertrauen: In Grönland hat Schneeschmelze eingesetzt. Den Eskimos sind schon alle Felle weggeschwommen, nun sitzen sie in der prallen Sonne und lassen sich braunbrennen. Und wenn Sie nicht bald hinfahren, dann fangen da die Spargel an zu schießen, und die Eisberge schlagen aus!
WINTER   Himmel, Frost und Zwirn! Das sind ja grönländische Greuelmärchen! Bei denen muß ich gleich mal eine kleine Frostschutzübung veranstalten. Ski Heil, Gesellen! Daß ihr mir alle hübsch unter Null bleibt! *zu Lenz* Und Sie mach ich nochmal kalt, Sie Stückchen Frühling! *ab*

LENZ Gottseidank, den sind wir los! Winter ade! Und dräut der Miesnick noch so sehr ...
ALLE ... es muß doch Frühling werden!
SCHÜTTELFROST Das ist das Stichwort. Und nun fangen wir an!
LENZ Erst pellt euch mal aus, denn so in Winterschals könnt ihr keine Lenzrevue spielen!
WINTER *kommt zurück* Verrat, Verrat!
ALLE Wir sind ... *alle niesen*
WINTER Das also ist des Pudels wahres Gesicht. Ich habe alles gehört, ihr wollt hier so'n bißchen tangeltingeln. Aber die Revue werde ich euch versalzen. Ich habe mir nämlich den roten Faden eingepackt, und ohne den seid ihr aufgeschmissen. Und nun noch eine teuflische Lache: Hahaha. Und ab durch die Mitte! *ab*
LENZ Angenehmen Winterschlaf!
HOLLE Was machen wir denn nun?
WINDSBRAUT Ohne roten Faden kann man ja wirklich keine Revue spielen.
SCHÜTTELFROST Da bin ich gespannt, wie Sie Ihren Frühjahrsplan durchführen wollen.
LENZ Oh, ihr kleinen Meckerchen und Nörgerlein! Immer eine liebe Kritik! Wie gern kastert ihr euch eins! Seht mal, Frühling läßt sein blaues Band wieder flattern durch die Lüfte! Das soll unser roter Faden sein!
ALLE Und wenn der ganze Schnee verbrennt –
Jetzt zieht der Frühling ein,
Und wir wolln lustig sein!
Mensch!
Und wenn der ganze Schnee verbrennt,
Der Lenz weckt im Moment
Unser Temperament!
Man fühlt sein Herz, die Augen flehn,
Und schon ist es geschehn!
Und wenn der ganze Schnee verbrennt –
Der Lenz ist da, man kennt das ja!
Der bringt das Happy-End!

Die Nachrichter

Himmlische Zustände

Die Bühne stellt den Himmel dar. Ein freier Platz zwischen Wolken. Rechts steigt eine Treppe in höhere Wolkenregionen hinauf. In der Mitte ein runder Wolkenhügel mit einem großen weißen Schreibtisch, darauf Telefon und Mikrophonanlage, alles mit Flügeln versehen. Links vorn die himmlische Wetterwarte, eine große Schaltanlage mit Hebeln für Blitz, Donner, Regen, Nebel, Wind, Aufklärung, Sonne, Mond etc. Von hier und vom Schreibtisch aus gehen silberne Drähte in den Kosmos. Am Boden kleine Wolken. Im Hintergrund eine Wolkenwand. Das himmlische Faktotum macht schlechtes Wetter: Donner, Blitz und Regen

PETRUS Kerl, was machst du da?
FAKTOTUM Wetter, Exzellenz.
PETRUS Was für Wetter?
FAKTOTUM Sauwetter, Exzellenz.
PETRUS *brüllt* Donnerwetter nochemal!
FAKTOTUM Befehl, Exzellenz. *macht Donnerwetter noch einmal*
PETRUS Aufhören!
FAKTOTUM Exzellenz sagten: Donnerwetter!
PETRUS *reißt den Hebel herum* Du bist auch zu gar nichts zu gebrauchen. – Sonne!
FAKTOTUM Sonne! *es wird hell* Mehr Sonne, Exzellenz?
PETRUS Ruhig mehr Sonne. Aufklärung kann nie schaden. *es wird ganz hell*
FAKTOTUM Aufklärung in bestimmter Richtung?
PETRUS Nein, so ganz allgemein.
FAKTOTUM *ins Sprachrohr* Das Gewitter – stop! Aufklärung – Volldampf voraus! *steht stramm* Wir sind aufgeklärt, Exzellenz.
PETRUS Wurde auch Zeit. *ins Mikrophon* In Abänderung des Programms brachten wir ein größeres Morgengewitter im gesamten Kosmos. Angeschlossen an die Ringsendung war der Saturn mit seinen Nebensendern. Es bleibt weiterhin friedlich und heiter. Es folgen die Nachrichten des drahtlosen Dienstes. Die Vollendung der Erde ist eine Frage der Zeit. Jedoch ist damit zu rechnen, daß sie in zwei bis drei Aeonen dem Verkehr übergeben wird. Der erste Mensch mit dem vorläufigen Namen Adam ist

zur allgemeinen Zufriedenheit ausgefallen. *ruft* Adam, komm mal her! Sprich ein paar Worte!

ADAM *kommt ans Mikrophon* Ich freue mich, als erster Mensch zu Ihnen ein paar Worte sprechen zu dürfen. Was soll ich sagen? Dieses Leben ist eins der schönsten. Allerdings, man rennt so herum und hat eigentlich so recht keinen, der mit einem spielt. Bißchen langweilig hier, und dann ist hier ...

PETRUS Adam meint ...

ADAM Nee, ich meine wirklich.

PETRUS Wir danken dir, lieber kleiner Adam. *hält die Hand vors Mikrophon* Du Lümmel! Mach, daß du rauskommst!

ADAM Manieren!!? Ich geh jetzt.

PETRUS Wo gehst du denn jetzt schon wieder hin?

ADAM Ich geh mit Obergruppenengel Gabriel was einweihen.

PETRUS Was denn?

ADAM Das wissen wir noch nicht. *ab*

PETRUS *ins Mikrophon* An seiner geistigen Vervollkommnung wird noch gearbeitet.

FAKTOTUM *kommt mit Post* Die Morgenpost, Exzellenz, die Unterschriften und der »Himmlische Beobachter«.

PETRUS *durchfliegt die Post* ... Natürlich! Nichts wie Klagen über Adam! Heiligen Cäcilie rechten Flügel ausgerissen ... dem Posaunenengel Lehmann in die Posaune – Oh Gott, o Gott ... und dies kann man überhaupt nicht wiedergeben ... Es geht nicht mehr. Es geht nicht mehr. *nimmt den Hörer ab* Bitte die Werkstätten. *mit den Unterschriften beschäftigt* Was ist denn das hier? Der Erzengel Michael beantragt eine neue Rüstung. Wir sind nicht für Rüstungen. Abgelehnt. *ins Telefon* Fräulein Engel, wie weit ist Eva? – Kann sie nicht wenigstens bis heute abend trocken sein? – Hm, wie ist sie denn so? – Wieder die Nase! Schaun Sie, daß Sie eine halbwegs anständige Nase herbringen. Ich muß sie nachher zur Sitzung hier haben. Majestät verlangt Bericht. *hängt ab* Ich muß denn sehn, woher. *Gong*

PETRUS *nimmt zitternd den Hörer ab, erhebt sich* Majestät! – Ich höre, Majestät – Was hat Adam ...? – Den Teufel an die Wand gemalt? Himmlischer Vater! Pardon, Majestät – Ich komme sofort, Majestät. *hängt ein* Das gibt ja wieder einen himmlischen Krach. Immer ich, immer ich! *zum Faktotum* Was stehn Sie da rum? Haben Sie nichts zu tun? Fliegen Sie raus! *ab*

FAKTOTUM *im Abfliegen* Immer ich, immer ich! *in die Kulisse* Sie

Engel da, was stehn Sie da herum? Haben Sie nichts zu tun? Fliegen Sie raus. *ab*
Auftritt Luzifer: ein blonder Engel, weiß gekleidet, mit Flügeln. Darunter Teufelskostüm
LUZIFER   Ich bin der Engel Luzifer
Und flieg im Himmel hin und her.
Ich bin so hold, so gut, so rein
Und kein Englein, und kein Englein
Könnte sittsamer sein.

Ich sitz im obersten Gericht
Und meine Stimme hat Gewicht.
Die Engel rühmen früh und spat,
Ich sei der Mann, ich sei der Kopf,
Ich sei der Diplomat.

Der Mann, der alles macht, bin ich.
Was wär Herr Petrus ohne mich?
Er traute nimmer meiner List,
Wenn er wüßte, wenn er wüßte,
Wer Herr Luzifer ist.

Ich trag ein weißes Engelskleid
Und jeder Flecken tut mir leid.
Ich sehe wie die Unschuld aus,
Aber unten, aber unten
Schaut der Teufel schon raus.

FAKTOTUM   *hängt Landkarte auf, die in groben unfertigen Umrissen die Welt zeigt*
PETRUS   *begrüßt Luzifer* Herr Minister.
LUZIFER   Exzellenz!
PETRUS   Oh, schon wieder neue Flügel, Herr Minister? Hübsch! Sonst gehts aber gut?
LUZIFER   Danke der Nachfrage, Exzellenz, man fliegt. Fliegen und fliegen lassen.
PETRUS   Nehmen Sie Platz. Ich eröffne die Sitzung. Nicht anwesend sind: die Erzengel Gabriel und Michael, auf Dienstreise. Unentschuldigt fehlen: die drei Eisheiligen und der Weihnachtsmann. Wir schreiten zum Tagesprogramm.
LUZIFER   Eure Exzellenz! Für den Himmelreichsbezirk wird mit sofortiger Wirkung das Gesetz der Schwerkraft aufgehoben.

PETRUS   Leicht.
LUZIFER   Punkt 2. Das Gesetz über die Kugelgestalt der Erde ist in zweiter Lesung angenommen. Über ihre Eingliederung ins Planetensystem ergehen nähere Ausführungsbestimmungen.
PETRUS   ... Ich habe nichts gesagt.
LUZIFER   Punkt 3. In Fortführung des Weltbauprogramms steht heute die endgültige Gestaltung Europas zur Debatte. Exzellenz, ich bitte um Ihr Referat.
PETRUS   Majestät und ich erkennen die Notwendigkeit, die Fertigstellung der Welt zu beschleunigen, um Adam dort einbürgern zu können. Adam stört hier oben wahnsinnig. Er ist so so – so menschlich, Sie verstehen.
LUZIFER   Er hat natürlich nicht unsere Möglichkeiten, aber ich finde ihn sehr amüsant, rein menschlich betrachtet.
PETRUS   Diese Betrachtung ist hier unzulässig, Herr Minister.
LUZIFER   Ich weiß, Exzellenz, auch das Unzulässige ist eine Schöpfung Seiner Majestät.
PETRUS   Nicht immer, Herr Minister.
LUZIFER   Kommen wir wieder auf die Erde zurück, Exzellenz.
PETRUS   Also – die vier Erdteile Asien, Australien, Afrika und Amerika sind in dieser Form von Majestät genehmigt. Ich war ja gegen Australien. Es ist so klein und wozu? Aber lassen wir das.
LUZIFER   Auch Amerika gefällt mir nicht in dieser Form. Es ist so nichts halbes und nichts ganzes. Na, was geht's uns an? Amerika den Amerikanern.
PETRUS   Ja, jetzt kämen wir zum wunden Punkt – Europa!
ADAM   Onkel Luzifer, was ist denn das, Europa?
LUZIFER   Das ist eine bis dato restlos unerklärte Angelegenheit, mein Junge.
PETRUS   Also los. So kanns nicht bleiben. *zeichnet einen großen Komplex* Ich schlage so vor: groß, klar und übersichtlich, eine runde Sache.
LUZIFER   Da bin ich absolut dagegen, Exzellenz, wir brauchen Abwechslung. *zeichnet Europa in jetziger Gestalt* Mal so und mal so und dann hier wieder was. Mit lauter vielen Ländern.
PETRUS   Außenpolitisch gesehen finde ich die Anlage unglücklich. Die hier in der Mitte *zeigt auf Deutschland* sind ja vollkommen abgeschlossen.
LUZIFER   Aber wieso denn? Die können doch hier ans Meer gehen oder in die Luft. Und wie die in die Luft gehen können!

PETRUS Sie meinen doch nicht etwa, daß die Menschen fliegen werden? Das halte ich nicht für möglich.
LUZIFER Sie werden sehn, Exzellenz, denen wird alles Mögliche möglich sein. Lassen wir uns überraschen, Exzellenz.
PETRUS Wollen wir nicht wenigstens ihre Sprachen einheitlich machen?
LUZIFER Wozu? Die verstehen sich so und so nicht.
PETRUS Ich verstehe Ihren Standpunkt nicht, Herr Minister. Sie scheinen geradezu ein Interesse daran zu haben, eine Harmonie zu vermeiden.
LUZIFER Harmonie ist Stagnation.
PETRUS Harmonie ist Frieden, und Friede auf Erden ist Sein Wille.
LUZIFER Ich halte den Frieden für eine unproduktive Langeweile, die der Menschheit auf die Dauer nicht entsprechen wird.
PETRUS Überlassen Sie das ruhig den Menschen und der göttlichen Eingebung ihrer Regierungen.
LUZIFER *lächelnd* Die göttliche Eingebung?!
PETRUS *scharf* Herr Minister, eine solche Sprache ist hier oben unerwünscht.
LUZIFER Meine Person scheint unerwünscht zu sein. Ich werde mich anderswo betätigen müssen.
PETRUS Lassen Sie die Erde in Frieden!

Dreimal kurz gelacht!
KdF-Frohsinn und KdK-Humor

> Es soll ein Vergnügen werden, das nicht durch irgendwelche politischen oder sonstige Anschauungen gestört wird.
>
> *Willi Schaeffers*

Die Nachricht von der Gestapo-Aktion gegen die *Katakombe* und das *Tingel-Tangel* löst in der NS-Presse Jubel und hämische Freude aus. Unter der Überschrift »Zwei Freudenhäuser mußten schließen« ist im »Schwarzen Korps«, dem offiziellen Organ der Himmler-SS, vom Kabarett als »Schmusentempel« und »geistigem Schuttabladeplatz« die Rede, von seinen Texten als »morbiden Geistesblüten.« Minister Goebbels läßt sich nun wieder öfter im Kabarett sehen, von dem er sich nach arbeitsreichem Tag Zerstreuung und Entspannung erhofft. Und er kommt auf seine Kosten: Er erlebt »Lachstürme ohne Ende« bei Erich Carow, den er »einfach zwerchfellerschütternd« findet, und schätzt an Ludwig Manfred Lommel, daß er »viel Humor und Lachen macht« und »direkt erquickend« ist. Er entführt seinen »Führer« in die »rasanten« wie auch »netten, unterhaltsamen« Programme der *Scala* und des *Wintergarten*, wo Hitler junge Tänzerinnen tätschelt und den legendären Tiller-Girls nachtrauert, denen zuliebe er bereits zur »Systemzeit« ins Kabarett gepilgert ist und dort sogar das »Dreckgeschwätz von jüdischen sogenannten Humoristen« in Kauf genommen hat.

Auch außerhalb der Theater hat Goebbels gern Kabarettisten um sich, die wissen, wo es im Zeichen des Hakenkreuzes langgeht. Ob es um einen Empfang oder um einen Abend in der »Kameradschaft der deutschen Künstler« geht, ob ein künstlerisches Dessert zu einem Ministeressen gefragt ist oder eine Veranstaltung der NS-Gemeinschaft »Kraft durch Freude« ansteht – immer lädt er die zehnte Muse ein. Wichtig ist nur, daß es »sehr nett und gemütlich wird« und ein »entzückendes Programm leichter Kunst« abrollt. Wenn Altmeister Willi Schaeffers conferiert, ist der Abend gerettet, wird es, so Goebbels, »sehr komisch«, denn dann »rollen die guten Nummern ab. Alle sind begeistert.«

Was das für ein Kabarett ist, das die Nazi-Prominenz in Begeisterung ausbrechen läßt, ist bald klar. Der Propagandaminister demonstriert es auf seine Weise, als im Herbst 1935 – die aufmüpfigen Kabarettisten um Werner Finck sind dem Konzentrationslager gerade entkommen und hoffen auf Aufhebung des gegen sie verhängten Arbeitsverbots – wieder einmal eine »große Gesellschaft« für Hitler und seinen Reichskriegsminister angesagt ist. »Wir machen Kabarett«, vertraut Goebbels über die Privat-Gala seinem Tagebuch an. Mit von der Party sind Jupp Hussels, Ludwig Manfred Lommel, Erika von Thellmann und einige Tänzerinnen: »Es wird sehr nett. Der Führer ist ganz aufgeräumt. Und alle bleiben bis 6 Uhr morgens. Hörbiger und die Ullrich singen zum Schifferklavier. Ein toller Betrieb.«

Andere Kabarettisten hatten schon früher als es geboten schien, zum »Führer« gefunden. Weiß Ferdl etwa, der derbe Volkskomiker des Münchner *Platzl*, war bereits 1921 mit Hitler zu gemeinsamen NS-Propagandafeldzügen durch das Hofbräuhaus und den Bürgerbräukeller aufgebrochen, auf denen der eine mit »humoristischen Vorträgen«, der andere mit kämpferischen »Julreden« für rechte Stimmung sorgte. Später pilgert der bajuwarische Parteigänger auf den Obersalzberg oder läßt sich von Hitler zum Tee in die Reichskanzlei bitten. Die Nazis schätzen an ihm »die Gabe, treffend und harmlos zugleich zu sein, frei vom Geist der Negation, voll des aufbauenden und versöhnenden Humors, der nottut«, wie es in der Presse heißt, die ihn alsbald als »Komiker des Dritten Reiches« feiert.

Die Lücke, die das Verbot von *Katakombe, Tingel-Tangel* und *Nachrichtern* gerissen hat, sollen neue Ensembles füllen, die auf Initiative der Partei gegründet oder von ihr gefördert werden, sich aber selten als lebensfähig erweisen. »Der allgemeinen Erstarrung, an der die Brettlkunst schon seit längerer Zeit leidet«, heißt es in der Ankündigung einer dem Goebbels-Ministerium unterstellten Organisation vom April 1936, »stellt die NS-Kulturgemeinde mit der klein-kabarettistischen Arbeitsgemeinschaft *Die acht Entfesselten* in diesen Tagen in Berlin einen glücklichen Versuch neuer Gestaltung entgegen... Ebenso, wie die Form dieses neuen Überbrettls vom Hergebrachten abweicht, so ist auch inhaltlich eine Erneuerung versucht und vollzogen: Aus dem Alltag des Volkes sind die Themen der Darbietungen genommen. Gegen Unnatürlichkeit in Kunst, Film, Funk, Theater, Operette, Wochenschau, Reklame wird eine vergnügte Attacke geritten. Dabei darf natürlich ein politischer Spott auf die Greuelpropaganda nicht fehlen.«

Star dieses »ausgesprochen politischen Kabaretts mit unzweifelhaft nationalsozialistischem Vorzeichen« ist Rudi Godden, den es bald mehr und mehr zum Revuefilm und zur Operettenbühne zieht. Der freundliche, überwiegend parodistische Ton des derart umhegten Kabaretts findet zwar »in weiten Parteikreisen vollste Zustimmung«, hat aber offensichtlich seine Aufgabe, »für die Erfüllung aller geistigen und künstlerischen Interessen des Volkes in einer artgemäßen Form zu sorgen«, auf Dauer nur ungenügend erfüllt. Bald nämlich wird Kritik laut. Im Dezember 1937 wird in einer für Goebbels bestimmten Aktennotiz zum Thema »Verbot politischer Anspielungen« gefordert, die *Acht Entfesselten* müßten »sich vollkommen umstellen«. Sie gehorchen. Ein Jahr später gibt es sie nicht mehr.

Als im Jahre 1938 mit dem Tod von Hanns Schindler die Leitung des *Kabaretts der Komiker* zur Disposition steht, gelingt es Willi Schaeffers mühelos, seine elf Mitbewerber, darunter Trude Hesterberg und Hellmuth Krüger, aus dem Feld zu schlagen. Goebbels gewährt dem vertrauenswürdigen Alt-Kabarettisten sogar die Gnade der »Großen Lizenz«: er darf nun Revuen und Operetten auf die Bühne bringen, ohne sich einer Vorzensur beugen zu müssen. Und er bringt. Er läßt sich fade Revuen schreiben, in denen anstelle des traditionellen *Kadeko*-Witzes nun der *K. d. K.*-Humor als neue Hausmarke angepriesen wird, inszeniert den Bunten Abend und füllt das NS-Kürzel KdF mit Kleinkunstleben: Kraft durch Freude, Erbauung durch Frohsinn, ein Späßchen in Ehren – und den Segen gibt's von oben. Was vom Kabarett bleibt, ist, von wenigen Ausnahmen abgesehen, das Artistische als Selbstzweck, die Varieté-Nummer als Attraktion. Schlagerstars und Ballettsternchen bevölkern nun die einstmals so renommierte Bühne am Lehniner Platz, wo das Kabarett zum launigen Stimmungslieferanten verkommt und der Pausenfüller Programm wird.

Der von Goebbels verordnete Kleinkunst-Kurs, mit dem das Kabarett zum Staatsbrettl mit Bumsfidel-Niveau erhoben werden soll, hat System. Wie schon im gleichgeschalteten Spielfilm soll nun auch im Kabarett die Wirklichkeit ausgespart werden, der Erkenntnis-Lacher verbannt bleiben und die Unterhaltung das Sagen haben, die die Alltagssorgen vertreibt, für ein paar schöne Stunden gut ist und für den nächsten Tag fit macht. Reichsleiter Ley, Chef der Deutschen Arbeitsfront und der NS-Freizeitorganisation »Kraft durch Freude«, hat die Funktion, die das Regime dem Kabarett zudiktiert, in einer öffentlichen Belobigung für einen gefragten Kabarett-Künstler jener Jahre auf den Punkt gebracht: »Sehen Sie, Kultur kann doch nichts anderes sein als Erholung. Und da muß ich schon sagen, wenn ich einen Abend bei Carl Napp gewesen bin und einmal so richtig gelacht habe, so daß ich mir die Seiten halten muß, – ja, dann habe ich mich erholt. Davon lebe ich noch vierzehn Tage. Und das geht den anderen auch so.«

Das Ziel ist klar: Artisten auf der Kleinkunstbühne – harmlos.

Weiss Ferdl

Gleichgeschaltet, gleichgeschaltet

Früher gab's so viel Parteien,
Deshalb auch viel Reibereien.
Bis dann sprach ein Ingenieur:
Deutsche, nein, so geht's nicht mehr.
Weg mit diesen Wechselströmen,
Wolln wir lieber Gleichstrom nehmen!
Er hat aus- und umgeschaltet.
Gleichgeschaltet, gleichgeschaltet.

Hat man Zeitungen gelesen
Früher, ist man blöd gewesen.
Die schrieb »Bravo, sehr gut. Heil!«
Die andre »Pfui«, grad's Gegenteil.
Jetzt kannst du das Geld dir sparen,
Liest du eine, bist im klaren.
Gleichlautend sind all gestaltet:
Gleichgeschaltet, gleichgeschaltet.

Arbeitsdienst wurd eingeführet,
Mancher freudig mitmarschieret:
»Endlich schaffen, Gott sei Dank.«
Andere aber macht es bang.
Statt beim Fünf-Uhr-Tee fein schwofen,
Soll er jetzt im Gleichschritt loofen.
Hand, gepflegt, a Schaufel haltet –
Gleichgeschaltet, gleichgeschaltet.

Man hört nicht mehr Saxophone,
Tanzt nicht Rumba, Charlestone.
Fort mit Jazz und Niggertanz,
Sind nicht mehr meschugge ganz.
Alte Weisen hört man wieder,
Stramme Märsche, deutsche Lieder,
Die man gern im Ohr behaltet.
Gleichgeschaltet, gleichgeschaltet.

Mit dem Eintopf, dem bekannten,
Sind die Frau'n sehr einverstanden.
Weg mit Austern, Kaviar,
Mit dö Schmankerln is jetzt gar.
Am Sonntag kochen s' alte Boana,
Sag'n: »Das is a Picklstoana«,
Aufg'wärmt, daß bis Samstag haltet,
Gleichgeschaltet, gleichgeschaltet.

Will der Mann a Freundin halten
Und nicht treu bleib'n seiner Alten,
Steht in Saft die deutsche Frau,
Droht dem Gatten mit Dachau:
»Zwanzig Jahr hast unverdrossen
Meine Reize du genossen.
Dabei bleibt's, bist auch veraltet,
Gleichgeschaltet, gleichgeschaltet.«

Bei den Abrüstungskonf'renzen
Die Franzosen immer benzen:
Deutschland, ach, bedroht uns sehr!
Doch die Welt glaubt's längst nicht mehr.
Unser Kanzler sprach es offen:
»Friede hat nur der zu hoffen,
Der abrüstet, da Wort haltet.«
Gleichgeschaltet, gleichgeschaltet.

Ganz vereint sind Bayern, Preißen,
Nicht mehr auseinand' zu reißen.
Statt, daß in die Berg' wir ziehn,
Mach ma Weekend in Berlin,
Tun im Lunapark dort rodeln,
Die Preußen lernen dafür jodeln.
Mensch, wie det zusammenhaltet!
Gleichgeschaltet, gleichgeschaltet.

Wenn wir fest zusammenstehen,
Muß's doch wieder aufwärts gehen.
Bauer, Arbeitsmann und Knecht,
Adel, Bürger – gleiches Recht.

Für das Land, das wir gestritten
Und viel Jahre Not gelitten,
Wolln wir leben ungespaltet,
Gleichgeschaltet, gleichgeschaltet.

LUDWIG MANFRED LOMMEL

Mir ist schon alles ganz egal

Wir sterben lieber heut als morgen,
Ick hab den ganzen Kopp voll Sorgen:
Hab keenen Vater und keene Mutter,
Aufs Brot nicht mal die nötige Butter.
Wenn ich nicht bald 'n Graf beerb,
Dann ist's mir lieber, wenn ich sterb.
Sterben müssen wir alle mal,
Mir ist schon alles ganz egal.

Selbst Steuern soll ick noch berappen,
Die woll'n das letzte mir wegschnappen.
Ick zahle nischt, ick kann's beteuern:
Ick hab ne Wut auf alle Steuern.
Ick soll bezahlen mit Barschecken?
Die können mich alle ... nicht entdecken.
Ick bin auf Reisen allemal –
Mir ist schon alles ganz egal.

Früher soff ick wie'n Stier
Helles, dunkles Lager-Bier.
Ick soff mit Freunden im Verein,
Jetzt sitz ick vor mein'm Glas allein.
Ick sitze da mit offnem Maul
Und bin zum Saufen schon zu faul,
Die Nase tropft, das Bier wird schal.
Mir ist schon alles ganz egal.

Ick liebte manches Mägdelein,
Doch mußte's stets ne Hübsche sein.
Jetzt bin ick verheirat', welch Malheur,
Meine Olle gefällt mir gar nicht mehr.
Hat Beene wie'n Droschkengaul,
Een halben Zahn bloß noch im Maul
Und uff der Neese 'n Muttermal.
Mir ist schon alles ganz egal.

Am Rundfunk sprech ick seit Jahren schon,
Ick sang viel Platten für Homophon.
Im Theater spiel ick alle Tage,
Auch oft im Varieté. Es ist ne Plage.
Jetzt soll ick noch zum Tonfilm gehen,
Dann könnt ihr mich auf der Leinwand sehen!
Die Hauptsach ist, es wird bezahlt –
Sonst ist mir alles ganz egal.

THEO PROSEL

Die Humorspritze

Auf der Bühne ein phantastisches Laboratorium. Der Chemiker steht an einem Tisch und hantiert mit Retorten und Reagenzgläsern. Der Humorist erscheint.

HUMORIST	Verzeihung ...
CHEMIKER	Ich bitte, mich nicht zu stören. Sehen Sie denn nicht, daß ich gerade mitten im Erfinden bin!?
HUMORIST	Was erfinden Sie denn da?
CHEMIKER	Das ist noch nicht raus. Aber irgendetwas wird's.
HUMORIST	Was Sie erfinden wollen, wissen Sie selbst nicht?
CHEMIKER	Das hat der selige Berthold Schwarz auch nicht gewußt. Gold wollte er erfinden, und das Pulver ist herausgekommen.

HUMORIST	Ich hab nämlich einen interessanten Auftrag für Sie.
CHEMIKER	Und was soll das sein?
HUMORIST	Herr Professor, man kann doch alles auf synthetischem Wege erzeugen?
CHEMIKER	Alles noch nicht, aber neunundneunzig Prozent von alles.
HUMORIST	Ich komme nämlich vom K.d.K.
CHEMIKER	Was ist das für eine chemische Zusammensetzung?
HUMORIST	Das ist mehr eine komische Zusammensetzung!
CHEMIKER	Ja – und was soll's?
HUMORIST	Ich möchte Ihnen den Auftrag erteilen, den Humor auf synthetischem Weg zu erzeugen.
CHEMIKER	Ja, haben wir denn Mangel an Humor?
HUMORIST	Ja, sehen Sie, Herr Professor, darin ist auf der Welt eine gewisse Verknappung eingetreten. Zum Beispiel hat das Ausland früher sehr viel über uns gelacht – in der letzten Zeit ist ihnen aber der Humor vergangen, seit sie gezwungen wurden, uns sehr ernst zu nehmen.
CHEMIKER	Und was kann ich nun tun?
HUMORIST	Ich sagte schon, Sie müssen den Humor erzeugen...

Die Musik spielt einen Tusch

CHEMIKER	Dann war keine Müh verloren,
	Ich bin der Vollendung nah.
	Nun ist der Humor geboren
	Hier in Schaeffers K.d.K.

Aus einer Wickelkind-Attrappe schaut der Kopf von Kabarett-Chef Willi Schaeffers heraus

CHOR	Wir grüßen dich, wir grüßen dich, wir grüßen dich!
	Mit Humor, mit Humor, mit Humor,
	Da kommt uns alles leichter vor.
	Drum stimmet alle ein im Chor:
	Es lebe der Humor!
	Wer gern lacht, der sei willkommen da
	Und lach mit uns bei tausend kleinen Sachen
	In diesem Haus, genannt das K.d.K.
	Nur mit Humor, nur mit Humor
	Da kommt uns alles leichter vor.
	Drum stimmt alle nun ein im Chor:
	Es lebe der Humor!!!!!

Jupp Hussels

Winter

Ich hörte Heizungsrohre knacken,
Und das WC war zugefroren,
Vor Kälte hatt ich blaue Backen
Und kleine Eisgebilde an den Ohren.
Da kam ich ganz von selbst dahinter,
Jetzt ist Winter!

Werner Kroll

Der Mitmensch

Ein Mitmensch ward, indem er sich
Mit einem anderen verglich,
Die menschliche Geduld los.
Ob Mitmensch oder Ohnemensch, –
Es bleibt dem Menschen stets die Entsch-
uldigung: Er ist schuldlos.

Drum, Mitmensch, faß dich in Geduld
Und denk, du hast es nicht gewullt,
Als du die Welt beehrtest.
Schäm dich, gräm dich, doch bleibe lieb!
Entsetzlich wär's, wenn du dich üb-
er alles gleich beschwertest.

Wer Mitmensch sein will, mensche mit,
Und plärre nicht auf Schritt und Tritt!

CARL NAPP

Der Radfahrer

> Der Mensch denkt,
> Das Schicksal lenkt;
> Ich kann es nicht fassen,
> Ich habe das Schicksal lenken lassen.

Carl Napp kommt mit einem demolierten Fahrrad auf die Bühne

Ich glaube, viel ist nicht mehr mit dem verbogenen Fahrrad anzufangen. Gestern sagte mir auch schon einer: »Kaufen Sie sich ein neues!« Er meinte, am besten ein BMW. Ich fragte: »Was heißt das?« Er sagte: »Bezahle mit Wechseln.« Sie lachen? Wollen Sie es haben? Zwei Zigaretten – haben Sie es weg. Sie dürfen nicht etwa glauben, wenn Sie das Fahrrad so sehen, daß ich dabei die Absicht gehabt hätte, denn eventuell könnte man annehmen, daß meinerseits doch wohl, aber das kommt nicht in Frage. Es ist nur eigentümlich, daß da immer die Bäume stehen, wo wir mit dem Fahrrad vorbeikommen. Ich sage mir, es ist so viel Platz vorhanden, man könnte die Dinger auch woanders hinstellen und nicht so, daß, wenn wir eventuell – ich werd es Ihnen mal verkehrstechnisch auseinanderlegen.

Also stellen Sie sich vor. Ich komme von links und wollte direkt, da merke ich auf einmal, daß von rechts überhaupt keiner kommt. Nun dachte ich mir, wenn du demnach jetzt in dieser Richtung, so hast du doch die Möglichkeit – und auf einmal – auf einmal dachte ich mir: so, jetzt denk mal nicht dran, und weil ich doch nun nicht dran dachte, dachte ich mir, wenn du nicht dran denkst, kannst du doch nicht auf den Gedanken kommen, und dadurch wollte ich direkt, weil – auf einmal war der Baum vor mir. Hinterher habe ich auch gelacht.

Sehen Sie, hinterher habe ich mir das da überlegt und habe mir gesagt, hättest du laut § 13, Abs. 6 der Verkehrsordnung in der Geraden keine krummen Gedanken gekriegt, hättest du keinesfalls doch wohl – denn der (rechts) war noch gar nicht gekommen. Das war der Fehler. Weil der nämlich nicht kam, dachte ich, die Luft ist rein, Freilauf hast du, trete nur zu, wenn du erst im Schwung bist, ist es möglich – ich meine – der Baum gehört mir gar nicht. Wenn Sie nun etwa denken, das wäre mein Stammbaum gewesen...

Umgekehrt. Ein ganz gewöhnlicher Baumstamm. So was nennen die Leute nun Sport. Da geht einer zum andern hin und sagt: »Kaufe dir ein Fahrrad, setz dich drauf, du sollst mal sehen, wenn du erst, dann hast du dabei.« Nun sind wir Radfahrer ja raffiniert. Wenn wir merken, daß ein Baum kommt, und wir kommen nicht mehr drumrum, schieben wir die Schuld auf die Autos. Wir wissen doch genau, daß der mit seinem Auto in einer Versicherung ist, dadurch haben wir die Versicherung, daß wir mit dem seine Versicherung mit Sicherheit gesichert hereinkommen.
Neulich war ich erst in einer drin. Das muß ich Ihnen mal erzählen. Ich fahre mit meinem Fahrrad durch die Wilmersdorfer Straße und merke plötzlich: vor mir fährt ein Auto. Ein wunderbarer Wagen, eine große Reiselimonade. Ich glaube, es war ein Chevrolachs. Er hatte vier Reifen, hinten zwei Reservereifen, und besetzt war er mit zwei Unreifen. Der eine hatte das Steuer in der Hand. Ich kann Ihnen sagen, der Kerl fuhr wie ein Wilder. Stellen Sie sich vor, nachmittags auf der Wilmersdorfer Straße, bei dem Betrieb. Der hatte mindestens neunzig drauf. Ich sehe das, denke einen Moment. Ich überhole den ganz langsam – ich meine, wie er gehalten hatte – da hält der auf einmal an der Ecke die Hand aus dem Wagen heraus und will – auf meinem Gesicht parken. Ich denke, der wird doch nicht gewollt haben, und wie der wieder wollen wollte, da dachte ich mir: jetzt wirst du ihm zeigen, wie du doch noch mit einem eleganten Bogen im letzten Moment – und dann kam die Straßenbahn. Das war verkehrt.
Nun hatte ich links kein Vorbeikommen, rechts kein Durchkommen, und dadurch bin ich hineingekommen. Ins Krankenhaus. Der Arzt meinte, ich wäre noch mit blauem Auge davongekommen. Das ist Quatsch, denn im Kreuz hat man kein Auge. Mich hätten Sie sehen müssen, zwei Tage später. Das ganze Gesicht verklebt mit Pflaster. Es hat mich auch jemand gefragt, ob ich einen Unfall gehabt hätte. Ich sagte ihm: »Du dummes Luder, ich laufe doch nicht Reklame für Leukoplast!«
Ich gebe zu, man würde auch nicht mehr fahren, wenn man jedesmal – es kommen auch Fälle vor – keine Unglücksfälle – ich meine solche Fälle, wo der Radfahrer in seiner Geistesgegenwart – neulich habe ich solch Ding gehabt. Fahre ich durch die Lutherstraße, immer zwischen den Straßenbahnschienen. Die Straßenbahn hinter mir her, der Fahrer klingelt wie verrückt und ruft mir zu: »Mensch, können Sie denn nicht ausbiegen!« Ich drehe mich

herum und antworte: »Ich ja – du aber nicht.« Dann biege ich um die Ecke, haue mit einem Radfahrer zusammen. Wie wir beide auf der Erde liegen, meint der andere: »Mensch, kannst du denn nicht klingeln?« Ich sage: »Klingeln kann ich schon – aber nicht radfahren.« Das heißt, Geistesgegenwart hatte der andere. Im selben Moment springt der in die Höhe, haut mir ein paar vors Maul, und weg war er. Das war anständig – kann man nicht anders sagen. Und Sie hätten sehen müssen, wie die Mitglieder unseres Vereins, welche anwesend waren, mich gefeiert haben. Mir zu Ehren hat der Verein sogar einen Ausflug gemacht. Eine Rheintour. Wir haben die ganze Vereinskasse leer gemacht. Wir hatten über 9 Mark drin. Geld haben wir. Dann sind wir mit dem Zug bis Köln und dann mit dem ganzen Verein rheinaufwärts über Bonn, Koblenz, an der Lorelei vorbei, haben dann am Rolandsbogen ...
Halt, das muß ich Ihnen noch erzählen. Jetzt können Sie sehen, was man erfährt, wenn man in einem Verein ist. Das kriegt man als einzelner Radfahrer gar nicht heraus. Stellen Sie sich vor, wir kommen bei der Lorelei vorbei, da erzählt mir doch ein passives Mitglied aus unserm Verein, welches die Beiträge nicht bezahlt hat, die Lorelei soll da oben – mir fiel es nämlich auf, weil der Felsen so arbeitslos herumstand. Die war nämlich gar nicht oben. Allerdings die Fahne hatte sie draußen, da sagte ich mir, die Lorelei setzt sich doch nicht nur deshalb da oben hin, weil der Schiffer mit dem Äppelkahn vorbeigelatscht kommt, die muß doch gewußt haben, daß sie dadurch eventuell ...
Nun hat mir einer gesagt, sie wäre eine Jungfrau. Kinder, wenn man so was hört. Jungfrau, wo ich aus der Gegend bin, es ist direkt lächerlich. Sehen Sie mal, man kann alles verstehen. Wir haben da selbst in unserem Radfahrverein fünf Ehrenjungfrauen. Sie sind zwar nicht ganz neu, denn wir haben sie von einem andern Verein übernommen. Aber das ist egal. Wenn was los ist, werden sie frisch gestrichen, bekommen ein blaues Bändchen um, unten etwas Rüschelje, dann sehen Sie noch ganz gut aus.
Nun habe ich eine Dame gefragt, die ist bei uns im Verein schon sieben Jahre Ehrenjungfrau. Der ihr Junge kam neulich aus der Schule – die hat zwei Ehrenpreise, einen von sieben und einen von neun Jahren, vom zweiten Vorsitzenden. Nun hat der Junge seiner Mutter erzählt, der Lehrer in der Schule hätte während der Aufklärungsstunde die Lorelei auch berührt – ich meine, das gehört sich auch nicht. Bitte, wie kommt solch Kind dazu und sagt, der Lehrer

hätte sogar erzählt, die Lorelei wäre am Rolandsbogen mit dem Schiffer beobachtet worden. Sind das nicht alles Indizien aus erster Hand? Da sage ich mir, die muß unten gewesen sein.
Daraufhin bin ich der Sache auf den Grund gegangen und habe mich erkundigt. Nun hat mir ein Vizedekorateur einmal gesagt, die Lorelei wäre ein Pflegkind aus zweiter Ehe vom alten Vater Rhein gewesen. Hätte der Vater Rhein nicht zu seiner Tochter sagen müssen: »Höre mal, Kind, du kannst dich dort oben nicht hinsetzen auf den Felsen im Hemd. Wenn der Schiffer vorbeikommt, ich meine, der guckt doch da mal rauf.« Nee, sagen Sie mal selbst, und wenn der Schiffer die da oben sitzen sieht, fast barfuß bis zum Hals, dann sagt der sich doch – wenn du da hinschaust, kann es möglich sein, daß du dadurch doch eventuell – ich meine...

Fred Endrikat

Nörgler hinterm Ofen

Der Herbst ist da. Ach ja, man konnt es ahnen.
Rings grau in grau. Verschwunden ist das letzte Grün.
Die Bäume stehn wie Masten ohne Fahnen,
Die welken Blumen schon ans Sterben mahnen.
Wer weiß, wer weiß, ob sie noch jemals wieder blühn.

Der Herbst ist da. Ach ja, nun muß man frieren.
Der letzte Brocken Kohle wird zum Teufel gehn.
Die Zeit ist schlecht. Man muß den Mut verlieren.
Sogar die kleinen Vögel emigrieren.
Wer weiß, wer weiß, ob wir sie jemals wiedersehn.

Der Herbst ist da. Ach ja, in großen Scharen
Ziehn düstre Wolken über diese trübe Welt.
Bald fällt der Schnee. Ich bin mir nicht im klaren,
Ob dieser Schnee so echt ist wie vor Jahren.
Wer weiß – vielleicht wird er synthetisch hergestellt.

Beda

In der Bar zum Krokodil

Das war die Frau vom Potiphar,
Die ungemein erfahren war
In allen Liebessachen, so Sachen, so Sachen.
Jedoch ihr Gatte, au contrair,
Der war schon alt und konnt nicht mehr
Tirili-tirila, tirili-tirila,
Die schöne Frau bewachen, bewachen, bewachen.
Drum pfiff sie auf die Sittsamkeit
Und machte sich 'n Schlitz am Kleid
Und fuhr hinauf nach Theben,
Um dort sich auszuleben.
Denn Theben war für Memphis
Das, was zur Wurst der Senf is!
 In der Bar zum Krokodil
 Am Nil, am Nil, am Nil,
 Verkehrten ganz inkognito
 Der Josef und der Pharao.
 Dort tanzt man nur dreiviertelnackt
 Im Shimmy- und Zweivierteltakt.
 Es traf mit der Geliebten sich
 Des Abends ganz Ägypten sich
 In der Bar zum Krokodil
 Am schönen blauen Nil.

Dem Gatten der Frau Potiphar,
Dem wurde bald die Chose klar.
Er sprach zum König Ramses, zu Ramses, zu Ramses:
»Ich weiß, was meine Gattin macht,
Sie fährt nach Theben jede Nacht,
Tirili-tirila, tirili-tirila,
Ja, Majestät, da hamses, da hamses, da hamses!«
Da sprach zu ihm der Pharao:
»Dann machen wir es ebenso!
Sie sehn, wie fad es hier is
Im Restaurant Osiris.

Drum gehn als Philosophen
Auch wir nach Theben schwofen!«
  In der Bar zum Krokodil
  Am Nil, am Nil, am Nil,
  Verkehrten ganz inkognito
  Der Josef und der Pharao.
  Mit Ramses saß heut in der Bar
  Der Gatte der Frau Potiphar
  Und aß von einem Feigenblatt
  Gehackte Mumie mit Spinat
  In der Bar zum Krokodil
  Am schönen blauen Nil.

Ein schlankes Mädchen, schwarz maskiert,
Das hat die beiden fasziniert.
Sie kauften ihr Narzissen, Narzissen, Narzissen.
Der Gatte der Frau Potiphar,
Der schneller als der Ramses war,
Tirili-tirila, tirili-tirila,
Der wollte sie gern küssen, ja küssen, ja küssen.
Als er zum Ramses kam zurück,
Da senkte traurig er den Blick
Und sah verstört zu Boden.
Der Ramses sprach: »Wieso denn?«
Worauf die Antwort schallte:
»Das Weib war meine Alte.«
  In der Bar zum Krokodil
  Am Nil, am Nil, am Nil,
  Verkehrten ganz inkognito
  Der Josef und der Pharao.
  Dort tanzt man nur dreiviertelnackt
  Im Shimmy- und Zweivierteltakt.
  Es traf mit der Geliebten sich
  Des Abends ganz Ägypten sich
  In der Bar zum Krokodil
  Am schönen blauen Nil.

Lothar Wichmann

Gemüse, Gemüse, Gemüse...

Jegliche Zeit hat ihre Mode,
Und eine Mode nimmt die Welt so gerne in Kauf.
Fragst du den Arzt, wieso
Bin ich so wenig froh?
Fühlt er den Puls und antwortet drauf:
Mein lieber Freund, unsere Methode
Spricht heute nur von Vitaminen oder Diät.
Meide den Fleischgenuß,
Weil er dir schaden muß,
Stell auf die Pflanzenkost dich um, bevor's zu spät.
    Ernähre dich mal von Gemüse,
    Davon gibt es Sorten genug,
    Denn nichts ist gesünder als diese,
    Drum wähle Gemüse, dann handelst du klug.
    Das wird deinen Körper erneuern,
    Verjüngen, beleben, befreien,
    Entschlacken, entgiften, entsäuern,
    Ganz ohne Pillen und Arzeneien.
    Iß Blumenkohl, Mohrrüben oder Spinat,
    Sellerie, Gurken und grünen Salat,
    Dann brauchst du niemals im Leben zur Kur in ein Bad.
    Merke dir weiter: Karotten und Bohnen,
    Kohlrabi, Kohl, Sauerkraut, Linsen, Maronen –
    Und hilft dir auch das nicht, so halt deinen Mund:
    Du bist theoretisch gesund!
    Gemüse, Gemüse, Gemüse, Gemüse, Gemüse, Gemüse...

Doch Theorie gilt theoretisch.
Und eines Tages klagst dem Arzt du wieder dein Leid.
Der untersucht dich dann,
Sieht dich bedauernd an,
Fühlt deinen Puls und gibt dir Bescheid:
Mein lieber Freund, spricht er pathetisch,
Über die alten Theorien sind wir hinaus.
Schwöre heut unbedingt

Auf den Naturinstinkt,
Der nämlich sucht für jeden schon das Richtige aus.
Ernährst du dich nur von Gemüsen,
An sich ist Gemüse nicht schlecht,
Dann fehlt es verschiedenen Drüsen
An wichtigen Stoffen; das hat sich gerächt!
Andauernd wächst unser Verständnis,
Die Menschheit bleibt eben nicht dumm.
So folge der neuen Erkenntnis,
Eh es zu spät. Stelle dich um!
Iß zu den Gemüsen ein schönes Kotelett,
Schmorbraten, Eisbein – der Körper braucht Fett.
Dann gehst du wenigstens abends nicht hungrig ins Bett.
Knödel, Buletten, Geflügel und Schinken,
Genieß die Gemüse, wo immer sie winken!
Denn einseitig leben ist geradezu Mord –
So schreitet die Wissenschaft fort!
So schreitet die Wissenschaft fort!

HEINZ ERHARDT

Fräulein Mabel

Alle Frauen, die
Mit tausend Reizen ausgestattet,
Durch das Weichbild unsrer Stadt lustwandeln, die
Habe ich nicht lieb, denn
Die sind nicht mein Typ, ich
Brauche etwas andres fürs Gemüt. Zum Beispiel:
Fräulein Mabel, die,
Durch wenig Schönheit ausgezeichnet,
Still und unbemerkt durchs Leben schreitet, ist
Mir nicht einerlei, und
Weil sie mir stets treu, drum
Widme ich ihr dieses schöne Lied!

Kennen Sie denn schon das Fräulein Mabel?
Würden Sie sie sehn, würd's Ihnen abel!
Beine hat sie dünn so wie ein Säbel –
Meine süße kleine Freundin, Fräulein Mabel.
Kennen Sie denn schon das Fräulein Mabel?
Ausgeschnitten geht sie bis zum Nabel,
Deshalb hab ich auch für sie ein Faible –
Für die süße kleine Freundin, Fräulein Mabel.
Manche gibt es, die mir heute
Dieses stille Glück nicht gönnen
Nur deshalb, weil diese Leute
Sowas nicht verstehen können!
Kennen Sie denn schon das Fräulein Mabel?
Sie bewohnt gleich nebenan ne mabel-
ierte kleine Wohnung unterm Gabel –
Meine süße kleine Freundin, Fräulein Mabel.

Hellmuth Krüger

Jüterbog

Warum muß immer Wien allein
Die Stadt der Schlagerdichter sein?
Warum nicht einmal eine Stadt,
Die noch kein Mensch besungen hat!
Auch Pforzheim manchen Zauber weist,
Wenn's auch kein großer Dichter preist.
Warum fand niemand Melodien
Für Ingolstadt und Neuruppin?
Ich denke mir, daß jede Stadt
Ihr Schlagerlied zu fordern hat.
   Mein Herz flammt wie ein Blütenstock
   Für Jüterbog, für Jüterbog.
   Was soll ich denn mit Allenstein?
   Das reimt sich nur auf Gallenstein.
   Für einen Reim auf Bitterfeld

Gibt mir bestimmt kein Dritter Geld,
Doch Jüterbog das gibt was her,
Die Stadt mach ich noch populär.

Man kann dort Bäume blühen sehn,
Auch wenn sie nicht im Prater stehn.
Der Wein, den man in Grinzing sauft,
Wird auch in Jüterbog verkauft.
Der Bahnhof und das Krankenhaus,
Die sehn doch alle ähnlich aus.
Und Wald und Wiese, Busch und Feld
Sind als Umgebung rumgestellt.
Wieso ist das nicht eine Stadt,
Die jedem was zu bieten hat?
   Mein Herz flammt wie ein Blütenstock
   Für Jüterbog, für Jüterbog.
   Gewiß, die Stadt gewönne sehr,
   Wenn sie am Strand der Donau wär!
   Und wenn's nen »oiten Stefferl« hätt;
   Dann wäre Jüterbog komplett.
   Und wenn es dann doch anders hieß,
   Wär Jüterbog beinah Paris.

Jedoch der Gipfel wird erreicht,
Wenn man den Ort im Tonfilm zeigt,
Der Jannings herrscht dann in der Stadt,
Daß Fröhlich nichts zu lachen hat.
Und fehlt auch Annabella dir,
S'ist eine aus Probstzella hier,
Und Albers singt total barock
Dann »Sous les toits de Jüterbog«.
Das Lied der Ufa-Produktion
Spielt dann ein jedes Grammophon.
   Mein Herz flammt wie ein Blütenstock
   Für Jüterbog, für Jüterbog.
   Du fühlst dich wie im Himmel drin,
   Küßt dich die Jüterbogerin,
   Denn was am Rhein ein alter Brauch,
   Das kann man an der Jüte auch.
   Wo kämen, wenn dem nicht so wär,
   Die ganzen Jüterboger her?

Peter Frankenfeld

Eukrasit is jut, weil neu!
Solo für einen Fleckstiftverkäufer

Herrschaften, Herrschaften, kommen Se näher! Bleiben Se stehen! Wat et hier zu sehen jibt, haben Se noch nie jehört! Jungs, jeht hier vorne weg, drückt mir nich mein Schaufenster ein! Herrschaften! Eukrasit is jut, weil neu! Hallo, Muttchen, kommen Se dichter, ick beiße keenen. Eukrasit entfernt Flecke, wo und wie und wann es sei, wie schon unser Altmeister Willi Busch so schön jedichtet hat. Da is ein Stückchen Stoff, wo mir ne Kundin jrade mitjebracht hat, und da machen wir'n Fleck rin, nen Fleck mit reiner Tinte. Zu Hause können Sie den Fleck machen, mit wat Se wollen, ob Teer, ob Wagenschmiere, ob Fett, Rost, Staub oder Schmutz aller Art. Herrschaften! Einen Fleck wie diesen können Se nich einfach wegpusten oder waschen, denn der Fleck und das Tuch jehen langsam, aber sicher eine innige Verbindung ein, wie die Textilologen sagen. Bleibt nur eine Möglichkeit: Sie müssen den Fleck rausschneiden! Aber wenn Se das an ner Bluse zweimal jemacht haben, meine Damen, dann jibt es Durchzug, und Se holen sich die schönste Aggripina spectoris, ne Krankheit, die Ihre Gesundheit unterminiert. Da wird nicht geschnitten, nicht jewaschen, wenn Se den Eukrasitstift zur Hand nehmen!
Passen Se jenau Obacht, meine Herrschaften! Einmal hin, einmal her, rundherum, das ist nicht schwer. Beobachten Se das jenau – weg is er! Der Fleck – nich der Stift. Det is keine Hexerei, der Fleck is und bleibt verschwunden. Wohin? Ja, Herrschaften, det wissen die Jötter und die schemische Fabrik, deren ganz alleinige Vertretung ich habe und keen andrer. Außerdem steht det alles in de ausführliche Beschreibung. Einen solchen Stift kann ein jedermann handhaben und jebrauchen. Es jibt überall Flecke.
Nehmen wa mal an, Tante Emma kommt zum Kaffee. Was sehen nu die empörten, aber treuen Augen der liebenden Hausfrau und Jattin? Ein Fleck! Ein Fleck von unjezählter Haltbarkeit.
Oder nehmen wa 'n andern Fall. Vatern sitzt beim Abendbrot. Er säbelt auf dem Achtel Aufschnitt rum mit Knochen. Herrschaften, det muß man jesehen, det muß man miterlebt haben! Vatern is alter Kavallerie-Gedienter und hat immer zähe jejessen. Plötzlich – ein

Schrei! Vatern kriegt det Messer nich mehr aus'n Hals. Die janze Familie springt auf, bloß de Kaffeekanne nich, die legt sich uff de Seite und macht 'n See. Herrschaften, da werden Weiber zu Pygmäen, wie unser Dichterfürst sagt. Und in dem allgemeinen Trubel sitzt Opa abseits, er nimmt ne Schnupftabakprise und muß niesen. Wat is die Folge? Die Tapeten haben die Blattern! Kurz, Leute: Flecke, Flecke überall – vom Fettfleck zum Leberfleck, vom Tintenfleck zum Königsberger Fleck. Und nun haltet den Kindern die Ohren zu und stützt die Jebrechlichen, wenn ich euch sage, wat der Stift kostet: Sage und schreibe 2,50. Wer da nicht zugreift, schneidet sich ins eigene Fleisch. Und nu raus mit det Kleingeld! Kein Zögern, kein Warten! *Ein schriller Pfiff ist zu hören: Polente!* Herrschaften, soeben erreicht mich die überraschende Nachricht von meinem Teilhaber, daß mein Jeschäft vorüberjehend mit behördlicher Jenehmigung jeschlossen ist.

RALPH MARIA SIEGEL

Reite, kleiner Reiter...

Auf der Wolga fährt die Olga
Mit dem Schiff zum weiten Meer.
Doch der Iwan, ein Kosak, der sie liebt,
Reitet wild, Tag und Nacht, hinter ihr her.
   Reite, kleiner Reiter, reite immer weiter,
   Reite, dann lacht dir das Glück vielleicht!
   Reite durch die Felder, reite durch die Wälder,
   Reite, bald hast du dein Ziel erreicht!
   Ho-jo-ho, ho-jo-ho!

Doch die schnellen Wolgawellen
Trugen schneller als sein Pferd.
Und das Schiff fuhr drum dem Iwan davon,
Der verzweifelt von ferne den Ruf hört:
   Reite, kleiner Reiter, reite...

Und das Ende der Legende,
Das ist traurig, aber wahr!
Denn der Iwan ritt hinein in das Meer,
Und so wurden die zwei leider kein Paar:
    Reite, kleiner Reiter, reite nicht mehr weiter,
    Reite nicht, die Liebe macht dich blind!
    Reite mit dem Schimmel, reite in den Himmel,
    Reite, weil dort tausend Olgas sind!
    Ho-jo-ho, ho-jo-ho!

Rudi Godden

Die Liebe macht gewöhnlich blind

Ich bin im allgemeinen sehr verträglich,
Ich bin die Ruhe selbst, das steht mal fest.
Ich bin kein Ekel, also auch nicht eklig,
Doch jetzt ist Schluß, mein liebes Kind,
Jetzt mach ich mal Protest.
Sonst denkst du, alles was du tust, ist richtig
Und alles, was du sagst, für mich Musik.
Sei bitte nicht so eitel und so zuversichtlich.
Ich übe jetzt, jetzt übe ich, ich übe jetzt Kritik.
    Die Liebe macht gewöhnlich blind
    Doch Gott sei dank nicht so, mein Kind!
    Neenee, i wo, nicht so!
    Ich weiß doch, daß du Fehler hast.
    Ich sag dir auch, was mir nicht paßt,
    Nicht wahr? Na, klar! Ja, ja.
    Da war erst neulich, das fiel mir doch gleich auf
    Und das fällt ganz besonders ins Gewicht,
    Was war denn das? Na, ich komme jetzt nicht drauf.
    Na, ganz egal, auf jeden Fall: man tut so etwas nicht!
    Die Liebe macht gewöhnlich blind,
    Doch Gott sei dank nicht so, mein Kind!
    Neenee, i wo, nicht so!

Doch andrerseits, das kann ich nicht bestreiten:
Ich hab dich gern, ach was, ich liebe dich!
Du hast auch deine wirklich guten Seiten,
Die hast du, Liebling, laß mal, nee!
Du weißt es bloß noch nicht!
Ich stehe auch für dich mal gern im Regen,
Mir kommt es auf'n Schnupfen gar nicht an!
Ich warte letztenendes ja nur deinetwegen,
Damit ich dir was Nettes, wirklich Nettes sagen kann.
   Die Liebe macht gewöhnlich blind.
   In deinem Fall auch mich, mein Kind,
   Nicht wahr? Na, klar! Ja, ja.
   Zwar steh ich hier im Wolkenbruch,
   'n Mann wie ich verträgt ja Zug,
   Nicht wahr? Na, klar! Ja, ja.
   Aber ne ganze Stunde, das ist'n bißchen viel,
   Ich grüble, ob ich länger warten soll,
   Denn ohne dich wird's doch'n bißchen kühl.
   Ich huste auch schon prima, und ich hab die Nase voll!
   Die Liebe macht gewöhnlich blind,
   Doch Gott sei dank nicht so, mein Kind,
   I wo, neenee. Nicht so!
   Die Liebe macht gewöhnlich blind,
   Doch Gott sei dank nicht mich, mein Kind!
   Neenee. Adieu! Ich geh!!

HANS LEIP

Lili Marleen

Vor der Kaserne,
Vor dem großen Tor
Stand eine Laterne.
Und steht sie noch davor,
So wolln wir uns da wiedersehn,
Bei der Laterne wolln wir stehn
Wie einst, Lili Marleen.

Unsre beiden Schatten
Sahn wie einer aus.
Daß wir so lieb uns hatten,
Das sah man gleich daraus.
Und alle Leute solln es sehn,
Wenn wir bei der Laterne stehn
Wie einst, Lili Marleen.

Schon rief der Posten:
Sie blasen Zapfenstreich;
Es kann drei Tage kosten!
Kamerad, ich komm ja gleich.
Da sagten wir auf Wiedersehn,
Wie gerne wollt ich mit dir gehn,
Mit dir, Lili Marleen.

Deine Schritte kennt sie,
Deinen zieren Gang.
Alle Abend brennt sie,
Doch mich vergaß sie lang.
Und sollte mir ein Leids geschehn:
Wer wird bei der Laterne stehn
Mit dir, Lili Marleen?

Aus dem stillen Raume,
Aus der Erde Grund
Hebt mich wie im Traume
Dein verliebter Mund.
Wenn sich die späten Nebel drehn,
Werd ich bei der Laterne stehn
Wie einst, Lili Marleen.

Über die Grenze gerufen
Nachbarn melden sich zu Wort

> Kniet nieder und fleht um ein Wunder!
> Wenn sich der Himmel nichts abhandeln läßt,
> Geht die Welt in vier Wochen unter!
>
> *Jura Soyfer*

Von der großen Zeit, die da Anfang der Dreißiger rechtsruckartig auf Deutschland zukommt und von der Erich Kästner ironisch meint, sie sei »viel zu groß, so groß ist sie«, bleiben auch die Nachbarländer nicht verschont. In Österreich, wo sich mit Kanzler Dollfuß bald ein autoritäres, austrofaschistisches Regime etabliert, weckt die viel zu große Zeit die kritischen Kabarettgeister aus ihrer gemütlich-launischen Heurigenseligkeit. Trotz wirtschaftlicher Schwierigkeiten und strenger Zensurauflagen gibt es nach dem Verbot des linksengagierten *Politischen Kabaretts,* der *Roten Spieler* und *Blauen Blusen* neue Kleinkunstbühnen, die, sofern sie weniger als 50 Sitzplätze aufweisen, nicht der Theaterzensur unterliegen und relativ frei ihre Meinung über die Rampe bringen können. Jetzt, da der politische Druck zunimmt, ist im Kleinkunstkeller wieder Politik statt Plüsch gefragt.

Die einheimischen Kabarettisten werden dabei auch von den deutschen Kollegen ermutigt, die ab Januar 1933 auf der Flucht vor Hitler nach Österreich kommen und nun, soweit man sie läßt, von dort aus versuchen, vor der politischen Entwicklung im NS-Staat zu warnen. Unter den Emigranten ist auch Kurt Robitschek, der Gründer des Berliner *Kabaretts der Komiker,* der in den Kammerspielen mit der »Wiener Illustrierten« eine aktuelle Revue inszeniert oder alte *Kadeko*-Erfolge nachspielt. Aber bald zeigt sich, daß die Kabarett-Exporte von der Spree, mit denen die aus Deutschland vertriebenen Kabarettisten an der Donau Fuß zu fassen versuchen, nicht so ohne weiteres zu verpflanzen sind.

Anregungen, die Wiener Kabarettisten aus Berlin mitbrachten und nun auf eigene Weise in ihrer Heimatstadt umsetzen, zünden da schon eher. So schwebt über dem literarisch-politischen *Lieben Augustin,* der sich im November 1931 in einem Caféhaus etabliert hatte, ein Hauch von jenem *Katakomben*-Geist, den Peter Hammerschlag in Werner Fincks Berliner Kabarett geschnupppert hatte, als er dort als conferierender Blitzdichter aufgetreten war. Hier in Wien lacht man, wie Kollege Fritz Grünbaum dem *Augustin* anerkennend attestiert, über »die Pest auch dieser Zeit, weil er weiß, daß sie nur eine Krankheit ist, die vorübergehen wird«. Literarischer geht es dagegen, wie bereits in der Namensgebung anklingt, in der *Literatur am Naschmarkt* zu, jenem Theaterkabarett, für das Rudolf Weys das sogenannte Mittelstück ersonnen hat. Hier blitzt die politische Wirklichkeit zuweilen in kabarettistisch aufgearbeiteten historischen Stoffen auf, werden satirische

Spitzen gegen die Nazidiktatur etwa in die Geschichte von der Türkenbelagerung Wiens verpackt. Solche Kabarettstücke sind ein Vorgriff auf das, was wenig später mit dem deutschen Einmarsch in Österreich folgen wird, und die Wiener *Naschmarkt*-Literaten üben sich im vorhinein in der Sklavensprache, die bald dem *Wiener Werkel* des Parteigenossen Müller-Reitzner bei seinem Schlingerkurs zwischen nörgelner Anpassung und der Lust am charmantgrantigen Widerspruch das Überleben sichern wird.

Schärfere, direktere, engagiertere und zugleich satirischere Töne sind aus der *Stachelbeere* zu hören, in der Conferencier und Cheftexter Rudolf Spitz seine Pointen »überspitzt«, wie man seinerzeit in Wien wortspielte, und vor allem aus dem *ABC*, für das bald Jura Soyfer und Gesinnungsfreunde all das schreiben, was andere Wiener Kabaretts nicht mehr zu spielen wagen. »Gehn ma halt a bisserl unter mit Tsching-tsching in Viererreihn: immer lustig, fesch und munter, gar so arg kann's ja net sein«, witzelt man 1936 auf der *ABC*-Bühne in einem Soyfer-Stück, »Der Weltuntergang« betitelt. Knapp zwei Jahre später, unmittelbar vor Hitlers Einmarsch in Österreich, steht Fritz Grünbaum auf der dunklen *Simpl*-Bühne und bekennt: »Ich sehe nichts, absolut gar nichts, da muß ich mich in die nationalsozialistische Kultur verirrt haben.« Stunden später bricht diese Kultur auch über Österrreich herein und versetzt der Wiener Kabarettszene den Todesstoß. Die Kabarettisten versuchen zu fliehen, einige, darunter Soyfer, Grünbaum, Beda, Morgan, Hammerschlag, werden gefaßt, interniert und umgebracht. Anderen gelingt die Flucht in die benachbarte Schweiz.

In Zürich gibt es seit 1934 mit dem *Cornichon* ein literarischpolitisches Kabarett, das zehn Jahre lang gewissermaßen stellvertretend für all die mundtot gemachten Kollegen in Deutschland und Österreich ihren Landsleuten zurufen, was sie von der politischen Entwicklung in Europa halten. Der Blick über die Grenze hinüber zu dem, was sich in Hitlers Drittem Reich tut, gehört schon früh neben volksnah-schwyzerdütscher Kür zur kabarettistischen Pflicht. *Cornichon*-Gründer Walter Lesch, der für seine Programme zeitweise auch aus Deutschland vertriebene Autoren wie Hans Sahl, Karl Schnog und Curt Bry schreiben läßt, will »den Spottkübel ausleeren über die Schwankenden, die innerlich und äußerlich Anschluß an den allmächtigen Umbruch suchen«. Und Max Werner Lenz, den Lesch noch im Gründungsjahr als Autor, Schauspieler und Regisseur an sein Kabarett verpflichtet, gibt in einer seiner ersten Conferencen Antwort auf die Frage, wohin die *Cornichon*-Reise gehen soll: »Wir fanden, eine kleine, ätzende Gegensäure sei nötig, um das glückvolle Dasein in der Schweiz nicht in den Himmel wachsen zu lassen... Was wir wollen? Dieses: Den Mund aufmachen!«

Das tun sie dann auch, sehr zum Ärger der Behörden. Das *Cornichon* stellt die Asylpolitik der Schweiz an den Pranger und das brutale System des Faschismus bloß, es attackiert den braunen Rassenwahn und geißelt den eidgenössischen Hang zur Selbstzufriedenheit, Gleichgültigkeit, feiger Nichteinmischung. Kein Wunder, daß es Proteste hagelt, daß das Ribbentrop-Ministerium, die deutsche Botschaft und die Zürcher Frontisten, die mit den Nazis sympathisieren und bereits dem antifaschistischen Exil-Kabarett *Pfeffermühle* den Garaus machten, auf Verbot drängen.

Aber die *Cornichon*-Leute zeigen sich couragiert und kompromißlos, wenn es um Angriffe der Nationalsozialisten geht, die monieren, daß »da ein unerhörter Saustall in Zürich in dem *Cornichon* sein soll«. Lesch weigert sich beharrlich, beanstandete Nummern aus dem Programm zu nehmen, Texte zu ändern. »Ich bin Hypnotiseur und geh bezwingend durch die Masse«, heißt es in einem Song, mit dem im Mai 1939 Hitler als »Rattenfänger« auf die Bühne gestellt wird, »ich nehm dem Menschen seinen Sinn und geb ihm dafür Rasse.« Lesch schreibt an die Politische Polizei: »Verbietet man uns die künstlerische Freiheit der indirekten Meinungsäußerung (durch künstlerische Gestaltung), so verbietet man uns die Wirksamkeit überhaupt und damit ein Instrument der geistigen Landesverteidigung.« Der Hitler-Song bleibt im Programm.

Ein Kabarett als Fels in der Brandung, standhafter, als es den eidgenössischen Behörden selbst lieb war. Was da über die Grenze gerufen wurde und mit welchem Effekt, zeigen die Protokolle, die das deutsche Generalkonsulat in Zürich aufgrund von Spitzelberichten erstellt: »Ein wegen der Zeitläufte bekümmerter pazifistischer und kosmopolitischer Wissenschaftler entreißt einem Diener, der das kalte Zimmer durch das Verbrennen von alten Druckschriften heizen will... das kleine Buch ›Rheinsberg‹ von Kurt Tucholsky, und erwidert auf die Frage des Dieners, wer dieser Tucholsky sei: ›Ja, einer der besten Deutschen.‹ Darauf folgende Fortsetzung des Gesprächs: ›Dann lebt er wohl nicht mehr?‹ Antwort: ›Nein.‹ Frage: ›Ist er gestorben?‹ Antwort: ›Nein, er ist gestorben worden.‹«

Jura Soyfer

Weltuntergang
Journalisten-Chanson

Hallo, Paris? Hallo, wer spricht?
»Le Temps«? Ich gebe den Deutschlandbericht!
Im Lande herrscht Ruhe, die Börse ist fest.
Stahlaktien klettern munter.
Aus gottverlassenem kleinen Nest
Kommt ein Bonmot, das uns lächeln läßt:
Die Welt geht in vier Wochen unter!

Hallo! Ist London da? Wer spricht?
»The Times«? Ich gebe den Frankreichbericht.
Ein Bankkrach gab zehntausend Sparern den Rest.
Radau und Kunterbunter,
Armeebudget steigt trotz Protest.
Gerücht kursiert, das uns skeptisch läßt:
Die Welt geht in vier Wochen unter.

Hallo, Sie hören? London spricht!
Für »New York Times« ein Funkbericht!
Das Außenamt meldet: We do our best,
Herr Eden glaubt an Wunder.
Durchs letzte Diplomatenfest
Lief ein Gerücht, das nicht locker läßt:
Die Welt geht in vier Wochen unter!

Hallo! Wer dort? Hallo! Wer spricht?
Ist dort die Zeit? Wir geben Bericht!
Hier Frisco! Shanghai! Budapest!
Hier Ferner Ost! Hier Goldner West!
Hier Erdölbank! Hier Zündholztrust!
Kniet nieder und fleht um ein Wunder!
Wenn sich der Himmel nichts abhandeln läßt,

Geht die Welt in vier Wochen unter!

Herrmann Mostar

Legende vom namenlosen Soldaten

Ich lag nicht unter dem Marmorstein,
Mein Holzkreuz war morsch und roh.
Sie gruben mich in Flandern ein
Oder bei Lodz irgendwo.
Jetzt hat ein Klang sich zu mir verirrt,
Ein Meißel klirrte scharf.
So haben die Spaten damals geklirrt
Im Sand, den man über mich warf;
So haben die zwölf Gewehre geknackt,
Damit schossen sie mir den Salut,
Dann sangen sie barhaupt im schweren Takt,
Dem Toten klang's fest und gut:
    Ich hatt einen Kameraden,
    Einen bessern findst du nit.
    Die Trommel schlug zum Streite,
    Er ging an meiner Seite
    Im gleichen Schritt und Tritt.

Nun hört ich das Klirren und schlief nicht mehr ein
Und stand auf aus Gruft und Dreck,
Und kam in die Heimat. Da kratzten vom Stein
Sie meinen Namen weg...
Und ich ging und verbarg mein zerschoss'nes Gesicht,
Und ich sah der Meinen Not,
Denn sie gönnten ihnen das Schandleben nicht,
Und mir nicht den Heldentod.
Ich fand einen Kriegsgefährten im Land,
Der lag mit mir im Grabenloch;
Ich trat zu ihm, und er hat mich erkannt,
Und ich fragte ihn: »Weißt du noch?«
    Eine Kugel kam geflogen,
    Gilt sie mir oder gilt sie dir?
    Mich hat sie weggerissen,
    Ich lag zu deinen Füßen,
    Als wär's ein Stück von dir...

Er warf im Traume sich hin und her,
Seine Kinder begannen zu schrein.
Da ging ich zur Türe und störte nicht mehr
Und ging weiter stumm und allein.
Und wandre seither durch das nächtliche Land:
Ich starb, damit du bestehst,
Und streichle manches Kind mit der Hand,
Die um seinetwillen verwest.
Ich stehe des Nachts vor manchem im Traum,
Ein Angstschrei im Jubelchor,
Und flüstre leise, sie hören es kaum,
Ihnen Klage und Frage ins Ohr:
    Willst mir die Hand nicht reichen?
    Ich starb für deinen Staat!
    Darfst mir die Hand nicht geben?
    Wie trägst du dieses Leben,
    Mein armer Kamerad?

Jura Soyfer

Lied des einfachen Menschen

Menschen sind wir einst vielleicht gewesen
Oder werden's eines Tages sein,
Wenn wir gründlich von all dem genesen.
Aber sind wir heute Menschen? Nein!
Wir sind der Name auf dem Reisepaß,
Wir sind das stumme Bild im Spiegelglas,
Wir sind das Echo eines Phrasenschwalls
Und Widerhall des toten Widerhalls.
Längst ist alle Menschlichkeit zertreten,
Wahren wir doch nicht den leeren Schein!
Wir, in unsern tief entmenschten Städten,
Sollen uns noch Menschen nennen? Nein!
Wir sind der Straßenstaub der großen Stadt,

Wir sind die Nummer im Katasterblatt,
Wir sind die Schlange vor dem Stempelamt
Und unsre eignen Schatten allesamt.
Soll der Mensch in uns sich einst befreien,
Gibt's dafür ein Mittel nur allein:
Stündlich fragen, ob wir Menschen seien,
Stündlich uns die Antwort geben: Nein!
Wir sind das schlecht entworfne Skizzenbild
Des Menschen, den es erst zu zeichnen gilt.
Ein armer Vorklang nur zum großen Lied.
Ihr nennt uns Menschen? Wartet noch damit!

CURT BRY

Kleine Betrachtung über das Heil

Das Wörtchen Heil ist heute sehr in Mode,
Man trifft es an auf Schritt und auch auf Tritt,
Nach dem Rezept bewährter Heilmethode
Heult man und heilt mit andern Wölfen mit.

Einst lag das Heil bei Ihm im Siegerkranze,
Der Kranz verblich, und er bekam es satt,
Das Heil blieb heil und ging alsbald auf's Ganze,
Weil es darin sein Heil gesehen hat.

Nun ist es da und läßt sich's trefflich munden
Und hat die Welt zum Teil zum Heil bekehrt,
Doch wer sein Heil nicht in der Flucht gefunden,
Sucht heute noch, welch Heil ihm widerfährt.

Es spricht der Arzt, nur ja nichts übereilen,
Wenn die Natur sich als gesund erweist,
Braucht sie nur Zeit, um völlig auszuheilen.
Heile mit Weile – wie's im Sprichwort heißt.

Walter Lesch

Er ist an allem schuld

In Nazedonien, Nazedonien, wo die Ururarier wohnien,
Dort im Reich der tausend Jährchen und der rassereinen Pärchen,
Wacht ein Lenker, groß und stark,
Über Butter, Blut und Quark.
Doch wenn er als zweiter Wotan
Noch so blitzt und funkt nach Notan
Und regiert aus vollem Hals,
Immer knapper wird das Schmalz.
Und der Führer, dräuend späht er
Nach dem bösen Attentäter,
Denn es ist doch ohne Frage
Jemand schuld an dieser Plage.
Und natürlich, siehe da,
Schon ist die Entdeckung da:
Isidor, der stets entartet,
Hat auch dieses abgekartet.
Und zur Strafe für den Haß
Nimmt man ab ihm Geld und Paß.
Und das Volk, wenn auch entfettet,
Fühlt sich immerhin gerettet.
   Und die Moral von der Geschicht,
   Also heißt sie kurz und schlicht:
   Wenn der böse Jud nicht wär,
   Ach, wär das Regieren schwer!

In Italien, in Italien, dort im Land der Musikalien,
Pfeifen es die bösen Spatzen von den Dächern der Palazzen:
Daß die Lira nicht mehr rollt
Und der Duce furchtbar grollt,
Weil im fernen Abessinien
Unter Palmen oder Pinien
Niemand ungestraft spaziert
Und den vielen Sand regiert.
Da jedoch der große Leiter
Nie sich irrt, ergibt sich weiter

Logisch nichts, als daß Verräter,
Die bekannten Attentäter,
Schuldig sind auch hier am Po,
Ganz genau wie anderswo.
Und schon findet man den Bösen:
Signor Kohn ist es gewesen.
Und für die Verräterei
Bricht man ihm den Hals entzwei.
Und das Volk, wenn auch geplündert,
Hält das Unglück für gemindert.
  Und die Moral vom Tatbestand
  Bleibt sich gleich von Land zu Land:
  Wenn der böse Jud nicht wär,
  Wo nähm man den Schuldigen her?

In Rumänien, in Rumänien, warum nicht auch in Rumänien?
Müssen heute schon die Knaben ihren bösen Juden haben.
Denn wie könnt man sonst sich trauen,
So sie über's Ohr zu hauen?
Irgend etwas muß geschehen,
Daß sie nicht die Wahrheit sehen.
Irgend jemand wird gebraucht,
Den man in die Tinte taucht.
Deutsch und römisch und japanisch,
Frisch und fromm und Franco-spanisch
Kann das Volk man nur vernichten,
Gibt man ihm was hinzurichten.
Jude oder Kommunist,
Bibelforscher, tapfrer Christ,
Alle können dazu passen,
Daß wir nicht die Richtigen hassen.
Und so bleibt noch etwas Frist,
Bis man selbst am Messer ist.
Und das Volk, wenn auch verraten,
Riecht noch lange nicht den Braten.
  Und die Moral für alle Zeit,
  Bis in alle Ewigkeit:
  Wenn der böse Jud nicht wär,
  Ach, er fehlte uns doch sehr!

Jura Soyfer

Moritat im Paradies

Greif, o Herr, nicht in den Lehm,
Den Du Adam willst benennen.
Was Du schaffst, wirst Du, nachdem
Du es schufst, nicht mehr erkennen.
   Ein Schieber geht über die Bühne.
Sieh den Menschen an der Macht!
Dieser lobt Dich! Aber sage,
Ist's noch der, den Du erdacht,
Herr, an Deinem sechsten Tage?
   Ein Arbeitsloser geht über die Bühne.
Sieh den Menschen in der Not,
Weggeworfen und vergessen!
Gilt für ihn noch Dein Gebot:
Arbeit um Dein täglich Essen?
   Eine Mutter geht über die Bühne.
Sieh, die Mutter! Sieh nicht fort!
Sprich, Du kannst sie nicht mehr kränken,
Gabst Du der das Abschiedswort:
Weib, du sollst ihm Kinder schenken?
   Eine Hure geht über die Bühne.
Sieh Dir diese an und sag,
Eh sie schwindet im Getriebe:
Dachtest Du daran am Tag,
Als Du lächelnd schufst die Liebe?
   Ein Mann mit Gasmaske geht über die Bühne.
Sieh den Menschen vor dem Tod,
Selbst als Mörder ohne Milde!
Ist's noch der, den Dein Gebot
Schuf nach Deinem Ebenbilde?
Greif, o Herr, den Lehm nicht an!
Schlag Dich nicht mit eignen Waffen!
Oder wenn Du's schon getan,
Mach ihn wieder ungeschaffen!

Walter Lesch

Großes Oratorium für Zufriedene

Wir kennen keine Satzung
Und sind doch ein Verband,
Und mittels Volksbeschwatzung
Sind wir auch Herr im Land.
Wir sind die neunmal Weisen
Und kennen diese Welt.
Es soll sie jeder preisen,
Weil sie uns so gefällt.

Du findest hier auf Erden
Kein Glück und keine Ruh.
Der Mensch soll besser werden?
Wozu denn nur? Wozu?

Komm zu uns! Geh mit uns!
Sei mit uns gemein!
Wer viel fragt, wer viel wagt,
Lebt und stirbt allein.

Wir sind die Realisten
Und stehn auf festem Grund.
Wer wird sich denn entrüsten?
Das ist doch nicht gesund!
Die Ideale zehren
Am Beutel und am Fett.
Ein Narr nur will bekehren,
Der Kluge geht ins Bett.

Laß doch die Welt im Bösen!
So will es die Natur.
Du willst uns stets erlösen,
Warum? Warum denn nur?

Mach's so wie wir! Sei so wie wir!
Laß doch der Welt den Gang!

Der Mensch ist nur ein bessres Tier
Und folgt dem Nahrungsdrang.

Wir sind die Wohlgenährten
Und haben nichts im Kopf.
Wir stoßen die Gefährten
Weit weg vom Suppentopf.
Wir haben nichts zu klagen,
Wir kennen keine Not.
Wir leben mit Behagen
Dicht neben Mord und Tod.

MAX WERNER LENZ

Mensch ohne Paß

Ich bin aus aller Ordnung ausgetrieben.
Sie nennen mich ein Emigrantenschwein.
Sie sagen, wärst du doch zu Haus geblieben!
Ich aber wollte ein Charakter sein.
Ich sagte »Guten Tag« statt »Heil« zu rufen.
Da hat man mir die Schutzhaft angedroht,
Doch ich bin nicht zum Märtyrer berufen!
Ich floh – aus einer Not in andre Not.
   Jetzt bin ich ein unangemeldetes Leben,
   Ich habe keinen Paß.
   Ich stehe daneben und bleibe daneben –
   Den Beamten ein ewiger Haß.

Die Staaten haben herrliche Devisen!
nach Frankreich gewendet
Hier drüben »Freiheit, Gleichheit, Bruderschaft«,
nach der Schweiz gewendet
Und dieses Land wird als Asyl gepriesen.
Doch mich erwartet hier und dort nur Haft.

So wie ich bin, so bin ich ungesetzlich.
Zwar schlägt man nicht, man ist zivilisiert,
Doch, bin ich körperlich auch unverletzlich,
Die Seele darf man foltern, ungeniert.
    Denn ich bin ein unangemeldetes Leben,
    Ich habe keinen Paß.
    Ich stehe daneben und bleibe daneben –
    Den Beamten ein ewiger Haß.

Doch jetzt gibt's Kommissionen, wie ich höre,
Die kümmern sich um uns und meinen's gut:
Denn sie beschließen, daß ich nicht mehr störe,
Doch der Beschluß kommt in Beamten-Hut!
Und bis die Paragraphen sich ergänzen
Braucht's lange Zeit – inzwischen geht's mir schlecht.
Man scheucht mich heimlich über fremde Grenzen.
Bis ich krepiere – durch Gesetz und Recht.
    Dann bin ich ein unabgemeldetes Leben,
    Und brauche keinen Paß.
    Dann steh ich darüber und nicht mehr daneben.
    Über den Grenzen und über dem Haß.

Franz Engel

Erlebnis bei meinem Friseur

Also ich komme mittags zu meinem Friseur, wie jeden Tag. Plötzlich seh ich, wie aus der Türe ein Mann herausfliegt. Ich hab mir das nicht erklären können. Sag ich zu meinem Friseur: »Herr Nußbaumer, was ist los? Warum haben Sie diesen Mann rausgeschmissen?« Sagt der zu mir: »Passen S' auf, der Mann kommt zu mir ins Lokal und sagt: Rasiern! I maan, der Binkel, der zausige, kann doch so wie jeder andere Mensch sagen: Sind S' so freundlich und rasieren S' mich! Net? No, i hab weiter nix gredt – is ja mei Gschäft, net? – i mach mir mei Saf an und fang ins Einsafen an. Auf einmal sagt der

da zu mir: Herr, da stinkt's! Sag i: Entschuldigen Sie, das muß ein Irrtum sein. Ich wüßte nicht, von was hier stinken sollte! – Hab weiter nix gredt.– Na, i ziag ma mei Messer ab, fang's Rasieren an. Sagt der zu mir: Und es stinkt aber doch!
Sie, jetzt bin i langsam schiach wordn, net? Sag i: Ich mach Ihnen das letzte Mal aufmerksam, Herr! Mein Lokal wird täglich desinfaziert, ich wüßte nicht, von was hier stinken sollte. Na, i rasier weiter, sagt der zu mir: Und es stinkt aber doch!
Jetzt bin i haaß wordn! Sag i: Passen S' auf, Herr! I mach Ihnen das letzte Mal aufmerksam. Ich hau Ihnen ausse – von was soll's denn hier stinken?!? Vielleicht stinkt's bei Ihna daham! Sagt der zu mir: I waaß schon, von was stinkt! Stinkt wahrscheinlich von die Judn, die was hier verkehrn!
No, jetzt hätten S' mich hörn solln, was i dem gsagt hab: Passen S' auf, Herr! I hab lauter Judn als Kundschaften! Lauter feine, lauter ehrliche, lauter brave Gschäftsleut, den Herrn Weiß, den Herrn Blau, den Herrn Kohn, – hab i ihm gsagt –, wer einen Jud beleidigt, beleidigt mich auch! Sagt er zu mir: Na, tuan S' ihna net so aufpudeln, wahrscheinlich san's selber a Jud!
Also wissen S': Er mir das sagen! Eine Watschen haben und drausd liegn, war das Werk eines Augenblicks – beleidigen laß i mi net!«

Robert Gilbert

Weltgeschichten aus dem Wiener Wald
Kleine Nachtmusik am Morgen des 12. März 1938

Zwölfter März. Die Uhr hat Zwölf geschlagen.
O wär es nur die Uhr, nun da's ans Schlagen geht!
Laßt uns zum Abschied leise Servus sagen
Und jenen Dienstmann vor der Oper fragen,
Ob Mussolini immer noch am Brenner steht.

Leise, ganz leise zieht's durch den Lebensraum
Zu ebener Erde und im ersten Stock.
Im Sacher spielt ein irrer Jud Tarock.

Ein blinder Hofrat kiebitzt. Ach, im Prater blüht ein Baum.
Da pfeift das Lercherl von Hernals den letzten Ländler.
Wer schlägt den Takt dazu? Der Vogelhändler.

Jaja, der Wein war gut.
Wir tanzten Ringelreihn.
Nun Servus Du. Ich hatte Dich so lieb,
Herr Roggenbauer. Rasch ein Wiener Blut
Vom letzten Hieb.
Der ganze Jahrgang ist verdorben;
Denn diesmal sind schon Hausherrn g'storben – in Stein.

Im Finstern starb der Fackelkraus.
Der Donau bricht der Angstschweiß aus.
Unruhig fließt der Rhein.
Teeschale Braun. Nußschalerl Gold.
Sind die Tiroler lustig? Wie noch nie!
Wer hat den Käse zum Bahnhof gerollt?
Wien, Wien, nur du allein.
Und 's ist halt doch voll lauter Poesie.

Geh, flagge deinen Leib mit einem braunen Hemd.
Ins Knopfloch mit dem neuen Vaterland!
I brauch kan naichen Hut. Ich bin hier fremd.
Am Grabe seiner Eltern stand.
In Linz habe die Ehre der verlorene Sohn,
Der heimgefunden mit erhobener Hand –
Und Schuschnigg schluchzte sein Gut Nacht ins Mikrophon.

Der Gauleiter Bürckel,
Der sitzt auf der Schaukel
Und dreht sich im Zirkel
Als Bierleiter Gaukel.

Es wird ein Wein sein. Erst wann's aus wird sein.
Und erst ist heut.

Hörst du schon die harten Kolben krachen?
Kopf z'samm! Arsch z'samm! Einen Jux will er sich machen.

Solang's di gfreut.

Schießen ist keine Sünd
Auf so a Wiener Kind.

Die letzte Blaue fährt. Der Herr, der sie versäumt hat,
Der ruft in Salzburg: Jedermann!
Nun ist er selbst a Leich.
Weißt du, Mutterl, was mir träumt hat?
Das Schicksal setzt den Hobel an
Und schaltet alles gleich.

Straße frei!
Juden raus!

Hüpfelt's an Schnada, hei!
Jetzt seids ihr aa dabei.
Gut schaun mr aus.

Und wir wern nimmer sein.
So sterbet herzlich. Oder lebt von wenig.
Der Berchtesgadener Alpenkönig
Und Menschenfeind packt eure sieben Zwetschgen ein.

O du mein Österreich. Du bist die Ruh.
Und wenn dir kalt wird – Deutschland deckt dich zu.

Anton Kuh

Der Anschluß

Im Garten des Weinbauers Söllner am Schreiberweg (Wien XIX) saß ein Sattlermeister mit seiner Frau. Sie hatten vor sich ein ausgebreitetes, fettiges Papier liegen, daraus aßen sie kalte Karbonadeln. Vierzig Jahre ehelicher Gemeinschaft konnten sie nicht so eng aneinanderbinden wie die einträchtige Teilung dieser Mahlzeit. Sie waren zwei Gesichter und ein Bauch.
Plötzlich näherte sich ihrem Tisch ein Herr mit schwarzer Wirkkrawatte und Panamastrohhut, machte eine eckige Verbeugung und nahm neben ihnen auf der Holzbank Platz. Dann rief er der Haustochter, die mit einem Tablett voller Gläser vorbeikam, zu: »Wat kost'n hia der Wein?«

Der Sattler stieß seine Frau an: »A Deitscher«, und musterte mit dem gleichen Respekt, den er in dieses Wort gelegt hatte, den neuen Nachbarn.
Bald war ein Gespräch im Gang. Der Mann aus Düsseldorf erzählte, er käme eigentlich nicht des Weines halber her, sondern um die ethnologischen Eigenschaften des Bruderstammes kennenzulernen.
Der Sattlermeister hatte das Wort »ethnologisch« im Leben nie gehört. Er stieß wiederum leise die Gefährtin an, als wolle er sagen: »Paß gut auf, da kannst du was lernen...« Er lauschte den Worten des anderen mit der Ehrerbietung, die der Dialekt gewohnheitsmäßig dem Schriftdeutschen entgegenbringt (... führt doch sogar Ferdinand Raimund die poetische Gestalt der Jugend im »Bauer als Millionär« mit den Worten ein: »Sie spricht norddeutschen Akzent.«).
»Tja«, sagte der Düsseldorfer, »die jesunden Elemente des bajuwarischen Kulturkreises könn natürlich dem großdeutschen Körpa nur kräftijes Blut zuführen...«
Der Sattler hob zum Zeichen, daß er ihn verstanden habe, das Weinglas: »Prost, Herr Major!«
»Ick bin nich Major. Wat ick sage, is Binsenwahrheit. Ihr Österreicha kommt ja schon im Niblungenlied vor.«
»Ah!« sagte die Frau Sattlerin paff vor Staunen.
»Ihr seid der ältere Stamm... Braucht nur etwas Aufpulverung vom Norden her. Die richtije kraftvolle Willenslinie...«
Der Sattler war begeistert: »Ja, das brauchet ma«, sagte er, »sixt, Theres, wia de reden... des is anders als unser Pallawatsch...«
»Ihr habt uns den Mozart jeschenkt... den Schubert... also: den Beethoven nu ja nich« – er lächelte – »den müßt ihr jefälligst uns überlassn...«
Der Sattler machte eine konziliante Handbewegung: »Bitte, bedienen Sie sich...!«
»... und dafür schenken nu wia euch – woll ma mal sagn: die Kantische Ordnung.«
Der Sattler war über das Geschenk aus dem Häuschen. Er blickte stolz nach den Nachbartischen, welchen Ehrengast er bei sich sitzen habe, dann stieß er mit dem Düsseldorfer an und sagte: »Das ist der Weg!«
Der Fremde trank, setzte ab und warf beiläufig hin: »An den Mosel kommt er nich ran.«

»Nein ...«, sagte der Wiener.
»Auch gar nich möglich. Der Wein braucht die ordnende Hand wie das Jemeinwesen. Ihr seid brave Leute, aber ihr laßt ihn zu wild wachsen. Es fehlt euch der Winzergedanke.« – »Jojo ...«
»... Stellen sich mal vor, wenn euer Stephansplatz (er betonte ihn auf der zweiten Silbe) die richtije Schupo-Aufsicht hat ...! Und viel zu viel Kaffeehäuser (er betonte sie auf der ersten Silbe) jibt's hia.« – »Jojo ...«
»Um nur ein Beispiel zu nennen: Ick bin jewiß 'n Freund der zwanglosen Natua. Wir Deutsche suchen ja immer die blaue Blume.« – »Jojo ...«
»... Aber daß man so an ungedeckten Tischen sitzt ... auf primitiven Bänken ... also: punkto Kultua habt ihr noch was nachzulern ... man kann sich ja 'n Span ins Sitzzeuch pieken ... Aber warten Sie nur, wenn der neue Wind bläst ...! Wenn sich Mozart erstmal mit Fichte jemischt hat, solln Se sehen, wie dann det Leben hier in Reih und Glied pulsiert ...! Kein Rumhocken, Stehenbleiben, Schmusmachen, ›Grüasgoohd‹ und ›Haptüehre‹ ... oder Knödelessen, nee, dann wird paarweise jejangen, eine Seite ruff, die andere runter, sehen Se nur, wat Bayera zujelernt hat ... die Stahlfaust fehlt euch ...«
Der Wiener hatte sein letztes Glas geleert. Er legte dem Sprecher die Hand wohlwollend auf die Schulter und sagte:
»Wissen S' was, Herr Bruader ...« – und näher zu seinem Ohr: »... lecken S' m'in A ....!«

Zwischen den Zeilen

Versteckte Pointen, geflüsterter Witz

I sag halt garnix.
Dös wird ma doch noch sagn dürfen.

Karl Valentin

Der Schuß ging nach hinten los. Nachdem die Schließung der Kabaretts *Katakombe* und *Tingel-Tangel* den Nazis den Vorwurf der Humorlosigkeit eingebracht haben, meldet sich im Juli 1936 das SS-Organ »Das Schwarze Korps« zu Wort. Unter der Überschrift »Wir sind ja gar nicht so!« ist da auf der Titelseite zu lesen, es sei zwar »ein Irrtum, zu glauben, daß es in der Politik keinen Spielraum für Humor und Witz gäbe«, aber der politische Witz sei eben »eine Frage der Haltung und Gesinnung«. Und weiter: »Unsere Idee ist kein Rummelplatz für phantasiebegabte Witzemacher.« Wem das frohe Lachen fehle, dem sei die Lektüre des »Schwarzen Korps« empfohlen: »Wir sind ja gar nicht so!«

Auch Joseph Goebbels war gar nicht so. Als er am Anfang seiner Karriere stand, konnte er sich noch, wie im Januar 1930, im *Kabarett der Komiker* über die »ganze Judenangelegenheit« amüsieren. Damals hielt er auch noch das Schimpfen für den »Stuhlgang der Seele«. Erst später, als er erkennt, daß Hitler so gar keinen Spaß versteht, macht er die Kabaretts dicht und will den Kabarettisten »Gelegenheit geben ... das allzu lang Versäumte in anständiger und solider Arbeit in einem Lager nachzuholen«. Am Ende steht dann auch der politische Witz auf der Abschußliste.

Die erste Anweisung dieser Art datiert vom Dezember 1937, als sich der Minister, von seinen Hausjuristen im Stich gelassen, nun allein um die »politische Conferencen« kümmern zu müssen glaubt: »Jetzt diktiere ich eine Verordnung, und die sitzt!« Anlaß ist die Vielzahl von politisierenden Anspielungen und doppeldeutigen Witzeleien, mit denen Conferenciers, Ansager bunter Programme und Tourneeleiter gastspielreisender Kleinkunst-Truppen landauf, landab ihr auf harmlos-gefällige Unterhaltung eingestimmtes Publikum bei Laune halten. Aufmüpfiges hört man zuweilen auch aus der Bütt von Mainzer und Kölner Karnevalisten, die sich nicht gleichschalten lassen wollen. Nicht einmal auf die von der Partei ins Leben gerufenen, von Nazis geleiteten Kabaretts ist Verlaß: das *Wiener Werkel*, wo selbst der deutsche Einmarsch in Österreich ironisierend aufs Brettl gebracht wird, kommt erst zur Räson, als Goebbels in Wien auftaucht und mit KZ droht.

Hinzu kommt die Flut von Flüsterwitzen, jene »Blitzableiter für den Volkszorn«, wie sie Tucholsky einmal genannt hat, die gerade in Krisenzeiten dem allgemeinen Unmut ein Ventil schaffen, zuweilen sogar systemstärkend wirken können und keineswegs allein ihre Lacher im oppositionellen Lager finden. Um solchem

Galgenhumor mehr Gewicht zu verleihen, werden die Flüsterwitze auf dem Weg von Volksmund zu Volksmund jenen zugeschrieben, denen man sie am ehesten zutraut: den Profis. Werner Finck, Weiß Ferdl und Karl Valentin wird in den Mund gelegt, was den grauen Alltag erträglicher macht, was ablachen läßt und was später, während des Krieges, als »Wehrkraftzersetzung« gewertet, sogar den Kopf kosten kann. Die prominenten Spaßmacher, steigert es auch ihre Popularität, werden durch solch gefährliche Polit-Pointen in eine schwierige Lage gebracht und wehren sich so gut sie können. Valentin beschwert sich bei Reichspressechef Amann darüber, daß Geflüstertes mit dem Hinweis auf seine Person nun schon gedruckt erscheint, und Weiß Ferdl, dem Goebbels 1937 wegen seiner »gemeinen politischen Witze schon das Handwerk legen« will, dementiert öffentlich: »Worte, die ich nie gesprochen habe, werden mir in den Mund gelegt. Was die Leute sagen, ich hätt' es gesagt, hab ich nie gesagt.«

Eine Schutzbehauptung? Werner Finck schreibt: »Der anonyme politische Witz setzte sich bei denen, die ihn gehört hatten, in einer solchen Weise fest, daß sie nach einer Weile überzeugt waren, ihn irgendwo auf einer Bühne persönlich erlebt zu haben.« Auch nach 1945 bekennt er, der recht eigentlich Unpolitische, freimütig, so mutig gar nicht gewesen zu sein, und berichtet von einem Gespräch mit Weiß Ferdl: »Auch er bestritt mir energisch, sich je ein solches Witzchen erlaubt zu haben. Er bestritt es auch noch lange Zeit nach dem Kriege, wo es ihm ja doch zum Ruhme gereicht hätte.«

Die Kabaretthelden – entheroisiert? Die Lage, in der sie sich befinden, ist bedrohlich genug. Immer mehr Spitzel mischen sich im Kleinkunstkeller unters Publikum, notieren sich Gags, Pointen und vermeintliche Anspielungen. Weiß Ferdl, nie ein Oppositioneller, tritt in die Partei ein und hofft auf die altbewährte Gunst seines »Führers«. Für Karl Valentin zeichnet sich, nachdem ihm der Film »Die Erbschaft« wegen »Elendstendenzen« verboten worden ist, das Ende seiner Filmkarriere ab.

Werner Finck, der inzwischen wieder publizieren darf, beim Film arbeitet und die Kabarettbühne zurückerobert, witzelt munter weiter, klug kalkulierend, daß ihm seine Scharfzüngigkeit jene Popularität erhält, die ihm, im doppelten Sinne, das Überleben garantiert. Auf einem Filmball als Kabarett-Attraktion annonciert, bekennt er im Beisein von Goebbels: »Ich mache keine Witze mehr, weil Witze Pointen haben, und Pointen – müssen sitzen.«

Als Ende Januar 1939 im Propagandaministerium Berichte über das *Kabarett der Komiker* eingehen, die von einer »frechen Verhöhnung des Staates und der Partei« zu berichten wissen, beschließt Goebbels, hart durchzugreifen. Er bespricht sich mit Hitler, der gibt ihm freie Hand. Der Anlaß: Im *Kadeko* conferiert Altmeister Peter Sachse harmlos gemütelnd ein Programm um die Liebe, in dem sich Werner Finck als »leicht gedrosselt« vorstellt, der weder »oben anstoßen« noch, mit Blick auf die Uhr, »über die Zeit sprechen« will; die drei Rulands, als Architekten-Trio weißbekittelt, singen Parodistisches zum Thema »Neubau Berlins«. Aber das Goebbels-Exempel muß her: Weil sie »jede positive Einstellung zum Nationalsozialismus vermissen lassen und damit in der Öffentlichkeit und vor allem bei den Parteigenossen schwerstes Ärgernis erregt« haben, werden Finck, Sachse und die Rulands aus der Reichskulturkammer ausgeschlossen und mit Berufsverbot belegt. Die Rulands werden in Rüstungsindustrie und Wehrmacht einberufen, Finck meldet sich freiwillig zur Armee, Sachse wird bald in der Truppenbetreuung wieder aktiv, nachdem er sich bei den Nazis mit einer antisemitischen Schmähschrift angebiedert hat.

Goebbels kommentiert seinen Bannstrahl gegen das »parasitäre Geschmeiß« im »Völkischen Beobachter« mit den Worten: »Die politische Witzemacherei ist ein liberales Überbleibsel.« Und in seinem Tagebuch: »Der politische Witz wird ausgerottet. Und zwar mit Stumpf und Stiel.« Und doch hat er noch zwei Jahre später Anlaß, darüber Klage zu führen, daß »sogenannte Conferenciers, Ansager und Kabarettisten, wie aus der Menge von Beschwerden aus dem Lande, vor allem aber von der Front berichtet wird, weiterhin ihr Unwesen« treiben. »Auf Befehl des Führers« wird nun »jegliche Conference oder Ansage« ab sofort »mit schwersten Strafen geahndet.« Und weiter heißt es in der Anordnung: »Glossierungen von Persönlichkeiten, Zuständen oder Vorgängen des öffentlichen Lebens, auch angeblich positiv gemeinte, sind in Theatern, Kabaretts, Varietés und sonstigen öffentlichen Unterhaltungsstätten verboten.«

»Die Zeit der Witze ist vorbei«, nennt sich die Conference eines der jüdischen Kabarettisten, die 1937 unter SS-Aufsicht im Ghetto des Berliner Jüdischen Kulturbundes noch Kleinkunstabende veranstalten dürfen. Sie ist es schon lange. Bald wird blutiger Ernst mit dem Spaß gemacht: es gibt nichts mehr zu lachen. Wer dennoch lacht, lebt gefährlich.

Werner Finck

Was jeder hören kann

Es war eine große Gesellschaft. Jemand erzählte lebhaft einen guten Witz – ein anderer wußte auch einen.
»Meine Herrschaften, das Fenster ist offen«, sagte ich, »und wir reden sehr laut, vielleicht ist es besser, wenn wir es zumachen.«
»Wenn ich ganz offen sein soll«, wollte das Fenster in diesem Moment sagen und sich in die Unterhaltung einmischen –, aber es knarrte nur, denn Fenster können ja nicht reden. (Wände können sich schon mehr in menschliche Unterhaltungen mischen, denn sie haben wenigstens Ohren.)
»Es ist eigentlich schade, jetzt schon zuzumachen«, sagte die Hausfrau, »es ist eine so selten milde Luft draußen.«
»Ja, wirklich«, pflichtete ihr ein anderer bei, »es wäre schade. Außerdem kann das doch jeder hören, was wir uns hier erzählen.«
»Eben deshalb«, sagte ich, »wollte ich das Fenster schließen, denn die meisten liegen schon im Bett, und wenn wir uns hier so laut unterhalten, stören wir sie.«
»Ich dachte vorhin, Sie meinten etwas anderes, als Sie das Fenster schließen wollten«, sagte hernach eine Dame in Grün, indem sie sich neben mich setzte und mich ermunternd anlächelte.
»Ich weiß nicht, wie ich das verstehen soll«, ermunterte ich sie.
»Sie denken doch sicher genau wie ich.«
»Schon möglich«, sagte ich. »Wie denken Sie denn?«
»Trinken wir darauf«, sagte sie, »stoßen wir an.«
Ich tat es. Zögernd, weil ich nirgends gerne anstoße.
»Ich lese regelmäßig Ihre Glossen«, fuhr sie fort, nachdem sie das Glas hingestellt hatte. »Ich verfolge sie mit großem Interesse. Es muß schwer sein, Woche für Woche, ganz gleich, ob Sie nun in Stimmung sind oder nicht.«
»Gewiß«, erwiderte ich, »es ist auch schwer, Woche für Woche, ganz gleich, ob ich nun schreibe oder nicht.«
»Sehr interessant, manchmal sind sie geradezu ...«
»Das sind dann die weniger gelungenen«, sagte ich, »denn geradezu ist gleichbedeutend mit derb. Und derb darf eine Glosse nicht sein.« Jetzt trat eine Pause ein, blieb aber an der Tür stehen, so daß sie keiner bemerkte.

»Um auf unser Gespräch vorhin zurückzukommen«, nahm ich den Faden wieder auf, »wir werden den kürzeren ziehen.«
»Meinen Sie?« fragte sie.
»Doch, die meisten fürchten sich nämlich – vor Zug, und deshalb schließen sie die Fenster so oft wie möglich. Wenn Sie und ich auch anders darüber denken, dann sind wir wohl in der Minderheit.«
Im Hintergrund ging der Hausherr auf das Fenster zu, um es zu schließen. In diesem Moment fiel es aber von selbst zu. Es hatte irgendwie Wind bekommen.
Die Dame verließ mich ziemlich rasch, sie schien enttäuscht zu sein. Wenn zwei dasselbe denken, so ist es nicht dasselbe. Schrecklich, immer verfolgt zu werden! »Nichts für ungut«, rief ich ihr nach, und »pfröhliche Fincksten.«

Georg Kaiser

Flugblätter

Das Batzenschwein (Göring)

Dies ist das echte Batzenschwein.
Es scheißt tagaus, es scheißt tagein.
Es kann kaum vorne so rasch beißen,
Wie hinten schon gequirlt zu scheißen.

Der Kaulb... (Hitler)

Der Kaulbarsch fand sich hinten kürzer,
Er hält sein Ende nicht für fein,
So schreibt er in das Fischregister
Sich nur als Kaulb und sonst nichts ein.

Das Scheißhuhn (Goebbels)

Das Scheißhuhn kann man unterscheiden
Von andern Hühnern auf die Weise:
Es legt statt guter Hühnereier
Nur ganz gemeine Hühnerscheiße.

Pointen, die sich der Zensor notierte

Ein Mann kommt zum Zahnarzt. Sagt der Zahnarzt: »Nun machen Sie mal schön den Mund auf.« Darauf der Mann: »Wieso? Ich kenne Sie ja gar nicht.« *Werner Finck, 1935*

*

Die Zeiten sind ruhiger geworden: Man kann wieder auf Jahrtausende disponieren. Meine Stellung ist nicht einfach: Mit einem Bein stehe ich auf der Bühne und mit dem andern ... auf dem Standpunkt, daß man alles sagen kann, was man denkt.
Werner Finck, 1933

*

Wir Deutsche verzichten auf unsere Kolonien, weil wir nicht wissen, wo wir den Negern die WHW-Abzeichen hinstecken sollen.
Eddi Marlo, 1938

*

Unsere Nackttänzerin haben wir heute zu Hause gelassen, denn ich habe keine Lust, noch ein zweites Mal ins »Schwarze Korps« zu kommen. Ich weiß nicht, ob Sie das gesehen haben, – scheinbar nicht. Das beweist doch, daß dieses Blatt doch nicht die Verbreitung hat, wie sich das die Herausgeber einbilden! Ja, so kommt ein nacktes Bild von uns einmal gratis in die Zeitung; nicht von uns, sondern nur natürlich von der Tänzerin. *Willi Schaeffers, 1938*

*

Das deutsche Volk kann ruhig sein, Lügen haben kurze Beine. Aber es ist meinem Orthopäden gelungen, mein rechtes Bein auf die normale Länge zu bringen. Volksgenossen und Volksgenossinnen, unsere Führung hat euch luftige und helle Wohnungen versprochen, wir haben unser Versprechen gehalten: die Wohnungen habt ihr jetzt. Der deutsche Soldat wird kämpfen bis zur letzten Patrone, dann wird er das große Laufen kriegen. Ihr werdet erlauben, daß ich schon jetzt vorauslaufe, da ich am Gehen behindert bin. *Wolfgang Borchert, 1943*

Geben Sie mir den außenpolitischen Redakteur! – Wie? Er arbeitet? Dann wecken Sie ihn! — Wetternachrichten? Das Hoch über Deutschland bleibt bestehen? — Scholle? Eine Scholle ist ein Fisch, merken Sie sich das! — Letzte Nachrichten? Der Rohstoffindustrie ist es gelungen, ein Verfahren zu entdecken, wie man aus einer Mücke einen Elefanten machen kann? *Heinrich Giesen, 1935*

*

Wir leben in einer hundertprozentigen Zeit: hundertprozentige Staatsmänner, hundertprozentige Diplomaten und dann erst die Hundertfünfzigprozentigen, die liefen meist schon der roten Fahne nach, als da noch gar kein Hakenkreuz drauf war.
Hans Lorenz, 1938

*

Bleibt lieber in euren mit sauer Verdientem ersparten kleinen, bescheidenen Villen am Lago di Bonzo. Ihr habt ja nicht einmal mehr Eisen – euern eisernen Willen habt ihr schon längst aufgegeben, und ihr fangt ja schon aus Materialnot an, die Juden einzuschmelzen! *Weiß Ferdl, 1938*

*

Die Loreley am deutschen Rhein fühlt sich neuerdings einsam und verlassen, denn die Lore ist beim BDM und der Ley bei der Arbeitsfront. Wissen Sie, was das heißt: KdF? Ganz einfach: Kuriere durch Fett! *Oskar Paulig, 1938*

*

ERSTER SCHIFFSBRÜCHIGER Mein Gott, mir ist ganz braun vor Augen!
ZWEITER SCHIFFSBRÜCHIGER Da! Schau!! Dort ist eine Insel!! Wir sind gerettet!!!
ERSTER SCHIFFSBRÜCHIGER Hm.
ZWEITER SCHIFFSBRÜCHIGER Ob die uns retten?
ERSTER SCHIFFSBRÜCHIGER Nee.
ZWEITER SCHIFFSBRÜCHIGER Was? Wieso??
ERSTER SCHIFFSBRÜCHIGER Ja, gibt es denn für uns überhaupt eine Rettung?! *Wilhelm Bendow, 1944*

Meine Damen und Herren, Sie werden sicher gehört haben, daß wir kürzlich im Komödienhaus – wir, das heißt also mein Vater und ich – einen schönen Erfolg mit unserer neuen Operette hatten. Der Titel »Lieber kein Reich, aber glücklich!« *Zurufe aus dem Publikum: »Maul halten, da oben«* – Aber gern doch – nach Ihnen!
Willi Kollo, 1933

*

Überall werden jetzt durch den Generalinspekteur Reichsautobahnen eingeweiht. Wer an diesen Veranstaltungen teilnimmt, kann auch mal lachend dem Todt ins Auge sehen.
Ernst Suppek, 1938

*

Ach, wenns hääßt, im Dritten Reiche,
Tät mer all mein Vers'cher streiche! –
Tröst euch, Kinner, loßt die Tricks,
Ich loß mir beschneide nix.
Un ich mään, ich hätt im Kreis
Hier erbracht schon den Beweis
Bald, ich wunner selbst mich drum,
Daß ich laaf noch frei herum.
Josef Glückert, 1935

*

Ich hätte so gern mein Leben eingesetzt für die herrliche Idee der NSDAP. Aber wir gewinnen auch so ––– die Überzeugung, wie man es nicht machen soll ...
Die bösen Engländer scheinen an Berlin großes Interesse zu haben. Sie kommen ja immer häufiger. Häufiger ist gut: Ich habe das ohrenbetäubende Gefühl – sie wollen wohl mit Gewalt in Berlin Trümmer erzeugen.
Na, ich kann sie nur warnen. Wenn Göring erst böse wird und mit zwei Maschinen in London Rache nimmt – na, ich kann den Tommis sagen, selbst wenn sie von den zwei Maschinen eine abschießen, wird die eine bestimmt 3–7 Bomben in der Nähe von London abwerfen, und das wird furchtbar!
Weil wir eine Heldennation sind. *Robert Dorsay, 1943*

ANONYM

Zehn kleine Meckerlein

Zehn kleine Meckerlein, die saßen einst beim Wein.
Der eine machte Goebbels nach,
Da waren's nur noch neun.

Neun kleine Meckerlein, die hatten was gedacht.
Dem einen hat man's angemerkt,
Da waren's nur noch acht.

Acht kleine Meckerlein, die hatten was geschrieben.
Dem einen hat man's Haus durchsucht,
Da waren's nur noch sieben.

Sieben kleine Meckerlein, die fragten einmal: »Schmeckt's?«
Der eine sagte: »Schlangenfraß!«
Da waren's nur noch sechs.

Sechs kleine Meckerlein, die schimpften auf die Pimpfe.
Der eine sagte: »Lausepack!«
Da waren's nur noch fünfe.

Fünf kleine Meckerlein, die saßen am Klavier.
Der eine spielte Mendelssohn,
Da waren's nur noch vier.

Vier kleine Meckerlein, die kannten Dr. Ley.
Der eine wußte was von ihm,
Da waren's nur noch drei.

Drei kleine Meckerlein, die nannten Mythos »Dreck«.
Da holte Pg Rosenberg
Gleich zwei von ihnen weg.

Ein kleines Meckerlein ließ dies Gedicht mal sehn.
Man brachte es nach Dachau hin.
Da waren's wieder – zehn.

Karl Küpper

SOS – schweig oder sitz!

Auf einmal war die Straß wie leergefäg. Alles war weg. Auf de Bäum ware se geklettert. In de Kellerlöcher erein. E paar verübten Selbstmord. Un ganz langsam mitten auf dr Straß kam ene Mann bei mich un wollt mr en Abzeiche verkaufe.
Andern Dags han ich mich beim Regisseur vörgestallt. Dann haben wir gefilmt »Hermann der Cherusker«. Darin hab ich de Simserimsimsimsimsim gespielt. Die Schlacht war im Teutoburger Wald. Herrlich! Die Schlacht fing an: Keulen und Morgensterne bumsten auf die Holzköpp. Ich rief immer dazwischen: »Simserimsimsimsim.« – »Als die Römer brav geworden« durfte mr nit singe. Da rief einer: »SOS!« Dat hieß: »Schweig oder sitz!« –
Auf enem Feldherrnhügel stand dr ahle dicke Hermann.
Der Cherusker!
Ganz einfach, nur mit enem Bärenfell bekleidet. Nit mit dem Gewehr, nein, mit dem Boge, nit im Teutoburger Wald, nein, in der Schorfheimer Heide. Er rief: »Pharus! Gib mir meine Legionen wieder!« Ich sage: »Hermann! Dat heiß doch ›Kolonien‹ wieder!«
Da, hoher Besuch!
Hermann Göring selber.
Göring kam hoch zu Roß.
»Fabelhaft, die Aufnahmen!« rief er. »Die Schlacht ist zackig, die Filmindustrie befindet sich wirklich auf einer enormen Höhe. Aber was bedeutet unten an der Weser das gigantische Monumental-Bauwerk?«
Ich sage: »Hermann, dat kennst du nit? Dat is doch et Hermann-Denkmal!« »Na«, meinte er, »Kinder, für die paar Minuten, wo ich hier bin, hättet ihr euch doch diese Arbeit sparen können!«
Ich ben jo froh, dat ich hier setze. Et is mr ja schließlich egal, wo ich setze.
Aber mr muß doch e biske vorsichtig sein. Einer von uns het vorige Woche eso miserabel dr König Heinrich gesunge, dä habe se wege Majestätsbeleidigung angezeig. Dat kann mir ja nich passiere. Ich singe jo kein Partie von Könige. Ich singe nor noch: SOS...

Karl Valentin

Wenn ich einmal der Herrgott wär

Wenn ich einmal der Herrgott wär,
Mein erstes wäre das,
Ich schüfe alle Kriege ab,
Vorbei wär Streit und Haß.
Doch weil ich nicht der Herrgott bin,
Hab ich auch keine Macht;
Zum ewgen Frieden kommt es nie,
Weil's immer wieder kracht.
Wenn ich einmal der Herrgott wär,
Mein zweites wäre dies,
Ich schüfe alle Technik ab,
's wär besser, ganz gewiß.
Dann gäb es auch kein Flugzeug mehr,
O Gott! Wie wär das nett!
Und ohne Angst, da gingen wir
Allabendlich ins Bett.
Wenn ich einmal der Herrgott wär,
Ich gäbe in der Welt
Den Menschen alle die Vernunft,
Die scheint's noch vielen fehlt.
Doch weil mir das nicht möglich ist,
Die Sache ist zu dumm,
Drum bringen sich die Menschen mit
Der Zeit noch alle um.
Wenn ich einmal der Herrgott wär,
Ich glaub, ich käm in Wut,
Weil diese Menschheit auf der Welt
Grad tut, was sie gern tut.
Ich schaute nicht mehr lange zu,
Wenn s' miteinander raufen;
Ich ließe eine Sintflut los
Und ließ sie all ersaufen.
Ja, lieber Herrgott, tu das doch,
Du hast die Macht in Händen,
Du könntest diesen Wirrwarr doch

Mit einem Schlag beenden.
Die Welt, die du erschaffen hast,
Die sollst auch du regieren!
Wenn du die Menschheit nicht ersäufst,
Dann laß sie halt erfrieren.

Liesl Karlstadt

Die deutsche Laugenbretzel

Volksgenossen und Volksgenossinnen!
Wiederum hat es sich gezeigt, daß der Nationalsozialismus nicht nur zur Erhaltung, sondern auch zur Ernährung des Volkes dient. Es gab einmal eine Zeit, in der das gesamte deutsche Volk von der Existenz einer Laugenbretzel noch nicht die geringste Ahnung hatte. Ich wußte, was es bedeutete, einen ohnmächtigen Kampf um die deutsche Laugenbretzel auf mich zu nehmen. 14 Jahre lang habe ich gekämpft, und Gott der Allmächtige wollte es, daß ich wie immer als Sieger hervorging. Es war in den bitteren Jahren der Systemzeit, als ein internationales Juden- und Verbrechertum den Absatz der deutschen Laugenbretzel zu vernichten drohte, und wiederum waren es einige mutige, tapfere, beherzte Männer, die die Kultur der Laugenbretzel hinaustrugen in alle deutschen Gaue, und der Erfolg davon war ein einzigartiger Siegeszug der bisher verachteten Laugenbretzel. Die deutsche Laugenbretzel ist nicht nur gesund, sie ist auch bekömmlich – dem deutschen Arbeiter, dem deutschen Bauern, dem deutschen Studenten, und nicht zuletzt gedenk ich der deutschen Frau – der deutschen Mutter. Parteigenosse Dr. Goebbels hat schon bei seiner ersten großen Propagandarede auf der Hochzeit zu Kanaan die Bedeutung der deutschen Laugenbretzel hervorgehoben, und somit ist es Ehrenpflicht sämtlicher nationalsozialistischer Verbände und Formationen, sich in Zukunft nur von deutschen Laugenbretzeln zu ernähren – und dann wird sich endlich auch der Katholizismus zur deutschen Laugenbretzel bekennen müssen, ob er nun will oder nicht. Hier heißt es biegen oder brechen. Heil – Heil – Heil!

Fritz Eckhardt

Die Tokioten kommen!

Pong Hochgeborene, nicht genug zu preisende und erlauchte Gäste, ich, Pong, der Schwätzer, will Eurem durchdringenden Verstand verraten, daß wir uns im Reiche China, auch Chinareich genannt, befinden, wo bekanntlich ein echter Chineser net untergeht. Dies bewies er auch in jener historischen Zeit, als dem Wunsche der übergroßen Mehrheit der Chinesen Rechnung getragen ward und Chinareich sich an Japanland anschloß. Wir führen Euch nun in die Tage zurück, da die Truppen des Mikado in die damalige Hauptstadt Chinareichs, nämlich in Wi-en, einzogen. Wenn Ihr Eure hochgeborenen Ohren auftut, werdet Ihr hören, was man im Amtszimmer eines Mandarins, des Herrn Hofrat Pe-cha-tschek, dazu zu sagen hat. Es ist ca. 11 Uhr – infolgedessen sind nach Landessitte erst der Amtsdiener Po-ma-li und die Bedienerin Mi-tsi anwesend. Vernehmet nun deren würzigen, echt bodenständig blumigen Dialog.

Mi-tsi Herr Po-, Herr Po-, die Japaner san do!

Po-ma-li Hat Ihna der Schnee zischt? Das was i do eh!

Mi-tsi Aber im Haus sans a schon! Die ham a Tempo!

Pif-keh *zackig* Banzai!

Po-ma-li Was? Ah so! Buddha segne Euren Eingang und Ausgang! Wir sind glücklich, vor dem stechenden Blick Eurer erhabenen Augäpfel ...

Pif-keh Ist hia Zimma zwoundfunfzig?

Po-ma-li Zweiundfünfzi, wenn i mirs recht übersetzt hab, jawohl, unser niedrig geborener schmutziger Arbeitsraum!

Pif-keh Schnauze! Name des Amtes?

Po-ma-li Amt des Salzes – Buddha erhalte uns die Ämter!

Pif-keh Amtsgehilfe Po-ma-li!

Po-ma-li Hier – meine niedrige Wurmpersönlichkeit!

Pif-keh Aufwartefrau Mi-tsi!

Mi-tsi Bitte, so heiße ich – entartete Tochter des Rinnsteins –, aber den Ausdruck Aufwartefrau kennt mein unwürdiges Gehör nicht – i bin a Bedienerin und unbescholten und mei Sohn ist bei die Turner – aba ka Hackenbeiler, weil er nämli hatscht, wissens, und da hams eam ...

PIF-KEH Danke!
MI-TSI *gekränkt* Bitte!
PIF-KEH Hofrat Pe-cha-tschek!
PO-MA-LI Ja – der is hier! Aber nicht da!
PIF-KEH Und was macht er, wenn er da ist?
PO-MA-LI Da geht er zum Hofrat Ma-cha-tschek umi – a bisserl plaudern!
PIF-KEH Und dann?
PO-MA-LI Dann geht er z'haus – denn schließlich muß jede Arbeit amal a End ham!
PIF-KEH Meinen Sie?
PO-MA-LI Ja – mir san so verträumt!
PIF-KEH Na, wir werden Euch Brüder schon aus dem Traum helfen! Von nun an wird hier richtig gearbeitet werden!
PO-MA-LI Also, wenn ich mir eine unwürdige Bemerkung erlauben dürfte – da werdens resignieren! Diesbezüglich hama a phantastische Tradition – aba da kommt schon der Herr Hofrat!
PE-CHA-TSCHEK Morgen! Gehns, da hams, Frau Mi-tsi, zahlns mei Rischka!
PO-MA-LI Verehrung, Herr Hofrat, Buddha segne Euren Bauch! Da is ...
PIF-KEH *ungeduldig* Banzai!
PE-CHA-TSCHEK Bitte? Ach so, die neue Zeit – daran werdn ma uns jetzt halt gewöhnen müssen! Nehmens bitte Platz! A Zigarrl gfällig?
PIF-KEH Danke, ich möchte rasch ...
PE-CHA-TSCHEK Wenn ich Ihnen einen Rat geben darf, Hochgeborener – nix rasch bitte! Damit kommens nämlich überhaupt net weiter! Vergessens nicht – wir sind in Chinareich! Sagens schön gemütlich, was Sie wollen – und im übrigen – Buddha segne Euren Bauch!
PIF-KEH Das ganze chinesische Volk jubelt ...
PE-CHA-TSCHEK Ja, ja – ich hab die Zeitung glesen, und Radio hab ich auch ghört – also lassen wir die Preliminarien und kommen wir zum Tatsächlichen ... aber bitte, Hochzuverehrender, stehns nicht so entschlossen herum, nehmens endlich Platz – jetzt seids ja schon da! Habns schon a Wohnung?
PIF-KEH Ne – zuerst dachte ich meine Pflicht zu erfüllen!
PE-CHA-TSCHEK Schauns, Hochgeborener – die Pflicht läuft Ihnen net davon und ich auch net, ich bin ja rein mongolischer

Abstammung! Schauns Ihna jetzt amol um a Zimmer um, vielleicht geht Ihnen unser Herr Wan-ko an die Hand, das is ja ein Gesinnungsgenosse von Ihnen – und dann empfehle ich Ihnen das Teehaus »Tschech-li-tschek«, da kriegns um einen Dollar ein wunderbares chinesisches Frühstück: Tee, Butter, Jam und ein Ei!

Pif-keh Butter? Ei?

Pe-cha-tschek Jetzt is a baff – der Hochgeborene! Also, wenn Sie eine Wohnung haben und gebadet und gefrühstückt san, lenken Sie Ihre verehrungswürdige Person wieder unter meine niedrigen Augen, und dann wolln wir uns halt in Buddhas Namen an die Pflicht machen! Bis dahin – Servus, Herr Kollege!

Pif-keh Banzai!

Pe-cha-tschek Banzai! *Pif-keh ab. Ein Gong ertönt*

Po-ma-li Herr Rat haben gegongt?

Pe-cha-tschek Ja – die Akten über das Gesuch des Scham-ster aus dem Jahre 83!

Po-ma-li Ich fliege! – Herr Rat – was wird geschehen?

Pe-cha-tschek Gar nix, lieber Po-ma-li, sans net nervös – mir werns scho demoralisieren.

Rudolf Weys

Der Wiener Januskopf

Optimist Seit zwatausend Jahr bin ich Wiener
Und stimme seit jeher mit »Ja«,
Als ganz gehormsamster Diener
Des Staates, der jeweils grad da.
Ich wär ja mit allem zufrieden,
Ich war auch noch niemals der Hopf,
Nur san halt die Gusto verschieden
Da drin in mein doppelten Kopf.

Der Raunzer wird sichtbar.

Beide Juhu! Hallo!
Als Januskopf stehngan mir do!

RAUNZER	Mein Zwilling, der will net sinnieren,
	Doch i denk ma manchmal ganz laut:
	Ein Weaner, der muaß kritisieren,
	Weil, der kann net heraus aus der Haut!
	I sag, mir gehn etliche Deka
	Aus der Backhendlzeit heute ab.
	Doch wann i was red, haßt's, i mecker,
	Und wann i was sag, bin i schlapp!
BEIDE	Juhu! Hallo!
	Als Januskopf stehngan mir do!
OPTIMIST	Ich hab unlängst a Zeitung gelesen,
	Da halten s' ma d' Gmüatlichkeit vor.
	Gehts, laßts ma mei sonniges Wesen,
	Nebn der Arbeit brauch i an Humor!
	Ja, warum soll der Mensch denn net lachen
	In unserer Großstadt-Provinz?
	Mir wern's schon bestimmt noch dermachen,
	Genauso wie Graz oder Linz.
BEIDE	Juhu! Hallo!
	Mir schaun den Bemühungen zu!
RAUNZER	Mei Freund is direkt a Verführer,
	Nur mir geht halt manches net ein.
	Heut verliert ja sogar die Admira
	Gegn die Altreichen mit Null zu Neun.
	Was nutzen ma Barock und Paläste,
	Und wia ma so sagt: die »Guldur« –?
	Ich siech nur mehr spärliche Reste,
	Auch die gehngan schon in Verlur.

Raunzer und Optimist treten nebeneinander.

OPTIMIST	Geh kusch!
RAUNZER	Halts z'samm!
OPTIMIST	Sei stad, denn jetzt stehngan mir stramm!
	Der Balkan, heißt's, steht uns noch offen,
	Und mir wer'n ein Umschlagplatz!
RAUNZER	Ich hab nix dagegn, woll ma's hoffen,
	Weil sonst ziag i doch noch nach Graz.
OPTIMIST	Vom Kahlenberg bis fast nach Baden
	Reicht heute unser Groß-Wien!
RAUNZER	Na, wenn schon! Soll ma nix schaden!
	Deswegen steckt aa net mehr drin!

Optimist	Des Gfraßt!
Raunzer	Des Gfrieß!
Beide	I beiß eahm noch z'samm, des is gewiß!
Optimist	Mei Leben lang muaß i mi streiten!
Raunzer	Er giftet mich ganz enorm!
Optimist	Nur, sehgn ma an Fremden von weiten,
Beide	Da geh ma gleich beide konform!
Optimist	An Weaner wolln Sie schimpfieren?
Raunzer	Sie!! Mir ham zwar ein Doppelgesicht,
Beide	Doch des könnt Ihnen etwas zitieren,
	Provozieren S' unsere Einigkeit nicht!

Peter Hammerschlag

Lüneburger Heide und Simmeringer Had

Beide	Kennt ihr schon die Liebesgeschichte,
	Die sich zugetragen hat
	Zwischen Lüneburger Heide
	Und der Simmeringer Had?
Er	Mitzi war im Arbeitsdienste
	Hoch im Norden angestellt.
Sie	Ihren Fritz, den lernt' sie kennen
	Zwischen Groß' und Kleinem Belt.
Beide	Beide konnten sich gut leiden,
	Sie erzählten sich privat:
	Von der Lüneburger Heide
	Und der Simmeringer Had.
Er	Rechts am Rand verlooft die Düne,
	Unten links, da liecht det Meer,
	Gleich darunter wogt die Lüne-
	burger Heide kreuz und quer.
Sie	So beschrieb der Fritz die Heimat.
Er	Wie es dann die Mitzi tat.
Beide	Er die Lüneburger Heide,
	Sie die Simmeringer Had.

SIE	Denn die Simmeringerhaden,
	Hörst, die is aus edlem Stoff!
	Erstens blüht des Gaswerk dorten,
	Zweitens der Zentralfriedhof.
ER	Tja, die Düne is mehr knorke.
SIE	Und die Heiden is net fad!
ER	Heil, der Lüneburger Heide!
SIE	Hoch, die Simmeringer Had!
ER	Und am dritten freien Sonntag
	Sank sie hin ins Heidekraut.
SIE	Beide liebten sich bis Montag
	(Nur der Fritz war etwas laut).
ER	Sprach: »Mors, Mors!« und »Hummel, Hummel!«
SIE	Sie sagt still: »Hörst, sei doch stad!«
ER	Hie sprach Lüneburger Heide,
SIE	Dort die Simmeringer Had.
SIE	Fritz war mehr für Arbeitsplanung,
	Sie schwärmt für den Urlaub sehr,
	Denn der gibt, hörst, hast a Ahnung,
	Doch fürs Leben viel mehr her!
ER	Mitzi war für Übersiedlung,
	Und so schritt man rasch zur Tat,
	Zog von Lüneburger Heiden
SIE	Auf die Simmeringer Had.
ER	Als das erste Kind geboren,
	Gab es einen kleinen Streit:
	Sind das Lüneburger Ohren?
	Hat mit Wien es Ähnlichkeit?
SIE	Und man tauft es Hinrich-Pepi,
	Dies gemahnte früh und spat
ER	An die Lüneburger Heide
SIE	Und die Simmeringer Had!
ER	Mancher Sommer ist vergangen,
	Mancher Winter ging ins Land.
SIE	Ganz perfekt sprach Fritz Hernalsisch
ER	Und die Mitzi Waterkant.
	Bei der diamantnen Hochzeit
	Flüstern er und sie ganz stad:
SIE	»Kiek! Die Simmeringer Heide!«
ER	»Schau ... de Lünebuaga Had ...!«

Fritz Feldner

Interview mit einer Kuh

Auf der Bühne steht die Attrappe einer Kuh, die Augen und Ohren verdrehen, das Maul öffnen und Muh sagen kann. Der Herr vom Reichsnährstand erscheint mit einer Armbrust und einer Aktentasche, der er immer neue Formulare entnimmt und sie vor der Kuh verstreut.

HERR   Fräulein Muhdl, aufgepaßt:
Jetzt wird auch die Kuh erfaßt!
Ja, es gibt in diesem Jahr
Auch für Sie manch Formular.
Und so kommt der Schütz gezogen
Mit dem Pfeil und Fragebogen.
Sind Sie arisch? Sind Sie g'scheckert?
Hat da irgendwer gemeckert?
Ja, es war die kecke Gaaß!
Was verbrauchen Sie an Gras?
Fressen Sie auch Haferkörner?
Trägt der Ehegatte Hörner?
Wer betreut das Hufeschneiden?
Läßt man Sie im Sommer weiden?
a) bei Sonne? b) bei Wolken?
Wird das Letzte ausgemolken?
Kämpfen Sie mit ganzer Kraft
Für die NS-Rinderschaft?
Ja, das einzig wirklich Wahre,
Von der Wiege bis zur Bahre:
Formulare! Formulare!

DIE KUH   *verdreht die Augen* Muh!

DER HERR   Haben Sie an Sommertagen
Fliegen mit dem Schwanz erschlagen?
Aus Gesinnung? Nur zum Spiele?
Aus Gewohnheit? Und wie viele?
Wer betreut Sie in betreff
Freizeit und auch KdF?
Ist der Kuhstall gut verdunkelt?
Haben Sie schon je geschunkelt?

                    Und wenn ja, wird mancher Tropfen
                    Ihrer Milch nicht gleich zu Topfen?
                    Und der Topfen heißt jetzt Quark,
                    Auch bei uns, in Steiermark!
                    Beichten Sie den Milchertrag
                    a) per Melkung? b) per Tag?
                    c) im Durchschnitt? d) summarisch?
                    Leitet man Sie kommissarisch?
                    Eine Antwort, eine klare!
                    Formulare! Formulare!
Die Kuh   *verdreht die Augen* Muh!
Der Herr   Zahlen Sie als Wiederkäuer
                    Zweifach Ihre Umsatzsteuer?
                    Sind Sie derzeit dienstverpflichtet?
                    Weltanschaulich ausgerichtet?
                    Wird Gemeinschaftgeist erzielt
                    Oder Blindekuh gespielt?
                    Wenn es in der Ostmark brandelt,
                    Wird dann fleißig kuhgehandelt?
                    Oder wird mit allen Kniffen
                    Stramm und zackig durchgegriffen?
                    Beichten Sie mir ohne Groll
                    Alles für mein Protokoll!
                    Ob Sie hie und da vergrippt sind,
                    Ob Sie rassisch stark versippt sind!
                    Geht's uns nämlich noch so mistig,
                    Eins blüht immer: Die Statistik!
                    Wählen sich die Ostmarkkälber
                    Ihren Schlächter wirklich selber?
                    Pflegen Sie im großen Ganzen
                    Sich nur künstlich fortzupflanzen?
                    Bringt Begattung ohne Gatten
                    Seelisch nicht gewisse Schatten?
                    Leiden Sie nicht an der Kühle
                    Der verdrängten Lustgefühle?
Die Kuh   *verdreht die Augen* Muh!
Der Herr   Führen Sie genaue Listen,
                    Wann und wo und wie Sie misten?
                    Sind die Fladen wohlgeformt?
                    Gleichgeschaltet und genormt?

Treibt man nebst der Ehebande
Pflichtvergessen Rassenschande?
Wünschen Sie sich aufzunorden?
Wann sind Sie Mama geworden?
Waren Sie wie alle Braven
Oberhalb des Paragraphen?
Waren Sie schon vierzehn Jahre?
Formulare! Formulare!
streut eine Flut von Formularen aus und verschwindet wieder. Der Bauer betritt kopfschüttelnd die Szene

DER BAUER Wia der auf mei Kuah schaut,
Was der ihr all's zuatraut –
Wia der über d' Schnur haut,
Das geht auf ka Kuahhaut!

RUDOLF WEYS

Der losgelassene Spießer

Mich heißen s' an Spießer, des is nur der Neid.
In Wirklichkeit geh i schon längst mit der Zeit.
I geh sogar weiter, weil sonst is ma fad,
I wer im eigenen Haushalt rabiat.
Bei die Krüppeln war früher so manches verkehrt,
Jetzt herrscht »Planwirtschaft« am häuslichen Herd.
's steht jeder »Habtacht«, ka Muckser wird laut,
Jetzt schiaßt ma d' Familie nimmer ins Kraut.
   Ja, wann i daham amal durchgreif als wia –
   Dann sollts alle sehgn, wiari organisier!

Erst hab i die Wirtschaft genau überprüft,
Nur mit Zulassungsschein derf heut wer in mein Lift,
Unterm Bett bau i Spargel, heut kauf i an Sand,
Am Klopfbalkon bau ma ein »Grabeland«.
Weil des a Gsicht hat, auch wann's etwas kost,
Schick i uns Fragebogn, aber per Post.

Bei sämtliche Kinder san Sparschweine Pflicht.
Ja, i tob mi aus wia das jüngste Gericht.
  Hörts, wann i daham amal durchgreif als wia –
  Dann sollts alle sehgn, wiari organisier!

Um sechs Uhr is Wecken, da gibts kane Schmäh,
Mei Tochterl, die Mitzi, spielt heut »U.v.D.«
Mit der Muatter zusamm bringts d' Familie in Schmiß,
Weil d' Alte is ja seit je unser Spieß.
In die Schul marschiert dann die Kinderbagage,
Dort gibts Holländerruabn als Feldkuchlmenage.
So geht alles recht zackig und aus dem ff,
Auf d' Nacht hör ma Rundfunk und spieln »K.d.F.«
  Ja, wann i daham amal durchgreif als wia –
  Dann sollts alle sehgn, wiari organisier!

Mei Kinderwagn darf nur mit Winkel verkehrn,
Mein Nachbar, den tua i mit Störsender störn,
Da nimm i an Besen und hau auf die Wand,
In mein Lebensraum wird ma kaner schenant!
Is endlich wieder a Tagerl vorbei,
Dann treten mir an. Es steht ausgricht die Reih,
»Gute-Nacht-Kuß, habtacht!« wird von mir kommandiert,
Worauf derselbe verabreicht wird.
  Ja, wäre nicht alles durchdacht als wie nur –
  Dann war i ja gar ka Spießernatur!

Die Drei Rulands

Neubau Berlins

Hier sind wir versammelt zu löblichem Tun.
Wir wolln Euch nicht nur unterhalten.
Im Rahmen des Bauprojekts helfen wir nun,
Berlins Stadtbild neu zu gestalten.
Wir sind hier nicht im Kabarett, nein, wir sind auf dem Damm
Und singen Euch hier unser neues Straßenbauprogramm.

Wir dichten nicht von Liebe und nicht vom Wein am Rhein.
Nein, wir wolln heute Asphaltliteraten sein.
Stellen Sie sich vor, wir sind drei Architekten
Und verdienen hier unsre Sporen,
Selbstverständlich sind wir Professoren.

Stellen Sie sich vor, man hat uns umgeschult,
»Architekt« steht jetzt im Arbeitsbuch.
Wir drei, die einst um die Gunst des Publikums gebuhlt,
Mauern jetzt, das ist des Sängers Fluch.
Jetzt solln Sie mal sehn, wie wir den Laden schmeißen,
Hochverehrtes Auditorium!
Willst du unsern Plan hier einmal kurz umreißen?
Kurz: Wir reißen alles um!

Denn Berlin wird erst schön durch den Bauschutt,
Durch den Bauschutt, durch den Bauschutt.
Drum erzeugen wir in Friedenau Schutt,
In Grünau Schutt, in Bernau Schutt.
In Berlin fehlt's an Schönheit und Schimmer;
Drum war's immer
Schon verpönt.
Doch jetzt wird es durch Bauschutt und Trümmer
Und durch Sandhaufen herrlich verschönt.
Ja, Berlin wird erst schön durch Klamotten,
Schutt und Asche! So'ne Masche!!
Laßt uns Bahnhof um Bahnhof verschrotten!
Auch die Schienen! Weg mit ihnen!
Neues Leben blüht nur aus Ruinen!
Und Ruinen sind so schön!
Wird Berlin auch wegrasiert
Bis zum Horizont:
Alles neu macht der Mai
Und die Arbeitsfront!

Ja, Berlins Neugestaltung ist unerläßlich,
Denn das alte Berlin war äußerlich häßlich.
Sollten Berliner hier anwesend sein,
Sie mögen uns verzeihn.

Wir ham den Lehrter Bahnhof nicht erfunden,
Die Siegessäule ist auch nicht unser Patent.

Wir sind nicht schuld an den gewissen Rotunden,
Wo man vor Wut schier aus der Haut fahrn könnt.
Wir ham den Berliner Dom nicht bauen lassen,
Doch ist's ein Stück von seltenem Niveau.
Der tut in jede Kunstepoche passen:
Er zeigt spätgotisches Barockoko.

Ja, was wird denn nun aber an Neuem entstehn?
Moment, das werden wir gleich sehn:
Bitte, bitte, bitte, bitte, bitte, bitte, bitte, bitte,
Lang mir doch mal die, die, die, die Baupläne her!
Bitte! – Danke! – Bitte! Bitte!
Ich danke sehr!

Also, hier liegt Schöneberg, dort Halensee.
Hier fließt die Havel lang und hier die Spree.
Ja, durch Berlin fließt immer noch die Spree,
Doch ab morgen fließt sie durch die Charité.
Wollt Ihr wissen, was wir müssen?
Na? – Wir müssen jetzt beflissen,
Danach trachten, auszuschachten
Und die Erde zu durchwühlen.
Müssen buddeln immer schneller,
Mensch, du gehst ja ran wie Blücher.
Ach, du baust wohl Luftschutzkeller?!
Na, das ist doch bombensicher!
Und wenn ihr mich fragt, warum ich das wohl tu:
's ist halt bei uns so Sitte, chacun à son gout.

Das ist wirklich allerhand!
Und was machste mit dem Sand?
Damit schippe ich die Krumme Lanke zu!
Noch eins ist wichtig, meine Herrn:
Die Siegessäule kommt zum Großen Stern!
Das ist sehr leicht gesagt, mein Lieber,
Doch wie kriegste die da rüber?

Ich hab mir in Grinzing einen Dienstmann engagiert,
Der sie rübertransportiert. Das ist nicht kompliziert.
Und nach Beendigung der Säulen-Landpartie,
Da verwenden wir die ganze Energie
Auf die Schaffung einer Kunstakademie.

Dieses Bauwerk, stolz und hehr,
Bau'n wir nächste Woche
Für die großen Dichter der
Neuen Rauch-Epoche.
Und so weicht der alte Krempel
Einem Pampelmusentempel.
Übern Eingang meißeln wir in Stein
Den Spruch »Per Attika ad astra« ein.
Dieses herrliche Gebäude
Wird die reinste Augenweide.
Draußen ist alles so prächtig,
Und es zieht Euch in Bann,
Doch wie's da drinnen aussieht,
Geht niemand was an.

Was ist denn das fürn Fleck?
Was hat denn der fürn Zweck?
Das ist doch klar, du alberner Latz:
Das ist Lützows wilder, verwegener Platz!
Aha! Da bauen wir ein Zeughaus hin,
Da kommt det janze Krupp-Zeug rin.
Viderallala.

Und was machst du mit dem Knie, lieber Hans,
Mit dem Knie, lieber Hans, o sprich!
Ich glaub, man läßt das Knie lieber ganz,
Oder wie, lieber Hans, oder nich?
Dieses schwierige Problem löst man nach Schulmeistermanie:
Man greift sich die Ost-West-Achse und legt sie übers Knie.
So wird alles prompt gelöst,
Wenn man manchmal auch auf Schwierigkeiten stößt.

Denn du, mein Berlin, Berlin,
Du schluckst viel Material,
Doch wir bemühn uns kühn
Um Kalk, Zement und Stahl.
Denn Marmor ist uns zu antik.
C'est le Beton, qui fait la musique.

Werner Finck

Haben wir eigentlich Humor?
Antwort auf eine Umfrage

Doch, doch, wir haben. Oder meinen Sie mit »wir« Ihr geschätztes, auf 90 000 geschätztes Blatt? Dann würde ich die Frage mit einem herzlichen Ja beantworten. Denn schon die Fragestellung beweist es.
Oder meinen Sie uns, wenn Sie »wir« sagen? Auch dann bejahe ich es. Denn unter uns haben wir Humor. Aber dies unter uns. Bliebe also noch die Frage, ob wir über uns auch Humor haben. Auch diese Frage müssen wir mit Ja beantworten. Denn nur wer darübersteht, kann Humor haben, wirklichen Humor. Was man aber darunter zu verstehen hat, darüber später mehr.

Aldo v. Pinelli

Werner Finck beim Agenten

    Es klopft
Agent Herein!
Finck *erscheint in der Tür* Herr Direktor, dürfte ich Sie einen Moment sprechen?
Agent In welcher Angelegenheit? – Zigarette?
Finck Nein, danke. Ich rauche nicht.
Agent Also, was wollen Sie?
Finck Ich möchte, daß Sie mir ein Engagement nachweisen. Aber es ist ja sehr, sehr schwer, mir etwas nachzuweisen.
Agent In welchen Häusern haben Sie bisher gearbeitet?
Finck Ich bin im Piccadilly, London, im Cirque d'Hiver, Paris, im Wintergarten, Berlin ...

AGENT Hochachtung!
FINCK ... abgelehnt worden, weil ich, zu zart will ich nicht gerade sagen, aber ich weiß nicht, ich finde so wenig Anklang bei den Großen ... Häusern ...
AGENT Wo waren Sie denn 1938 engagiert?
FINCK 1938? Ach, das war ein gutes Jahr, 38, da habe ich dauernd besetzt ...
AGENT Was?
FINCK ... a ... da war ich dauernd besetzt.
AGENT Was sind Sie eigentlich? Artist?
FINCK Ja, ja, ich war doch bei den Wennschon-Brothers, bei den Parterre-Akrobaten. Und jetzt bin ich selbst parterre.
AGENT Aber warum denn? Das war doch eine sehr gute Nummer.
FINCK Ja, mein Untermann ist nämlich Intendant ... geworden. Der, der hat seine Gründgens gehabt dafür.
AGENT So. Also, was wollen Sie jetzt arbeiten?
FINCK Jetzt will ich Humorist ... als Humorist will ich jetzt arbeiten.
AGENT Aha. Nun, dann schießen Sie mal los!
FINCK Nein, nein, nicht als Kunstschütze. Als Humorist.
AGENT Wollen Sie mir etwas vormachen?
FINCK Das würde ich mir nie erlauben, Ihnen was vorzumachen. Das ist alles wahr, was ich gesagt habe.
AGENT Ich habe jetzt keine Zeit! Wo bleibt der Humor?
FINCK Ja, das frage ich mich auch ... ach so, ja, das erste, was ich hätte, wäre vielleicht der volkstümliche Ansager.
AGENT Aha.
FINCK Ich werde Ihnen das mal zeigen. Ich stehe einfach da und strahle. Ich komme raus und verbreite Sonne. Sonne, Sonne verbreite ich. Also ich komme auf die Bühne und sage: »Meine Lieben, da sind wir ja alle wieder mal zusammen. Jetzt will ich mich zunächst mal vorstellen für die drei bis vier, die mich noch nicht kennen – hahaha«, ist nur'n Witz, nicht, »also ich heiße Werner, auch der sonnige Werner genannt. Sie dürfen auch Wernerchen zu mir sagen« – – das ist ein totsicherer Lacher, Herr Direktor.
AGENT So.
FINCK Und dann – »der Herr da unten, der hat ein Loch im Strumpf. Nehmen Sie Kakao, das stopft – hahahaha.« Aber jetzt müßten Sie erst mal meine Übergänge kennen.

Passen Sie mal auf, das mach ich ungefähr so: »Jetzt will ich Ihnen die zehn Gibsmir-Girls vorstellen. Wir können sagen: Ausgesucht flotte Hirsche! Meine lieben Ehefrauen, wenn Eure Männer jetzt auch die Zeiss- und Fernstecher an die Pupille knallen, seid nicht böse oder gar eifersüchtig – es kommt Euch ja nachher zu Hause doch wieder zugute, hahaha! Euer sonniger Werner aber macht es wie der Minister Eden, der tritt zurück, um später mal wiederzukommen.«

AGENT Aha, gar nicht schlecht. Aber in dieser Art gibt es schon so viele.

FINCK Ach, was? Da gibt's schon welche? Ach, ich dachte, ich wär ganz neu in meiner Art. Naja, da hätte ich dann noch die seriöse Ansage. Wissen Sie, so ganz seriös, ich würde zum Beispiel die drei Baldrians ankündigen. Das würde ich mit einer ernstgereimten Ansage machen. Da würde ich ein Gedicht improvisieren, das lerne ich natürlich vorher auswendig, aber nachher improvisier ich's dann. Das ginge etwa so:

»Solange noch der Patenwein
Blutrot im Becher blinkt,
Solang ein strohblond Mägedelein
Noch aus dem Erlhof winkt,
Solange noch die Marschmusik
Aus Ätherwellen schallt,
Solange noch ein Böcklein springt
In unserm deutschen Wald,
Solange der Spree-Elb-Kanal
Hinstrebt zum Vater Rhein –
Solange wollen wir noch allemal
Recht trutzige Burschen sein
Und uns von viertel bis um neun
Über die drei einmaligen Baldrians freun!«

AGENT Auch sehr ansprechend. Aber haben Sie keine persönliche Note?

FINCK Nein, wissen Sie, im Moment leider nicht. Also persönliche Nöte... a... da könnte ich es höchstens so machen wie Werner Finck.

AGENT Psst. Vorsichtig!

FINCK Wieso psst? Wieso warum vorsichtig?

AGENT Ja, das weiß ich eigentlich auch nicht. Aber es gehört zum guten Ton.
FINCK Das versteh ich nicht. Naja, der Herr Finck würde es wahrscheinlich so machen, der würde, also nachdem er eine Nummer angesagt hat, schließen, indem er sagt: »Meine Damen und Herren, wer mich heute nicht erkannt haben sollte, dem möchte ich mich noch schnell vorstellen: Also ich bin der Finck – leicht gedrosselt.«
AGENT Hm. Tja. Wo ist denn da der Witz?
FINCK Sie werden lachen – das ist gar keiner.

WOLFGANG BORCHERT

Brief aus Rußland

Man wird tierisch.
Das macht die eisenhaltige
Luft. Aber das faltige
Herz fühlt manchmal noch lyrisch.
Ein Stahlhelm im Morgensonnenschimmer.
Ein Buchfink singt, und der Helm rostet.
Was wohl zu Hause ein Zimmer
Mit Bett und warm Wasser kostet?
Wenn man nicht so müde wär!

Aber die Beine sind schwer.
Hast du noch ein Stück Brot?
Morgen nehmen wir den Wald.
Aber das Leben ist hier so tot.
Selbst die Sterne sind fremd und kalt.
Und die Häuser sind
So zufällig gebaut.
Nur manchmal siehst du ein Kind,
Das hat wunderbare Haut.

Die Zeit der Witze ist vorbei

Conference eines jüdischen Kabarettisten

Wenn wir heute daran gehen, eine jüdische Kultur aus unseren eigenen Kräften und auf unseren eigenen Möglichkeiten aufzubauen, so setzt die Betonung des Eigenen voraus, daß wir darum wissen. Und das können wir nur aus unserer Geschichte lernen. Geschichtlich zu denken ist eine Notwendigkeit unserer Situation, besonders auf künstlerischem Gebiet, da das Judentum ein eigenes künstlerisches Schaffen im Sinne der anderen Völker nicht hatte und nicht kannte.
Und gerade den meisten hier fehlte eine innere Bindung an diese Kultur; den meisten von uns, die jetzt Volk-Kult treiben, während sie früher meinten, die Juden seien ein Kult-Volk.
Wir haben keine Erfahrung auf einem jüdischen Gebiet, das es nicht gibt, auf dem Gebiet der jüdischen Kleinkunst, des jüdischen Kabaretts. Wir können uns nur anlehnen an das, was der kulturellen Linie der jüdischen Kabarettbesucher von einst entsprach und daran weiterbauen und versuchen, eigene neue Wege zu gehen. Denn ein Kabarett nur von jüdischen Künstlern mit Werken nur jüdischer Autoren vor nur jüdischem Publikum ist noch lange kein jüdisches Kabarett.
Moritz Heimann, den einige von Ihnen ja kennen werden, sagt: nicht das Urteil, sondern auch die Praxis ist unmöglich, solange man nicht weiß, was das Ding eigentlich sei, was man in der Hand drehe. Denn Kabarett ist immer der Narr seiner Zeit. Kabarett ist immer die Ergänzung des Theaters, und wir wissen ja, wie das Kabarett entstand.
Im November 1881 stellte sich in Paris in einer Montmartre-Kneipe, die er »Chat noir« nannte, Herr Rodolphe Salis auf eine Tonne und war frech zu den Bürgern. Das war der erste Conferencier. Drei Monate später hatte er genug verdient. Ich sagte bereits, daß das früher war, und da stellte sich der Dichter Aristide Bruant in dieselbe Kneipe, nannte sie »Le mirliton«, auf deutsch: die Rohrflöte, und der Wirt schröpfte die Bürger, und das war das erste wirkliche Kabarett. Wie Sie aus den Getränkepreisen hier ersehen, hat man das geändert. Nur eins ist geblieben: daß die ein-

zelnen Darbietungen eben vom Conferencier angesagt werden, obgleich das Wort Darbietung natürlich falsch ist. Denn wenn hier eine Tänzerin vor Ihnen erscheinen würde, so bietet sie sich ja nicht dar, sie macht nur – also das kann man auch nicht sagen – also wir sind verpflichtet, Ihnen die einzelnen Darbietungen, bleiben wir schon bei dem Wort, anzusagen.

Wir, die wir solche Abende conferieren, haben es natürlich sehr schwer. Wir wollen sehr viel reden und nichts sagen. Wir sollen geistreich sein, aber das Publikum soll uns auch verstehen. Wir sollen Einfälle haben. Ein Einfall ist immer etwas, was ein anderer gehabt hat, der Niveau hat. Niveau ist meistens eine Entschuldigung. Niveau ist, wenn man nicht versteht, sich auf sein Publikum einzustellen. Denn zur Kunst kann man ein Publikum erziehen, zur Kleinkunst nicht. Und dann pendeln wir eben zwischen Kunst und Kleinkunst hin und her.

Wie Sie beobachtet haben, hatte der Auftretende eben eine fabelhafte Technik. Aber die Technik hat die Romantik abgetötet. Wenn früher ein junger Mann verliebt war, schrieb er immer einen Brief. Damit war ein reitender Bote drei Wochen lang unterwegs, drei Wochen hin und drei Wochen zurück. Sechs Wochen verzehrte sich der Junge in Sehnsucht, und davon lebte dann Thurn und Taxis. Und wie ist das heute? Heute geht er ans Telefon, ruft an. Hast du heute abend Zeit? Sagt sie nein, hängt er ein und ruft bei der Nächsten an. So hat die Technik die Romantik abgetötet.

Oder: Wenn früher ein junges Paar heiratete, dann fuhren sie in der Postkutsche ganz allein über Land. Und wenn sie in die Nähe einer Ortschaft kamen, stieß der da oben auf dem Bock ins Horn, und deshalb hieß er der Schwager. Und wie ist das heute? Heute fahren sie mit der Hand übern Brenner oder mit der Elektrischen ins neue Heim. Klammer auf, wenn vorhanden, Klammer wieder zu...

Humor ist eine Gabe des Herzens und eine Gabe des Geistes. Sie sind sehr selten, die Humoristen. Es ist ganz merkwürdig, daß die, die sich als Humoristen bezeichnen, meistens Komiker sind. Das hat nichts mit Witzen zu tun.

Ein Witz ist die Aufdeckung einer ungeahnten Möglichkeit, und ich habe ja auch kürzlich erst im Israelitischen Familienblatt meine Stellung zu den jüdischen Witzen festgelegt. Das Beste ist noch immer: Einer trifft den anderen. Sagt der andere: Kenn ich.

Denn neue Witze gibt es ja nicht. Es gibt zirka 200 bis 220, die immer wiederkehren. Sie wissen doch: Zwei Radfahrer treffen sich. Sagt der eine: Hast du ein Bad genommen? Fragt der andere: Wieso – fehlt eins?

Aber die Zeit der Witze ist vorbei. Wir haben die Verpflichtung, Ihnen Freude und frohe Laune zu bringen. Man kann auch Freude ernst nehmen.

Dr. Owlglass

Vom Schweigen

Man kann auf zwei Manieren schweigen
Und vor der naseweisen Welt
Sich als gescheiten Mensch bezeigen.
Ad eins: wenn man den Schnabel hält.

Ad zwei: wenn man zwar munter plaudert,
Bis sich die Neubegierde regt,
Dann aber fortzufahren zaudert
Und pfiffig einen Haken schlägt.

Das Letztre macht oft viel Vergnügen;
Doch ist's mit Risiko verknüpft.
Laß drum am Erstern dir genügen:
Wer geht, kommt weiter, als wer hüpft.

In alle Winde...
Exil-Kabarett zwischen Moskau und Manhattan

> Der Taube spricht zum blinden Mann:
> Was ich so höre, macht mir Mut.
> Der Blinde fängt zu lächeln an:
> Ja, wie ich sehe, geht's uns gut.
>
> *Curt Bry*

Die rund viertausend Künstler, die nach der Machtübernahme Hitlers aus politischen, rassischen oder weltanschaulichen Gründen aus Deutschland vertrieben werden, fliehen oft mit leeren Händen über die rettende Grenze. Und sie lassen mehr zurück als Hab und Gut, Haus und Heimat. »Ach, sie haben ihre Sprache verloren«, klagt Friedrich Hollaender in seiner »Emigrantenballade«. Als er sie 1939 auf amerikanischem Boden im Rahmen eines Bunten Abends vor Schicksalsgenossen vorträgt, weiß er recht gut, was dieser Satz bedeutet. Deutsches Kabarett, vorgetragen von deutsch sprechenden und deutsch singenden Künstlern, die im Ausland, wieder namenlos, einen neuen Anfang suchen, haben es schwer.

Es ist nicht nur die Bettelei um die Aufenthaltsgenehmigung, das zähe Ringen um die Arbeitserlaubnis, der Ärger mit der Zensur, der Kampf ums Existenzminimum und die Furcht vor Ausweisung, Auslieferung oder Internierung, die den Emigranten das Leben schwer machen. Vor allem in Amerika zeigt sich, daß es in einem Land ohne Kabarett-Tradition fast aussichtslos ist, einen festen Publikumsstamm an die neuerstandenen Kleinkunst-Theater zu binden. Viele Flüchtlinge sind so mittellos, daß es nicht einmal für eine Eintrittskarte reicht, andere wenden sich von allem ab, was sie an die alte Heimat erinnern könnte – und sei es auch in witzig-unterhaltender Form. Das Kabarett in der Emigration, so resigniert der Schriftsteller Karljakob Hirsch, habe sich als nicht recht lebensfähig erwiesen. Zudem zeigt sich bald, daß es unmöglich ist, »aus der Sprache auszuwandern«.

Die Kabarettisten, in alle Winde verstreut und in allen Erdteilen heimatlos in der Fremde, lassen sich trotzdem nicht entmutigen und versuchen, in Mexiko und Schanghai, Moskau und Manhattan, Amsterdam und Stockholm, in London, Paris und anderswo Kabarett und Kabarettverwandtes unter die Leute zu bringen: hier satirisch politisierend oder harmlos witzelnd, dort sentimental erinnernd oder antifaschistisch agitierend.

In der Frühphase der Emigration ist die Wut noch jung und der Elan noch ungebrochen. Besonders im europäischen Ausland formieren sich im ersten Jahr der Vertreibung zahlreiche Kabarettisten zu Exil-Ensembles. In Paris kommt es 1934 zur Gründung der *Laterne*, in den Niederlanden läßt sich die *Nelson-Revue* nieder, in Zürich findet sich das Berliner *Ping-Pong* wieder, in Moskau vereinigen sich die Agitprop-Gruppen *Kolonne Links* und *Truppe 1931* zur *Deutschen Theater Kolonne Links* und in Prag stellt sich Hedda Zinner mit ihrem Vokal-Kollektiv *Studio 34* vor, das sich ungebrochen kämpferisch gibt: »Wir sprechen aus, was ist – nicht zu ändern, um zu ändern, sondern zu ändern, weil das, was ist, änderswert ist.« Auch bei der Pariser *Laterne* gibt man sich optimistisch: »Wir wünschen keine Blumen zu unserem Begräbnis, sondern ziehen es vor, selber zu blühen«, heißt es da auf dem Programmzettel. Man hofft, »zum Bewußtsein der Wirklichkeit zu gelangen und so zu handeln, daß die Wirklichkeit sich unseren Wünschen anpaßt.« Aber die Wirklichkeit, anderen, irrationaleren Gesetzen verpflichtet als den moralisch verpflichteten Wünschen der Kabarettisten, läßt sich da lumpen. Und das Kabarett des frühen Exils weiß auch davon bald ein trauriges Lied zu singen. Zu einer restriktiv betriebenen Asylpolitik kommen bald opportunistische Überlegungen der europäischen Regierungen, es sich mit Hitler nicht zu verscherzen: Neutralitätshaltungen, Appeasementpolitik und Abwarte-Diplomatie führen bald zu verschärften Auflagen, mit denen die Exil-Kabaretts überzogen werden. Antifaschismus als Programm, so ehrenwert das sein mag, ist nicht gefragt, und Zensureingriffe gibt es bald in Prag wie in Zürich und Amsterdam. Wer das Tabu verletzt, sich als Deutscher im Ausland direkt und unverblümt politisch zu äußern, hat als Kabarettist bald ausgespielt.

Das hat auch Erika Mann erfahren müssen, die sich in der *Pfeffermühle* dazu grenzüberschreitend ebenso mehrdeutig wie politpointenfreudig so äußerte: »Wer auf Goebbels schießt, wird aufgehängt; wer auf Göring schießt, wird ebenfalls aufgehängt, und auf Hitler darf überhaupt nicht geschossen werden!« Und wer das ohne Umschweife, ohne Wenn und Aber ausspricht, hat bald keine Gelegenheit mehr dazu: Dem Auftrittsverbot für die *Pfeffermühle* in der Schweiz folgt bald eins in den Niederlanden. In der Begründung heißt es lapidar: »Ausländer dürfen sich nicht politisch betätigen.« Auch für das Kabarett *Ping-Pong*, das sich bereits 1933 in Amsterdam einem begeisterten Publikum vorgestellt hatte, kommt ein Jahr später das Aus per verweigerter Arbeitserlaubis. In einem *Ping-Pong*-Song heißt es: »Es kennt der Mensch im Leben nur Momente, Momente so, Momente so. Der Ort, an dem man etwas ewig haben könnte, den gibt es leider nirgendwo...«

Wer sagen will, was ist und dabei noch verstanden werden will, ist ein ungeliebter Gast. Das ändert sich erst kurz vor und während des Zweiten Weltkrieges in England, wo im Juni 1939 österreichische Emigranten in London ihre Wiener Kleinkunstbühne *Laterndl* eröffnen, die bereits in Programmtiteln wie »Von Adam bis Adolf« und »No Orchids for Mr. Hitler« Nazi-Gegnerschaft erkennen läßt. Stärker noch als das *Laterndl* setzt das im Juli 1939 gegründet Exil-Kabarett *24 Schwarze Schafe (4 & 20 Black Sheep)*, aus dem bald die *Kleine Bühne* des Freien Deutschen Kulturbundes hervorgehen wird, auf Zweisprachigkeit: »We play in English – und jeder Deutsche versteht uns. Wir spielen in Deutsch – but every Englishman understands.« Dennoch bleibt man weitgehend unter sich und ein Rest an Mißverständnissen: allzu grundsätzliche Auseinandersetzung mit dem Faschismus gilt als ultralinks und suspekt, und die Furcht der deutschstämmigen Emigranten, interniert zu werden, läßt manche Kritik auf der Exil-Kabarettbühne moderater ausfallen, als sie gedacht sein mochte.

Am überlebensfähigsten erweisen sich jene Exil-Kabaretts, die es, wo es um die politische Wirklichkeit geht, nicht so genau wissen wollen, die auf gekonnte Unterhaltung setzen und sich dem Amüsier-Gebot des Publikums wie dem Agitier-Verbot der Politiker recht mühelos zu unterwerfen scheinen. So ist Rudolf Nelson, dem bereits im Berlin der Kaiserzeit und auch in den Zwanzigern kaum je eine Polit-Pointe über die Revue-Rampe kam, in seiner holländischen neuen Heimat ein unerwarteter Serienerfolg beschieden. »Es hat geklingelt« hieß die Revue, mit der er sich Ende 1932 von Deutschland verabschiedete, sein Amsterdam-Debüt nennt sich »Tausend Takte Nelson«. Nicht nur Emigranten, auch Einheimische drängt es ins *La Gaîté*, wo das *Nelson-Ensemble* bald ein festes Domizil findet und im Laufe der Jahre sechzig Revuen auf die Exil-Bühne bringt. Und die Programme halten, was die Titel versprechen: »Etwas für Sie«, »Melodie der Mode«, »Alles kommt einmal wieder«. Das *Gaîté* liegt zwar in Holland, aber, so bescheinigt die Presse, es sei doch immer noch ein Stück altes Berlin.

In den Niederlanden und anderen Ländern, die im Verlauf des Krieges von deutschen Truppen besetzt werden, finden sich die Exil-Kabarettisten bald in Internierungslagern wieder, wo dann, unter neuen, veränderten Bedingungen wiederum Bretter zusammengetragen werden, um daraus eine Kabarettbühne zu zimmern. Hier, hinter Stacheldraht, zu Tausenden eingepfercht, von Hunger, Durst, Kälte, Krankheit und Tod bedroht, gibt es eine neue Motivation, aufs Brettl zu steigen: die Hoffnung aufs Überleben.

ANONYM

Neujahrsgruß

An die braunen Henker Deutschlands

Empfangt hier meine Neujahrsgrüße,
Ich hab sie möglichst kurz gefaßt,
Und schleudre sie Euch vor die Füße
Als eine unwillkommne Last.

Wenn ich Euch alle vor mir sehe,
Wie Ihr sadistisch feixt und grient,
So wünsch ich schlicht, daß Euch's ergehe
Im neuen Jahr, wie Ihr's verdient.

Es soll Euch nur vergolten werden –
Nicht wahr, das ist nicht inhuman? –
Das Leid, der Jammer, die Beschwerden,
Die anderen Ihr angetan!

Damit halt ich mich schon empfohlen,
Ich form den Neujahrswunsch: Grüß Gott,
Ihr Herrn, der Teufel soll Euch holen,
Und vor dem Teufel das Schafott!

WALTER MEHRING

Ode an Berlin

Manchmal berliner ick aus'm Traume
Und soo 'ne Träne kullert mir auf't Schemisett.
Ick höre ümmassu:
»Nu sind wa frei im deutschen Raume!«
Nee, Emil; nich, det ick dir flaume,

Aber Emil, angter nanu:
Jloobst'n det? Jloobst'n det?

Ihr Spreeathener, rauh, mit defter Plauze:
Wir kenn'n uns doch – mir kommt Ihr doch nich doof.
Der helle Deez – die wunderkesse Schnauze –
Der vierte Hinterhof mit Feez und Schwoof –
Die jriene Minna – und die Mutter Jrien –
Und sonntachs nach de Müggelberje peesen –
Mir wollt a was assähln von fremden Wesen?
Mir nich, Berlin!
Mir nich, Berlin!
Ick war doch immer mang eich mang mit Herz und Breejen!
Det is der Dank – ist das der Dank?
Von wejen!

Ihr duften Pankejöhrn – Ihr frechen Bollen!
Wir jing'n uns doch ins jleiche Freibad aal'n!
– Een Kissken, Schatz! – Herr Oba, noch sswee Mollen! –
Der Mond, da drob'n – der konnte uns was mal'n!
Det war doch soo – wir hatten doch was los,
Wenn wir zwei in de Lausekiste pennten.
Mir willste sahr'n von fremden Elementen?
Nee, sach ma bloß!
Nee, sach ma bloß!
War ick nich ümma mang dir mang mit Herz und Breejen?
Det ist der Dank – is das der Dank?
Von wejen!

Ihr Bowkes – und Ihr blauen Abführmittel:
Jetzt bin ick Neese, wenn's nach Treptow jeht?
Nu brillt Ihr: Heil? Und looft im braunen Kittel?
Wat denn! Da hat woll eener dran jedreht?
Ick weeß doch, wo de Ferdeäppel bliehn.
Ick stand doch du und du mit jedem Zossen,
Mir habt Ihr aus de Innung ausjeschlossen?
Sach ma, Berlin,
Schämste dir nich?
Ick bleibe mang dir mang mit Schnauze, Herz und Breejen!
Wat is dein Dank – das is dein Dank? – VON WEJEN!

CURT BRY

Die Ballade von der Unzulänglichkeit

So vernehmen Sie nun die Ballade
Von der Unzulänglichkeit der Welt,
Denn sie zeigt sich schon in dieser Zeile,
Und sie zeigt sich in dem ganzen Lied.
Und Sie spüren schon ein Unbehagen,
Und Sie haben leider damit recht,
Und sie rufen voll Entrüstung:
   Das reimt sich nicht!
   Das reimt sich nicht!

Der Mensch wird eines Tags geboren
Als ein frohes, unschuldsvolles Kind,
Und dann stirbt er eines andern Tages
Als ein schuldbeladner müder Greis.
Denn dazwischen lag der Kampf ums Leben
Voller Trug und List und Grausamkeit,
Menschengut und Menschengüte,
   Das reimt sich nicht!
   Das reimt sich nicht!

Und versucht der Mensch emporzusteigen
In der Sehnsucht nach Vollkommenheit,
Bleibt es immer nur bei dem Versuche,
Und schon gibt er der Versuchung nach.
Immer wieder locken die Dämonen,
Und aus Mein und Dein entsteht der Haß,
Nächstenliebe und --- Kanonen!
   Wie reimt sich das?
   Wie reimt sich das?

Und es reimt sich Friede nicht auf Ehrgeiz,
Und es reimt sich Geist nicht auf Gewalt,
Und es reimt sich Wahrheit nicht auf Freiheit,
Und es reimt sich Geltung nicht auf Wert.
Aber Geld und Welt, das reimt sich herrlich,

Und die Pracht zieht vor der Macht den Hut,
Für die Armen bleibt's Erbarmen,
   Das reimt sich gut.
   Das reimt sich gut.

Und der Seemann träumt von ferner Heimat,
Und der Landmann von der weiten Welt,
Und der große Mann von kleinen Freuden,
Und der kleine Mann vom großen Los.
Und der Dichter müht sich im Geheimen
Um den tieferen Zusammenhang,
Kann ihn nicht zusammenreimen,
   Es reimt sich nicht.
   Es reimt sich nicht.

Alice Dorell

Tempo, Tempo, Tempo!

Man hört heutzutage sehr oft die Frage:
Wie finden Sie eigentlich unsere Zeit?
Und die meisten sind sehr geneigt zur Klage
Und schimpfen bei jeder Gelegenheit:
Die früheren Zeiten, das waren Zeiten!
Heut ist die Welt aus dem Gleichgewicht...
Wer ist daran schuld? Gibt die Zeit dem Menschen
Oder gibt der Mensch seiner Zeit das Gesicht?
Unsre Zeit ist sehr sachlich und hastig und laut.
Ihr Rhythmus ist Jazz, ihr Atem Benzin.
Manchmal scheint's, daß es ihr vor sich selber graut,
Weil sie's so eilig hat, sich selbst zu entfliehn.
   Tempo, Tempo, Tempo, Fußball, Boxen, Jazz.
   Tempo, Tempo, Tempo, heute Hausse, morgen Baisse.
   Tempo, Tempo, Tempo,
     Immer sprungbereit.

    Tempo, Tempo, Tempo
    Ist die Seele unsrer Zeit.

Man hat keine Zeit mehr für Ideale.
Wer am schnellsten rennt, geht als erster durchs Ziel.
Man hat heute keine Zeit für Liebe,
Dafür erfand man den Sex-Appeal.
Man hat Geschäfte, man hat Interessen,
Man hat Tag und Nacht auf dem Sprung zu sein.
Man hat beinahe keine Zeit zu essen,
Demnächst nimmt man nur noch Nährpillen ein.
Man hat Hast und Eile, man hat Sorgen,
Man hat Ärgernisse, Prozesse, Streit,
Man hat Angst vor dem ungewissen Morgen,
Man hat alles mögliche, nur keine Zeit.
    Tempo, Tempo, Tempo, Fußball, Boxen, Jazz.
    Hältst du nicht das Tempo, gibt es eine Baisse...
    Hunger, Hunger, Hunger,
    Arbeitslosigkeit!
    Angst und Ungewißheit
    Sind Gespenster unsrer Zeit.

Nicht daß man der Alten Verdienste verkleinert,
Sie erfanden das Pulver, das ist auch etwas!
Aber unsre Zeit ist äußerst verfeinert,
Ihr Parfum ist nicht Pulverdampf, sondern Gas.
Die Folter ist heute längst Legende:
Man sagt es, und niemand widerspricht.
Wir verachten das finstere Mittelalter,
Wir sind erleuchtet. Durch elektrisches Licht.
Unser Tempo gereicht der Menschheit zum Segen.
Im Tempo gedeihen Haß, Lüge und Neid.
Im Tempo geht's abwärts, dem Chaos entgegen,
Doch wenn's Frieden und Wahrheit gilt, dann hat man Zeit.
    Tempo, Tempo, Tempo wär hier angebracht.
    Tempo, Tempo, Tempo, daß man's besser macht!
    Um uns zu befreien
    Von all dem Selbstbetrug,
    Dazu ist das Tempo
    Niemals schnell genug!

Emmerich Bernauer/Herbert Nelson

Abgelaufen!

Alte Lumpen! Alte Lumpen!
Zahle jeden Preis dafür!
Was Sie nicht mehr könn' gebrauchen,
Bitte, geben Sie es mir!
Denn bei Ihnen liegt's im Wege,
Aber mir bringt's noch was ein.
Dankeschön, verehrte Dame!
Das war sicher mal piekfein!
   Abgelaufen! Abgelaufen!
   Gewesen ist die ganze Herrlichkeit!
   Auf den Haufen! Auf den Haufen!
   Jedes Ding hat seine vorgeschriebne Zeit!
   Gestern blendend, heute endend,
   Morgen weiß kein Mensch mehr, was es ist.
   Abgelaufen! Abgelaufen!
   Alte Kleider! Altes Eisen! – Neuer Mist!

Alte Lumpen! Alte Lumpen!
Habe ich aus jedem Haus.
Hier das Ende einer Hochzeit!
Ein verwelkter Blumenstrauß!
Hier die Kasse eines Ladens,
Der heut früh die Tore schloß!
Hier ein Frackhemd aus ner Villa,
Deren Hausherr sich erschoß!
   Abgelaufen! Abgelaufen!
   Gewesen ist die ganze Herrlichkeit!
   Auf den Haufen! Auf den Haufen!
   Jedes Ding hat seine vorgeschriebne Zeit!
   Gestern blendend, heute endend,
   Morgen kennt kein Mensch mehr seinen Zweck!
   Abgelaufen! Abgelaufen!
   Große Liebe! Großer Wohlstand! – Alles Dreck!

Schlechte Zeiten! Schlechte Menschen!
Alles auf den Kopf gestellt!

Lauter Lumpen, lauter Lumpen
Bringen Wirrwarr in die Welt!
Nur noch Mißtraun, Haß und Feindschaft,
Falsche Angst und falscher Mut!
Ach, wie freu ich mich auf den Tag,
Wo auch diese Zeit hier ruht!
   Abgelaufen! Abgelaufen!
   Gewesen ist die ganze Schweinerei!
   Auf den Haufen! Auf den Haufen!
   Jede noch so schlimme Zeit geht mal vorbei!
   Heut verderbend, morgen sterbend,
   Übermorgen kommt der Übergang!
   Und dann sind sie abgelaufen,
   Diese Zeiten, die elenden! Gott sei dank!

EMMERICH BERNAUER/HERBERT NELSON

Ich hab so das Gefühl…

So vieles gibt es heutzutage,
Dem steh ich ratlos vis-a-vis!
Und es geschehn so viele Dinge,
Und die begreife ich wohl nie.
Muß ich sie erst beim Namen nennen?
Ich glaub, ihr wißt schon, was ich mein'!
Ich weiß nicht, wie ihr denkt darüber,
Was mich betrifft, ich möchte nicht geboren sein!
   Ich hab so das Gefühl,
   Ich paß nicht in die Zeit!
   Ich hätte in der Zukunft leben sollen
   Oder in der Vergangenheit!
   Ich hab so das Gefühl,
   Als wär ich hier ganz fremd,
   Als ständ ich eingeklemmt
   Zwischen Stacheldraht und Bajonetten!

Und keiner hilft,
Denn ringsherum
Liegt meine Welt in Ketten!
Ich hab so das Gefühl,
Wenn rings der Haß nur spricht:
Ich hätte gestern oder morgen leben sollen –
Nur heute – heute nicht!

Ja, es gibt vieles heutzutage,
Dem steht man machtlos vis-a-vis!
Man zuckt die Schultern und sagt bitter:
Naja, das ändert sich wohl nie!
Und wenn es sich auch wirklich ändert,
Ob heute noch? Ich glaube nein!
Ich weiß nicht, wie ihr denkt darüber,
Was mich betrifft, ich möchte nicht geboren sein!
   Ich hab so das Gefühl,
   Ich paß nicht in die Zeit!
Ich hätte in der Zukunft leben sollen
Oder in der Vergangenheit!
Ich hab zwar das Gefühl,
Einst wird es, wie's einst war,
Einst wird die Welt sogar
Frei von Stacheldraht und Bajonetten!
Und Freiheit kommt,
Wo heute noch
Nur Fesseln sind und Ketten!
Ich hab zwar das Gefühl,
Daß einst die Kette bricht,
Daß auf dem Schlachtfeld wieder Blumen wachsen werden –
Doch ich erleb das nicht!

Ja, es gibt viele heutzutage,
Die sprechen so, wie ich es tu.
Verzeihn Sie mir, wenn ich erkläre:
Ich selbst gehöre nicht dazu!
Leicht sagt man: Wär ich nie geboren
Und steckt den Kopf in den Sand hinein.
Ich weiß nicht, wie ihr denkt darüber,
Was mich betrifft, ich bin drauf stolz, heut da zu sein!

Es gibt nur ein Gefühl:
Ich lebe für die Zeit!
Ich habe für die Zukunft nicht zu träumen!
Und nicht von der Vergangenheit!
Es gibt nur ein Gefühl:
Ich bin hierher gestellt,
Egal, ob's mir gefällt,
Ich hab wohl was hier zu erfüllen!
Und leide ich,
So leide ich
Nach einem höh'ren Willen!
Ich hab so das Gefühl,
Es gibt nur eine Pflicht!
Ich hätte gestern oder morgen schwach sein dürfen,
Nur heute – heute nicht!

Max Zimmering

Lied von Finsternis und Licht

Prager, löscht die Lichter aus,
Bergt die Feuer tief im Herzen,
Schließt euch ein in euer Haus,
Bergt den Haß und eure Schmerzen –
   Bis zum Tage, da Gericht
   Die Gequälten halten werden;
   Bis der Freiheit reines Licht
   Leuchtet überall auf Erden.

In Paris, Lyon und Lille,
Überall in Frankreichs Städten,
Ist verlöscht der Lichter Spiel:
Krieg ist und das Volk in Ketten –
   Doch einst hält das Volk Gericht,
   Und es wird ein Richten werden;
   Bis der Freiheit reines Licht
   Leuchtet überall auf Erden!

London, dunkle Riesenstadt,
Stadt der gähnenden Ruinen,
Die den Tod gesehen hat.
Nacht für Nacht ist er erschienen –
  Nein, der Feind bezwang dich nicht,
  Doch er wird bezwungen werden;
  Bis der Freiheit reines Licht
  Leuchtet überall auf Erden.

Moskau lag in Dunkelheit,
Vor den Toren die Faschisten;
Doch zum Gegenschlag bereit,
Standen auf die Rotarmisten –
  Und schon halten sie Gericht,
  Das sie nicht beenden werden,
  Bis der Freiheit reines Licht
  Leuchtet überall auf Erden.

Deutschland, selbst dein Tag ist Nacht;
Licht – ein Traum vergangner Zeiten,
Und dein Sohn, in Mörders Tracht,
Muß durch Blut und Dunkel schreiten –
  Bis dein Volk das Joch zerbricht
  Und die Vögte fallen werden,
  Bis der Freiheit reines Licht
  Leuchtet überall auf Erden.

Schatten hüllt den Erdball ein,
Tief verdunkelt sind die Städte.
Durch die Welt stampft Mörder Kain,
Mit sich tragend Joch und Kette –
  Doch es wird ein Strafgericht
  Allen, allen Mördern werden,
  Bis der Freiheit reines Licht
  Leuchtet überall auf Erden.

BERTOLT BRECHT

Winterhilfe

> Die Winterhelfer treten
> Mit Fahnen und Trompeten
> Auch in das ärmste Haus.
> Sie schleppen stolz erpreßte
> Lumpen und Speisereste
> Für die armen Nachbarn heraus.
>
> Die Hand, die ihren Bruder erschlagen
> Reicht, daß sie sich nicht beklagen
> Eine milde Gabe in Eil.
> Es bleiben die Almosenwecken
> Ihnen im Halse stecken
> Und auch das Hitlerheil.

Karlsruhe, 1937. In die Wohnung einer alten Frau, die mit ihrer Tochter am Tisch steht, bringen zwei SA-Leute ein Paket der Winterhilfe.

DER ERSTE SA-MANN So, Mutter, das schickt Ihnen der Führer.
DER ZWEITE SA-MANN Damit Sie nicht sagen können, er sorgt nicht für Sie.
DIE ALTE FRAU Danke schön, danke schön. Kartoffeln, Erna! Und ein Volljumper! Und Äpfel!
DER ERSTE SA-MANN Und ein Brief vom Führer mit was drinnen. Machen Sie mal auf!
DIE ALTE FRAU *öffnet den Brief* Fünf Mark! Was sagst du jetzt, Erna?
DER ZWEITE SA-MANN Winterhilfe!
DIE ALTE FRAU Da müssen Sie aber auch ein Äpfelchen nehmen, junger Mann, und Sie auch. Weil Sie das gebracht haben und sind die Stiegen hochgeklettert. Andres hab ich ja nicht da. Und ich nehm auch gleich einen. *Sie beißt in einen Apfel. Alle essen Äpfel, außer der jungen Frau.*
DIE ALTE FRAU Nimm doch auch einen, Erna, steh nicht so rum! Jetzt siehst du doch, daß es nicht so ist, wie dein Mann sagt.
DER ERSTE SA-MANN Wie sagt er denn?
DIE JUNGE FRAU Gar nichts sagt er. Die Alte quatscht bloß.

Die alte Frau Nein, das ist auch nur Gerede von ihm, nichts Schlimmes, wissen Sie, was eben alle so reden. Daß die Preise ein bißchen hochgegangen sind in der letzten Zeit. *sie deutet mit dem Apfel auf ihre Tochter* Und sie hat ja auch tatsächlich aus dem Haushaltungsbuch ausgerechnet, daß sie hundertdreiundzwanzig Märker mehr gebraucht hat für Essen in diesem Jahr als im vorigen. Nicht, Erna? *sie sieht, daß die SA-Leute das anscheinend krumm genommen haben* Aber das ist ja nur, weil so aufgerüstet wird, nicht? Was ist denn? Hab ich was gesagt?
Der erste SA-Mann Wo verwahren Sie denn das Haushaltungsbuch, junge Frau?
Der zweite SA-Mann Und wem zeigen Sie denn das Haushaltungsbuch alles?
Die junge Frau Es ist nur zu Hause. Ich zeig es niemand.
Die alte Frau Das können Sie ihr doch nicht übelnehmen, daß sie ein Haushaltungsbuch führt, nicht?
Der erste SA-Mann Und daß sie Greuelmärchen verbreitet, das können wir wohl auch nicht übelnehmen, was?
Der zweite SA-Mann Und daß sie besonders laut Heil Hitler gerufen hätte bei unserm Eintritt, hab ich auch nicht gehört. Hast du?
Die alte Frau Aber sie hat Heil Hitler gerufen, und ich sage es auch. Heil Hitler!
Der zweite SA-Mann Das ist ja ein nettes Marxistennest, wo wir da reingestochen haben, Albert. Das Haushaltungsbuch müssen wir mal näher bekieken, kommen Sie gleich mit uns, wo Sie wohnen. *Er packt die junge Frau am Arm*
Die alte Frau Aber sie ist doch im dritten Monat! Sie können doch nicht... das tun Sie doch nicht! Wo Sie doch das Paket gebracht haben und die Äpfel angenommen haben. Erna! Sie hat doch Heil Hitler gerufen, was soll ich nur machen. Heil Hitler! Heil Hitler! *sie erbricht den Apfel. – Die SA-Leute führen ihre Tochter ab*
Die alte Frau *sich weiter erbrechend* Heil Hitler!

Robert Gilbert

Berlin 1940

Mutta, schmeiß mal ne Bombe runter,
Fritz will mir de Jasmaske klaun!
Oder soll ick lieber jleich mit die Schrippe
Een Loch in die Birne haun?

Mutta, jeh mal zu Lehmanns rüber,
Da ham se heut nacht beim Alarm
Ne Leiche jymnastikt im Luftschutzkeller,
Weil se dachten, se wäre noch warm.

Mutta, mir paßt det Hemd nich länger,
Ick sitz drin wie injeschlaucht.
Wozu haste bloß die Bezuchskarte jestern
Für Erichs zwee Knöppe vabraucht.

Mutta, hier is ne Ansichtskarte,
Von Vata, er schreibt aus'm Feld.
Er schickt uns een Viertel Pfund dänische Butter –
Und morjen die janze Welt.

Rolf Anders

Solo einer Scheuerfrau

Ja, im Adlon sitzen feine Leute
Und essen fein und trinken fein
Und schlafen fein und schlafen ein.
Wie früher, so ist es auch heute
Die fürchterlich piekfeine Meute.
So zum Beispiel gestern trafen ein:
Direktoren und Kruppzeug aus Essen,

Vier Junker und der Stahlverein;
Die Gauleiter von Franken und Hessen,
Die strauchelten auch herein!
Im Bett wohnen nun Floh und Laus,
Die Wand birgt Wanzen indessen,
Und trotzdem sieht das schäbige Haus
Von draußen noch nebelich aus.
Und so sitzt das Geziefer schon jahrelang
Im Adlon-Hotelbett und im Adlon-Restorang.
Nur die fremden Gäste sind sich nicht im klaren,
Die noch nie so'n Ungeziefer sahn,
Daß mit uns sie lausig in die Hölle fahren
Auf der braunen Wanzenbahn.
   Im Adlon fehlt eine Scheuerfrau,
   Um gründlich reinzumachen.
   Verschanzt und verlaust ist der alte Bau –
   Das schafft nicht ne einzige Scheuerfrau,
   Da braucht man noch andere Sachen.
   Man wollte das Übel steuern
   Mit Renovieren, Tapezieren, Auflackieren –
   Und mit Schmieren.
   Doch um das Hotel zu erneuern,
   Da müssen ganz andere Leute ran,
   Da müssen wir alle, Mann für Mann,
   Dran scheuern, dran scheuern, dran scheuern.

Ja, in Deutschland herrscht die Herrenrasse;
Sie sagen Ja, Heil Hitler, Ja und niemals Nein.
Noch immer füllt ihnen die Kasse
Mit Arbeit und Opfer die Masse.
Warum solln sie beruhigt sein?
Generale und Kruppzeug aus Essen,
Die Junker und der Stahlverein
Sind mit Himmler im Bund und mit Hessen
Und streichern Gewinne ein.
Der Geldsack schreit Heil und singt ein Lied
Der Volksgemeinschaft indessen,
Die einig hinterm Leithammel zieht –
Wenn man's nur von außen sieht:
So marschiert und marschiert man schon jahrelang

Betäubt und verblendet in den großen Untergang.
Viel zu viele Leute sind sich nicht im klaren,
Wohin führt der Rasse-Weltmacht-Wahn:
Daß wir alle, alle in die Hölle fahren
Rasend auf der Nazibahn!
  In Deutschland fehlt eine Scheuerfrau,
  Um gründlich aufzuräumen.
  Verwanzt und verlaust ist das alte Haus;
  Die Satten, die sauckeln die Magern aus,
  Trotz Volksgemeinschaftsträumen.
  Wir opfern mehr als die Steuern
  Zum Renovieren, Auflackieren und Marschieren –
  Zum Krepieren.
  Ja, um unser Land zu erneuern,
  Da müssen ganz andre Leute ran,
  Da müssen wir alle, Mann für Mann,
  Dran scheuern, dran scheuern, dran scheuern.

Robert Gilbert

Resolution der bombardierten Babies

Auf Grund der Tatsache, daß
Ein Kinderwagen kein Tank ist
Und ein Sauger kein MG,
Sind wir die faktisch schlechtest
Ausgerüstete Armee.
Und ebensowohl als auch
Eine Windel kein Panzerhemd ist
Und unser Stahlhelm nur aus Wolle,
Spielt sogar der Knallbonbon
Militärisch keine Rolle.

Darum:
Wir vereinigten mit Bomben belegten Babies beschließen –
Es wird tunlichst gebeten, über uns weg zu schießen.

Man verschone nach Möglichkeit unser zartes Gebein.
Auf die Frage, ob das Senfgas auf den Spielplatz gehört,
Sagen wir: Nein!
Und überhaupt:
Was nützen uns milchgesegnete Brüste,
Wenn ihr die Mütter erstecht?
Was nützt uns die gute Kinderstube,
Wenn ihr die Häuser zerstecht?
Mit zerschmettertem Rückgrat
Wird man schwerlich ein aufrechter Mann.
Der erste Gehversuch ohne Beine
Fängt denkbar ungünstig an.
Mit durchschossener Lunge
Gibt es kein lungenstärkendes Schrein.
Der Heldentod in der Wiege
Sollte von Rechts wegen polizeilich verboten sein.

Und deshalb:
Wir vereinigten, mit Bomben belegten Babies erklären –
Niemand möge uns vor dem Waffenstillstand gebären.
Und hört dieser Unfug nicht auf,
Dann ergreifen wir andere Schritte.
Den nächsten Weltkrieg, Herrschaften,
Nur für Erwachsene, bitte!

BERTOLT BRECHT

Ballade von der »Judenhure« Marie Sanders

In Nürnberg machten sie ein Gesetz
Darüber weinte manches Weib, das
Mit dem falschen Mann im Bett lag.
   Das Fleisch schlägt auf in den Vorstädten
   Die Trommeln schlagen mit Macht
   Gott im Himmel, wenn sie etwas vorhätten
   Wäre es heute nacht.

Marie Sanders, dein Geliebter
Hat zu schwarzes Haar.
Besser, du bist heute zu ihm nicht mehr
Wie du zu ihm gestern warst.
    Das Fleisch schlägt auf in den Vorstädten
    Die Trommeln schlagen mit Macht
    Gott im Himmel, wenn sie etwas vorhätten
    Wäre es heute nacht.

Mutter, gib mir den Schlüssel
Es ist alles halb so schlimm.
Der Mond sieht aus wie immer.
    Das Fleisch schlägt auf in den Vorstädten
    Die Trommeln schlagen mit Macht
    Gott im Himmel, wenn sie etwas vorhätten
    Wäre es heute nacht.

Eines Morgens, früh um neun Uhr
Fuhr sie durch die Stadt
Im Hemd, um den Hals ein Schild, das Haar geschoren.
Die Gasse johlte. Sie
Blickte kalt.
    Das Fleisch schlägt auf in den Vorstädten
    Der Streicher spricht heute nacht.
    Großer Gott, wenn wir ein Ohr hätten
    Wüßten wir, was man mit uns macht.

Jimmy Berg

Lorelei – aufgenordet

Ich weiß nicht, was soll es bedeuten,
Daß ich so unruhig bin,
Das sind wohl die neudeutschen Zeiten,
Die lasten auf Magen und Sinn.

Ich galt gleich dem König von Thule
Einst fast als Kulturdokument,
Man sang mich sogar in der Schule
Mit und auch ganz ohne Talent.
Es sangen die deutschesten Zungen
Das Lob der Lorelei,
Ich habe Millionen umschlungen
Mit meiner Melodei.
Da hab ich auf einmal ein Brüllen gehört:
Hepp Hepp und den Juden der Tod!
Das hat mich erheblich beim Singen gestört,
Bis man es mir gänzlich verbot!
   Lore Lore Lore Lorelei,
     Kein Wunder, daß du so vergrämt bist,
     Weil dein Papa Heine verfemt ist,
     Heil, deutsche Treu!

Sie kämmten nach neuem Programme
Im Abendsonnenschein
Mit goldenem Reichskulturkamme
Den Rhein völlig zum Rasse-Rhein.
»Wir fordern Verbrennung, Vernichtung
Für all diesen mauschelnden Schmutz,
Hinweg mit der koscheren Dichtung!«
So sprach Arnolt Bronnen voll Trutz.
»Der Schiffer, den Heine besungen,
Aß immer Zwiebeln schon,
Der Kahn, den die Wellen verschlungen,
Hieß sicher früher Kohn.
Drum sei jeder deutsche Matrose gewarnt
Vor der Lorelei auf der Stell«,
Sie ist nur die Königin Saba – getarnt –
Und kocht auch bestimmt rituell. ––
   Lore Lore Lore Lorelei,
     Ich dacht, ich sei wertvoll und klassisch –
     Nun stellt sich heraus, ich bin rassisch
     Nicht einwandfrei!

Noch glitzert mein goldnes Geschmeide,
Noch lebt die Lorelei,

An mir zieht voll Kraft durch Freude
Manch Dampfer im Stechschritt vorbei.
Dann hör ich mein Lied übers Wasser
Verpestend die arische Flut,
Doch nennen sie keinen Verfasser
Und schon ist vergessen der Jud.
Nun singt mich gar die Hitlerjugend,
Ich steh im Liederbuch,
Man stiehlt nur den Dichter voll Tugend,
Schon fällt vom Lied der Fluch.
Auf einmal, da wertet man mich kulturell
Und nicht als hebräisches Gedicht,
Auf einmal, da bin ich nicht mehr rituell,
Sondern deutsch, wie ein Eintopfgericht!
   Doch trotz Lore und trotz Doktor Ley
   Werd ich nicht viel jammern und trauern,
   Es wird sie ja doch überdauern –
   Die Lorelei.

Egon Larsen

Die Kosmopolitin

Je connais tout le quartier
Et au Montmartre les cabarets.
La vie est belle quand on est riche.
Mais comme une refugiée – je m'enfiche!
In Kuba ließ man uns nicht landen,
In Spanien fühlt' ich mich zuhaus.
Mich fischte, als die Mine krachte,
Ein netter Matrose heraus!
  Ich kenn die Welt,
   Sie läßt mich kalt.
  Ich bin schon ganze zwanzig Jahre alt.

Shanghai was raided by the Japs.
I saw our boarding-house collapse.
In Hollywood, without a cent,
I couldn't even pay the rent.
In Rio ein Mann wollt mich haben –
Ich glaub, als seine Frau sogar.
Ich dachte an Hans nur in Deutschland,
Und ob er auch draußen schon war?
    Ich kenn die Welt,
    Sie läßt mich kalt.
    Ich bin schon ganze zwanzig Jahre alt.

Vom Reisen träumt' ich als Kind
Von Abenteuern, Seefahrt und Wind.
Jetzt ist's ein Haus, von dem ich träum',
Und eine Stadt, die heißt Daheim.
Ich möcht sie einmal wiedersehen
Und hörn, wie man deutsch spricht zuhaus.
Ich könnt' dort die Menschen verstehen,
Ist alles dies erst einmal aus.
    Ich kenn die Welt.
    Sie ist so kalt,
    Ich bin erst ganze zwanzig Jahre alt.

HUGO F. KÖNIGSGARTEN

Der Reisepaß erzählt

Mein Vater war ein Polizeibeamter
In einem Polizeikommissariat,
Die Mutter eine Polizeibeamtin
Am selben Ort in der selben Stadt.
Ich war gezeugt auf einem alten Schreibtisch
Im dritten Stocke, links, auf Zimmer 4,

Das Licht der Welt erblickte ich dann später
Auf Treppe 7, rechts, die dritte Tür.
Zum Namen gab man in der Taufe mir
Die Nummer Kf Strich 3604.

Das Leben führte mich durch viele Hände,
Nicht alle schmutzig, doch nicht alle rein.
Man prüfte mich von Anfang bis zu Ende,
Und jede drückte mir'n Stempel rein.
So wurden meine ehmals weißen Blätter
Beschrieben und bestempelt Jahr um Jahr,
Bis von der einstgen reinen Unschuldsfarbe
Nicht mehr ein einziges Fleckchen übrig war.
Fast wundert's mich, daß ich noch immer führ
Die Nummer Kf Strich 3604.

Ich wanderte durch mancher Herren Länder,
Freiwillig manchmal, aber manchmal nicht.
An jeder Grenze ward ich neu bestempelt,
Nicht immer mit dem freundlichsten Gesicht.
Und eines Tages hab ich mich vermählet
Mit Kf Strich 3604 Strich b,
Und eh ich richtig noch bis drei gezählet,
Gab's auch 3604 Strich c und d.
So lebten traulich im Vereine wir,
Die Nummer Kf Strich 3604.

Dann ward ein Affidavit mir verliehen –
Das war mein schönster Lebensaugenblick!
Doch später habe ich dann eingesehen,
Auch das allein bedeutet nicht das Glück!
Und jetzt, da meine Blätter lose werden,
Mein Rücken nicht mehr ganz zusammenhält,
Nun stempeln mich »ungültig« die Behörden,
Und ich geh ein in eine bessere Welt.
Ich bitte: Schreibet auf den Grabstein mir:
»Hier ruht in Gott Kf 3604«.

CURT BRY

Die Welt ist weit geworden

Wir fliegen über den Ozean
Und hoch in die Stratosphäre.
Wir sehen von New York bis Teheran
Und holen uns Land aus dem Meere.
Wir sprechen von Oslo nach Samarkand,
Ohne die Stimme zu heben,
Wir können im südlichsten Feuerland
Jack Hylton aus London erleben.
    Die Welt ist klein geworden, so winzig klein geworden!
    Ein schöner Ball, mit dem du gerne spielst.
    Sie ist ganz Dein geworden und allgemein geworden
    Und wartet ab, wohin du mit ihr zielst.
    Wirst du die Macht, die du dir schufst
    Zum Guten wenden?
    Wird sie dich blenden
    Durch ihre Pracht?
    Die Welt ist klein geworden,
    Der Widerschein geworden
    Von dem, was Menschenhand aus ihr gemacht.

Wir haben die Technik gehegt und gepflegt,
Wir dünkten uns klug und weise,
Wir haben die Welt in Schienen gelegt,
Und kommen nun selbst aus dem Gleise.
Chinesische Kulis, japanische Herrn,
Die weißen Europäer,
Sie standen sich immer so unerhört fern,
Jetzt rücken sie näher und näher.
    Die Welt ist eng geworden, so schrecklich eng geworden!
    Du siehst die Luft vor lauter Drähten nicht.
    S' ist ein Gemeng geworden und ein Gedräng geworden
    Um einen Platz für dich im Sonnenlicht.
    Was nützt die Ernte dir, die unter
    Dach und Fach war,
    Der böse Nachbar

Nimmt sie dir weg.
Die Welt ist eng geworden,
Ist ein Gezänk geworden
Um jedes noch so kleine Stückchen Dreck.

Wir sausen mit tausend PS dahin,
Wir können es nicht mehr lassen.
Wir sitzen im Turm von Babel drin
Und stempeln uns ab als Rassen.
Wir haben das Licht elektrisch gemacht
Und können uns trotzdem nicht sehen.
Wir haben ein Esperanto erdacht
Und werden uns niemals verstehen.
    Die Welt ist weit geworden, so furchtbar weit geworden,
    Und alle Hoffnungen sind Träumereien.
    Wir sind gescheit geworden und sind bereit geworden,
    Auf dieser Welt nur Spreu zu sein.
    Was das Gehirn zu deinem
    Wohl erfunden
    Hat dich gebunden
    Und nicht erlöst.
    Die Welt ist weit geworden,
    Und es ist Zeit geworden,
    Daß du nicht drunter, sondern drüber stehst!

HERBERT NELSON

Ein neues Kinderlied

Es wird auf Erden
Einmal himmlisch werden...

Was sagt der neuste Wetterbericht?
Bewölkt wird der Himmel heut sein,
Und Sonnenschein gibt es noch immer nicht,
Und es regnet sich immer mehr ein.

Es wird auf Erden
Einmal himmlisch werden...

Was steht denn in der Zeitung heute drin?
Schon wieder ein Terroristen-Mord!
Ich weiß nicht, ich starr auf die Zeitung heut hin
Und seh nichts als Haß hier und dort.

Hier knallt's beim Bombenattentat,
Und dort werden Menschen umgebracht.
Der Irrsinn der Zeit blüht im Hochformat
In der schrecklichsten Völkerschlacht.

Es wird auf Erden
Einmal himmlisch werden...

Sie haben wieder geschossen heut nacht.
Wie seltsam, man hört kaum noch drauf.
Ich hab nur schon drüber nachgedacht:
Was wird sein, hört das Schießen mal auf?

Wozu die vielen Grübelei'n,
Durch die man keine Ruhe find?
Wie's wirklich später mal wird sein?
Ich werd's dir sagen, mein Kind:

Es wird auf Erden
Einmal himmlisch werden,
Wenn auch nicht mehr für mich, mein Kind,
So doch einmal für dich, mein Kind.

Es wird für's Leben
Wieder Zukunft geben,
Wenn auch nicht mehr für mich, mein Kind,
So doch einmal für dich, mein Kind.

Es wird das wilde Lärmen einmal schweigen,
Und's Leben wird um vieles leiser sein,
Und statt Fanfaren klingen wieder Geigen,
Und das, glaub mir, wird viel, viel weiser sein.
Es wird auf Erden
Einmal himmlisch werden,
Wenn auch nicht mehr für mich, mein Kind,
So doch bestimmt für dich, mein Kind.

Herbert Nelson

Das Leben geht weiter

Die großen Walzer, die kleinen Lieder,
Die längst verklungnen Melodien,
Sie kehrten als Erinnerung wieder,
Um flüchtig schnell vorbeizuziehn.
Mit einem Lächeln und ein paar Tränen
Habn wir dem Reigen zugehört
Und konnten uns im Himmel wähnen,
So leicht und froh und unbeschwert.
Und solch Erinnern gibt uns wieder
Fürs Weitergehen neuen Schwung.
Der Takt und Ton der alten Lieder
Macht unsre Herzen wieder jung...
    Das Leben geht weiter, es bleibt niemals stehn.
    Das Leben geht weiter, wir müssen mit ihm gehn.
    Musik als Begleiter beflügelt den Schritt.
    Das Leben geht weiter, voll Hoffnung gehn wir mit.

Herbert Nelson

Die große Straße

Die Häuser stehen da in Reih und Glied
Und blicken auf die Straße stumm hinab,
Und hörn das freche, lärmend laute Lied,
Und dieses Lied reißt Tag und Nacht nicht ab.
Als ob sie große Kinderaugen machen,
So sehn die Häuser mit den Fenstern aus.
Sie starren ängstlich in den Straßenrachen,
Und staunen immer wieder, Haus für Haus.

Wie das da unten hastet,
Nicht einmal ruht und rastet.
Ein Hin und Her, ein Auf und Ab,
Ein Kreuz und Quer in stetem Trab ...
Und zwischen zwei bezwungnen Häuserreihen,
Ein Rattern, Knattern, Lärmen, Schwärmen, Schrein:
    Es tut sich was in der großen Straße!
    Es tut sich was von früh bis spät.
    Es tut sich was, aber nicht zum Spaße,
    Und das ist das, worum es geht!
    Ja, das ist das Leben,
    das heutige Leben,
    Und jeder Moment
    Ist hundert Prozent!
    Es tut sich was in der großen Straße,
    Und was sich tut, tut sich mit uns!

Durch die große Straße gehen Menschen
Auf dem Trottoir und übern Damm.
Abgesehen davon fahren Menschen
Mit dem Bus, im Taxi, mit der Tram.
Und die Menschen rennen oder wandern
So durch das Gedränge und Gewühl.
Und es kennt der eine nicht den andern –
Jeder hat sein eignes, fernes Ziel.
Jeder von den vielen trägt sein Schicksal
Unter seinen Kleidern mit sich rum.
Aber die erbarmungslose Straße
Steht und starrt und kümmert sich nicht drum!
    Es tut sich was in der großen Straße!
    Es tut sich was von früh bis spät.
    Es tut sich was, aber nicht zum Spaße,
    Und das ist das, worum es geht!
    Ja, das ist das Leben,
    das heutige Leben,
    Und jeder Moment
    Ist hundert Prozent!
    Es tut sich was in der großen Straße,
    Und was sich tut, tut sich mit uns!

Armin Berg/Karl Farkas

Doppelconference

FARKAS   Armin, wie lange bist du jetzt in Amerika?
BERG   Seit drei Jahren.
FARKAS   Na, und wie schlägt man sich so durch als armer Emigrant?
BERG   Wunderbar, völlig problemlos. Ich kenne sogar einen Mann, der ist in dieser Zeit, hier in Amerika, zum Millionär geworden. Er war ein bettelarmer Wiener, der mit demselben Schiff wie ich herübergekommen ist.
FARKAS   Großartig. Wie hat er das gemacht?
BERG: Im ersten Jahr war er Schuhputzer, im zweiten Tellerwäscher, im dritten Zeitungsverkäufer...
FARKAS   Na, und?
BERG   ... und dann ist seine Tante in der Schweiz gestorben und hat ihm zwei Millionen Franken hinterlassen!

Valeska Gert

Die seltsame Reise des Professor Blitz

Der Professor will zum Mond reisen. Seine Mitarbeiter schießen ihn in einer Rakete in den Weltraum. Ihm wird übel, er lehnt sich aus dem Fenster und übergibt sich. Der Sauerstoff der Rakete entweicht, der Professor fällt aus der Rakete. Wer in die Gravitationssphäre gerät, muß um den Mond kreisen. Er kreiste. Die Wissenschaftler beobachteten ihn durch große Teleskope und bemerken, wie er verzweifelt durch Gesten ausdrückt, daß er müde, hungrig und durstig sei. Sie schießen ihm eine Couch unter den Rücken, Sardinen (Großaufnahme einer Sardine) und Whisky und Gin in die verlangend geöffneten Hände. Sein Weib Anna liegt im Bett und stöhnt vor Sehnsucht nach ihrem Mann. Sie erinnert sich an ihr Gelöbnis, ihm zu folgen, wo immer er auch hingehen würde, und bittet die Wissenschaftler, sie zu ihrem Mann zu schießen; die erfüllen ihren Wunsch, schießen, und sie landet glücklich in den Armen ihres geliebten Mannes. Zwei Jahre kreisen sie, es fängt an, langweilig zu werden. Schon auf Erden ist es manchmal langweilig, verheiratet zu sein, wieviel langweiliger ist es aber, wenn man jahrelang allein auf einer Couch um den Mond kreist. Doch eines Tages fällt ein großer Meteorstein dicht an ihnen vorbei. Geistesgegenwärtig reißt der Professor sein Weib an sich, springt mit ihr auf den Stein, die Wucht des Falles war groß, der Meteorstein kracht bis tief unters Meer, da wo die Hölle liegt. Sie steigen in den Fahrstuhl, der sie noch tiefer führt. Der Höllenliftboy ruft: »Sechster Flur! Politiker, Schauspieler, Ehrgeizige!« – »Achter Flur! Geldgierige Huren, Wüstlinge, Rennfahrer!« – »Zehnter Flur! Dichter, Schriftsteller, Fresser, Säufer, Rennradler, Rennreiter!« Hier steigt das Ehepaar aus. An einem runden Tisch sitzt ein fetter Mann, der frißt und frißt, er ächzt und stöhnt, eine überlebensgroße Hand schiebt ihm wieder und wieder neue Nahrung in den Mund und zwingt ihn weiterzuessen. Er frißt und stöhnt, kann nicht aufhören. Er platzt. Hühner und Schweine krabbeln aus dem Magen. Zwei Riesenhände nähen auf einer Nähmaschine die Stücke seines Körpers zusammen, er frißt weiter. Ein kleines Mädchen schleckt ununterbrochen Eiscreme. Es weint schrecklich, denn es muß weiterlutschen, ob es will oder nicht. Ja, auch Eiscreme-Essen kann zum Laster werden; alles, was man tut, ohne aufhören zu können. Am selben Tisch sitzt ein Säufer. Sein Körper ist so voll Schnaps, daß die Spritflüssigkeit in Fontänen aus seiner Haut spritzt. Professors sind entsetzt und fahren einige Stockwerke tiefer. Eine grellbemalte Hure wackelt an ihnen vorbei, das Hündchen an der Leine, ein Mann folgt ihr mit weichen Knien. Ein Rennradler keucht und rast, er muß, er muß als Erster durchs Ziel. Riesengroßes Geldstück rollt vorbei, kleines Männchen rennt mit verlangend ausgestreckten Armen hinter ihm her. Der Radler wird dünner und dünner, zwei Riesenhände pumpen ihn auf, bis er wieder aufgeblasen ist. Er muß weiterradeln. Professors können die Qualen der Verdammten nicht länger ertragen. Sie auch, sie gehören ja zu den Besessenen, sind viel zu weit gegangen. Eine vulkanische Explosion spuckt sie in die Höhe. Wie zwei Seifenblasen stehen sie über dem Eingang zur Hölle. Eine Luftwelle faßt sie und trägt sie über Wiesen, Felder und Wälder, bis sie in ihrer Heimat sind und mitten in den Herzen ihrer Freunde landen, die auf sie gewartet haben.

Curt Bry

Die Pointe

Es war mal eine Pointe,
Sie war so schön und gut,
Aus allerbester Familie,
Von allerbestem Blut.

Sie war nicht eine von vielen,
Erotisch und gemein,
Sie war eine stille Pointe,
Ganz sauber und ganz fein.

Sie war ganz unpolitisch,
Hat niemandem weh getan,
Und jeder, der sie hörte,
Fing laut zu lachen an.

Doch eines schönen Tages
Geschah die Schweinerei:
Man zog die arme Pointe
An ihren Haaren herbei.

Ein wilder Pointenmörder,
Der hat sie umgebracht.
Da lag sie nun unterm Tische.
Kein Mensch hat mehr gelacht.

Bombenstimmung
Die leichte Muse macht mobil

Die gute Laune ist ein Kriegsartikel.
Unter Umständen kann sie nicht nur kriegswichtig,
sondern auch kriegsentscheidend sein.

Joseph Goebbels

Die gute Laune, von der der Reichspropagandaminister meinte, sie sei nicht nur kriegswichtig, sondern könne unter Umständen sogar kriegsentscheidend sein, erhält im Herbst 1939 mit Ausbruch des Weltkrieges ihren Einberufungsbefehl. Keine Stimmungskanone, kein Gaggeschütz, und sei es auch noch so schrottreif, das nicht zum Einsatz gekommen wäre.
Auch das Kabarett, nun verstärkt im Bereich der Truppenbetreuung und im Rahmen der Aktion »Kraft durch Freude« tätig, wird für die großdeutsche Sache dienstverpflichtet: Gunther Philipp parodiert vor zusammengeschossenen Landsern Exerziermarschmäßiges, Hans Moser und Paul Hörbiger helfen in Lazaretts mit Heurigenklängen stimmungsmäßig auf die Beine, Peter Frankenfeld vom *Kabarett der Komiker* gewinnt zu Füßen der Hohen Tatra mit Militär-Klamottigem dem Kommiß heitere Seiten ab, Heinz Erhardt ist mit einem »Marine-Kleinkunstexpress« als Blödel vom Dienst unterwegs, *Kadeko*-Kabarettist Lotar Olias operiert am Ilmensee als Chef-Unterhalter des Frontkabaretts *Der Knobelbecher*, Carl Napp reitet an der Südfront für die Division »Hermann Göring« Zwerchfellattacken, Isa Vermehren, das *Katakomben*-Mädel mit der Ziehharmonika, ist bis zu ihrer Verhaftung und Einlieferung ins KZ Ravensbrück im Frühjahr 1944 mit Quetschkommode, Spinett und Blockflöte zwischen Norwegen, Rußland, Frankreich und Italien bei Luftwaffeneinheiten zu Gastspiel, *Katakomben*-Kollegin Ursula Herking unterhält derweil boulevardkomödiantisch deutsche Besatzer in Belgrad und Athen, Alt-Kabarettist Paul Schneider-Duncker bringt sein Motto »Hauptsache lustig!« auf die Wilnaer Soldatenbühne, *Kadeko*-Plauderer Peter Sachse, nach dem Goebbels-Bannfluch wieder in Gnade gefallen, ist in Königsberg und Hinterpommern mit Frohsinn für die Wehrmacht im Lach-Einsatz, *Simpl*-Diseuse Lale Andersen, als »Lili Marleen« Landser-Idol an allen Fronten, tourneet bis zu ihrem Auftrittsverbot im Herbst 1942 zwischen Mailand und Oslo, Ex-*Nelson-Revue*-Starlet Grethe Weiser und *Kadeko*-Parodistin Marita Gründgens gehen in den besetzten Ostgebieten Truppen betreuen, Werner Finck bringt in Neapel seine Soldatenbühne *Platzpatrone* in Stellung, *Kadeko*-Step-Nachwuchs Evelyn Künneke läßt sich uniformieren und tingelt in vorderster Linie bei Welikije Luki, beim Soldatensender Ursula, in Holland und Frankreich, Wiens *KIK*-Kabarettist Peter Wehle läßt über den Soldatensender Belgrad von sich hören, *Scala*-Plauderer

Willy Reichert singt sich mit dem Bekenntnis »Ich bin Soldat, vallera« in Landserherzen, während Weiß Ferdl, wie schon zu Kaisers Zeiten, auf französischem Boden mit selbstgefertigtem Militaria-Liedgut (»Das Lied der Infanterie«, »Marie, jetzt kommst du dran«) wieder mobil macht. Das Ziel: Ablenkung um jeden Preis.

Zwischen Etappe und vorderster Linie tingeln nun in massivem Aufgebot Schlagerschnulziers und Tanzmariechen, Filmstars und Varietékünstler, Caféhausmusiker und Tanzmucker, Bauernbühnen-Barden und Staatsschauspieler, Opern-Troubadoure und Kleinkunst-Größen, um müde Landser wieder munter zu machen oder in der Heimat Verwundete, Ausgebombte und Rüstungsarbeiter bei Laune zu halten. Clevere Kommandeure geben kabarettistisch begabten Landsern ihrer Einheit bald die Chance, die kämpfende Truppe auf vorgeschobenem Posten mit Lachkalorien zu versorgen. Besonders in Frontnähe kommt es zur Gründung von Soldatenkabaretts wie dem *Knobelbecher*, den *Eichkatern* oder der *Platzpatrone* und Frontbühnen wie dem *Wehrmachtswunschkabarett* in Frankreich oder der *Panzer-Spreng-Granate* in Charkow. Die improvisierten Programme, die unter erschwerten Bedingungen vorbereitet und nicht selten unter Feindbeschuß in Unterständen, zerschossenen Kirchen, in Fabrikruinen und auf Verbandsplätzen vorgeführt werden, orientieren sich thematisch an den Bedürfnissen vor Ort: Landser-Alltag, Pubertär-Zotiges, Versehrten-Witze, Unrasiert-und-fern-der-Heimat-Romantik, Jetzt-erstrecht-Späße, Dennoch-Pointen und Durchhalte-Humor. Inhaltliche Auflagen gibt es kaum, erlaubt ist, was gefällt – Berlin ist weit. Wenn's nicht defätistisch zugeht, ist so ziemlich alles möglich, was die Moral der Truppe hebt; Gefreiter Peter Frankenfeld, MG-Schütze Wolfgang Neuss und die Unteroffiziere Lotar Olias und Werner Finck finden hier ihr Bestätigungsfeld. Sie alle versuchen, sich unentbehrlich zu machen: Der Witz als Überlebenschance.

In der Etappe kommt die Bombenstimmung aus dem Volksempfänger, seit mit Kriegsbeginn das »Wunschkonzert für die Wehrmacht«, eine Live-Sendung, die als Funkbrücke Front und Heimat verbinden soll, die gute Laune im Sinne des Propagandaministers als Kriegsartikel handelt und mit Effekt unter die Leute bringt. Mit von der NS-Schlager-Paraden-Partie sind die Kleinkunst-Größen Claire Waldoff, Carl Napp, Werner Kroll, Ludwig Manfred Lommel und Weiß Ferdl, der fröhlich bekennt, kein Intellektueller zu sein. Vor dem Mikrophon wird mitgesiegt, wenn das Film-Trio Rühmann-Brausewetter-Sieber Spottverse gegen die britische Admiralität abschießt, wenn Goebbels in die eingemottete Jazz-Kiste greift und von »Charlie and his orchestra« populäre, um NS-Prop-Texte in englischer Sprache angereicherte Swing-Oldies über Kurzwelle ins Ausland funken läßt oder wenn Willi Schaeffers seinen Columbus-Song intoniert.

Der *Kadeko*-Chef, seit einigen Jahren für Funk und Fernsehen als pausenfüllender Plauderer und Inszenator von KdF-Kaffeekränzchen aktiv, greift auch gelegentlich auf der Bühne seines Kudamm-Kabaretts mit Neumann-Revuen und Carste-Couplets aktuell ins Kriegsgeschehen ein. Die Uralt-Forderung der Nazis an die Kleinkunst, Kunst und Propaganda, »Unterhaltung und Erziehung« auf einen Nenner zu bringen, wie das die linientreue Kabarett-Theorie Günter Meersteins unter dem programmatischen Titel »Das Kabarett im Dienste der Politik« für die »Propagierung der nationalsozialistischen Weltanschauung« gewünscht hatte – hier wird sie, wenigstens ansatzweise, kurz vorm Ende noch erfüllt. Funk-Brettl-Schmähungen, mit denen die *Brennessel* oder das *Rulandseck* den Äther verpesteten und dem Goebbels-Wunsch nachkamen, »doch mal was gegen die Juden zu machen«, blieben die Ausnahme. Volkserzieherisch im Sinne der NS-Propaganda lassen sich noch am ehesten die vom Kabarett inspirierten Film-Sketch-Serien »Tran und Helle« und »Liese und Miese« an, werden aber bald wieder abgesetzt, als klar wird, daß es jeweils der Nörgler-Part ist, der Sympathien wie Lacher auf seiner Seite hat.

Bald ist, für jeden absehbar, ohnehin der Spaß vorbei. Angesichts des nahen Untergangs ist der Scherz, von verzweifeltem Zweckoptimismus auf die Abschußrampe gebracht, längst schal geworden und zündet nicht mehr. *Carows Lachbühne*, von der Propaganda zur »Heilungsstätte für genesende Soldaten« erhoben, wird wie das *Kabarett der Komiker* durch Bombenangriffe in Schutt und Asche gelegt. Willi Schaeffers arbeitet nun, nachdem er im Zuge des »totalen Krieges« auch sein Ausweich-Quartier schließen muß, »in einem Rüstungswerk für eine neue Zeit«. Nur noch im Wehrmacht-Nachtkabarett *Atlantis* am Berliner Potsdamer Platz wird lauthals gelacht – vom Podium runter. Den meisten da unten, versprengte Soldaten, die, auf den nächsten Transport wartend, in der Bahnhofsruine eine Bombennacht lang Schutz vor Nässe, Kälte und Granatsplittern suchen, ist das Lachen längst vergangen oder im Hals steckengeblieben.

WILLI SCHAEFFERS

Gruß der Kleinkunst

Soldaten, Kameraden,
Nehmt die Grüße von uns allen,
Denen wir so oft gefallen.
Wieder knüpfen wir den Faden,
Der uns mit der Front verbindet
Und sich Herz zu Herzen findet,
Alle, die Euch lachen machten,
Ob Jupp Hussels mit Gedichten,
Ob der Werkmeister-Geschichten,
Der Serrano süße Lieder,
Und die frohen Sangesbrüder,
Peter Igelhoff am meisten,
Seine witzigen und dreisten,
Mit Humor getränkten Worte
Frohsinn sind und erste Sorte.
Ja, in aller dieser Namen,
Die Euch immer lachend kamen,
Bringe ich zum Neuen Jahr
Tausendfältige Wünsche dar.
Durch den Äther soll es wehen,
Wie es unser Wunsch verzehrt,
Daß wir bald uns wiedersehen
Mindestens beim Wunschkonzert.
Drum allen, allen fern und nah,
Gruß der Kleinkunst! Prost Neujahr!

Udo Vietz

Lachen ist gesund

Lachen ist gesund – hohohohoho!
Öffne drum den Mund – hihihihihi!
Stets nur zu einem herzlichen Gelächter – jahahaha!
Geht es dir auch schlecht – hohohohoho!
Lache doch erst recht – hehehehehe!
Sonst geht es dir bestimmt noch viel, viel schlechter.
Immer nur lachen und immer vergnügt!
Lach dem Feind ins Auge, dann hast du gesiegt!
Wenn du immer lachst – hohohohoho!
Egal, was du auch machst – hihihihihi!
Dann findest, du das wahre Glück auf Erden.
Hahahaha!

Sie werden lachen, mit einem Lachen
Kann man Unmögliches möglich machen,
Ist überall gerne gesehn,
Also kann man dadurch gut bestehn.
Mit miesem Kopf kann niemals etwas erreichen
Und auch nicht, wenn man heult zum Steinerweichen,
Im Gegenteil! Mit Heiterkeit
Schafft man es nochmal so weit.
Lachen ist gesund...

Drum, wenn ich Euch raten kann,
Schafft Euch ein Lachen an.
Dann kann Euch keiner was vermiesen
Dann kann Euch gar nichts mehr verdrießen.
Und kommen mal gar zu ernste Dinge,
Bei denen man, wenn man zu lachen anfinge,
Ärgernis erregen würde,
Dann trage diese deine Bürde mit Würde,
Auch nicht mit Mißmut, das ist nicht gut!
Frohen Muts und heiter
Kommst du auch darüber hinweg und weiter.
Lachen ist gesund...

WEISS FERDL

Ich bin so froh, ich bin kein Intellektueller!

Meine Eltern, meine Onkels, meine Tanten,
Alle meine lieben, teuren Anverwandten
War'n dafür, ich muß gehn ins Gymnasium,
Daß doch einer von der Sippe ist nicht gar so dumm.
Doch ich konnte halt die faden alten Griechen
Alle miteinander überhaupt nicht riechen.
Bis zur Quinta bin ich mühselig vorgrückt,
Dann bin ich durchgfalln und hab mich gedrückt.
    Jetzt bin ich froh, ich bin kein Intellektueller,
    Kein Siebengscheiter, Aufgeklärter, kein ganz Heller.
    Das hat mir oft genützt im Leben,
    Denn manchesmal tut's Sachen geben,
    Wo es ganz gut, wenn man nicht zu gelehrt:
    Ein bißchen dumm sein, hat sich oft bewährt.

Das Finanzamt schickt alljährlich Fragebogen,
Und nach bestem Wissen wird da manchesmal gelogen,
Menschen sind wir, Fehler hat ein jeder gnua,
Da vergißt' was und da schreibst a bisserl was dazua.
Der Beamte schnüffelt, so lang bis was findt er,
Die sind ausgekocht, die kommen dir dahinter.
Hinterlistig fragns: »Habn Sie sich nicht geirrt,
Das kann nicht stimmen, was Sie da fatiert!?«
    Dann stell dich dumm – »Ich bin kein Intellektueller,
    Kein Siebengscheiter, Aufgeklärter, kein ganz Heller.
    Ich werd das nie so ganz kapieren
    Und werd mich immer wieder irren.
    Ach, sind S' so gut und schreibn, was Sie wolln da hinein,
    Ich bin zu blöd, ich zahl und füg mich drein.«

Darum frohen Muts, ihr lieben Volksgenossen,
Die ihr auch koa höhre Bildung habt genossen,
Ach, es geht auch, wenn man ist nicht gar so gscheit,
Mit ein bisserl Pfiffigkeit, da kommst du grad so weit.
Laß die andern mit der Bildung nur schön prahlen,
Hauptsach ist, wenn s' deine Arbeit gut bezahlen.

Was nützt dir der allerschönste Doktorhut,
Wenn er nur Ehr und sonst nichts tragen tut.
Ich bin so froh, ich bin kein Intellektueller,
Kein Siebengscheiter, Aufgeklärter, kein ganz Heller.
Mir gehts nicht schlecht bei uns hienieden,
Ich bin mit meinem Geist zufrieden.
Bei mir da nimmt man jedes Wort nicht gleich so krumm,
Das ist der Vorteil, wennst a bisserl dumm.

Die Brennessel

Wilde Tiere

Hier sehen Sie den ehemaligen König der Wüste. Wüste, auch Reichstag genannt. Sie staunen, meine Herrschaften! Ja, in dieser Wüste lebten nicht nur Kamele, sondern auch Löwen. Und jetzt sehen Sie den Original-Löben. Unsere Wärter sagen immer Paul zu ihm. Wir müssen auf dieses gute Tier sehr gut aufpassen, es bringt nämlich gerne Millionen beiseite. Und wenn man sie dann findet, die Millionen, dann weiß es nicht, wem sie gehören. Wie Sie sehen, haben wir jede Bank aus seiner Nähe entfernt, damit es nicht in Versuchung gerät. Ja, ja, so sind die Löben!
Und jetzt, jetzt sehen Sie jene künstlich erregte Gebirgslandschaft. Und auch diese Gebirgslandschaft hat ihren stattlichen Geißbock. Ja, er meckert. Er meckert vor allen Dingen Gedankenstriche und Ausrufungszeichen. Früher hat er auch sogar im Rundfunk gemeckert. Er behauptete immer, das seien »Glossen zum Tage«. Sie wollen wissen, wie unser Geißbock heißt? Alfred Kerr heißt die Kanaille!
Jetzt kommt was ganz Besonderes! Das ganz besonders Interessante: ein Stinktier! Dieses Stinktier gab bei seiner Einlieferung an, Emil Ludwig zu heißen. Wir fanden jedoch bei ihm eine Visitenkarte auf den Namen Cohn. Wir waren nun direkt in Verlegenheit, wie wir es nennen sollten. Und da ist einer unserer Wärter auf die ausgezeichnete Idee gekommen, er rief: »Hier ist eine Brieftasche

mit zehntausend Schweizer Franken gefunden worden. Die Brieftasche ist mit dem Namen Cohn gezeichnet.« – »Geben Sie her, des is meins!« rief das Stinktier. Seit dem Tag nennen wir es Cohn. Dieses Tierlein wollen wir uns einmal näher ansehen. *Musik*
>   Recke ich erwachend meine Glieder,
>   Fällt die Morgensonne auf mich nieder,
>   Lächle ich im Traum: Ja, du kannst noch ruhn,
>   Glückspilz, du hast nichts zu tun.

Die Drei Rulands

Ham Se nicht den kleinen Cohn gesehn?

Ham Se nicht den kleinen Cohn gesehen?
Ham Se'n in der Inflation gesehn,
Wie er Dollars raffte,
Jede Schiebung schaffte?
Es diente seinem Zweck
Selbst noch der kleinste Dreck!
Denn
In der Kunst wie in der Konfektion,
Überall hat einst der kleine Cohn
Sein Geschäft verrichtet,
Waren aufgeschichtet.
Doch heut weiß Hinz und Kunz:
Damit ist Schluß bei uns.

Wie jetzt erst allgemein bekannt geworden ist, besitzen die siebenhunderttausend Juden, die in Deutschland verblieben sind, noch ein Vermögen von acht Milliarden Mark.

Acht Milliarden Märkerchen
Die waren ihnen verblieben,
Die eine wurde strafgeblecht,
Da waren's nur noch sieben.

Darüber ist das Ausland jetzt empört,
Und man zetert: Ham Se schon gehört?
Nein, was denn? Man weint;
Und unsrer Westbefestigung setzt man dicke
Klagemauern jetzt entgegen.
Ach, es ist zum Gotterbarmen,
Denn es haben diese Armen
Nur noch sieben Milliarden Mark.
Ach, was haben sie gelitten,
Jetzt wird ihnen unbestritten
Auch noch das Geschäft beschnitten,
Nein, das ist stark.

Ja, draußen wird mit den Wölfen jetzt geheult,
Es wird gegruselt und gegreult,
Na, schön.
Ham Se nicht den kleinen Cohn gesehn...

Jetzt wollen wir Sie einmal mit dem kleinen Moritz bekannt machen, und zwar mit dem, der nicht von Wilhelm Busch ist.

Der Lehrer in der Schule
Zu Schillers Dramen schritt.
»Johanna sagt: ›Das Schlachtroß steigt!‹
Was meinte sie damit?«
Da sprach der kleine Moritz
Nach einer kurzen Frist:
»Sie meinte, daß das Pferdefleisch
Schon wieder teurer ist.«
Holahi und holaho –
Der Moritz ist gewitzt,
Weil ihm auch das was nützt –
Holahi und holaho,
wenn's nützt, macht er so-
gar den Witz engros.

War einst ein junger Feilchenfeld,
Der wollt auf Reisen gehn
Und sich in Holland für sein Geld
'nen Auslandspaß erstehn.
Sein Plan gelang, und voller Glück
Kehrt er ins Deutsche Reich zurück.

Im D-Zug zweiter Klasse
Da fährt der gute Mann;
Man sah ihm seine Rasse
Gleich an der Nase an.
Und als man ihn fixierte,
Da fing er an zu krähn:
»Was gucken Se so? Ham Se noch nie
'nen Holländer gesehen?«
Holahi und holaho...
Ham Se nicht den kleinen Cohn gesehn...

Zum Schluß wollen wir noch einen kleinen Rundgang durch die Schlagerfabrik einer Zeit machen, in der der kleine Cohn diese Branche des Kulturlebens fast ausschließlich beherrschte:

Der schöne Gigolo frißt keine harten Eier,
Was kann der Sigismund, der Sigismund dafür,
Was macht der Maier auf dem großen Himalaja?
Es sprach der Marabu:
Ich bin kein Hauptmann, bin kein großes Tier,
Das ist der Kolibri, wenn du mal in Hawaii bist,
Schön ist die Welt bei Fräulein Liesbeth im Parterre.
Drum, Baby, wenn dein kleines Herz für mich noch frei ist,
Du bist der erste nicht, drum nehmen Se Platz, mein Herr.
Ich hab ne alte Tante fern in der Sahara,
Die ist das süßeste Mädel von der Welt.
Good night, auf Wiedersehn, du bist so Donna Clara
Bei uns im Hinterhaus, von Kopf bis Fuß auf Liebe eingestellt,
In Honolulu laß dich küssen von den Wellen,
Ich bleib dir treu bei Wochenend und Sonnenschein,
Mein Kind, das kannst du deiner Großmama erzählen,
Ach was, so laß mich einmal deine Carmen sein.
Ich hab dich zwei-, dreimal geküßt, du blonde Kläre,
So im Vorübergehn, wer nimmt die Liebe ernst,
Schön wär's, wenn die Helene nicht so schüchtern wäre,
Jetzt wird es Frühling, dann wird's Sommer,
Dann wird's Herbst, eh du's verlernst,
Gib mir Gelegenheit, dann blühn die ersten Rosen,
Bei mir da hängste unter den Dächern von Paris,
My golden baby ist die Liebe der Matrosen,
Mach rotes Licht, dein Hemdchen ist aus Crepe-de-chise.

Du brauchst nicht traurig sein, es gibt nur einen Vater,
Ich kann, ich will, Veronika, der Lenz ist da.
Ich steh im Schnee im Rosengarten von La Plata
Und spiel den ganzen Tag auf meiner Zieharmonika.
O Cara mia, lieber Schatz, bist du aus Spanien,
Blüht uns ein kleiner Rosenbusch vorm Elternhaus,
In einer Laube unter blühenden Kastanien
Hab ich heut nacht von dir geträumt – das Lied ist aus.

O schöne Zeit, o sel'ge Zeit
Mit Schlagern voll
Un-Sinnlichkeit,
Daß dieser Stil
Einstmals gefiel
Und teils noch heut gefällt wie früher,
Da kann der Sigismund, der Sigismund dafür!

Friedrich Luft

Das Gerücht

Miese *flüstert Liese etwas ins Ohr. Dann laut, wie zur Bekräftigung* Ich weiß es aus allerbester Quelle.
Liese Ach so. Naja, dann weiß ich Bescheid.
Miese Ach, Sie wissen's auch schon?
Liese Nein, was es diesmal ist, nicht. Aber »aus allerbester Quelle« – das riecht irgendwie sauer.
Miese Riecht hier was? Ich hab nämlich meine Suppe auf'm Ofen.
Liese Nein, so hab ich's nicht gemeint. Aus allerbester Quelle – Sie haben mir doch erst in der vorigen Woche die Sache mit den Fleischmarken erzählt. Na, und das mit dem Fleisch, das war doch eine Ente!

MIESE Naja, alles kann ja nicht stimmen, was man so hört...
LIESE Eben, das meine ich.
MIESE Aber diesmal stimmt es, da können Sie Gift drauf nehmen. Ich hab's von einer guten, alten Bekannten. Also was soll ich Ihnen sagen, die hat mir doch erzählt... *flüstert Liese etwas ins Ohr*
LIESE Tabletten??
MIESE Vitamin-Tabletten. Das ist nämlich so. Bis jetzt haben sie die Butter, den Käse und die Wurst aus Kohle und anderen Chemikalien gemacht und dann so mit Vitaminen bestrahlt.
LIESE So. Und das sollen wir jetzt alles gleich in Form von Tabletten bekommen, ja?
MIESE Ja. Und dafür fallen die Lebensmittelkarten weg. Ich meine, natürlich nur für uns, ist doch klar, die da oben haben ja genug!
LIESE Das klingt ja unglaublich!
MIESE Ist es aber nicht. Was die Frau Puhvogel ist, darauf schwöre ich. Und die hat auch noch gesagt, daß die da oben jetzt alles auf ihre Marken schnell einkaufen.
LIESE Warum denn das?
MIESE Weil es katastrophal ist! Die haben nichts mehr zu essen für uns!
LIESE Und das glauben Sie! Sie Ärmste!!
MIESE Sie etwa nicht?
LIESE Nee, weil es mir zu dämlich ist.
MIESE Da könnte ich Ihnen noch ganz andere Sachen erzählen. Zum Beispiel die Sachen mit den Banken... *man hört Schritte auf dem Treppenflur*... Kommen Sie, Kommen Sie...
LIESE *laut* Sie lassen sich aber auch alles aufbinden.
MIESE *flüstert* Sind Sie wahnsinnig? Pssst!
LIESE Ja, wieso? Das kann doch jeder hören, haben Sie gesagt.
MIESE *schaut durchs Schlüsselloch* Na bitte, da haben Sie's. Polizei. Was mach ich denn nun?
LIESE Auf. Was denn sonst?
MIESE Ja, aber der draußen, der hat doch alles gehört! Ich komm doch in Teufels Küche!
LIESE Ja, wenn das stimmt, was Sie gesagt haben, da kann Ihnen doch kein Mensch was wollen.
MIESE Ach, Quatsch. Weiß ich denn, ob alles stimmt, was erzählt wird?

LIESE   Und warum erzählen Sie es dann weiter?
Es klingelt
MIESE   Na bitte! Das haben Sie von Ihrem laufenden Gequatsche! Jetzt bleibt mir ja gar nichts anderes übrig, als aufzumachen. Wenn das nur gut geht... *öffnet die Tür, grüßt überfreundlich* Heil Hitler, Herr Wachtmeister!!
WACHTMEISTER   Heil Hitler!
MIESE   Also hier sind Sie bestimmt falsch. Ich habe nie.... und wenn Sie zufällig auf der Treppe was gehört haben sollten... also die Dame hier kann bezeugen, daß ich immer sehr positiv eingestellt bin. Und bei Haussammlungen, ich gebe immer das meiste ... also was Sie ausgerechnet bei mir wollen...
WACHTMEISTER   Na, immer mit der Ruhe, meine Dame. Sind Sie hier die Frau...
MIESE   Ja, allerdings. Ja, also, was mich betrifft...
WACHTMEISTER   Betrifft Sie ja gar nicht. Betrifft vielmehr eine gewisse Frau Sagebiehl.
MIESE   Ach, die Sagebiehl!
WACHTMEISTER   Hat früher hier gewohnt. Da stimmt was mit der Abmeldung nicht.
MIESE   Ach, die Sagebiehl... ja, also, die wohnt jetzt Blütenbergallee 23.
WACHTMEISTER   Na, großartig. *notiert sich* Blütenbergallee 23.
MIESE   Ja, Telefon hat sie auch. 25-21-69.
WACHTMEISTER   Na, wunderbar. 25-21-69. Da werden wir sie uns mal kommen lassen.
MIESE   Ja...
WACHTMEISTER   Ich danke Ihnen.
MIESE   Ja, Heil Hitler, Herr Wachtmeister...
WACHTMEISTER   *verabschiedet sich* Heil Hitler!
MIESE   *schließt vorsichtig die Tür* Schöner Schreck in der Morgenstunde!
LIESE   Aber wieso denn? Du weißt doch: die Polizei – dein Helfer und Freund!
MIESE   Wenn der was gehört hätte...
LIESE   Sie wollten mir doch noch was erzählen. Sie wurden doch unterbrochen. Von den Banken oder sowas...
MIESE   Na, ich werde mich hüten. Man muß doch jetzt so vorsichtig sein!

Jupp Hussels

Tran und Helle hören fremd

Helle Das ist aber nett, daß du dir endlich'n Radioapparat gekauft hast.
Tran Da staunste, nicht? Der liebe Jung weiß, was sich gehört!
Helle Bravo! Sag mal, bei dir ist ja endlich der Groschen gefallen, was? Jetzt kannste miterleben, was wir für eine interessante Zeit haben. Und große Kundgebungen aus dem ganzen Reich, kannste mitanhören.
Tran Das wollt ich doch schon immer. Mir kann jetzt keiner mehr was vormachen. Hier! Ich kriege jetzt alles aus erster Quelle! Vielleicht kann ich auch ab und zu mal, so hin und wieder, ausländische Sender hören.
Helle Wie? Ausländische Sender willst du hören?
Tran Ja, Auslandsnachrichten. London zum Beispiel.
Helle London?
Tran Ja, London. Kannst du mir nicht sagen, wie man das bekommt?
Helle Ich weiß zwar nicht, *wie* du London bekommst, aber *was* du bekommst, wenn du London bekommst, das weiß ich.
Tran Was denn?
Helle Kittchen!
Tran Ha ha, Kittchen!
Helle Sogar Zuchthaus!
Tran Auch wenn es keiner merkt?
Helle Ob das einer merkt oder nicht merkt, das spielt doch gar keine Rolle. So was tut man als guter Deutscher nicht!
Tran Ja, aber man muß sich doch orientieren, was draußen vorgeht!
Helle Ja, natürlich. Die ausländischen Sender, die sagen die reine Wahrheit! Nicht?
Tran Klar.
Helle Na, klar, du Döskopp! Hast du noch niemals etwas von dem Nachrichtensystem unserer Feinde gehört?
Tran Ja, aber...
Helle Nix aber! Dann müßtest du wissen, daß alles nur darauf abzielt, unsere Widerstandskraft zu schwächen.

TRAN   Herrjott, ich bin doch alt genug, um unterscheiden zu können, wat wahr ist und wat nicht!! Ach, geh mir doch weg! *stellt das Radio an*
RADIOSTIMME   ... wurde wegen Abhörens ausländischer Sender zu zweieinhalb Jahren Zuchthaus verurteilt.
Tran stellt erschrocken das Radio ab
HELLE   Siehste, was hab ich gesagt?
TRAN   Naja, aber Musik kann ich doch hören. Paris – schicke Musik, Pariser Luft, nackige Mädchen...
HELLE   Du, das ist auch verboten! Du kannst deine Tanzmusik auch von deutschen Sendern hören. Paß mal auf. *schaltet das Radio ein, es erklingt flotte Tanzmusik. Tran singt mit*
HELLE   Na, ist das nicht herrlich? Das alles nur für zwei Mark im Monat!
TRAN   Für zwei Mark, das ist doch ... du, sag mal, ob ich da nicht Ermäßigung kriegen kann?
HELLE   Warum willst du denn Ermäßigung haben?
TRAN   Ja, weil ich doch jetzt keine ausländischen Sender mehr hören darf!

ANONYM

So you left me

So you left me for the leader for the Soviets
You don't like my social party any more
So you broke my heart in two
I'll be waiting here for you
'til your Soviet days are over with and through
Communism is now spreading over England
And we'll all be bloody communists one day
But my comrads don't forget
England is not beaten yet
Why play traitor and why join the Soviets

GÜNTHER SCHWENN

Columbus

Jeder spricht heut von Amerika,
Denn man liest und hört es ja,
Wie man drüben tobt und schreit –
Ja, ist denn so etwas die Möglichkeit!?
Schließlich war doch dies Amerika
Früher überhaupt nicht da.
Ohne Herrn Columbus wär das Land
Heut noch unbekannt!
 Columbus hat Amerika vor langer Zeit entdeckt
 Und hat damit die neue Welt aus ihrem Schlaf geweckt.
 Die alte Welt tat alles für das neugeborne Kind,
 Doch das benimmt sich, daß wir heute
 Einfach sprachlos sind.
 Es reißt in kranken Phantasien
 Den Mund auf am Kamin.
 Daraus schließ ich folgendes:
 Columbus hätt Amerika auf keinen Fall entdeckt,
 Hätt er geahnt, hätt ihm geschwant,
 Daß heute sein Produkt so große Bogen spuckt.

Dieser Herr Columbus war ein Mann,
Den man nur bewundern kann:
Er erfand doch – eins, zwei, drei –
Auch die berühmte Sache mit dem Ei!
Schlimm, daß er im Fall Amerika
Nicht das dicke Ende sah.
Lebte er noch heut, er schlüg vor Wut
Glatt sein Ei kaputt!
 Columbus hat Amerika vor langer Zeit entdeckt
 Und hat damit die neue Welt aus ihrem Schlaf geweckt.
 Die alte Welt tat alles für das neugeborne Kind,
 Doch das benimmt sich, daß wir heute
 Einfach sprachlos sind.

GÜNTER NEUMANN

In der Feuerwehrwache

Auf der Bühne erscheinen Roosevelt und Chamberlain in Feuerwehruniform. Das angloamerikanische Duo macht sich Gedanken zur aktuellen Lage.

Roosevelt! – Herr Chamberlain!
Vertrauen gegen Vertrauen – please!
Wir halten zusammen, so wahr wir hier stehn.
Sit down, my boy! Sit down!

Was ich noch sagen wollt: Die Luft ist ziemlich brenzlich!
Die allgemeine Spannung spannt sich ganz enorm!
Doch wir zwei sind für'n Notfall hier gewappnet gänzlich.
Wir tragen ja schon die richtge Uniform!
Was macht man bloß mit diesem Brandherd in Europa?
Denn dieser wird mir bald zu dreist, daß du's nur weißt!
Die ganze Richtung paßt uns nicht. Na, stimmt's nicht, Opa?
Bald ham wir sie ja fertig eingekreist!
Was dann passiert, das weiß man ja! Ha!!
Dann stehn wir ohne jede Konkurrenz!
es ruft: »Raus! In Syrien brennt's!«
    Wir komm'n ja schon, wir eilen ja!
    Wir werd'n gleich mächtig rangehn!
    Doch erst ham wir noch richtige Probleme zu lösen,
    Die uns gar nichts angehn!

Was ich noch sagen wollt: Europa ist verschandelt!
Das Beste ist, man macht sich mit Gewalt Liebkind.
Das Beste ist, es wird erst mal gehandelt,
Bis wir mit Moskau völlig einig sind.
Wie wär's – ich schick nochmal ne Botschaft hin per Taube?
Weil ich vor Menschenliebe beinah überschnapp!
Die Botschaft hör ich wohl, allein es fehlt der Glaube!
Dann drosseln wir schon eh'r die Wirtschaft ab!
Was dann passiert, das weiß man ja! Ha!!
Dann komm'n wir endlich auf'n grünen Zweig!
es ruft: »Raus! Gewerkschaftsstreik!«
    Wir komm'n ja schon, wir eilen ja!...

Was ich noch sagen wollt: Ich glaub, es war kein Fehler,
Daß wir vor kurzem mal an Porto nicht gespart.
Wir sind nicht nur ganz muntere Krakeeler
Und hetzen Briefe los nach unsrer Art!
God save the King Hall, auf den viele Leser harrten,
Der Einfall war kein Reinfall, er hat sich bewährt,
Schon morgen kriegt die ganze Welt
Von unsrer Ansicht Ansichtskarten,
Am besten wohl als Muster ohne Wert!
Was dann passiert, das weiß man ja! Ha!!
Die Achse kriegt 'n Stoß mal auf die Nos!
es ruft: »Raus! Die Iren sind los!«
   Wir komm'n ja schon, wir eilen ja!...

Die Eichkater

Lied vom Arsch der Welt

Wo die Wolgawellen trekken an den Strand,
Wo Germanski Pulk-Propelli unbekannt,
Wo in Sumpf und Moder Landser Wache hält,
Da ist unsre Heimat, ist der A ... d ... W ...

Wo die lahme Ente fliegt jetzt Nacht für Nacht,
Wo die Fliegenplage halb verrückt uns macht,
Wo am Durchmarsch leidet jeder Mann im Zelt,
Da ist unsre Heimat, ist der A ... d ... W ...

Kehren wir dereinst von hier nach Haus zurück,
Haben wir geschafft das allerschwerste Stück.
Wenn wir besser hausen als in Moor und Feld,
Dann ist ausgemistet dieser Arsch der Welt.

Hans Carste

Man muß zufrieden sein mit zehn Prozent

Man liebt ein Mädchen wie noch nie im Leben.
Man möcht ihr's sagen, doch dann schweigt man still.
Man will sogar ihr einen Trauring geben
Und merkt betrübt, daß sie ihn gar nicht will.
Dann steht man fassungslos vor einem Spiegel
Und denkt: So sieht ein abgeblitzter Trottel aus...
Dann schiebt man vor sein Herz den großen Riegel
Und zieht die letzte Konsequenz daraus.

    Glaubt einem Ober, der die Frauen kennt:
    Man muß zufrieden sein mit zehn Prozent.

Ich kannte einen Gast, der jede Dame
Im Sturme nahm, ich konnt das nie verstehn.
Ich glaub, es lag mehr an der Mundreklame.
Wo viele sind, kann keine widerstehn.
Und eines Tages, als er sehr verliebt war,
Hat eine er zu seiner Frau gemacht.
Doch ihre Freundin, die nun ganz betrübt war,
Fragt sie voll Neid: Wie war die Hochzeitsnacht?

    Worauf die Freundin sehr verschämt bekennt:
    Man muß zufrieden sein mit zehn Prozent.

Es gibt ein Riesenland im nahen Osten,
Das war seit langem schon zum Sprung bereit.
Und ein Herr Stalin läßt es sich was kosten,
Er selbst sitzt vorläufig in Sicherheit.
Doch eines Tages bleibt von diesem Lande,
Das stolz und groß war, nur ein kleiner Rest.
Und ein Herr Stalin fliegt mit Schimpf und Schande,
Und stellt als Fazit seines Lebens fest:

    Glaubt mir, der Rußland noch von früher kennt –
    Man muß zufrieden sein mit zehn Prozent.

Gerhard Fliess

Das muß den Seelord doch erschüttern

Das muß den Ersten Seelord doch erschüttern!
Meinste nich, meinste nich, Chamberlain?
Und trinkt er auch zur Stärkung schnell nen Bittern,
Dieser Streich macht ihn weich, wirst schon sehn!
Die »Royal Oak«, three other ships,
Wir kriegen ihn noch an dem Schlips!
Das wird den Ersten Seelord doch erschüttern!
Meinste nich, meinste nich, Chamberlain?

Das muß den Ersten Seelord doch erschüttern!
Jeder Streich macht ihn weich, macht ihn kleen.
Wir werden ihn auch weiterhin zerknittern,
Siehste woll, siehste woll, Chamberlain!
Am Meeresgrund three mighty ships,
Wir kriegen ihn noch an dem Schlips!
Das wird den Ersten Seelord doch erschüttern!
Siehste woll, siehste woll, Chamberlain!

Wie gerne Churchill uns blockiert!
You see, it looks now black.
Das deutsche U-Boot torpediert
Ihm seinen Frühstücksspeck.
Ihn selber trifft ein jeder Schuß,
Die Welt zu rulen ist jetzt Schluß!
Die Nordsee ward ein deutsches Meer!
Nu kiekste hinterher!

Das muß den Ersten Seelord doch erschüttern!
Lügt er auch, lügt er auch wie gedruckt!
Mag er mit seiner »Times« die Briten füttern:
Wohl bekomm's! Man wird sehn, ob man's schluckt.
Die »Royal Oak« bleibt nicht allein,
Wir schicken andre hinterdrein!
Du wirst den Ersten Seelord schon erschüttern,
Kapitänleutnant Prien, ahoi!

Peter Frankenfeld

Wehrkunde-Unterricht

UNTEROFFIZIER	Also Ballistik! Das steht heute auf dem Dienstplan, und nun will ich Sie das mal genau erklären. Also, Ballistik ist, wenn man... äh – ich will das mal anders erklären. Also nehmen wir an, der Unterarm von eurem Unteroffizier – alles hersehen is befohlen! – is der Lauf von die Waffe. Sieht das jeder?
ALLE	Jawohl, Herr Unteroffizier!
UNTEROFFIZIER	Das Geschoß in den Lauf drin – wird durch die Desonaz... Denunziat... also durch den Knall aus den Lauf herausgeschleudert und fliegt in einen großen Bogen aus den Lauf heraus. Jedes Geschoß weiß das, und es muß darauf geachtet werden, daß das in alle Kompanien einheitlich ist. Wenn das Geschoß nun hoch genug geflogen is, dann kommt es in einen großen Bogen wieder herrr... Na? Sie?!
REKRUT	... runter.
UNTEROFFIZIER	Jawohl. Sie sind gar nicht so dumm, wie Sie aussehen.
GEFREITER	Ich bitte, Herrn Unteroffizier darauf aufmerksam machen zu dürfen, daß der Ursprung dieser Bewegung auf die Anziehungskraft der Erde zurückzuführen ist.
UNTEROFFIZIER	Auch das ist möglich, durchaus möglich! Vor allen Dingen eben im Kriegsfall und vor dem Feind. Aber solche Sachen will ich hier nicht hören, das können Sie meinetwegen nach Hause schreiben. Natürlich muß man jetzt zusehen, daß man mit einem Geschoß, wo es runterkommt, immer einen trifft.
REKRUT	Bitte Herrn Unteroffizier fragen zu dürfen. Wenn das Geschoß irgendwo runterkommt, wo keine Erde ist, sondern wo bloß ein See ist oder ein Wasser?

UNTEROFFIZIER Tja, das ist eine sehr interessante Frage, und da sieht man mal, daß der Kamerad mitarbeitet. Wenn das Geschoß runterkommt durch die Anziehungskraft von der Erde... darauf wäre nie die Sprache gekommen, wenn Sie da drüben nicht so undiszipliniert dazwischengequatscht hätten! Sie mit Ihrer Anziehungskraft! In einem ordentlichen Haufen von anständigen Soldaten, da gibt es nur Laden und Sichern! Aber damit ihr seht, daß euer Unteroffizier durch so was nicht ins Bockshorn zu jagen ist, will ich es zu Ende erklären: Also... wenn das Geschoß oben ist und es weiß, daß es in einen See geht, also nicht auf die Erde – das weiß ja jeder von euch, Erde ist kein Wasser, und Wasser ist keine Erde –, dann sieht das so aus ... *beschreibt eine aufsteigende Linie in der Luft* Also das mit dem Wasser, das gehört ja nicht hierher! Wasser und See ist Sache der Marine!

ANONYM

Das Lied von den Lügenlords

In England wohnt ein kleiner Mann,
Der nie die Wahrheit sagen kann.
Er lügt, wenn er den Mund aufmacht,
Dieweil das ganze Ausland lacht.
In England wohnt ein armer Greis,
Wie Reuter zu berichten weiß.
Er ist bekannt im ganzen Land,
Weil er das Einmaleins erfand.
O du alte Lügenhaut! Was sind das für Sachen!
Wenn der Tommy dich durchschaut, hast du nichts zu lachen!

O Lügenlord, o Lügenlord,
Zieh Segel ein, spring über Bord.
Da drunten ist ein Plätzchen frei
Für den ersten Lord von der Seeräuberei.

In England wohnt ein schöner Mann,
Der zieht sich wie ein Mädchen an.
Er ist nicht klug, er ist nicht schlau,
Er ist nur eitel wie ein Pfau.
Dieweil er seine Räder schlägt,
Ein Sturmwind über England weht.
Herr Eden hält mit größter Müh
Den Steifhut und den Parapluie.
O du Männlein ohne Blut! Kriegsminister Eden!
Kraft und echter Mann ist gut – sind dir nicht beschieden!
   Besinne dich, du eitler Geck,
   Dir steht so nichts am richtgen Fleck,
   Du wirst in deinem Amt nicht froh.
   Schul um und werde Gigolo.

In London wohnt Herr Halifax.
Man weiß von ihm: er hat nen Knacks.
Das kommt davon, wenn man die Welt
Für dümmer als sich selber hält.
Er predigt wohl mit frommem Sinn
Und denkt dabei an Kriegsbeginn.
Mit tränenreichem Heuchlerblick
Hetzt er die Völker in den Krieg.
O du alte Lügenhaut! Was sind das für Sachen!
Wenn der Tommy dich durchschaut, hast du nichts zu lachen!
   Drum, alter Freund, nimm dich in acht!
   Das Unglück kommt oft über Nacht,
   Es geht zum Brunnen bis er bricht,
   Der Krug als bis entzwei er bricht.

Zu diesem traurigen Verein
Gehört auch noch Doof Cooperlein.
Er informiert von spät bis früh,
Die Wahrheit aber sagt er nie.
Man freut sich nun in Engeland,

Daß Churchill so nen Schüler fand,
Er dreht gleich ihm mit viel Geschick
Aus jeder Schlappe einen Sieg.
O du alte Lügenhaut! Was sind das für Sachen!
Wenn der Tommy dich durchschaut, hast du nichts zu lachen!
   Doof Cooperlein, du trauriger Wicht,
   Mit solchen Märchen siegt man nicht.
   Was macht das schon! Euch ist es gleich:
   Im Notfall türmt ihr übern Teich.

Und wer führt diese Clique an?
Herr Churchill, dieser Scharlatan.
Er ist Europas böser Geist
Und ist genau so dumm wie dreist.
Aus seinem weißen Angesicht
Nur nackte Angst und Feigheit spricht.
Er weiß genau, jetzt kommt die Zeit,
Wo Schluß ist mit der Herrlichkeit.
Drum, du Oberplutokrat! Mach dich auf die Socken!
Wenn der deutsche Michel naht, bleibt kein Auge trocken.
   Denn ist der böse Feind erst da,
   Zu spät ist's dann für Kanada.
   Dann, Lügen-Churchill, fahre well
   Samt deiner Clique in die Höll!

Der Knobelbecher

Wann ist Frieden in Berlin?

Wenn der Funkturm wieder blinkt
Alles Bohnenkaffee trinkt.
Wir das Trinken und das Rauchen
Nicht mehr kriegsversteuern brauchen
Wenn wir wieder uns bekleiden

Ohne Punkte abzuschneiden
Jedes Auto tankt Benzin
   Dann ist Frieden in Berlin.

Wenn die Frauen ohne Zögern
Wieder wühln in Wollstoff-Lägern
Wenn sie Büstenhalter-Spitzen
Wieder massenhaft besitzen
Wenn sie nicht mehr mit den Reizen,
Weil ein Strumpf gestopft ist, geizen
Wenn sie sich anziehen wie im Magazin
   Dann ist Frieden in Berlin.

Wenn die Bomben nicht mehr fallen
Und die Schüsse nicht mehr knallen
Wenn Kanonenrohre schweigen
Und wir alten Krieger zeigen,
Wie noch unsre Herzen brennen,
Ja, daß wir noch tanzen können
Ja, wenn wir heimwärts ziehn
   Dann ist Frieden in Berlin.

WERNER FINCK

Hurra!

Mich hat noch nichts so sehr verwundert
Wie dieser Krieg. Doch immerhin,
Er spielt nun mal in dem Jahrhundert,
Dem ich als Mensch verpflichtet bin.

Nie fühlte ich mich so geborgen,
Nie so geschützt wie hier im Feld.
Ich brauche mich um nichts zu sorgen,
Sogar der Feind wird mir gestellt.

Es brummt und rommelt hoch im Äther.
Sieh da: Ein ganzes Regiment!
Der kühne Wunschtraum unserer Väter,
Da zieht er hin am Firmament.

Was soll da aus den Feinden werden,
Die halten dem bestimmt nicht stand.
Und Platz wird wieder auf der Erden.
Grüß Gott! Tritt ein, mein Vaterland!

Wolfgang Neuss

Herr Hauptmann, Herr Hauptmann...

Ich will mal erzählen, wie ich hier hergekommen bin.
Ich war draußen, da bin ich verwundet worden.
Das war so:
Herr Hauptmann, rufe ich, Herr Hauptmann!
Ich habe sieben Gefangene!
Sagt der Hauptmann: Ist gut. Bring sie her.
Geht nicht, sag ich. Die halten mich fest.

Dazwischengefunktes
Satire, Prop und Anti-Prop im Ätherkrieg

> Unter sie werden von euch sagen:
> Alles könnte man verstehn,
> Was das Volk in frühern Tagen
> An Gestalten schon ertragen...
> Aber ausgerechnet den?
>
> *Erich Weinert*

Als Reichspropagandaminister Goebbels im Februar 1943 mit seiner berühmt-berüchtigten Sportpalast-Rede den »totalen Krieg« ausrief, forderte er etwas, was längst blutige Realität war. Denn der Zweite Weltkrieg, Anfang September 1939 mit dem deutschen Überfall auf Polen vom Zaun gebrochen, war von Anbeginn an total geführt worden, ein Vielfronten-Krieg, der die deutschen Truppen in alle vier Himmelsrichtungen ausschwärmen und nicht nur zu Lande, zu Wasser und in der Luft kämpfen ließ. Der vierte Kriegsschauplatz wurde auf den Radiowellen eröffnet.

Bereits kurz nach der Machtübernahme im Jahre 1933 verfügten die Nazis über zwei Richtsender für Auslandsprogramme, mit denen sie Hitlers Heilslehre in alle Welt hinausposaunten, zehn Jahre später sind daraus hundert geworden. Das Ausland hat die Botschaften, die da aus dem Dritten Reich in den Äther geschickt wurden, nicht unbeantwortet gelassen. Schon frühzeitig hatte Radio Moskau einen deutschen Dienst eingerichtet, und auch während des spanischen Bürgerkrieges, in dem Nazi-Deutschland mit seiner Legion Condor den Feinden der Republik zu Hilfe kam, wurde auf der Gegenseite über den »Sender 29,8« mit antifaschistischen Parolen, mit Busch-Platten und Brecht-Texten mitgekämpft.

Im September 1938, ein Jahr vor Ausbruch des Zweiten Weltkrieges, nimmt dann die BBC London ihren deutschen Sendedienst auf; aus der Taufe gehoben wird er mit einer ins Deutsche übersetzten Rede von Premierminister Chamberlain, die die britische Regierung, der NS-Propaganda mißtrauend, der deutschen Öffentlichkeit bekanntgeben will. Einer der deutschen Exilanten, der in einer Nacht-und-Nebel-Aktion als Übersetzer ins Londoner Funkhaus geholt wird, ist der österreichische Journalist und Kabarettautor Robert Ehrenzweig. Er wird bald eine wichtige Kampfkraft im Ätherkrieg sein, den die BBC gegen die Nazis führt, um Wehrkraft und Widerstandsmoral des Gegners zu unterminieren.

Die Kriegsvorbereitungen, die auf deutscher Seite ab Mitte der dreißiger Jahre auf Hochtouren laufen, schließen Überlegungen mit ein, wie auf der Ätherwelle mitgesiegt werden kann. Eine Studie des Oberkommandos der Wehrmacht kommt zu dem Schluß: »Die Verächtlichmachung des Gegners ist eine völkerrechtlich erlaubte Kriegslist, wenn dabei auch noch so sehr gelogen und gefälscht wird. Abhilfe ist nur durch Richtigstellung oder besser noch Gegenangriff möglich, wobei natürlich ebenfalls von der Verbreitung von Greuellügen Gebrauch gemacht werden kann.« Auch auf diesem Gebiet bringen es die Nazis, vor allem in der Frühphase der deutschen »Blitzsiege«, zu einer gewissen Meisterschaft. Starfighter des gegen England geführten deutschen Ätherkrieges ist der 1939 nach Berlin geflüchtete britische NS-Sympathisant William Joyce, ein begabter Agitator, der wegen seiner unverwechselbaren Sprechweise »Lord Haw-Haw« genannt wird und bei Millionen englischen Radiohörern ebenso verhaßt wie populär ist. 1940 beklagt die Londoner »Daily Mail« in einer Pressenotiz: »Auf dem Schlachtfeld der Propaganda ist England entschieden geschlagen worden. Die deutschen Sendungen beeinflussen nicht nur die britische Zivilbevölkerung, sondern auch die Streitkräfte.«

In dieser Situation beginnt man bei der BBC, wo bisher allein auf möglichst objektive Berichterstattung gesetzt worden war, umzudenken. Nun folgt man, wenn auch anfangs zögernd, dem Vorschlag von Robert Lucas, die Satire als schweres Geschütz im Propagandakampf in Stellung zu bringen. Im Dezember 1940 wird gewissermaßen ein akustischer Versuchsballon gestartet, wenn man den ersten »Brief des Gefreiten Adolf Hirnschal« über den Londoner Sender in Richtung Deutschland schickt. Dort findet die dem frühen Wiener Kabarett entlehnte Lucas-Figur Millionen heimlicher Hörer und wird rasch so populär, daß sie 1943 sogar als Marionette im kabarettistischen Puppentheater der holländischen Untergrund-Szene auftaucht. Hirnschal, halb Filser, halb Schwejk, der auf naiv-hintersinnige Weise den Wahnwitz faschistischer Endsieg- und Untergangs-Parolen bloßlegt, geht in Serie und ist bis Kriegsende mit fast hundert Briefen an seine »teure Amalia, vielgeliebtes Weib« zu hören. Die zweite populäre Satire-Figur, die zur Kriegszeit trotz Verbot auf deutsche Ohren stößt, ist Bruno Adlers Frau Wernicke, der die bekannte Kabarettistin Annemarie Hase Stimme leiht und Kontur gibt: eine berlinernde »Volksjenossin« mit Schnauze, Grips und Herz, die aus ihrer Gesinnung keinen Hehl macht und sich frisch, frei und frech von der Seele redet, was ihre deutschen Landsleute insgeheim denken.

Daneben gibt es parodistische Glanznummern: Martin Millers Führer-Reden, die, dicht am Original entlang balancierend, selbst in England einige Verwirrung stiften, und Lucie Mannheims aktualisierte Schlager-Versionen wie die von der »Lili Marleen«, jenem Lied, das vom Kabarett aus gestartet, bald dies- und jenseits der Fronten gesungen wird. Als es im April 1943 mit neuem, antifaschistischen Text von der BBC gesendet wird, erkundigt sich der

Moderator nach dem Schicksal der Erstinterpretin Lale Andersen, die wegen angeblichen Spionageverdachts von den Nazis mit Auftrittsverbot belegt worden war. Wenige Wochen später darf die Andersen wieder singen.

Nach dem Erfolg, den solche Satire-Angriffe in der Auseinandersetzung mit der eher platten, witzlosen Goebbels-Propaganda erzielen, gehen auch bald andere Auslandssender dazu über, Kabarettistisches in ihre deutschsprachigen Programme einzubauen. So bringt der Moskauer Rundfunk Satire-Serien um deftig räsonnierende Kabarett-Typen wie Erich Weinerts Frau Künnecke, die »jarnischt jesagt haben« will, Hedda Zinners ewig meckernden Giesecke und Friedrich Wolfs Oberleutnant Zahnlücke. Und über die »Stimme Amerikas« sind so prominente Kabarettisten wie Karl Farkas und Oskar Karlweis zu hören.

Goebbels findet solche Witz-Waffengänge einfach »blöd« und verkennt deren Wirkung auf seine Volksgenossen: »Ironie wirkt nie auf Massen«, glaubt er zu wissen, »ist daher auch nie gute Propaganda.« Aber auch er verläßt sich nicht allein auf die gute Propaganda, sondern kontert auf seine Weise – mit Abhörverbot. Wer in Deutschland während des Krieges einen »Volksempfänger« erwirbt, das im Volksmund als »Goebbels-Schnauze« bekannte Radio, bekommt eine Gebrauchsanweisung besonderer Art gratis dazu: »Denke daran«, ist da zu lesen, »das Abhören ausländischer Sender ist ein Verbrechen gegen die nationale Sicherheit unseres Volkes. Es wird auf Befehl des Führers mit schweren Zuchthausstrafen geahndet.« Und in einem Flugblatt, das »10 Gebote gegen Feindpropaganda« bekanntmacht, ist von »schwer nachprüfbaren Lügen« die Rede; auch fehlt der Hinweis darauf nicht, daß »sich in den Dienst des Feindes« stelle, wer Feindpropaganda höre, lese oder sehe »und sie dann weiterverbreitet«.

Als all diese Warnungen nichts nützen, im Reichsgebiet Millionen deutscher Radiohörer heimlich vor allem den deutschsprachigen Sendungen von BBC London lauschen, werden ab 1941 vom Volksgerichtshof die ersten Todesurteile wegen »Rundfunkverbrechens« verhängt. Im Oktober 1942 wird sogar ein 17jähriger, der Auslandsnachrichten abhörte und weiterverbreitete, als »Hoch-und Landesverräter« hingerichtet. Der Volksmund macht sich bald seinen eigenen Reim auf die Blutjustiz des Dritten Reiches: »Drei kleine Meckerlein, die hörten Radio. Der eine stellte London ein, da waren's nur noch zwo.«

Bertolt Brecht

An die Gleichgeschalteten

Um sein Brot nicht zu verlieren
In den Zeiten zunehmender Unterdrückung
Beschließt mancher, die Wahrheit
Über die Verbrechen des Regimes bei der
Aufrechterhaltung der Ausbeutung
Nicht mehr zu sagen, aber
Auch die Lügen des Regimes nicht zu verbreiten, also
Zwar nichts zu enthüllen, aber
Auch nichts zu beschönigen. Der so Vorgehende
Scheint nur von neuem zu bekräftigen, daß er entschlossen ist
Auch in den Zeiten zunehmender Unterdrückung
Sein Gesicht nicht zu verlieren, aber in Wirklichkeit
Ist er doch nur entschlossen
Sein Brot nicht zu verlieren. Ja, dieser sein Entschluß
Keine Unwahrheit zu sagen, dient ihm dazu, von nun an
Die Wahrheit zu verschweigen. Das kann freilich
Nur eine kleine Zeit durchgeführt werden.
Aber auch zu dieser Zeit
Während sie noch einhergehen in den Ämtern und Redaktionen
In den Laboratorien und auf den Fabrikhöfen als Leute
Aus deren Mund keine Unwahrheit kommt
Beginnt schon ihre Schädlichkeit. Wer mit keiner Wimper zuckt
Beim Anblick blutiger Verbrechen, verleiht ihnen nämlich
Den Anschein des Natürlichen. Er bezeichnet
Die furchtbare Untat als etwas so Unauffälliges wie Regen
Auch so unhinderbar wie Regen. So unterstützt er schon
Durch sein Schweigen die Verbrecher, aber bald
Wird er bemerken, daß er, um sein Brot nicht zu verlieren
Nicht nur die Wahrheit verschweigen, sondern
Die Lüge sagen muß. Nicht ungnädig
Nehmen die Unterdrücker ihn auf, der da bereit ist
Sein Brot nicht zu verlieren.
Er geht nicht einher wie ein Bestochener
Da man ihm ja nichts gegeben, sondern
Nur nichts genommen hat.

Wenn der Lobredner
Aufstehend vom Tisch der Machthaber, sein Maul aufreißt
Und man zwischen seinen Zähnen
Die Reste der Mahlzeit sieht, hört man
Seine Lobrede mit Zweifeln an.
Aber die Lobrede dessen
Der gestern noch geschmäht hat und zum
Siegesmahl nicht geladen war
Ist mehr wert. Er
Ist doch der Freund der Unterdrückten. Sie kennen ihn.
Was er sagt, das ist
Und was er nicht sagt, ist nicht.
Und nun sagt er, es ist
Keine Unterdrückung.
Am besten schickt der Mörder
Den Bruder des Ermordeten
Den er gekauft hat, zu bestätigen
Daß ihm den Bruder
Ein Dachziegel erschlagen hat. Die einfache Lüge freilich
Hilft ihm, der sein Brot nicht verlieren will
Auch nicht lange weiter. Da gibt es zu viele
Seiner Art. Schnell
Gerät er in den unerbittlichen Wettkampf aller derer
Die ihr Brot nicht verlieren wollen:
Es genügt nicht mehr der Wille, zu lügen.
Das Können ist nötig, und die Leidenschaft wird verlangt.
Der Wunsch, das Brot nicht zu verlieren, mischt sich
Mit dem Wunsch, durch besondere Kunst
Dem ungereimtesten Gewäsch
Einen Sinn zu verleihen, das Unsagbare
Dennoch zu sagen.
Dazu kommt, daß er den Unterdrückern
Mehr Lob herbeischleppen muß als jeder andere, denn er
Steht unter dem Verdacht, früher einmal
Die Unterdrückung beleidigt zu haben. So
Werden die Kenner der Wahrheit die wildesten Lügner.
Und das alles geht nur
Bis einer daherkommt und sie doch überführt
Früherer Ehrlichkeit, einstigen Anstands, und dann
Verlieren sie ihr Brot.

Bruno Adler

Frau Wernicke singt uffn Hof

Na, Kinder, da ham wir et ja jeschafft! Da sind wir ja nu glorreich am tausendsten Tag von dem ach so kurzen Blitzkrieg anjelangt. Findet ihr nich ooch, det muß een bißken jefeiert werden mit'n bißken Musike? 'n richtjen Hofsänger habt ihr doch wohl sowieso schon lange nich mehr jehört, wat? *aus dem Radio ertönt die Siegesfanfare der Nazis* Du lieber Jott, jetzt funken mir die Brüder mit ihre Propajanda dazwischen! Hamse sich mal wieder zu Tode jesiegt! *das Radio wird abgeschaltet* Kiek ma eener an, da hat doch eener den Lautsprecher abjedreht! Wat sachste dazu. Det war der Herr Professor. Jajajajaja, Sie da, Herr Professor, im dritten Stock. Na also, da scheinen wir ja mang uns mang zu sein.
Also, denn kann ich ja nu mit meine Feier loslejen. Wer fängt an? Ihr mit'n Sechserrunterschmeißen oder ick mit'n Singen? Na, also laßt ma, Kinder, heute werd ick mal großzüjich sein. Ick singe also, meine Herrschaften, det neue Lied von die SS-Brigaden. Ojenblick ma, Kujo! Du stellst dir jefälligst an de Ecke und stehst Schmiere! Wenn SS kommt, pfeifste, verstehste? Jenau so wie immer: einmal, wenn du Jefahr witterst, zweimal, wenn's brenzlich wird und dreimal jrade wenn die Brüder flott um die Ecke biejen. Also – ick singe Ihnen

> Det Lied von die SS-Brigaden
>
> Wir sind durch die janze Welt marschiert,
> Vons Nordkap bis in de Berberei.
> Wir ham unsere Fahnen mit uns jeführt
> Und Handschellen warn ooch dabei...

Nananana, nu tun Se man nich jleich'n Kopp weg vons Fenster, Sie da im zweiten Stock, wenn ich von Handschellen rede. Is ja man bloß'n Lied, nich?

> ...und Handschellen warn ooch dabei.
> Mit festem Schritt und Tritt –
> Reiße nieder oder reiße mit.
> Det war unser Lied und Schrei:
> Heil Hitler!

Dankeschön, dankeschön, Herr Professor. Aber warten Se man noch'n bißken. Det Lied is noch nich janz zu Ende.

> Wir haben die janze Welt zerfetzt,
> Vorwärts und hinjehaut.
> Wir ham se jebrannt und jespießt und jehetzt
> Und die Weiber, die kreischten laut.

Nana, da jibt's doch nischt zu lachen, wenn Weiber vor Schmerz kreischen!

> ... und die Weiber, die kreischten laut.
> Wir traten alles in den Dreck
> Und marschierten über Leiber weg,
> Und es hat uns vor nischt jegraut.
> Heil Hitler!

Nanu, siehste, nu lacht keener mehr. Na, det is aber noch nich alles, meine Herrschaften, nu kommt noch ne dritte Strophe. Die sing ick aber leise. Det is nämlich unsere Strophe, versteht ihr mir? Unsere Strophe!

> Wir sind von der janzen Welt jehaßt
> Am tausendsten Tag des Kriegs.
> Die Hoffnung auf Sieg ist langsam verblaßt
> Am tausendsten Tag des Kriegs...

es pfeift. Sie verstummt.

BERTOLT BRECHT

Mies und Meck

Ham Se jehört; wir sind fertig! – Sagen Se det nich so laut! – Warum soll ick det nich laut sagen, det wir fertig in Deutschland sind, total fertig. Mit die Aufrüstung. Det hat een schön Batzen jekostet. Milljarden. Und nu sind wir fertig. Total. Wo wir jetzt hinschlagen, da wächst keen Gras mehr. Nich, daß wir hinschlagen, wo keen Gras mehr wächst, is Österreich etwa keen schönes

Land nich, was wir ... haben? Redn Se mir nich von Jewalt. – Wenn Se so kräftig uff die Brust sind, det keener wagt und beleidigt Se, denn könn Se wieder janz freundlich sin. Und denn sind Se sojar beliebt, sind Se jradezu. – Ick kann Se sagen, wo zum Beispiel Willem, der Dreher aus de Pankower Allee, mitwar, wenn die mal, der mit die zwee Fäuste wie Dampfhämmer, da jabs nie een Skandal nich. Alle Gläser konnten Se da zusammenschlagen, wenn Se den mithatten, und da war immer noch paradiesischer Frieden. Weil er so stark war. Wenn se den nich hinter Schloß und Riejel jesetzt hätten, hätt er Karrjere jemacht. Aber det jing natürlich nich uff die Dauer. Een Skandal war det.
– Da könn Se, mit een freundlichet Lächeln, jehn Se in Zijarrnladen und nehm sich, wat Se so brauchen könn, meinen Se, da fragt eener nach de Bezahlung, wenn Se stark uff die Brust sind? Und det is die Berechnung von Führer. – Een schönen Tag sagt er janz jemütlich: Und nu langt mir mal die Ukraine rieber, und wenn ihr nich friedlich seid und macht Menkenke, denn roochts. – Und denn roochts ooch wirklich! Und wenn't wieder vier Jahre dauert und wir Jras fressen müssen. Wat solln wa schon machen, wenn se nich friedlich jesonn sind?

KARL FARKAS

Grüß Gott, Herr Hinz! Grüß Gott ...

Heil allerseits, Heil meinerseits,
Aus diesem Heil wächst das Unheil bereits.
Grüß Gott, Herr Hinz!
Grüß Gott, Herr Kunz!
Lassen Sie hörn, was gibt's Neues bei uns?

Lippen schweigen, Kämpfer schweigen, Meinung schweigt,
Nichts als Zeitung,
Die die Leitung
Selbst erzeugt.

Nicht ein Auslandssender,
Nicht ein Wort, das wahr.
Ja, so läßt sich herrlich siegen
Jahr für Jahr.
Was erzählt der Goebbels, der Kleine, stündlich, tagaus, tagein?
Lügen haben kurze Beine, und er hat ein kurzes Bein.
Er lügt ja wie gedruckt, und er druckt, was er lügt,
Manch armer Schlucker schluckt und denkt nur mißvergnügt:
Nein, was dieser Goebbels erzählt,
Das hat uns noch grad gefehlt!

Ein Tapezierer,
Ein Stimmungsführer,
Ein Profitierer –
Sind die drei, die Deutschland regiern.
Drei wilde Tiere – na, gratuliere!
Diese unbeschreiblich wilde Trilogie
Kommandiert das Leben heute spät und früh,
Durch die drei Musketiere
Wird ganz Deutschland zur Travestie.

Die Menschen gehn dreiviertelnackt,
Sind ausgesaugt und ausgesackt,
So sieht man selbst in Sonntagstracht,
Woraus sie ist gemacht:
Ein Viertel Zellstoff, ein Viertel Papier,
Ein Viertel Holz und kein Futter dafür,
Das ist die Tracht der Niedertracht,
Die direkt fürs Reich nur gemacht.

Drum wolln wir nichts mehr wissen
Von diesen gewissen
Herren, die uns kommandieren, massakrieren –
Schluß! Wir haun auf die Trommel,
Und der Schlag von Rommel
Ist uns ganz egal.
Wir wollen leben ohne Zittern vor dem Streich,
Wir wollen endlich schonen uns fürs vierte Reich.
Kameraden! Keine Gnaden!
Drohn mit Schwaden Berchtesgaden!
Fort mit Schaden! – Heil!

Martin Miller

Kometenlied 1941

Sie ahnen nicht, wie sich die Wienerstadt
In die drei letzten Jahr verändert hat.
Das ganze Volk beherrscht ein neuer Geist,
Der nordisch ist und deshalb Baldur heißt.
Die Fiaker fragen jeden Tag am Stand:
»Euer Gnaden, fahr ma gegen Engeland?«
In Grinzing ist der Rebenduft verweht –
Man trinkt jetzt dort aus Wotans Hörnern Met.
Ja, das ist halt die Ostmark,
Und die wird ewig stehn,
Und für sie darf der Wiener
Schon heut untergehn.
Wien wird immer größer,
Das is doch kein Wahn.
Der Zentralfriedhof reicht jetzt schon bis zum Balkan.
Ja da wird ein'm ja angst und bang –
Das Wien steht auf kan Fall mehr lang lang lang lang lang lang
Das Wien steht auf kan Fall mehr lang lang lang lang lang lang
Das Wien steht auf kan Fall mehr lang.

Die Sterne stehn jetzt alle stramm. Habt acht!
Am Himmel hat der Himmler Ordnung gmacht.
Der Schütz und Zwilling san schon eingerückt,
Die Jungfrau ham s' zum Arbeitsdienst verschickt.
Der Mars wird eingesperrt als Pazifist,
Weil er dem Hitler viel zu friedlich ist.
Doch wenn sie selbst den Himmel annektiern,
Auf Erden müssen sie den Krieg verliern.
Sie lügen und siegen
Zwar noch wie zuvor,
Doch es kracht im Gemäuer,
Das hört jedes Ohr.
Sie rufen »Heil Hitler«,
Aber denken voll Graus:
Ein drittes Jahr Blitzkrieg, wer halt denn das aus.

Da wird ein'm ja angst und bang –
Die Welt steht auf kan Fall mehr lang lang lang lang lang lang
Die Welt steht auf kan Fall mehr lang lang lang lang lang lang
Die Welt steht auf kan Fall mehr lang.

Auch sonst gschieht manches heut am Firmament,
Was ich als Astrologe deuten könnt.
Der Kastor ist jetzt ganz für sich allein,
Weil der Pollux soll nach England gflogen sein.
Es ist ein Wunder, daß ihm das geglückt,
Denn wie man meldet, war er längst verrückt.
Den großen Bären holt man her im Lauf –
Der Goebbels bindet ihn den deutschen Hörern auf.
Er sagt, die Affair,
Ach die wiegt gar nicht schwer,
Und jetzt ist sie vorüber,
Drum fragn s' doch nicht mehr.
Er droht, und er bittet,
Und er winselt, und er schreit –
Doch die deutschen Hörer sind störrisch zur Zeit.
Und ein jeder fragt voller Intress:
Sagn s' a mal, was is eigentlich mit dem Heß
Ja sagn s', was is nur mit dem Heß Heß Heß Heß Heß
Ja sagn s', was is mit dem Heß?

Bruno Adler

Frau Wernicke und der Feindsender

Nu mal los, meine Damen, machen Se ma 'n bißken dalli: einstecken, umschlagen, durchziehen, abstecken, so wie wir jesacht ham, als wa noch im Flügelkleide jingen. Fix, fix, Kinder, sonst jeht det Jahr zu Ende, und wir sitzen da mit unsere Pulswärmer und wissen nich wozu. Denn für dieses Jahr hat er uns doch det Ende von die janze Siejerei vasprochen, und an Führerworte is bekannt-

lich nich zu tippen. Also ma rin inne Kartoffeln, wo wir nich haben, oder rin inne Wolle, wo wir ooch nich haben.
Nee, nee, da will ick nischt von wissen, Kinder, nee, det Radio dreh ick nich an! Nee, nee, nischt zu machen! Wie leicht drehste da 'n bißken zu weit und hastenichjesehn biste 'n Volksschädling! Aber wat denn, wat denn, ihr wißt doch: unser lieber kleener Doktor hat det doch nich jerne.
Nu sag doch bloß nich sonne Sachen! Wat für die Engländer erlaubt is, kann uns ooch nich schaden? Der Doktor hat et uns doch auseinanderjepölkt, warum et denen nischt tut, wenn se die ausländischen Sender hörn: weil se nämlich national jeeint sind! Wir haben een Reich, een Volk, een Führer, aber det jenügt eben nich für de nationale Einheit! Is doch klar wie Kloßbrühe, wa?
Ick saje euch, Kinder, jiepert bloß nich so nach'n Londoner Rundfunk! Wat habt ihr denn schon von, wenn ihr immerfort hört, wieviele wieder in Norwegen erschossen, in Prag uffjehängt und in Frankreich injelocht worden sind! Wat ist denn schon dabei, wenn sie jeden Tag 'n Haufen Leute umbringen, die nischt dafür können! Geiseln heißt det inne Sprache von totalen Krieg. Und ick erinner mir dunkel, det wir inne Schule wat jehört ham darüber von de Hunnen. Weeßt de noch, Jrete?
Wat, da findste wat bei? Nu mach dir ma bloß keen Fleck! Hast wohl janz vajessen, daß wir mitten drin sind, 'ne neue Kultur über det jeeinte Europa zu verhängen! Wem det nich paßt, der wird eben umjelegt!!
Ick kann bloß sajen, et lohnt sich jarnich, det Hinhören. Stelln Se sich bloß vor, Frau Vosswinkel, Ihr Otto wär bei de Marine und Se hätten schon 'ne janze Zeitlang keen Sterbenswörtchen jehört von ihm und Se denken schon det Schlimmste, und eines Tages kriejen Se aus'n Londoner Rundfunk die jute Nachricht, det Allerschlimmste zu hören: Frau Vosswinkel in Berlin, Frankfurter Allee, Frau Vosswinkel, Ihr Sohn Otto, Matrosenjefreiter, is Kriegsjefangener!
Nee, nee, nee, Kinder, ick laß mir von euch nich de Würmer aus'e Neese ziehn. Ick werd mir hüten und euch sajen, wat ihr sonst noch hören könnt! Wenn eener jloobt, er hat seine Ohren zu hören, denn isser 'n Volksschädling. Und'n doppelter und dreifacher Volksschädling, wenn er denkt, er hat Augen, um zu sehen, und 'n Mund, um zu sprechen!
Der ideale Volksjenosse ist taub, blind und stumm! Wiederhörn!

ANONYM

Lili Marleen 1943

Ich muß heut an Dich schreiben,
Mir ist das Herz so schwer.
Ich muß zuhause bleiben
Und lieb Dich doch so sehr.
Du sagst, Du tust nur deine Pflicht,
Doch trösten kann mich das ja nicht,
Ich wart an der Laterne –
                Deine Lili Marleen

Was ich still hier leide,
Weiß nur der Mond und ich.
Einst schien er auf uns beide,
Nun scheint er nur auf mich.
Mein Herz tut mir so bitter weh,
Wenn ich an der Laterne steh
Mit meinem eignen Schatten –
                Deine Lili Marleen

Vielleicht fällst du in Rußland,
Vielleicht in Afrika.
Doch irgendwo da fällst Du,
So wills Dein Führer ja.
Und wenn wir doch uns wiedersehn,
O möge die Laterne stehn
In einem andern Deutschland –
                Deine Lili Marleen

Der Führer ist ein Schinder,
Das sehn wir hier genau.
Zu Waisen macht er Kinder,
Zur Witwe jede Frau.
Und wer an allem schuld ist, den
Will ich an der Laterne sehn,
Hängt ihn an die Laterne!
                Deine Lili Marleen

MARGUERITE WOLFF

Wir fahren immer hin und her

Wieder mal, wieder mal, in der ollen Eisenbahn,
Und es riecht so nach Krieg und nach ekelhaftem Tran,
Und die Bahn, sie schaukelt zum Verrecken,
Und wer weiß denn, wo wir morgen stecken?
Alles fremd, alles feind, und man hört kein deutsches Wort,
Ja, warum und wozu mußten wir von Deutschland fort
Nach dem Osten, Norden oder Westen,
Denn zu Hause hat man's doch am besten?
   Wir sind von Hof und Herd verbannt
   Und rollen nur von Land zu Land.
   Wir fahren immer hin und her,
   Wir haben keine Heimat mehr.

Keine Rast, keine Ruh und ein Leben wie ein Tier,
Und es schmeckt niemals gut, und es gibt kein deutsches Bier.
Hol's der Teufel! Schinderei und Plage,
Und das ewige Geschiebe und Gejage.
Heimatland, Heimatland, raff dich auf und hol uns ran.
»Hoffnungslos, hoffnungslos«, knarrt die olle Eisenbahn.
Und wir kämen heim nur gar zu gerne,
Doch sie trägt uns weiter in die Ferne.
   Wir sind von Hof und Herd verbannt ...

BERTOLT BRECHT

Das Lied vom Weib des Nazisoldaten

Und was bekam des Soldaten Weib
Aus der alten Hauptstadt Prag?
Aus Prag bekam sie die Stöckelschuh.
Einen Gruß und dazu die Stöckelschuh
Das bekam sie aus der Stadt Prag.

Und was bekam des Soldaten Weib
Aus Warschau am Weichselstrand?
Aus Warschau bekam sie das leinene Hemd
So bunt und so fremd, ein polnisches Hemd!
Das bekam sie vom Weichselstrand.

Und was bekam des Soldaten Weib
Aus Oslo über dem Sund?
Aus Oslo bekam sie das Kräglein aus Pelz.
Hoffentlich gefällts, das Kräglein aus Pelz!
Das bekam sie aus Oslo am Sund.

Und was bekam des Soldaten Weib
Aus dem reichen Rotterdam?
Aus Rotterdam bekam sie den Hut.
Und er steht ihr gut, der holländische Hut.
Den bekam sie aus Rotterdam.

Und was bekam des Soldaten Weib
Aus Brüssel im belgischen Land?
Aus Brüssel bekam sie die seltenen Spitzen.
Ach, das zu besitzen, so seltene Spitzen!
Die bekam sie aus belgischem Land.

Und was bekam des Soldaten Weib
Aus der Lichterstadt Paris?
Aus Paris bekam sie das seidene Kleid.
Zu der Nachbarin Neid das seidene Kleid
Das bekam sie aus Paris.

Und was bekam des Soldaten Weib
Aus dem libyschen Tripolis?
Aus Tripolis bekam sie das Kettchen.
Das Amulettchen am kupfernen Kettchen
Das bekam sie aus Tripolis.

Und was bekam des Soldaten Weib
Aus dem weiten Russenland?
Aus Rußland bekam sie den Witwenschleier.
Zu der Totenfeier den Witwenschleier
Das bekam sie aus Rußland.

Robert Lucas

Brief des Gefreiten Adolf Hirnschal

Teure Amalia, vielgeliebtes Weib!
Teile Dir mit, daß der Jaschke und ich seit einer Woche auf der Suche nach unserem Regiment sind; werde dir erklären wieso: Also, begonnen hat es in Warschau am 8. November, und ich sitze in der Kantine und spiele gerade eine Partie Schafskopf, da heißt es auf einmal im Rundfunk, die Rede unseres geliebten Führers wird in einer Stunde übertragen werden. Im nächsten Augenblick aber stürzt der Jaschke herein und brüllt: »Hirnschal!« schreit er, »in einer Stunde müssen wir an der Bahn sein! Wir gehen wieder an die Front!« »An welche Front, Jaschke?« frag ich, und er sagt: »Ostfront, Hirnschal!« Am Bahnhof brüllt uns ein Hauptmann an: »Sie sind abkommandiert als Geleitmannschaft mit Munitionszug. Nach Ankunft schließen Sie sich sofort Ihrem Regiment an.« Und fünf Minuten später sind wir schon gefahren.
Da war ein Feldwebel aus Hamborn – Altmarkt mit uns im Waggon, der wo Straube geheißen hat, und im nächsten Waggon waren ein paar von der SS, und auf einmal sage ich: »So ein Pech, jetzt haben wir die Rede von unserem geliebten Führer versäumt.« Aber der Jaschke meint: »Was wird er denn schon gesagt haben, Hirnschal!«
Da werde ich ganz wütend und sage: »Ich weiß genau was unser geliebter Führer gesagt hat, Jaschke! Ich wette, daß er alle Fragen beantwortet hat, die wo jetzt vom ganzen deutschen Volk an ihn gestellt werden. Erstens: wie wir die russische Offensive aufhalten werden; zweitens: wie die deutschen Städte vor den britischen Luftangriffen geschützt werden sollen; drittens: wann der Krieg zu Ende sein wird.« Darauf meint der Feldwebel Straube, wenn der Zug stehen bleibt, wird er mal hinüber in den nächsten Waggon gehen, wo die Kerle von der SS einen Lautsprecher haben und hören, was der Führer wirklich gesagt hat.
Im nächsten Augenblick bleibt der Zug mit einem Ruck mitten auf einer Brücke stehen. Der Straube klettert heraus, aber er kommt gleich wieder zurück und sagt: »Jungens!« sagt er ganz atemlos, »wißt ihr, wann der Krieg zu Ende ist? Der Führer hat es gesagt: Fünf Minuten nach zwölf.« Darauf sieht der Jaschke ganz verklärt

drein und sagt: »Hirnschal,« sagt er, »auf meiner Uhr ist es schon 11 Uhr 15.« So sag ich dem Straube, er soll mal genau wiederholen, was der Führer gesagt hat, und er wiederholt: »Niemals werden wir in den Fehler von 1918 verfallen, nämlich eine Viertelstunde vor 12 Uhr die Waffen niederzulegen. Diesmal wird Deutschland erst fünf Minuten nach zwölf die Waffen niederlegen.« Und dann sagt der Straube, auf seiner Uhr is es schon 11 Uhr 37, und die Uhr von Jaschke geht zu langsam.
Gerade wie ich zu erklären beginne, daß unser geliebter Führer das nur symbolisch gemeint hat, klettert ein SS-Oberscharführer zu uns in den Waggon und sagt, wir können nicht weiter, weil russische Partisanen die Schienen aufgerissen haben. So sagt der Straube, er muß genau herausfinden, was los ist, und springt vom Waggon.
Der Jaschke fragt mich: »Also was heißt es denn, Hirnschal, eine Viertelstunde vor zwölf und fünf Minuten nach zwölf?« So erkläre ich ihm: »1918 haben Ludendorff und Hindenburg erkannt, daß Deutschland sofort Schluß mit dem Krieg machen muß, sonst gibt es eine ›furchtbare Katastrophe‹, so hat also Deutschland eine Viertelstunde vor zwölf die Waffen niedergelegt, denn zwölf Uhr, das wäre die Katastrophe gewesen.« Da fragt der Jaschke: »Ja, zum Teufel, warum sollen wir denn dann diesmal bis fünf Minuten nach zwölf kämpfen?«
Aber, bevor ich noch antworten kann, klettert der Straube wieder zurück in den Waggon, und er ist leichenblaß und sagt: »Sie haben einen Partisanen gefangen, und er hat gestanden, daß die Bolschewiken eine Zeitbombe unter die Brücke gelegt haben. Punkt zwölf fliegt die Brücke mit dem Zug in die Luft.«
Da brüllt der SS-Oberscharführer in den Waggon: »Wer den Zug verläßt, wird erschossen!« Der Straube ächzt vor Aufregung: »Mensch,« sagt er, »der ganze Zug ist voll Dynamit. Jetzt sind's nur noch fünf Minuten bis zwölf.« Und der Jaschke sagt: »Vielleicht geht doch meine Uhr richtig. Ich habe erst 11 Uhr 16.« So frag ich den SS-Mann: »Wieviel ist's denn bei Ihnen, Herr Oberscharführer?« Aber er antwortet: »Meine Uhr steht!« Darauf sage ich: »Das ist sehr unangenehm, wenn man nicht weiß, wie spät es ist.« Und der Jaschke fängt mit einem Mal zu zittern an: »Wenn die Geschichte um 12 losgeht – ist das eigentlich nach russischer Zeit oder nach deutscher Zeit?« Darauf stöhnt wieder der Straube: »Drei Minuten vor zwölf.« Da krieg ich ein sehr unangenehmes

Gefühl im Magen und sage: »Am Ende geht die Uhr von den russischen Partisanen vor, nach der wo sie die Zeitbombe eingestellt haben.« Aber der SS-Mann brüllt: »Wer die Nerven verliert, wird erschossen. Wir bleiben hier bis fünf Minuten nach zwölf. Wir glauben an den Führer.«

Aber in diesem Augenblick schlägt ihm der Straube seinen Gewehrkolben über den Schädel, und schon sind wir aus dem Zug draußen und rasen über die Brücke, und wir sind gerade über die Böschung, da fliegt der ganze verdammte Munitionszug in die Luft.

Und in diesem Sinne, mein vielgeliebtes Weib, grüßt und küßt Dich
Dein Dich liebender
Adolf
Gefreiter in Rußland

Bruno Adler

Kurt und Willi

Willi	Heil Hitler, Kurt!
Kurt	'nabend, Willi. Nimm Platz. Ich bin gleich fertig.
Willi	Was machtst'n da? Ne Landkarte? Studierst wohl die Lage?
Kurt	Jawoll. Die Niederlage.
Willi	Sogar bunte Fähnchen, sieh mal einer an. Rußland, England, Amerika ... Wo, wo ist denn unsere Fahne?
Kurt	Na hier. Siehste nicht?
Willi	Ach so. Die weißen Fähnchen.
Kurt	Natürlich. Das ist unsere Fahne.
Willi	Oller Defätist. Wenn's nach dir ginge, würde sich jede Stadt ohne einen Schuß ergeben.
Kurt	Ja, und wenn's nach euch ginge, ließe sich jede Stadt erst in Klump schießen, ehe sie sich doch ergeben muß.
Willi	Ein Glück, Kurt, daß die Berliner nicht solche Patrioten sind wie du. Die buddeln auf Deibelkommraus, wie die Verrückten.

Kurt	Aber ganz übergeschnappt sind sie doch noch nicht. Die haben genau ausgerechnet, wie lange die Russen brauchen, um unsere Barrikaden und Panzerfallen zu nehmen.
Willi	Und wie lange soll das dauern?
Kurt	Zwei Stunden und drei Minuten.
Willi	Zwei Stunden, drei Minuten? Was soll das heißen?
Kurt	Na, ganz einfach: Zwei Stunden werden sich die russischen Panzermannschaften vor Lachen den Bauch halten, wenn die die Hindernisse sehen, und in drei Minuten werden sie mit ihnen fertig sein.

Martin Miller

Der Führer spricht

Eine Hitler-Parodie

Parteigenossen, Männer und Frauen des deutschen Reichstags! Als im Jahre 1492 der Spanier Christoph Columbus, gestützt auf die Erfahrungen deutscher Gelehrter und unterstützt von deutschen Apparaten und Instrumenten, seine nunmehr bekannt gewordene Fahrt über den weiten Ozean unternahm, konnte kein Zweifel darüber bestehen, daß bei einem Gelingen dieses gewiß gewagten Unternehmens Deutschland teilhaben müßte an den Errungenschaften, die diese Entdeckungsfahrt zeitigen sollte.
Erlassen Sie es mir bitte, die Geschichte Amerikas vor Ihnen zu entwickeln, aber seien Sie versichert, daß diese Geschichte mich schon zu einem Zeitpunkt interessiert hat, da ich als unbekannter Architekt in Wien die Werke des Dichters Karl May studiert habe. Studiert habe vom Standpunkt des deutschen Volkes. *Rufe: »Wir danken unserem Führer!«*
Allein, die Beziehungen Europas zu den Vereinigten Staaten von Nordamerika wurden in den Kriegsjahren 1914 bis 18 immer enger und enger. Allein wir können uns nicht verhehlen, daß der damalige Präsident der Vereinigten Staaten, Woodrow Wilson, immer

mehr und mehr unter den Einfluß der englischen Diplomatie geriet. *Pfui!-Rufe* Herr Churchill, Herr Duff Cooper, aber nicht minder Herr Beneš, haben es verstanden, den weltfremden Herrn zu dem Eingreifen Amerikas in den Krieg an der Seite der Entente zu veranlassen. Ich konnte ihn nicht vom Gegenteil überzeugen, denn während diese Herren im Weltkrieg in den vornehmen Restaurants des Broadway saßen, stand ich vier Jahre lang als einfacher Soldat ununterbrochen an der Front. *Rufe: Bravo! Heil!* Seit dem Jahre 1492, also beinahe 450 Jahre, habe ich geschwiegen und geschwiegen und diese Probleme im Interesse des Friedens unberührt gelassen. Aber nun ist meine Geduld zu Ende. *Bravo!* –
Im Jahre 1920 entschloß ich mich, Politiker zu werden, und ich hatte seither nur ein Ziel vor Augen und nur an einem Ziel gearbeitet: das war die endgültige Befreiung des deutschen Volkes. Kein Opfer meines Volkes war mir je zu groß, und es ist eine unbestrittene und unbestreitbare geschichtliche Tatsache, daß niemand vor mir deutsches Blut deutschem Boden in so gewaltigem Maße zugeführt hat wie ich. Ich nenne als stolze Daten in diesem einmaligen Befreiungskampf der Weltgeschichte die Wiederbesetzung der Rheinlandzone, die begeisterte Abstimmung im Saargebiet, den mit der überwältigenden Mehrheit von 99 Prozent der Stimmen begrüßten Anschluß Österreichs, die vielumjubelte Befreiung des Sudetenlandes, unser segensreiches Wirken im Protektorat und unsere freundschaftliche Aktion für das polnische Volk.
Ich erkläre ein für alle Mal, daß damit meine territorialen Forderungen in Europa erfüllt sind, und ich stelle nunmehr Forderungen maritimer Natur. Das amerikanische Volk ist groß. Ein großes Volk will leben. Amerika braucht einen Zugang zum Meer. Das habe ich nie bestritten, weder in einer Rede, noch in einer Zeile meines Buches, und ich erkläre es mit allem feierlichen Nachdruck. Aber es leben in diesem Gebiet Volksgruppen, abgeschnitten von ihrer ehemaligen Heimat, mit der sie enge Bande völkischer Gefühle verbinden. Es leben in Amerika, abgesehen von den Millionen deutscher Volksgenossen, allein in Chikago 324 000 Tschechen, und die fragen sich immer und immer wieder: »Warum können wir denn nicht unter das Protektorat kommen, wo wir doch Tschechen sind?« Es leben in der bekannten Stadt Neu York 476 000 Polen, von denen rund 40 von hundert jenem Teil Polens entstammen, der dank unserer Vereinbarung mit der sowjet-russischen Regierung an das Großdeutsche Reich gefallen ist. Alle diese

Volksgruppen sehen begreiflicherweise im Großdeutschen Reich ihre Heimat, und sie haben auch berechtigten Anspruch auf den Schutz dieser Heimat, und diesen Schutz wollen wir ihnen gewähren, und zwar nicht nur theoretisch, sondern auch praktisch.
Ich werde dieses Amerika im Zuge der Wiedervereinigung mit dem Altreich in einen blühenden Garten verwandeln und bin mir hierbei meiner kulturellen sowohl als auch architektonischen Sendung sehr bewußt. Die heute noch belanglose Hafenstadt Neu York soll endlich dem Welthandel erschlossen werden, Sonnen- um Sonnenkratzer soll erstehen und die dem heutigen Zeitgeist nicht mehr Rechnung tragenden kleinen Bauten abgeschafft werden, und daß hierbei auch die verkehrsstörende Freiheitsstatue zum alten Eisen geworfen wird, darauf können Sie sich verlassen. Stadtbild und Gangstertum sollen fortan mein Gesicht tragen!
Herr Roosevelt, Herr Cordell Hull, und auch Herr Laguardia mögen zur Kenntnis nehmen, daß es mein unerschütterlicher Wille ist, den mir von der Vorsehung bestimmten Stuhl im Weißen Haus einzunehmen und es damit zum Braunen Hause zu machen, so oder so, so wahr ich Gott helfe! *Rufe: Bravo! Sieg Heil!*

Erich Weinert

Der Führer

Deutsches Volkslied

Manch gekrönter Abenteurer
Hat in Deutschland schon regiert,
Manche polternden Erneurer
Haben uns schon angeführt.
Viel war nie davon zu halten;
Doch man konnt es noch verstehn:
Diese, auch als Staatsgewalten,
Waren immerhin Gestalten –
    Aber ausgerechnet den?

Wär nun in der Zeit der Krise
Irgendeiner aufgetaucht,
Ein Prophet, ein Kerl, ein Riese,
Wie die rauhe Zeit ihn braucht,
Gleich als Tempelstürmer kenntlich,
Ein Rebell, ein Phänomen,
Wo die Menge ruft: na endlich,
Alles wäre noch verständlich –
   Aber ausgerechnet den?

Diesen Hindenburgumschwänzler,
Diesen tristen Hampelmann,
Diesen faden Temperenzler,
Der's nicht mal mit Weibern kann,
Diesen Selterwassergötzen,
Dies Friseurmodell auf schön,
Davon laßt ihr euch beschwätzen?
Und man fragt sich mit Entsetzen:
   Aber ausgerechnet den?

Später einmal unsre Kinder
Sehn ihn im Panoptikum.
Um den ausgestopften Schinder
Stehn sie dann verwundert rum.
Und sie werden von euch sagen:
Alles könnte man verstehn,
Was das Volk in frühern Tagen
An Gestalten schon ertragen...
   Aber ausgerechnet den?

Auf Leben und Tod
Gesänge hinter Gittern

*Wenn man bis zum Halse im Dreck sitzt,
was hat man da noch zu zwitschern?*

Bühne Lager Westerbork

Die Szenerie ist makaber. Im Wilnaer Ghetto, wo Zehntausende von Juden, auf engstem Raum zusammengetrieben und von der SS bewacht, in der ständigen Angst leben, abtransportiert und liquidiert zu werden, sind kabarettistische Lieder zu hören: »Wir lebn ejbig, ess brent a Welt...« Die Männer in den schwarzen Totenkopf-Uniformen zeigen sich amüsiert, einige Häftlinge wenden sich ab, andere klatschen und summen mit. Auf der Bühne wird ein Transparent entrollt. »Auf dem Friedhof spielt man kein Theater«, steht da zu lesen.

Die Theaterszene stammt aus dem Stück »Ghetto« des israelischen Autors Joshua Sobol und war Mitte der achtziger Jahre auf westdeutschen Bühnen zu besichtigen. Aber es ist keine Fiktion, die da über die Rampe gebracht wurde, sondern die nachgespielte grausige Wirklichkeit des Jahres 1943. Und Wilna war überall: so oder ähnlich wurde in Ghettos, Internierungs-Camps und Konzentrationslagern Kabarett gemacht, in Dachau und Theresienstadt, in Buchenwald und Sachsenhausen, in Mauthausen und Westerbork, in Börgermoor und Esterwegen, in Villemalard, in Le Vernet und Gurs. Kabarett als Stimmungsdroge, um die Todgeweihten ruhig zu halten, war von den Wachmannschaften erst geduldet, später verordnet worden; Kabarett als Überlebenschance, als Mutzuspruch und Widerstandsgestus, von Meistern ihres Faches dargeboten, blieb bis zum bitteren Ende auf dem Programm. Kaum einer von denen, die noch unterm Galgen um ein Lächeln kämpften, überlebte. »In einer zeitlich unbegrenzten Haft, deren ausschließlicher Zweck die psychische und physische Vernichtung Tausender von Menschen ist, wird die Flucht in die Bewußtlosigkeit zur größten Gefahr«, heißt es in einem Häftlingsbericht. »So betrachtet waren die Veranstaltungen ein wertvoller Bestandteil des inneren Widerstandes, und es ist keine Übertreibung, wenn gesagt wird, daß mit ihrer Hilfe vielen Menschen das Leben gerettet wurde.«

Karl Röder, von dem diese Sätze stammen, weiß worüber er spricht. Er, der elf Jahre in NS-Gewahrsam verbrachte, wird im Juni 1943 Zeuge eines gespenstisch-schauerlichen Spektakels, das zwei Freunde von ihm, der Schriftsteller Rudolf Kalmar und der Schauspieler und Regisseur Erwin Geschonneck, im Konzentrationslager Dachau in Szene setzen: »Die Blutnacht auf dem Schreckenstein«, eine Kalauer-Klamotte und nur notdürftig chiffrierte Satire auf Hitler, die von den Lager-Häftlingen unter den Augen der SS-Bewacher an sechs Wochenenden zum umjubelten Theatererfolg geführt wurde.

Schon vor der »Blutnacht« hat es in Dachau kabarettistische Darbietungen gegeben, so in der Silvesternacht 1940/41, in der Altmeister Fritz Grünbaum, schon vom Tode gezeichnet, noch einmal conferierte. Karl Schnog, der Kollege, hat ihn dort erlebt: »Es war wie ein Wunder. Der zermürbte kleine Mann lebte auf, wurde temperamentvoll und witzig wie einst und sprach, spielte, sprudelte seine Vers-Scherzchen. Dann ... fiel er wieder in sich zusammen.« Scherz, Satire, Ironie mit und ohne tiefere Bedeutung als Selbsttherapie? Witz als Widerstand?

Die Frage, ob man auf dem Friedhof Theater spielen dürfe oder nicht, bleibt bis zuletzt unbeantwortet. Sie spitzt sich in dem Maße zu, wie weitergespielt wird, wie die Hoffnung sinkt, die Verzweiflung zunimmt, der Ablenkungscharakter kabarettistischer Ghetto-Kleinkunst immer offenbarer wird und das Spiel selbst immer professionellere Formen annimmt. »Wir sitzen hier alle bis zum Halse im Dreck«, notiert sich der holländische Journalist Philip Mechanicus 1943 in sein Tagebuch, »und trotzdem trillert man. Psychologisches Rätsel. Operettenmusik an einem geöffneten Grab ... Unter Witzen blasen wir Halali.« Die bitteren Sätze beziehen sich auf das derzeit »sicher beste und professionellste Kabarett Europas«, die *Bühne Lager Westerbork*, die auf Anregung des SS-Kommandanten Gemmeker Ende 1942 im Konzentrationslager Westerbork eingerichtet wird. Auf den Bühnenbrettern, die aus dem Holz einer geplünderten Synagoge zusammengezimmert werden, stehen viele Prominente der Berliner Kabarett-Szene, darunter Conferencier Max Ehrlich, der die Lager-Revuen inszeniert, und Willy Rosen, der für sie als Texter, Komponist und Pianist tätig ist.

Einige von ihnen, so auch Ehrlich und Rosen, wissen, was es heißt, mit der Angst im Nacken Launiges von sich zu geben: Sie hatten unter SS-Bewachung im Berliner Ghetto des Jüdischen Kulturbundes noch bis 1939 Kleinkunstabende veranstaltet, wenig später, ins rettende Holland geflüchtet, waren sie von den deutschen Truppen überrascht worden und spielten, wiederum unter Nazi-Aufsicht, in der Amsterdamer *Joodschen Schouwburg* Kabarett-Revuen des *Jüdischen Kleinkunst-Ensembles*. Nun, in Westerbork, sind sie wie ihre Mithäftlinge von jenen Todestransporten in Richtung Auschwitz bedroht, über die sie sich und andere mit

Scherz, Witz, Ironie und gutgemeinter Laune hinweglügen – solange sie auf der Bühne stehen, gebraucht werden, hoffen sie, nicht auf der Liste zu stehen. Daß es nur eine Galgenfrist ist, ist den meisten Kabarettisten bewußt. Sie nutzen sie, wie im Juni 1944, mit einer »grotesken Kabarettschau«, für die sie den Titel »Total verrückt!« wählen. Im Programmheft heißt es zu einer parodistischen Musiknummer: »Ach, wir sind meschugge – jetzt spielen wir Ihnen eine Oper vor! Ludmilla oder Leichen am laufenden Band.«

Der Vernichtungsmaschinerie der Nazis entkommen die meisten von ihnen dennoch nicht. Der Transport, der sie nach Auschwitz bringen soll, führt im August 1944 über Theresienstadt, jenes »Vorzeige-Ghetto«, das von Hitler, Himmler und Goebbels auf geradezu satanische Weise als potemkinsches Schauobjekt dazu bestimmt worden war, ausländische Delegationen der internationalen Hilfsdienste über die tatsächliche Lage der Juden im deutschen Machtbereich hinwegzutäuschen. Dabei spielen kulturelle Aktivitäten, kurz vor einem angesagten Besuch mit aller Kraft forciert, eine besondere Rolle: Es gibt Sinfoniekonzerte und Opernaufführungen, Operettenabende, Jazz-Sessions mit den »Ghetto-Swingers« und inszenierte Lustspiele – Komödien allesamt. Und es gibt eine Fülle kabarettistischer Darbietungen. Sie reichen von tschechoslowakischen Ensembles wie dem *Svenk-Kabarett* über Josef Lustigs *Befreites Theater* und das Frauen-Kabarett der Trude Popper bis zu den populären Gruppen um Hans Hofer, Egon Thorn, Leo Strauß, Ernst Morgan und Bobby John. Das bekannteste deutsche Kabarett in Theresienstadt wird das erst im Frühjahr 1944 von Kurt Gerron auf Wunsch des Lagerkommandanten gegründete Ensemble *Karussell*. Kabarett-Chef Gerron, im Berlin der zwanziger Jahre auch als Filmschauspieler und Regisseur eine prominente Figur, erhält im Sommer des gleichen Jahres von der SS den Auftrag, einen schönfärberischen Propagandafilm über das Leben im Juden-Ghetto zu drehen; der Titel ist bereits NS-Programm: »Der Führer schenkt den Juden eine Stadt«. Und der Kabarettist, in der Hoffnung, sein Leben zu retten, gehorcht. Als er die letzte Szene abgedreht hat, wird auch er, Richtung Auschwitz, »der Endlösung zugeführt«. Kabarettautor Kurt Kapper schreibt in Theresienstadt, Böses ahnend, sich und seinesgleichen den bitteren Nekrolog: »Wir danken dir, du bist ein braver Jud, wir sagen es dir unverhohlen. Jetzt packe deinen Koffer, sei so gut, denn du bist eingereiht nach Polen.«

Leo Strauss

Einladung

Liebe Freunde, laßt Euch sagen,
Geht was nicht nach Eurem Sinn,
Wills daheim Euch nicht behagen –
Kommt hierher, wo ich jetzt bin.
Kränken Euch die Alltagssorgen,
Reicht das Wasser bis zum Kinn –
Hier seid Ihr davor geborgen,
Kommt hierher, wo ich jetzt bin.

Habt Ihr beispielsweise Schulden,
Mahnt zu oft die Schneiderin,
Will der Wirt sich nicht gedulden –
Kommt hierher, wo ich jetzt bin.
Könnt Ihr keine Arbeit finden,
Lauft vergeblich her und hin,
Lasset nicht die Hoffnung schwinden,
Kommt hierher, wo ich jetzt bin.

Oder machts Euch Unbehagen
Wieder einmal umzuziehn
Mit dem großen Möbelwagen –
Kommt hierher, wo ich jetzt bin.
Ist zerbrochen eine Vase,
Ist ein Fleck im Tischtuch drin,
Seid deshalb nicht in Ekstase –
Kommt hierher, wo ich jetzt bin.

Habt Ihr etwa Rauchbeschwerden
Von zu vielem Nikotin,
Kann Euch noch geholfen werden –
Kommt hierher, wo ich jetzt bin.
Mußt' Ihr Euren Stern verdecken
Vor dem Blick der Nachbarin,
Hier gibts nichts mehr zu verstecken,
Kommt hierher, wo ich jetzt bin.

Droht Verlust Euch an der Börse,
Kündigt die Bedienerin,
Grollt die Zofe, schmollt die Nurse –
Kommt hierher, wo ich jetzt bin.
Und verdrießts Euch einzukaufen,
Wiegt zu schlecht die Greislerin,
Müßt von Markt zu Markt ihr laufen –
Kommt hierher, wo ich jetzt bin.

Wollt Ihr ins Kaffeehaus gehen,
Ziehts zum Cabaret Euch hin,
Wollt Ihr's Strauß-Ensemble sehen,
Kommt hierher, wo ich jetzt bin.
Alle Sorgen sind vertrieben,
Hier an diesem schönen Fleck –
Und nur eine ist geblieben,
Wie kommt man hier wieder weg.

ANONYM

Es ist serviert

Wir bringen Ihnen, meine Herren und Damen,
Jetzt einen ganz besonderen Ohrenschmaus,
Serviert in einem sehr aparten Rahmen,
Beinah so vornehm wie bei uns zu Haus.
Wenn altvertraute Melodien erklingen,
Sind hoffentlich die Sorgen bald verscheucht,
Dazu noch wollen spielen wir und singen,
Dann ist die beste Stimmung bald erreicht.
Wir bringen jetzt die Revue, die man nie gesehn zuvor,
Heut gibt's ein Potpourri von Frauen, Liedern,
Sketch, Couplets und alles mit Humor.
Wir bringen Ihnen Harmonie, alles schmackhaft arrangiert,
Solche Sachen fröhlich machen und entfachen bald zum Lachen,
Darum Achtung – es ist serviert.

Manfred Greiffenhagen

Spuk in der Kaserne

In einer Stadt, von allem abgeschlossen,
In einem Land, das vielen heut noch fremd,
In einer Welt, in der viel Tränen flossen,
In einer Zeit, die alles in uns hemmt,
Erscheinen wir in festlich hellem Rahmen,
Vor Ihnen, meine werten Herrn und Damen.

Den jungen Menschenkindern, die sich fanden
Sie zu erfreuen, sei deshalb gedankt,
Sie haben selbst schon viel zu gut verstanden,
Was diese Zeit und was ihr Geist verlangt.
Doch mit dem Rechte ihrer jungen Jahre
Erblicken sie im Frohsinn nur das Wahre.

Wer wollte ihnen auch das Recht bestreiten,
Zu singen und im Tanze sich zu drehn,
Der vielbeliebte Hinweis auf die Zeiten
War stets bei denen nur, die abseits stehn:
Es läßt sich leicht von fern mit billgen Mitteln
Verständnislos an einer Leistung kritteln.

Sie haben sich nach ihren Arbeitsstunden
Die Lieder und die Tänze einstudiert,
Und echte Freude haben sie empfunden,
Als man mit ihnen dieses Spiel probiert.
Was so entstand – wer wollt es kritisch trennen –,
Ist das Produkt von Wollen und von Können.

Sie wollen Ihnen heute gar nichts zeigen,
Sie spielen für sich selbst das kleine Spiel,
Sie tanzen unbeschwert den muntern Reigen,
Das Publikum bekümmert sie nicht viel,
Wobei Sie keineswegs vergessen wollen,
Den Beifall, den so gern man hört, zu zollen.

Nun wird es Nacht, es leuchten schon die Sterne,
Es schläft die Stadt, fast jede Arbeit ruht,

Und nur ein Scherz, ein Spuk in der Kaserne,
Dringt in die Stille, voller Übermut.
Es geht ein Posten pflichtgemäß die Runde,
Das Spiel beginnt, es schlägt die Geisterstunde.

Hans Hofer

Bad Blockhaus

Pardon, eh ich's vergesse:
Es wollt meine Adresse
Ein junger Mann im Saale hier.
Sollt's noch wen interessieren,
So kann er's gleich notieren.
Ich geb euch die Adresse jetzt von mir:
    Ich wohn in einem Blockhaus,
    An alten, miesen Blockhaus,
    Das steht wo an der Kreuzung L und Q.
    Es steht im ganzen Brockhaus
    Kein einzges Wort vom Blockhaus,
    So viel ich auch gesucht hab unter B.
    Die Fenster, die sind staubig,
    Die Stiegen sind betropft,
    Die Insassen habn den Durchfall,
    Doch dafür sind alle Clo's verstopft.
    Wir ziehen aus dem Blockhaus
    Dann eines Tags en bloque aus,
    Und unser Hausältester ist a. D.

Ich schrieb nach Prag ne Karte,
Daß ich auf Päckchen warte,
Denn unzureichend ist die Kost.
Und dem Herrn Postminister,
Damit dran nicht vergißt er,
Trag ich jetzt die Adresse auf die Post:
    Ich wohn in einem Blockhaus...

Leo Strauss

Theresienstädter Fragen

Erste Dame	Zweite Dame
kommt im Reisekleid,	*im Putzkolonnen-Overall,*
mit Plaid und Vogelkäfig	*kehrt nachlässig die Straße*

Ich komm grad herein vom Land,	Wollen Sie über mich verfügen,
Bin hier gänzlich unbekannt,	Steh zu Diensten mit Vergnügen,
Sagen Sie mir, wo ich hier	Als ein alter Wien-Transport
Mich am besten informier.	Kenn ich ganz genau den Ort.

    Theresienstadt, Theresienstadt,
    Ist das modernste Ghetto, das die Welt heut hat.

Sagen Sie, wie kommt das bloß,	Mancher, der die Nase rümpft,
Gestern noch ganz sternelos,	Will sich tarnen, wenn er schimpft,
Bin ich heute schon inmitten	Drum frag ich ganz unverhohlen,
Lauter polnischer Semiten?	Gehörn Sie zu den Tarnopolen?

    Theresienstadt, Theresienstadt,
    Ist das antisemitischste Ghetto, das die Welt heut hat.

Ist das Klima hier gesund?	Kost ist knapp für starke Esser,
Oder geht man hier zugrund?	Für die Kranken sorgt man besser,
Ist das Mittagessen reichlich?	Will man stets gesund hier bleiben,
Ist hier Krankheit unausweichlich?	Muß man dauernd krank sich schreiben.

    Theresienstadt, Theresienstadt,
    Ist das humanste Ghetto, das die Welt heut hat.

Also nicht genug zum Essen.	Bitte, schweigen Sie sofort!
Hat man uns denn ganz vergessen?	Hunger ist ein garstig Wort.
Ist das meines Lebens Schluß,	Hier benennt man diese Chose
Daß ich hier verhungern muß?	Vornehm Avitaminose.

    Theresienstadt, Theresienstadt,
    Ist das vornehmste Ghetto, das die Welt heut hat.

Wer besorgt mir mein Logis,	Mit ein wenig Phantasie,
Ganz bescheiden, wissen Sie,	Meine Gnädge, träumen Sie
Zimmer, Küche, Kabinett,	Von Zimmer, Küche, Kabinett
Aber ruhig, sauber, nett?	Auf dem obern Cavalett.

    Theresienstadt, Theresienstadt,
    Ist das verträumteste Ghetto, das die Welt heut hat.

Richtig, eh ich dran vergeß,	Meistens geht man hier salopp,
Wie stehts hier mit Evening-Dress?	Und nur manche tun als ob.
Muß ein Mann, so möcht ich fragen,	Schmücken sich je nach Geschmack,
Abends einen Frack hier tragen?	Mein Mann geht hier nur als Wrack.

    Theresienstadt, Theresienstadt,
    Ist das mondänste Ghetto, das die Welt heut hat.

Ich bin zwar recht abgespannt Gehn Sie nur direkt nach Haus,
Von der Reise in dies Land, Schlafen Sie sich richtig aus,
Dennoch möcht ich mich bequemen, Denn die ersten Badekarten
Heute noch ein Bad zu nehmen. Können Sie im Mai erwarten.
  Theresienstadt, Theresienstadt,
  Ist das hygienischste Ghetto, das die Welt heut hat.

Ach, noch etwas, mein Gepäck Lassen Sie das Zeug nicht holen,
Ist zum größten Teile weg, Denken Sie sich, Gott befohlen,
Sagen Sie mir bitte an, Jeder Schritt ist für die Katz,
Wie ichs holen lassen kann. Und Sie haben doch eh kein Platz.
  Theresienstadt, Theresienstadt,
  Ist das kulanteste Ghetto, das die Welt heut hat.

Apropos, ich möchte morgen Dafür gibts hier kein Import,
Vogelfutter hier besorgen, Gebens rasch den Vogel fort,
Ach, mein Vogel braucht Diät, Wer hier einen Vogel hat,
Frißt nur prima Qualität. Ist Cvokárna-Kandidat.
  Theresienstadt, Theresienstadt,
  Ist das verzwockteste Ghetto, das die Welt heut hat.

Sagen Sie mir noch zum Schluß, Ja, da kann man sich nur richten
Was ich dringend wissen muß, Nach den neuesten Berichten.
Denn ich will nach Hause schreiben. Heute hört ich beispielsweise –
Wie lang werden wir hier bleiben? *Musik übertönt ihre Worte*
  Theresienstadt, Theresienstadt,
  Ist das informierteste Ghetto, das die Welt heut hat!

LEO STRAUSS

Als ob

Ich kenn ein kleines Städtchen,
Ein Städtchen ganz tipptopp,
Ich nenn es nicht beim Namen,
Ich nenns die Stadt Als-ob.

Nicht alle Leute dürfen
In diese Stadt hinein,
Es müssen Auserwählte
Der Als-ob-Rasse sein.

Die leben dort ihr Leben,
Als obs ein Leben wär,
Und freun sich mit Gerüchten,
Als obs die Wahrheit wär.

Die Menschen auf den Straßen,
Die laufen im Galopp –
Wenn man auch nichts zu tun hat,
Tut man doch so als ob.

Es gibt auch ein Kaffeehaus
Gleich dem Café de l'Europe,
Und bei Musikbegleitung
Fühlt man sich dort als ob.

Und mancher ist mit manchem
Auch manchmal ziemlich grob –
Daheim war er kein Großer,
Hier macht er so als ob.

Des Morgens und des Abends
Trinkt man Als-ob-Kaffee,
Am Samstag, ja am Samstag,
Da gibts Als-ob-Haché.

Man stellt sich an um Suppe,
Als ob da etwas drin,
Und man genießt die Dorsche
Als Als-ob-Vitamin.

Man legt sich auf den Boden,
Als ob das wär ein Bett,
Und denkt an seine Lieben,
Als ob man Nachricht hätt.

Man trägt das schwere Schicksal,
Als ob es nicht so schwer,
Und spricht von schönrer Zukunft,
Als obs schon morgen wär.

Franz Engel

Herr Fröhlich und Herr Schön

Wie geht's Ihnen, Herr Fröhlich?
Wie geht's Ihnen, Herr Schön?
Na, ich danke, so allmählich.
Na, auch mir könnt's besser gehn!
Jüngst war ich beim Professor,
Zu dick bin ich, sagt er.
Drum soll vorm Schlafengehen
Ich gar nichts essen mehr.
Macht Ihnen das nicht Qualen?
Wie, Qualen? Eher nein!
Sie legen sich hungrig nieder?
Schon zeitig, um halb neun.
Wann pflegen Sie zu essen?
Im Bette, um halb zehn!
Auf Wiedersehn, Herr Fröhlich!
Auf Wiedersehn, Herr Schön!

Wie geht's Ihnen, Herr Fröhlich?
Wie geht's Ihnen, Herr Schön?
Na, ich danke, so allmählich.
Na, auch mir könnt's besser gehn!
Ich fühl mich gar nicht wohl heut.
Sie sind auch blaß im Gsicht!
Was haben Sie für Beschwerden?
Das weiß ich selber nicht:
Ich schlafe wie ein Nilpferd
Sehr lange, meiner Seel!
Ich fresse wie ein Tiger
Und sauf wie ein Kamel!
Da wär's vielleicht am besten,
Wenn Sie zum Tierarzt gehn!
Auf Wiedersehn, Herr Fröhlich!
Auf Wiedersehn, Herr Schön!

Hans Hofer

Die Thermosflasche

Kennen Sie denn die Geschichte von der Thermosflasche schon,
Die ich wahrlich nicht erdichte, von Frau Sara Lewinsohn.
Diese Frau kam aus der Ostmark her mit an Transport aus Wien
Und sie kam an, schwer beladen, hier bei uns in Terezín.
Und sie trägt selbst ihr Gepäck, daß ihr ja ka Stück kommt weg
Links an Korb, rechts a Tasch und darin a Thermosflasch.
Oben blau, unten rot, so wie das in Wien grad Mod',
In der Mitt war, ich bitt, kakerlgelber Bakelit.
Wie Sie sehn, wunderschön war die Flasche anzusehn.

Und sie trägt sich ihre Koffer selbst hinein nach Bauschowitz,
Und sie schwitzt dabei entsetzlich, denn es ist a große Hitz.
Plötzlich meldet sich ein Jüngling, ein tipptopper Kavalier
Und sagt, sie wär schon zu müde, er wird etwas tragen hier.
Und so gab sie ihm die Tasch gleich mitsamt der Thermosflasch,
Doch oh Schreck, ihr Gepäck war mitsamt dem Jüngling weg.
Sie sucht hier, und sie sucht dort, doch der Jüngling, der ist fort.
Sie sucht dort, sie sucht hier – es verschwand der Kavalier.
Fort der Korb, fort die Tasch, fort die schöne Thermosflasch.

Doch die Kripo fing den Jüngling, nahm die Beute gleich ihm ab,
Und Frau Lewinsohn sofort man ihr Gepäck zurück dann gab.
Und sie stürzt wie eine Löwin sich sofort auf Korb und Tasch,
Und das erste, was zu suchen, ihre schöne Thermosflasch.
Sie war glücklich, als sie sah, daß die Thermosflasch noch da.
Oben rot, unten blau, ach wie glücklich war die Frau.
Unten blau, oben rot, sie freut sich darob halb tot.
In der Mitt war, ich bitt, noch der gelbe Bakelit.
Ist auch leer Korb und Tasch, Hauptsach ist die Thermosflasch.

Als sie reinkam in die Schleuse, hat man gleich sie visitiert,
Und als erstes hat man ihr dort ihre Flasche konfisziert.
Doch sie traut sich nichts zu sagen, das ist höhere Gewalt,
Und so saß sie leise weinend und hat nur vor sich gelallt:
Woher nehm ich wieder rasch, so a schöne Thermosflasch.

Oben rot und unten blau, unglücklich ist diese Frau.
Unten blau, oben rot, diese Flasche ist mein Tod.
In der Mitt war, ich bitt, kakerlgelber Bakelit.
In der Tasch ka Menage und fort ist die Thermosflasch.

Als sie kriegte ihre Punkte, lief sie gleich ins Eisengschäft,
Doch im Gschäft, da glaubt sie plötzlich, daß ein böser Traum
                                                         sie äfft,
Denn es stand still und bescheid mittendrin in der Stellage
Ihre zweimal schon geschleuste wunderschöne Thermosflasch.
Und sie ruft sofort: »Mein Herr, diese Flasche, bitte sehr.
Oben rot, unten blau, meinen Augen kaum ich trau,
Unten blau, oben rot, die bleibt treu mir bis zum Tod.
Schneidens Herr, bitte sehr, vierzig Punkte und nicht mehr,
Keinen Punkt ich vernasch, krieg ich meine Thermosflasch.«

Und sie nahm sie mit nach Hause, legt sie in des Bettes Mitt,
Leider war in der Kaserne grad an diesem Tag Visit.
Der Gendarm mit den drei Frauen, die verließen bald den Ort,
Leider war mit diesen vieren auch die Thermosflasche fort.
Sie lief gleich nach BV rein, holt fürs Geschäft a neuen Schein.
Sie kommt rein mit dem Schein, fängt im Gschäft gleich an zu
                                                         schrein:
»Ihr Bagage, denn die Flasch steht schon wieder in der Stellage.«
's kommt ein Mann an sie ran, sagt zu ihr: »Hörn Sie mich an,
Diese Flasch kauf ich mir auf die vierzig Punkte hier.«

Sie sagt: »Nein, 's kann nicht sein, denn die Flasche, die ist mein,
Denn ich bracht sie aus Wien bis hierher nach Terezín.«
Und es schreit. Sie und er ziehn die Flasche hin und her,
Einmal her, einmal hin, diese Thermosflasch aus Wien.
Sie ziehn hin, sie ziehn her, einmal sie und einmal er,
Rechts der Mann, links die Frau, diese Flasche gelb, rot, blau.
's kommt OD und OW, Feuerwehr ist in der Näh,
Plötzlich hört man a Schrei, alle Leut laufen herbei,
Denn die Flasch, 's ist unerhört, liegt zerbrochen auf der Erd.
Oben rot, unten blau war die Flasche von der Frau,
Unten blau, oben rot, und jetzt liegt sie da im Kot.
Das was blieb, war, ich bitt, kakerlgelber Bakelit.
Hat an Dreck und an Schreck, und die Thermosflasch ist weg.

Manfred Greiffenhagen

Die Ochsen

Ihr naht Euch wieder, schwankende Gestalten,
Kein Tag vergeht, an dem man Euch nicht sieht.
Wie Ihr den Wagen, meine guten alten,
Bedächtgen Schrittes durch die Straßen zieht.
Ich seh, wie Ihr uns Menschen hier betrachtet,
In diesem Kleinmut, unsrem Haß und Streit,
Und weiß genau, wie sehr Ihr uns verachtet,
Im Herzen froh, daß Ihr zwei Ochsen seid.
Wenn sich die Leute zanken hier und boxen,
Ihr bleibt zufrieden, ruhig stets und satt,
Darum seid Ihr für mich, Ihr beiden Ochsen,
Die klügsten Wesen in Theresienstadt.

Es kennt ein jeder von uns die Gerüchte,
Von denen keins den Menschen hier zu dumm,
Ein jeder sagt dem andern die Geschichte,
So ist es in der ganzen Stadt bald rum.
So etwas Tolles hört ich dieser Tage,
Als ich Euch traf auf dem Kasernenhof,
Ich bat um Deine Meinung in der Frage,
Da sagtest Du, mein alter Philosoph:
»Das Rindvieh hat Gefühl fürs Paradoxe,
Ihr Menschen seht und hört nur alles halb,
Das glaubt bei uns nicht mal der größte Ochse,
Darüber lacht das allerkleinste Kalb.«

Der Mensch muß essen, das verlangt sein Magen,
Doch hier ist die Ernährung ein Problem,
Und hört er mittags seine Stunde schlagen,
Dann ist der Weg zur Küche nicht bequem.
Unwiderstehlich zieht es zur Menage
Die Menschen oft zu eigenem Verdruß.
Und gar zu häufig kommt man dort in Rage,
Wenn man so furchtbar lange warten muß.
Ihr werdet gut bedient, in Euren Boxen
Wird Euch das Essen franco Haus serviert,

Und draußen warten stundenlang wir Ochsen,
Wer von uns hat nun richtig disponiert?

Ihr hört die Menschen hier verschieden sprechen,
Nicht in der Mundart nur, auch nach dem Sinn,
Die Holländer, die Dänen und die Tschechen
Und deutsch aus Prag, aus Wien und aus Berlin.
Erschütternd, wie sie voneinander reden,
Wie man sich hier noch nach Nationen trennt,
Um ausgerechnet sich noch zu befehden,
In einer Stadt, die sich ein Ghetto nennt.
In diesem und speziell in diesem Falle,
Gibts keinen Unterschied bei Mensch und Rind;
Denn Juden, und nur Juden, sind wir alle,
So wie die Ochsen – alle Ochsen sind!

Willy Rosen

Der Pojaz

Überall gibt's immer einen,
Über den man lacht,
Überall gibt's immer einen,
Der die Witze macht.
Einer ist dazu bestimmt,
Den Narren abzugeben,
Das fängt in der Schule an,
Und bleibt das ganze Leben.
Einer muß als ewiger Clown
Durch das Dasein wandern,
Ach, die Menschen lachen gern –
Auf Kosten eines andern:
Überall gibt's immer einen,
Über den man lacht,
Überall gibt's einen,
Der für euch – den Pojaz macht.

WERNER FINCK

Keine Angst! Wir sind ja drin!

Kameraden, wir wollen versuchen, euch heute etwas zu erheitern. Unser Humor wird uns dabei helfen. Wir haben ihn behalten. Obwohl wir Humor und Galgen noch nie so dicht beieinander erlebt haben. Die äußeren Umstände kommen unserem Vorhaben nicht gerade entgegen. Wir brauchen nur auf die hohen Stacheldrahtzäune zu blicken, elektrisch geladen und hochgespannt. Wie eure Erwartungen.
Und dann die Wachtürme, die in dauerndem Augenblick all unsere Regungen registrieren. Mit entsicherten Maschinengewehren. Aber diese Maschinengewehre können uns nicht imponieren, Kameraden! Weil wir Kanonen bei uns haben, jawohl! Stimmungskanonen!
Ihr werdet Euch bestimmt wundern, wieso wir so munter und fröhlich sind. Nun, Kameraden, das hat seine Gründe: In Berlin waren wir es schon lange nicht mehr. Im Gegenteil. Immer, wenn wir da aufgetreten sind, hatten wir ein unangenehmes Gefühl im Rücken. Das war die Furcht, ins KZ zu kommen.
Und seht ihr, jetzt brauchen wir keine Angst mehr zu haben: Wir sind ja drin!

PETER PAN

Baron Münchhausen erzählt

Als Kind verschlang ich gierig alle Seiten
Des Buches von Münchhausen, dem Husar.
Das war der größte Lügner aller Zeiten;
Wer kann bestreiten, daß er das war?
Und warf er um sich mit Unglaublichkeiten,
Dann rief im Chorus gleich die ganze Gästeschar:

Mein lieber Herr Baron, wie riesig interessant!
Das klingt ja ganz unglaublich, aber irgendwie bekannt.
Ein bißchen Phantasie gehört zum guten Ton,
Erzähln Sie bitte weiter, Herr Baron!

Es war einmal vor vielen langen Jahren
Ein Maler, der den »Lebensraum« erfand.
Der zwang viel Bürger, einfach wegzufahren
In hellen Scharen, ins Nachbarland.
Und weil die Pässe überflüssig waren,
Drückt er noch jedem ein Vermögen in die Hand.
   Mein lieber Herr Baron...

Das Nachbarland, das keine Kosten scheute,
Erwarb ein Dorf mit staatlichem Ressort.
Wie Gott in Frankreich leben nun die Leute,
Sogar noch heute kommt so was vor.
Es herrschte nur Zufriedenheit und Freude,
Und keiner wollte weg, so groß war der Komfort.
   Mein lieber Herr Baron...

Ein jeder von den Gästen hat ne Wohnung
Mit Badezimmer, Heizung und Klosett.
Man sorgt sogar mit Höflichkeit und Schonung
Für die Erholung, ist das nicht nett?
Auch Gänsebraten gibt es zur Belohnung,
Und jeder kriegt ein hübsches Mädchen mit ins Bett...
   Mein lieber Herr Baron...

Die Freiheit steht in allerhöchster Blüte.
Wer Urlaub will, kriegt noch das Fahrgeld zu.
Man reist in die entlegensten Gebiete
Als Prestatite. Das ist der Clou!
Man kümmert sich um Kleidung und um Miete
Und zahlt noch außerdem pro Tag und Mann – dix sous!
   Da rief die Gästeschar: Das ist ja allerhand!
   Das ist doch gar nicht möglich, das wär uns doch bekannt.
   Das kann doch gar nicht sein, das klingt ja wie ein Hohn.
   Wie kann man nur so lügen, Herr Baron!!

Fritz Grünbaum

Die Hölle – im Himmel!

Ehrlich gesprochen, ich pfeif auf mein Leben!
Ich hätt nichts dagegen, es hinzugeben
Und gleich zu verlassen das Erdengetümmel,
Aber ich fürcht mich, ich komm in den Himmel!
Wenn ich bedenk : vom irdischen Stengel
Reißt man mich ab und macht mich zum Engel,
So hoch in der Luft, ... im ätherischen Saal – –
Für mich ist der Himmel bestimmt kein Lokal,
Da bringen mich keine zehn Rösser hinein,
Gott soll mich schützen, ein Engel zu sein!

Stelln Sie sich vor, das Leben hört auf,
Man ist gestorben und fliegt hinauf!...
Schon die Gemeinheit, von toten Gerechten,
Die doch jetzt endlich schon Ruh haben möchten,
Zu verlangen, daß gleich sie im Äther sich wiegen
Und etliche zehntausend Meilen hoch fliegen...!
Ich bitt Sie um alles, was sind das für Sachen:
Als Toter soll ich noch Kunststücke machen?!
Ich bin doch gestorben, um Ruhe zu haben,
Hab ich mich dazu lassen begraben,
Daß ich als Flieger mich produziern soll
Und noch einmal mein Leben riskier'n soll?!
Statt mich zu legen bequem in die Gruft,
Soll ich auf einmal jetzt gehn in die Luft,
Steigen hinauf und fliegen davon?
Bin ich ein Vogel? Ein Luftballon?
Wenn ich so mühsame Sachen soll treiben,
Hätt ich doch gleich können – leben bleiben?!

Aber schön, ich bin tot und flieg schon nach oben,
Und – Gott soll es geben! – zum Schluß bin ich droben.
No schön ... Und was dann? ... No was soll dann sein?
Ich klopf an den Himmel und geh hinein.
Erst ist es ganz schön: Die Luft ist so rein,

Wo man nur hinschaut, stehn Engelein,
Die kommen gleich freundlich herangeflogen,
Und man fühlt sich von ihnen – angezogen,
Aber komische Leut hat das himmlische Haus:
Erst ziehn sie mich an, dann ziehn sie mich aus.
Denn alles Malheur war bis heute nur Probe,
Jetzt kommt erst die Qual mit der Himmelsgardrobe.

Zunächst also werdn mir die Strümpf ausgespannt,
Weil bloßfüßig dort nur herum wird gerannt;
Das ist der Beginn schon vom Paradies,
Daß ich sofort mir soll waschen die Füß!!
Hierauf bekomm ich ein weißes Gewand,
Und statt dem Spazierstock krieg ich in die Hand
Anderthalb Meter Lilienstengel – –
Und das Ganze heißt: Grünbaum im Himmel als Engel!
No, bitte sehr, können Sie vorstelln sich dies:
Grünbaum, Lilien und nackte Füß?!
Nicht um ein Schloß möcht ich schaun in den Spiegel,
Aber das Schrecklichste sind erst die Flügel!

Sagen Sie mir, was soll das bezwecken,
Sich hinten Federn hineinzustecken?!
Halten wir einmal nur ehrlich Gericht,
Wozu braucht man Flügel? Zum Fliegen doch nicht!
Denn da ich sie doch erst hab oben bezogen,
Wie bin ich dann bis in den Himmel geflogen?!
Bei der Abfahrt hab ich noch keine gehabt,
Und trotzdem hat doch die Reise geklappt;
Vom Erdball zum Himmel hinaufzugelangen,
Ist also ganz ohne Flügel gegangen,
Und jetzt, nach der Ankunft im Himmelreich da,
Brauch ich die Flügel auf einmal ja?
Die einfachste Logik mithin also spricht:
Zum Fliegen braucht man die Flügel nicht;
Sie dienen somit nicht so sehr für den Schwung,
Sondern vielmehr zur Verschönerung! –

Kurz, wo man es anpackt, man merkt doch zum Schluß,
Im Himmel hat man nichts wie Verdruß.

Was einem aber im Magen liegt,
Ist die Beschäftigung, die man dort kriegt.
Zur Marter z. B. der Himmel wird,
Wenn man als Schutzengel funktioniert.
Wissen Sie, was das für Qualen sind,
Schutzengel spielen bei einem Kind? – –
Wenn sich herabsenkt des Abends Kühle
Und ich kaum stehn kann und schläfrig mich fühle,
Begibt sich das Kindlein, das holde, zur Ruh,
Und ich soll ihm drücken die Augen zu;
Ins Ohr soll ich flüstern ihm Wiegenlieder,
Ich bin müd und der Fratz legt sich nieder!

Klettern bei Tag und singen bei Nacht?
Bergpartien tags, daß mir krachen die Glieder,
Und dann bei Nacht wieder Wiegenlieder?
Klettern und Singen und Wachestehn?...
Wann darf ich eigentlich schlafen gehn?
Und wenn ich schon schlafen darf, schlaf ich nicht süß,
Weil es mich friert auf die nackten Füß;
Und schlaf ich schon ein auf dem Wolkenhügel,
Stör'n mich beim Liegen am Rücken die Flügel;
Und leg ich sie ab samt dem Lilienstengel,
Bin ich doch wieder ein Mensch und kein Engel;
Und wenn ich ein Mensch und kein Engel bin,
Was such ich dann wieder im Himmel drin?
Für mich wär der Himmel die schlimmste Erfahrung,
Denn erstens sind Wolken für mich keine Nahrung,
Dann zweitens sind Flügel für mich kein Gewand,
Und drittens ist das für mich kein Stand,
Auf einen Lausbuben aufzupassen,
Welchen die Eltern herumkriechen lassen!
Drum muß ich erklären hier feierlich:
Der Himmel ist kein Kaffeehaus für mich,
Da bringen mich keine zehn Rösser hinein,
Gott soll mich schützen, ein Engel zu sein!

Leo Strauss

Ansprache des Generaldirektors

Mitarbeiter, Genossen, Freunde, willkommen. Legen Sie ab und machen Sie es sich bequem. Da sind Zigaretten, meine Herren – und für den guten alten Pospischil habe ich ein Zigarrl aus meinem sorgfältig gehüteten Privatbesitz. – Nicht wahr, wir sind gute Freunde, wir kennen uns ja schon lange, und wenn einer am anderen einmal eine Kleinigkeit auszusetzen hat, so nehmen wir das nicht tragisch, nicht wahr? Kein Mensch ist ein Engel, und wenn nicht immer alles, was ich tue, ganz nach Ihrem Geschmack ist, so wissen Sie doch, daß mein Herz warm für Sie schlägt. – Was machen Ihre Kinder, mein lieber Mollitzer? Ist die Sache mit der Schule schon geregelt? – Um also zur Sache zurückzukommen – Wir alle wissen, daß wir zusammengehören, daß unser Wohl und Wehe untrennbar miteinander verknüpft ist und daß wir, wie das schöne Gleichnis sagt, auf demselben Ast sitzen, und deshalb habe ich Sie heute zu mir gebeten, meine Herren Arbeiter. Ich komme mit einem Dank und einer Bitte. Zu danken habe ich Ihnen dafür, daß Sie bisher so viel Verständnis aufgebracht haben für die Schwierigkeit, unter denen unser gemeinsamer Betrieb derzeit arbeitet. Ich kann es Ihnen gar nicht hoch genug anrechnen, daß Sie Ihre Arbeit weiter verrichtet haben, obwohl die Löhne mehr und mehr im Rückstand blieben. Ich weiß genau, was es bedeutet, wenn in einem ohnedies mit Glücksgütern nicht allzu reichlich gesegneten Arbeiterhaushalt das schmale Einkommen unpünktlich und unvollständig einfließt. Ja, das weiß ich, und deshalb werde ich Ihnen Ihre Treue in meinem ganzen Leben nicht vergessen, und ich hoffe, daß der Augenblick kommen wird, wo ich Ihnen meine Erkenntlichkeit nicht nur mit Worten bezeigen kann.
Und nun komme ich zu meiner Bitte, meine Herren Arbeiter, meine lieben Freunde. Halten Sie noch ein wenig durch. Sie haben mich wissen lassen, daß Sie nicht weiterkönnen – Ich verstehe Ihre Lage, ich begreife, daß Sie am Ende Ihrer Leistungsfähigkeit sind, vier volle Wochenlöhne Rückstand, das ist eine Katastrophe. Dennoch bitte ich Sie, ich beschwöre Sie, lassen Sie mir noch ein wenig Zeit. Ich habe aussichtsreiche Verhandlungen mit einer Bank angeknüpft, um einen Kredit zu bekommen, die Verhandlungen stehen

günstig. Nur geht es nicht so rasch, wie ich möchte. Gerade jetzt habe ich wieder den Direktor Mannheim hingeschickt, um die Sache zu beschleunigen. Nicht wahr, diese wenigen Wochen, vielleicht Tage werden Sie mir gewähren. Ja gewiß, ich fühle es, daß ich zu Ihren Herzen spreche, ich sehe es an Ihren Mienen, daß es mir gelingt, Sie umzustimmen, ich – Verzeihen Sie, dieses Telefon – Ich habe der Telefonistin doch ausdrücklich verboten, uns jetzt zu stören – Hallo – Was bedeutet – Ach so, der Direktor Mannheim – ja, das ist wichtig, verbinden Sie – Nun, was gibts? Was sagen Sie? Der Kredit wird bewilligt? Morgen, spätestens übermorgen wird er flüssig gemacht? So hat Wort für Wort der Bankdirektor gesagt? Also, das ist – Mannheim, das ist – das –
Meine Herren, Sie haben es selbst mitangehört. Morgen, spätestens übermorgen erhalte ich den Kredit und morgen, spätestens übermorgen, werde ich Ihre Rückstände bis zum letzten Pfennig ausbezahlen. Ich bin glücklich, daß endlich wieder Ordnung in den Betrieb kommt. Denn so wie in der letzten Zeit war es nicht mehr auszuhalten. Keinen Tag zu wissen, ob Sie gnädig bereit sind, noch weiter zu arbeiten – und Sie haben es mich genug spüren lassen, daß ich von Ihrer Laune abhänge. Ich bitte gefälligst um Ruhe, wenn ich spreche. Und wie ist die Arbeit geleistet worden? Jeder ist gekommen und gegangen, wann es ihm beliebte. Ich habe die Zähne aufeinanderpressen müssen, als ich gesehen habe, wie Sie herumlungern. Ich bitte Sie in meiner Gegenwart nicht zu rauchen, ich vertrage diese Respektlosigkeit nicht. Merken Sie sich, meine Herren, hier muß ordentlich gearbeitet werden, und ich werde genau kontrollieren. Wer seine Arbeit nicht leistet, der fliegt unbarmherzig – Was ist denn schon wieder? Dieser unverschämten Telefonistin werde ich auch den Laufpaß – Hallo, Hallo – Sie, Mannheim? Was gibts denn so Dringendes, daß Sie mich mitten in einer Besprechung stören – Wie? Was? Das kann doch nicht stimmen – Sie sagten doch vorhin, der Bankdirektor – seine Kompetenz überschritten – der Bankvorstand lehnt ab... *Pause. Rafft sich auf* Arbeiter, Genossen, Freunde. Wovon sprachen wir gerade? Ach, ich weiß schon, von dem gemeinsamen Ast, auf dem wir beide sitzen. Dieses schöne Gleichnis – Bitte, gehen Sie noch nicht. – Hören Sie mir doch einen Augenblick zu – Wir werden neue Verhandlungen anknüpfen, ich bin überzeugt, ich bin völlig sicher, es wird – bitte, lassen Sie mich nicht im Stich, meine lieben Freunde, hallo, so hören Sie doch – hallo, hallo, hallo...

Leo Strauss

Karussell

In den lang entschwundnen Jahren,
Da wir kleine Kinder waren,
Hatten wir ein Ideal.
Wollt man Ruhe in der Wohnung
Oder gab es als Belohnung
Ein Geschenk nach unsrer Wahl,
Riefen alle Kinder schnell:
Karussell, ach bitte, bitte, Karussell...

   Wir reiten auf hölzernen Pferden
   Und werden im Kreise gedreht.
   Wir sehnen uns, schwindlig zu werden,
   Bevor noch das Ringelspiel steht.
   Das ist eine seltsame Reise,
   Das ist eine Fahrt ohne Ziel –
   Wir kommen nicht fort aus dem Kreise
   Und dennoch erleben wir viel.
   Und die Musik vom Leierkasten
   Vergessen wir im Leben nie,
   Wenn lang die Bilder schon verblaßten,
   Tönt noch im Ohr die Melodie:
      Wir reiten auf hölzernen Pferden
      Und werden im Kreise gedreht.
      Wenn schwindlig wir haltmachen werden,
      Dann wird man erst sehn, wo man steht.

Leer ist meistenteils das Leben,
Und erst Leidenschaften geben
Seinem Ablauf Sinn und Wert.
Ehrgeiz, Börse, Lotterbetten,
Kino, Fußball, Zigaretten –
Jeder hat sein Steckenpferd.
Laßt uns unsre Sensation:
Illusion, ach bitte, bitte, Illusion...

   Wir reiten auf hölzernen Pferden...

Menschen haben Ambitionen –
Selbst wenn sie im Elend wohnen,
Wollen sie was Bessres sein.
Hat auch keiner was zu reden,
Ist's doch ein Genuß für jeden,
Mit noch Ärmeren zu schrein.
Hört ihr das Gespensterlied:
Unterschied, ach bitte, bitte, Unterschied...

  Wir reiten auf hölzernen Pferden...

JOHNNY & JONES

Die Consi-Ballade

Rücken Sie bitte näher heran,
Und hören Sie sich die Consi-Ballade an!

Ich hatt ein Päckchen Consi, oh welch Glück!
Echte Zigaretten, zwanzig Stück.
Da kam Lopez Cadoso, ein netter Mann,
Der schnorrte mich um eine Zigarette an:
»Ich gebe sie dir auch zurück.« Sicherlich!
»Emess!«, sagte er, der Lopez. »Logo!«, sagte ich.
Man muß nicht allzu oft 'n guten Freund sehn!
Ach, da warn die zwanzig Consis nur noch neunzehn!
Oh-oh-oh!

Ich hatt ein Päckchen Consi, oh welch Glück!
Echte Zigaretten, zwanzig Stück.
Da waren meine Schuh kaputt, beide Sohl'n.
Der Schuster sprach: »Du kannst sie dir um sieben hol'n.«
Er rief: »Bezahlen brauchst du nicht, das muß nicht sein.
Doch zu einer Zigarette sage ich nicht nein.«
Ich wollte mich mit ihm nicht gern verkracht sehn,
Ach, da warn die zwanzig Consis nur noch achtzehn!
Oh-oh-oh!

Ich hatt ein Päckchen Consi, oh welch Glück!
Echte Zigaretten, zwanzig Stück.
Da traf ich auf der Straße nen schönen Overall,
Und was im Overall saß, das war so ganz mein Fall.
Es war ein hübsches Mädel, ich sah es schon von fern,
Ich kannte ihre Schwäche: sie rauchte schrecklich gern.
Da konnte man mich plötzlich sehr verliebt sehn,
Ach, da warn die zwanzig Consis nur noch siebzehn!
Oh-oh-oh!

Ich hatt ein Päckchen Consi, oh welch Glück!
Echte Zigaretten, zwanzig Stück.
Neulich wollt ich aus der Küch 'n Teller Suppe gern,
Und ich wendete mich an nen wohlbeleibten Herrn.
In der Supp war Nudel drin, ich hab direkt gestaunt,
Und der Küchenbulle, der war grade gut gelaunt,
Ich sah ihn nach ner Zigarette lechzen –
Ach, da warn die zwanzig Consis nur noch sechzehn!
Oh-oh-oh!

Ich hatt ein Päckchen Consi, oh welch Glück!
Echte Zigaretten, zwanzig Stück.
Da kam am Freitag zu Besuch mal ein Ehepaar,
Ich kenne diese Leute schon vom Wegsehn manches Jahr.
Es war am Schabbes-Abend, da rauch ich selber nicht,
Jedoch was anzubieten, gebot mir meine Pflicht,
Man konnte mich sofort als guten Wirt sehn –
Ach, da warn die zwanzig Consis nur noch vierzehn!
Oh-oh-oh!

Ich hatt ein Päckchen Consi, oh welch Glück!
Echte Zigaretten, zwanzig Stück.
Den Rest der Zigaretten legt ich in den Schrank,
Und aus Sparsamkeit rauchte ich nicht tagelang.
Doch eines Tages warn sie futsch! Ja, ich sag es laut:
Man hat sie mir organisiert. Man nennt es auch geklaut!
Ich habe keinen Tabak mehr, jetzt sitz ich da und weine:
Ich rauchte von den zwanzig Consis leider nicht mal eine.
Oh-oh-oh!!!

WILLY ROSEN

Wenn man kein Glück hat

Wenn man kein Glück hat,
Dann hat das Leben keinen Sinn.
Wenn man kein Glück hat,
Dann rutscht man aus und fällt man hin.
Drum bitte ich in jedem Augenblick
Um ein kleines, kleines, kleines bißchen Glück.
Wenn man kein Glück hat,
Dann hat das Leben keinen Sinn.
Wenn man kein Glück hat,
Dann rutscht man aus und fällt man hin.
Drum bitt ich dich, Fortuna, bleib mir treu,
Unberufen, unberufen toi-toi-toi!

KARL SCHNOG

Na ja!

Klagelied eines Häftlings

Was das bloß ist – man kann mich hier nicht leiden,
Und was ich mache, hat noch nie geklappt.
Von Hause bin ich höflich und bescheiden.
Wenn hier was schiefgeht, werde ich ertappt.
Ich bin kein Brotdieb und war nie ein Zinker,
Nur nicht gelenkig und ein wenig steif.
Hier aber nennt mich jeder einfach »Stinker«,
Sieht »schwarz« für mich und sagt, ich wäre »reif«!
Wie bös, nervös, monströs, skandalös!
   Draußen bin ich noch jemand gewesen.
   Da hat keiner mich direkt bedroht.

Gute Bücher hab ich nur gelesen,
Und hier sagt man zu mir: »Ach, du Idiot«.
Draußen trug ich Streifen im Pyjama,
Den ich für teures Geld besorgt.
Hier der Anzug wird für mich zum Drama,
Und ich sehe aus wie ausgeborgt –
Na ja!

Ob ich ans Spind geh oder Betten baue,
Es ist nie richtig, und ich falle auf.
Von meinem Unglück zeugt das Aug, das blaue,
Schreibt man zur Meldung auf – ich steh mit drauf.
Die Mütze hab ich zehnmal schon verloren,
Der Stubendienst meint aber, das sei »Dreh«,
Das Handwerkszeug ist gegen mich verschworen,
Wo ick es anpack, stets tu ick mir weh.
Ominös, schauderös, mysteriös, intravenös!
   Draußen hab ich Nägel eingeschlagen,
   Doch hier drinnen treff ich nur die Hand.
   Draußen durft ich manchmal etwas sagen,
   Hier red ich zu Menschen wie zur Wand.
   Hier ist Wahrheit, draußen war die Dichtung,
   Lagerordnung lern ich ohne Lust.
   Hab nie »Vordermann«, noch »Seitenrichtung«,
   Auch von »Nachschlag« hab ich nichts gewußt –
   Na ja!

Ich sage »Kamerad« und manchmal »Bitte«,
Und doch ist man mir böse ohne Grund.
Mir scheint, daß Höflichkeit bei uns nicht Sitte,
Denn jeder Kamerad nennt mich »blöder Hund«.
Ich geb mir Mühe, mich hier umzustellen,
Sonst werde ich nicht meines Lebens froh,
Doch bei den harten hiesigen Gesellen
Komm ich nicht mit, ich bin nun halt mal so!
Seriös, genrös, kapriziös, voluminös!
   Ich gewöhne mich nicht an das Flitzen
   Und an Schlaf zu dritt in einem Bett.
   Und an zwanzig Mann, die hier im Lokus sitzen.
   Nein – ich lerne niemals ganz KZ –
   Na ja!

Beda

Ich warte!

Ich bin ein Häftling, sonst bin ich nix,
Hab keinen Namen, die Nummer X.
Gestreift ist mein Rock, die Hose auch,
Ich schnüre den Riemen um gar keinen Bauch –
Und warte!
Ich schaffe am Tag an die vierzehn Stund,
Ich kriech in den Stall und bin müd wie ein Hund.
Dann eß ich die Handvoll verkrümeltes Brot
Und fall auf den Strohsack und schlafe wie tot...
Und warte!
Das Weib und die Kinder, die sitzen zu Haus,
Bald sind es fünf Jahre! Wie sehn sie wohl aus?
Ich sehe die große, verdunkelte Stadt,
Da sind sie verkrochen und werden nicht satt...
Und warten!
Doch mich frißt kein Tiger, mich schlägt kein Hai,
Der Tod geht täglich an mir vorbei.
An mir beißt der Teufel die Zähne sich aus.
Ich fühl es: ich komm aus der Hölle heraus!
Ich warte!

Charles Amberg

Lied vom alten Eisenbahner

Irgendwo in eine unbekannte kleine Station
Zwischen Hamburg und Berlin
Hat das Schicksal mich verschlagen;
Anfangs hab ich's schwer getragen,
Doch jetzt spreche ich nicht mehr davon.

Ein paar Drähte an den Masten,
Ein paar Hebel an dem Kasten,
Zwischen Hamburg und Berlin,
Sind meine ganze Welt.
Nicht einmal der Schnellzug hält
In meiner unbekannten kleinen Station.
    Ein alter Eisenbahner tut seine Pflicht,
    Ob er auch glücklich ist, fragt man ihn nicht.
    Es kommen viele Züge bei Tag und Nacht,
    Doch mir hat keiner noch das Glück gebracht.
    Müd lösch ich aus die Lichter und denk:
    Nur schad, daß grad mein Glückszug Verspätung hat.
    Ein alter Eisenbahner tut seine Pflicht,
    Ob er auch glücklich ist, fragt man ihn nicht.

Einmal ist in meine unbekannte kleine Station
Zwischen Hamburg und Berlin
Eine junge Frau gekommen,
Hat mein Herz im Sturm genommen.
Es war Sommer, und ich denke oft daran.
Nur ein kleines Blumensträußchen
Unterm Dach im Wärterhäuschen,
Zwischen Hamburg und Berlin,
Ist alles, was mir blieb,
Und ich hatte sie so lieb!
In meiner unbekannten kleinen Station.
    Ein alter Eisenbahner...

Irgendwann in meiner unbekannten kleinen Station
Zwischen Hamburg und Berlin
Ist auch meine Zeit vorüber,
Und man sagt zu mir: Mein Lieber,
Du hast ausgedient, geh jetzt in Pension.
In dem Schatten einer Hecke,
An der lieben alten Strecke
Zwischen Hamburg und Berlin
Werde ich dann manchmal träumen,
Darf den Anschluß nicht versäumen,
Nach einer unbekannten kleinen Station.
    Ein alter Eisenbahner...

Manfred Greiffenhagen

Transport

Nach hartem Kampfe mit den Elementen
War Menschengeist der stolze Sieg geglückt,
Mit der Verbindung zwischen Kontinenten
Hat man nicht nur Entfernung überbrückt.
Man maß in scharfem Wettbewerb die Kräfte,
Man exportiert und reist von Land zu Land,
Und dabei blühten nicht nur die Geschäfte,
Man kam sich nah und reichte sich die Hand.
   Transport, Transport
   Von Ort zu Ort
   Eilen die Wagen, sausen und jagen
   Ohne zu rosten, von West bis Osten,
   Von Süd bis Nord
   Transport.

Es brennt die Welt, es lodern die Flammen,
Darin die Erde schaurig sich erhellt,
Und krachend stürzt in Rauch und Glut zusammen,
Was sich der Mensch erbaut als seine Welt.
Was segensreich dem Frieden konnte dienen,
Gibt seine Kraft nun der Zerstörung her,
Im Tempokampf der Menschen und Maschinen
Erzeugt der Krieg gesteigerten Verkehr.
   Transport, Transport
   In einem fort
   Rollen die Wagen, donnern und tragen
   Millionenheere von Meer zu Meere,
   Leistungsrekord!
   Transport.

Wie häufig führte man das Wort im Munde,
Wie ahnungslos sprach man es vor sich hin,
Bis für uns alle kam die schwere Stunde,
Da wir erfaßten seinen wahren Sinn.
Man rollt die Decken, ein paar Abschiedsküsse,
Ein rascher Händedruck, ein letzter Blick,

Es dampft ein Zug hinaus ins Ungewisse,
Und leere Schienen bleiben uns zurück.
   Transport, Transport,
   Kennst du das Wort,
   Kennst du die Wagen, hörst du die Klagen?
   Eh du begriffen, ist abgepfiffen,
   Und sie sind fort. –
   Transport.
Doch eines bleibt, es bleibt uns bis zum Tode,
Das ist der Glaube, ihm gehört der Sieg,
Einmal wird alles für uns Episode,
Und einmal, einmal endet auch der Krieg.
Wir fragen nicht nach Sieg und Niederlage,
Wir fragen nur, wann kommt ihr uns zurück?
Wir Juden wolln den Frieden unsrer Tage
Und irgendwo ein ganz bescheidenes Glück.
   Transport, Transport
   Tönt's dann sofort!
   Wir sehen sie wieder, Schwestern und Brüder,
   Lachend und weinend, sich wieder vereinend
   Am Schlußakkord
   Transport!!

WILLY ROSEN

Abschied von Westerbork

Mein liebes Westerbork, ich muß nun von Dir scheiden,
'ne kleine Träne läßt sich dabei nicht vermeiden.
Warst Du auch öfters hart und ungemütlich,
Du bliebst doch letzten Endes immer friedlich.
Mein Westerbork, Du plagtest mich sehr viel,
Und trotzdem hattest Du so'n eigenes Sex-Appeal.
Nun sag ich leise Servus, liebes Kesselhaus.

Ein letzter Flötenton, und dann ist's aus.
Leb wohl mein Hinterzimmer mit dem kleinen Teppich,
Ich flüstre heute selber zu mir leise: nebbich.
Leb wohl, Du kleine Küche, leb wohl, W. C.,
Daß ich den Kocher lassen mußte, das tut mir weh.
Du machtest öfters Kurzschluß, ach, das war nicht schön,
Dann konnte man den guten Türkel immer wütend sehn.
Adieu, mein Schrank, adieu, mein Bücherbrett.
Es hat mich sehr gefreut, es war sehr nett.
Adieu, mein lieber Stamppot und mein Vuilnisbak,
Ich gehe auf die Wanderschaft mit Sack und Pack.
Ich drücke Dir zum letzten Mal die Hände, E.H.B.U.
Noch ein Driepoeder, und dann fällt der Vorhang zu.
Lebt wohl, Ihr vielen lieben Dienstbereiche,
Ich bin nun nicht mehr eingeteilt, ich mache Platz, ich weiche.

Manchen Transport sah ich von hier verreisen,
Und jetzt – jetzt wirft man selber mich zum alten Eisen.
Jetzt steig ich selber mit dem Rucksack in den Zug.
Ganz unter uns gesagt, ich find es schlimm genug.
Doch Mitleid will ich nicht und keinen guten Rat,
Ich werd's schon schaffen, ich bin alter Frontsoldat.
In Westerbork kann mir nichts mehr passieren,
Ich geh wo anders Zores organisieren.
Gebt mir zum letzten Mal noch meine Zusatznahrung.
Ich geh mit Butter weg und mit sehr viel Erfahrung.
Ich packe alles ein, ich lasse nichts zurück,
Sogar mein Frauchen nehm ich mit, mein bestes Stück.
Adieu, F.K. und V., adieu auch Wäscherei,
Es wird heut meine Wäschenummer wieder frei.
Auch liebe Ipa, lebe wohl, ich muß jetzt wandern,
Erzähle Deine Schmonzes nun den andern.
Lebt wohl, Ihr alten Kampinsassen, liebe Brüder,
Vielleicht sehen wir uns im Leben nochmals wieder.
'ne Ansichtskarte darf ich Euch nicht schreiben,
Vielleicht kann ich bei Euch so im Gedächtnis bleiben.
Nun sitz ich im Coupé, gleich wird es pfeifen.
Noch einmal laß ich meinen Blick über die Gegend schweifen.
Nun weiß ich doch – ich leide Qualen.
Adieu mein Westerbork, Post Hooghalen.

Beda

Apokalypse

Die Wolken möchten weinen.
Der Teufel mit dem Schnabelschuh
Drückt ihre Tränendrüsen zu
Und läßt die Sonne scheinen.

Am Himmel grünt der letzte Mond,
Den Bösen stimmt das heiter,
Er wittert geil am Horizont
Den ersten seiner Reiter.

In starrem Schweigen liegt die Welt,
Es dröhnt vom Huf der Pferde,
Der Embryo des Hungers bellt
Im Bau der dürren Erde.

Nun rast die blutge Konsequenz,
Die Zeit ist nicht zum Spaßen,
Der dritte Reiter Pestilenz
Wird sich nicht bitten lassen.

Ernst Busch

Neue Zuchthausballade

Im Kampf um Ladestreifen und um Knöpfe
In Brandenburg bei Firma Motz
Bedarf es flinker Hände, keiner Köpfe,
Und Nerven wie vorm Hackbeilklotz.
Es braucht der Kriegsknecht unsre Gaben,
Der General und der Soldat.

Doch wir, die Knastologen, haben
Nur gelbe Streifen an der Hosennaht.
   Wir hämmern und nieten, wir stanzen und löten
   Als Zuchthausgefangene mit Heil zum Sieg.
   Geschrieben steht das Wort:
   Du sollst nicht töten,
   Jedoch der Führer sprach:
   Totaler Krieg.

Uns winken keine Blut- und Ehrendolche,
Uns treibt allein der Knüppel aus dem Sack,
Man nennt uns Mistvieh, Hunde, faule Strolche
Und Aas und gottverdammtes Lumpenpack.
Den Hunger lehrt der Haß uns leichter tragen,
Das Schikanieren stärkt uns die Geduld.
Doch soll uns keiner dieser Büttel sagen:
Es war Befehl, es war nicht meine Schuld.
   Wir hämmern und nieten, wir stanzen und löten
   Als »Müll der Nation« durch Heil zum Sieg.
   Geschrieben steht das Wort:
   Du sollst nicht töten.
   Wie schön klang einst:
   Nie wieder Krieg.

Es sind, weiß Gott, nicht alles edle Brüder,
Was hinter Gittern aus dem Blechnapf frißt!
Man singt auch keine Partisanenlieder,
Weil mancher Sträfling Lampenmacher ist.
Und wie sie uns bespitzeln und belauern,
Als drohte schon der Weltenbrandprozeß,
Und doch tagt hinter ihren Zuchthausmauern
Der allergrößte Antifa-Kongreß.
   Wir hämmern und nieten, wir stanzen und löten
   Als Antifaschisten mit Heil zum Sieg!
   Geschrieben steht und bleibt:
   Du sollst nicht töten,
   Doch auch das Wort:
   Krieg eurem Krieg!

Emil F. Burian

Song von der Kuhle

Unser täglich Brot
Ist ein hartes Brot,
Schmeckt nach Blut,
Schmeckt nach Schweiß, schmeckt nach Tränen.
Ist die Arbeit herum,
Dann verzehren wir stumm,
Dann zermahlen wir schnell mit den Zähnen
    Unser täglich Brot!
    Unser täglich Brot!
    Unser täglich Brot!
    Unsere Kuhle!

Ja, das Essen fürwahr
Schmeckt nicht nach Kaviar.
Doch es knurrt
Uns vor Kohldampf der Magen.
Nach dem Abendappell,
Dann zermahlen wir schnell,
Dann verschlingen wir schnell ohne Klagen
    Unser täglich Brot!
    Unser täglich Brot!
    Unser täglich Brot!
    Unsere Kuhle!

Ist die Schutzhaft vorbei
Und wir sind wieder frei,
Ja, dann gibts
Jeden Tag Leckerbissen.
Doch dann wolln wir vereint
Unseren treuesten Freund,
Unseren besten Kameraden nicht missen,
    Unser täglich Brot!
    Unser täglich Brot!
    Unser täglich Brot!
    Unsere Kuhle!

Wolfgang Borchert

Moabit 1944

Die Wanzen lassen uns nicht schlafen.
Man denkt die ganze Nacht an Frauen,
Die wir wohl irgendwo mal trafen.
Von den smaragdäugigen und blauen,
Den schlanken und den zärtlichen
Habn wir die ganze Nacht gequasselt,
Wir Hungrigen. Wir Bärtlichen.
Im ersten Morgengrauen
Ist eine Ente laut vorbeigerasselt
Zum nächsten Binnenmeer –
Mensch, wenn man so'ne Ente wär.

Robert T. Odeman

Enfant terrible

Ich möcht mir drei Kaninchen halten,
Auch etwas Wirsingkohl und Dill,
Und ganz nach meinem Gusto schalten
Und alles machen, was ich will.
Es dürfte keinen Wecker geben,
Der morgens meinen Traum zerfetzt,
Ich möchte wie ein Hündchen leben,
Das sorglos jeden Stein benetzt.

Ich möchte in der Kathedrale
Die Orgel spielen sonntagfrüh.
Und plötzlich, mitten im Chorale,
Attacca in die Rhapsodie

In Blue von Gershwin übergehen,
Daß auf der Kanzel dem Pastor
Die Haare steil zu Berge stehen.
Und ebenfalls dem Kirchenchor.

Ich möchte mal mit Wohlgefallen
Herrn Schmidt, den ich nicht riechen kann,
Von links und rechts so ein paar knallen
Und schenken ihm drei Mark sodann.
Ich möchte Vitriol verkaufen,
Und jeglicher Opportunist,
Der müßte das als Kognak saufen.
Wie schade, daß das strafbar ist!

Ich möchte mir Hyänen züchten,
Mit ihnen dann spazierengehn,
Und alles müßte vor mir flüchten,
Das denke ich mir wunderschön.
Ich möchte in die Zeitung setzen:
Klavier verschenkt Frau Stadtrat Brandt
Und an der Alten mich ergötzen,
Der man die Bude eingerannt.

Ich möchte mal mit grünem Hütchen
Und einem rosa Havelock
Im Leichenzug bei Tante Friedchen
Erscheinen und beim Five o'clock
Bei Frau Geheimrat Gallenbitter
Mit schwarzen Shorts und Trauerflor
Und stinkbesoffen wie ein Ritter.
Das stelle ich mir herrlich vor.

Ich möchte armen kleinen Gören –
Sie müßten maßlos dreckig sein –
Im Café Himbeereis bescheren,
Und wenn die feinen Leute schrein,
Dann ließe ich sie auch noch singen
Ganz laut und falsch »Auf Wiedersehn!«
Die feine Bande soll zerspringen.
Das denke ich mir wunderschön!

So bin ich manchmal in Gedanken,
Doch für die Tat fehlt mir der Mut,
Und muß an diesem Sprengstoff kranken,
Der wie ein Dämon in mir ruht.
So geht es größtenteils im Leben:
Wer gern und viel von etwas spricht,
Auf den braucht man nicht viel zu geben,
Denn Belle-Hündchen beißen nicht!

OTTO HALLE

Doch auch für uns kommt mal die Zeit

Der Chor der Steineträger singt hinter den Kulissen und kommt langsam auf die Bühne

Hoch auf dem gelben Wagen
Sitz ich beim Schwager vorn.
Vorwärts die Rosse traben,
Lustig erschallet das Horn.
Berge, Täler und Auen,
Lustiges Baßgebrumm,
Ich bliebe ja so gerne, um zu schauen,
Aber der Wagen rollt.

Die Kapelle begleitet den Gesang leise, um dann beim weiteren Spiel zu untermalen. Im Vordergrund links sind vier Häftlinge beim Steinesetzen beschäftigt. Einer von ihnen kniet und legt die Steine, während die anderen mit der Ramme in Bereitschaft stehen. Sie arbeiten nicht, sondern stützen sich auf ihr Handwerkszeug und lauschen dem Gesang hinter der Bühne.
Der Strom der Steineträger fließt über die Bühne, indem die Häftlinge auf der einen Seite auftreten und auf der anderen Seite verschwinden, jedoch immer wieder erscheinen, so daß der Eindruck entsteht, daß Hunderte beschäftigt sind. Das Bild muß immer fließen.

Ein alter Häftling tritt aus der Reihe und blickt zum Modell des Krematoriums zurück; er wiederholt dies bei seinem nächsten Erscheinen, so daß der Eindruck entstehen muß, der alte Häftling beschäftige sich in seinen Gedanken nur mit seinem Tode.
Die Steinesetzer beginnen ihre Arbeit. Nach einigen Hammerschlägen läßt der Kniende den Hammer sinken, die anderen machen halt, und der erstere rezitiert jeweils einen Vers, in den die Rammer im Takt einfallen.

So hämmern wir fleißig
Jahrein und jahraus
Und schaffen die Straßen und bauen ein Haus.
Wir hämmern mit Fleiß und leimen mit Schweiß.
So geht es die Jahre
Im Buchenwald-Takt:
    Rack pickepack ticktack...

So hämmern wir Jahre,
Doch einmal ist's aus.
Dann gehen wir endlich zu Muttern nach Haus.
Dann hämmern wir nicht mehr
Im Buchenwald-Takt,
Aber der Hammer
Wird um so fester gepackt:
    Rack pickepack ticktack...

Ja, dann stampfen und schlagen
Und bohren und tragen
Und reißen nieder
Und bauen wir wieder.
Heisa, dann wird die ganze Arbeit gemacht
Und tausendmal mehr und besser geschafft!
Und das alles mit lachendem, krachendem Takt:
    Rack pickepack ticktack...!

Die Steineträger haben weitergearbeitet, doch gegen Ende der Rezitation sind sie langsamer geworden. Sie essen verstohlen, einzelne setzen sich nieder. Die Szene ist müde und abgespannt. Die Musik hat nur während der Rezitation aufgehört.
Der Alte wankt aus seiner Reihe und bricht zusammen. Einige helfen ihm stumm. Die Masse sieht sich nur um und bleibt teilnahmslos. Plötzlich ein Donnerschlag. Das Licht geht für einen Moment

aus, und beim Hellwerden sieht man einen Kapo in übernatürlicher Größe. Geste der Macht.
Nochmaliger Donnerschlag. Der Kapo ist verschwunden. Die Häftlinge setzen sich erschrocken in Bewegung. Der Alte richtet sich auf, nimmt seinen Stein an die Brust und wird selbst geschleppt. Die Szene leert sich, auch die Steinesetzer sind verschwunden. Der Schornstein des Krematoriums fängt an, stark zu rauchen.
Ein großes rotes Fragezeichen richtet sich von links auf, bleibt einen Moment stehen und senkt sich dann langsam nach rechts.
Während das Fragezeichen aufrecht steht, erscheint in weißer, leuchtender Schrift – ausgeschnittene Buchstaben –:
SEIN ODER NICHTSEIN, DAS IST HIER DIE FRAGE!
Die Musik steigert sich und bricht mit einem Paukenschlag ab. Dann setzt sie von neuem ein. Die Trägerkolonne erscheint wieder, trägt leicht und zuversichtlich und singt.

Doch auch für uns kommt mal die Zeit,
Hollaria, hollrio,
Wo aus der Schutzhaft wir befreit.
Dann werden froh wir heimwärts ziehn,
Ganz gleich, ob's schneit, ob Rosen blühn.

Wolfgang Borchert

Der Mond lügt

Moabit

Der Mond malt ein groteskes Muster an die Mauer.
Grotesk? Ein helles Viereck, kaum gebogen,
Von einer Anzahl dunkelgrauer
Und schmaler Linien durchzogen.
Ein Fischernetz? Ein Spinngewebe?
Doch ach, die Wimper zittert,
Wenn ich den Blick zum Fenster hebe:
Es ist vergittert!

Max Colpet

Wir sind noch einmal davongekommen

Wir sind noch einmal davongekommen...
Wir wußten kaum selber, wie es geschah.
Man hat uns die Heimat, die Eltern genommen.
Wir waren täglich dem Tode nah.

Wir sind in der Hölle des Lagers gesessen.
Wir sprangen verzweifelt vom fahrenden Zug.
Wir haben oft tagelang nichts gegessen.
Wir hatten vom Leben mehr als genug!

Wir wurden zu lebenden Skeletten –
Und krochen wie Würmer am Boden herum.
Wir waren zu schwach, um uns zu retten.
Wir wollten schreien – und blieben stumm.

Wir hatten den Glauben an alles verloren:
An Gott und die Welt, an Freiheit und Recht.
Wir dachten: Oh, wären wir nie geboren...
Die Menschen sind ein verfluchtes Geschlecht!

Und als sie kamen, um uns zu befreien,
Da haben wir freudlos sie angestarrt.
Zu viele fehlten in unseren Reihen:
Ermordet, verstümmelt, verbrannt und verscharrt.

Wir sind zwar glücklich davongekommen,
Doch man hat uns nicht nur unser Gut, unser Geld –
Man hat uns die Freude am Leben genommen.
Wir passen nicht mehr in diese Welt.

Hermann Hakel

Emigrantenlied

Ein Lied will ich euch singen, Kameraden,
Solang wir noch beisammen sind.
Vielleicht schon morgen werden wir verladen –
Mit Emigranten spielt der Wind!
Dich bläst er nach Schanghai und dich nach New York
Und mich schmeißt er irgendwohin.
Quer über die Erde zieht die Rue Morgue,
Wir werden ihr keiner entfliehn.
  Wie man allein und arm
  In diesem Leben ist,
  Daß sich ein Gott erbarm –
  Wenn das die Mutter wüßt.

Und endlich war die Grenze überschritten
Nach einer schwarzen Tunnelnacht.
Was wir dort drüben alle durchgelitten,
Ward nicht zum letztenmal gedacht.
Und dort war es grün, und hier ist es grün,
Kein Unterschied war da zu sehn
Zwischen den Ländern, und dennoch, uns schien
Die Luft jetzt freier zu wehn.
  Doch daß es nicht mehr gibt,
  Wo man zu Hause ist,
  Was man als Kind geliebt –
  Wenn das die Mutter wüßt.

Was wir bewilligt in den Koffern retten
Sind ein paar Hemden, Rock und Schuh.
Bis morgen reichen noch die Zigaretten –
Doch was ist übermorgen, du?
Da liegst du im Winkel und rechnest dir aus
Wie lange der Vorrat noch reicht:
Sardinen und Wurst und Käs von zu Haus,
Doch dann kommt der Hunger vielleicht.

Wie man allein und arm
Den trocknen Bissen ißt,
Daß sich ein Gott erbarm –
Wenn das die Mutter wüßt.

Der erste Winter, ging er auch vorüber,
Hat manchen tüchtig angepackt:
Die Lunge sticht, zum Hunger zehrt das Fieber,
Und tief erschüttert sieht man nackt:
Das Fleisch an Bauch und an Waden, es schmolz,
Skelett, was ein Körper einst war;
Und schließlich geht man, man ist nicht aus Holz,
Ja, betteln geht man sogar.
   Vor fremden Türen stehn
   – Man weiß nicht, wer du bist –
   Und in die Wohnung sehn...
   Wenn das die Mutter wüßt.

Und eines Tages sitzt du hinter Gittern
Und machst auf Läus und Wanzen Jagd.
Was sollte uns noch sonderlich erschüttern?
Wir sind nur da, daß man uns packt.
Wer weiß, wie die Sonne durchs Gitter scheint
Bei Wassersuppe und Brot,
Vielleicht, daß der eine Träne uns weint,
Gedenkt er der eigenen Not.
   Fünf Schritte grad, drei quer
   Die kalte Zelle mißt;
   Und immer hin und her...
   Wenn das die Mutter wüßt.

Ich singe euch dies Lied, Kameraden,
Solange wir noch beisammen sind.
Vielleicht schon morgen werden wir verladen –
Mit Emigranten spielt der Wind!

Johann Esser / Wolfgang Langhoff

Die Moorsoldaten

Wohin auch das Auge blicket,
Moor und Heide nur ringsum.
Vogelsang uns nicht erquicket,
Eichen stehen kahl und krumm.
   Wir sind die Moorsoldaten
   Und ziehen mit dem Spaten – ins Moor.

Hier in dieser öden Heide
Ist das Lager aufgebaut,
Wo wir fern von jeder Freude
Hinter Stacheldraht verstaut.
   Wir sind die Moorsoldaten...

Morgens ziehen die Kolonnen
In das Moor zur Arbeit hin,
Graben bei dem Brand der Sonne,
Doch zur Heimat steht der Sinn.
   Wir sind die Moorsoldaten...

Heimwärts, heimwärts jeder sehnet,
Nach den Eltern, Weib und Kind.
Manche Brust ein Seufzer dehnet,
Weil wir hier gefangen sind.
   Wir sind die Moorsoldaten...

Auf und nieder gehn die Posten,
Keiner, keiner kann hindurch,
Flucht wird nur das Leben kosten,
Vierfach ist umzäunt die Burg.
   Wir sind die Moorsoldaten...

Doch für uns gibt es kein Klagen,
Ewig kann's nicht Winter sein.
Einmal werden froh wir sagen:
Heimat, du bist wieder mein.
   Dann ziehn die Moorsoldaten
   Nicht mehr mit dem Spaten – ins Moor!

Beda

Buchenwald-Lied

Wenn der Tag erwacht, eh die Sonne lacht,
Die Kolonnen ziehn zu des Tages Mühn
Hinein in den grauenden Morgen.
Und der Wald ist schwarz und der Himmel rot,
Und wir tragen im Brotsack ein Stückchen Brot
Und im Herzen, im Herzen die Sorgen.
   O Buchenwald, ich kann dich nicht vergessen,
   Weil du mein Schicksal bist.
   Wer dich verließ, der kann es erst ermessen,
   Wie wundervoll die Freiheit ist!
   O Buchenwald, wir jammern nicht und klagen,
   Und was auch unsre Zukunft sei –
   Wir wollen trotzdem »ja« zum Leben sagen,
   Denn einmal kommt der Tag –
   Dann sind wir frei!

Unser Blut ist heiß und das Mädel fern,
Und der Wind singt leis, und ich hab sie so gern,
Wenn treu, wenn treu sie mir bliebe!
Die Steine sind hart, aber fest unser Schritt,
Und wir tragen die Pickel und Spaten mit
Und im Herzen, im Herzen die Liebe!
   O Buchenwald...

Die Nacht ist so kurz und der Tag so lang,
Doch ein Lied erklingt, das die Heimat sang,
Wir lassen den Mut uns nicht rauben!
Halte Schritt, Kamerad, und verlier nicht den Mut,
Denn wir tragen den Willen zum Leben im Blut
Und im Herzen, im Herzen den Glauben!
   O Buchenwald, ich kann dich nicht vergessen,
   Weil du mein Schicksal bist.
   Wer dich verließ, der kann es erst ermessen,
   Wie wundervoll die Freiheit ist!

Rudolf Kalmar

Die Blutnacht auf dem Schreckenstein

In der Halle des Schlosses Schreckenstein.

Personen:
Adolar, *Graf v. Schreckenstein*
Leopold, *sein Hausmeister*
Drei Ritter

Leopold   *sitzt behaglich in seinem Lehnstuhl und liest die Zeitung* Die da, zum Beispiel, wär gar net so übel: »vollschlank, anpassungsfähig und von symp.« – von was? – »von symp. Äußeren.« Symp..., dös wär wahrscheinlich grad das, was ich such... Symp.... Na ja, wann dös Äußere symp. is, muaß in die Innereien am End a net ganz zwider sein, die anpassungsfähige Vollschlank. »Etwas Vermögen«, das laßt sich hören, »Witwe« – die denkt immer daran, was mit ihrn ersten verlorn hat und schont daher in der Folge das Material, – »gut erhalten« – bravo! – »in den besten Vierzigern.« – Also, die Vierziger san sonst a Kinderkrankheit und wann mans nach den Jahren nimmt ... *es läutet* – Aber hörts doch auf! – wann mans nach den Jahren nimmt, is 40 gar net so viel. Fir a Schloß beispielsweise, wie das unser da, ist 40 Jahrln rein gar nix! Freilich, für a Witwe ... *es läutet wieder* Wahrscheinlich der Briefträger! – Für a Witwe mit einem symp. Äußeren etc. etc., da langts grad ... *es läutet wieder* Keine Ruh! Keine Ruh den ganzen lieben Tag! Kaum, daß dich ein wenig hinsetzen willst ... *es läutet Sturm. Durch das Fenster* Was ist denn los? Es is niemand z'Haus im Schloß, und i geh a gleich fort. *Stimmen* Ah, die Herrn san Ritter, dös is was anders. Für Ritter habn ma immer offen, weil ma ja selber von der Branche san. *zum Publikum* Ich mein, mein Herr Chef ist halt von der Branche und da besteht ein gewisses Zusammengehörigkeitsgefühl. Das ist so wie beim Gewerbe: die Schuster halten zu die Schuster, die Schneider zu die Schneider, die Tischler zu dö Tischler – *es läutet wieder* Jawohl, i komm schon! – und eben die Ritter zu die Ritter! *geht ab mit einem großen Schlüssel und spricht nach einer Pause draußen weiter* Ich

habe die Ehre, die Herrn, gschamster Diener, bitte nur einzutreten! *Die Ritter treten auf*
DIE RITTER   Glück auf und ritterlichen Gruß zuvor! Der Ruhm sei stets bei Deinen Fahnen, Herr!
LEOPOLD   Entschuldigen schon!
1. RITTER   Dem Schwertgewohnten biet ich meine Rechte. *gibt ihm die Hand*
2. RITTER   Vom Schreckensteiner hat man viel gehört. *man begrüßt sich*
3. RITTER   *durch die Nase* Sehr angenehm, Ritter Max ist mein Name, Max von Hütteldorf und Heiligenstadt, zweiter Linie.
LEOPOLD   Entschuldigen schon, ich bin nämlich der Hausmeister.
1. RITTER   Traun, welch ein Erreur!
2. RITTER   Ha no, was wär denn nacher das?
3. RITTER   Hausmeister? Charmant! Das gfallt mir sehr gut. – Weißt, wir haben in Wien auch einen Hausmeister ghabt, so einen dicken, ein lustiger alter Kerl...
1. RITTER   Schweig in dem bittern Augenblick des Irrtums!
3. RITTER   Na geh, sei doch net gleich so schiach mit mir...
2. RITTER   Laßt uns das Ding nach seinem rechten Sinn bereiten: Knappe!
LEOPOLD   Hausmeister, wenns nix dagegen haben!
1. RITTER   Hausmeister! – oh – Man melde dem ritterlich Grafen dieses stolzen Schlosses unser Kommen mit ritterlichem Gruß.
2. RITTER   Und wegn dem Nachtmahl könnt er ihn auch gleich vorbereiten.
1. RITTER   Gemach, mein Weggenosse! Zuerst die höfische Form!
2. RITTER   Aber dann gleich das Nachtmahl, denn Essen und Trinken, sagt man bei uns in Schwaben, halt Leib und Seel z'samm.
3. RITTER   Freilich! Ich bin auch sehr dafür. Zwischen der Arbeit immer ein bisserl Kaffeehaus. Net wahr, Kollega?
LEOPOLD   *klopft an die Tür* Herr Chef!
ADOLAR   *von innen* Wer ruft?
LEOPOLD   Es sind drei Herrn Ritter da, die möchten Ihnen gern sprechen!
ADOLAR   Drei Ritter, welches Glück am Rande dieses Tages! *in der Tür* Willkommen denn, willkommen tausendmal. Willkommen in der stolzen Halle meiner ritterlichen Ahnen.
Die Ritter verbeugen sich

ADOLAR *verbeugt sich während Leopold seinen Herrn, dem dabei sichtlich der Rücken schmerzt, unterstützt*
1. RITTER *verbeugt sich* Wunibald von Wilmersdorf, genannt der Heftige.
2. RITTER *verbeugt sich* Fridolin mein Name, Ritter Fridolin von Feuerbach, genannt der Schwäbische Lindwurm. Aber es ist gar nicht so arg!
3. RITTER *verbeugt sich* Sehr angenehm, Ritter Max ist mein Name, Max von Hütteldorf und Heiligenstadt, zweiter Linie – charmant.
ADOLAR Ich bitte, meine Herrn, nehmt Platz vom Fichtenstamme. Und gönnet mir die unschätzbare Freude der Bewirtung.
2. RITTER Aha, das Nachtmahl. Er kommt ganz von selber drauf. Ein feiner Mann!
3. RITTER Charmant!
Die Ritter nehmen Platz
ADOLAR *zu Leopold* Und nun, du Bote froher Lust, richt uns das Mahl.
LEOPOLD Entschuldigen schon...
ADOLAR *unbeirrt* Bring uns die rauchgeschwärzten Schenkel eines Schweins. Bring seine Rippen uns, von feinem Fett durchwachsen.
2. RITTER Nur nicht zu fett, wenn ich bitten darf, do bekomm ich leider so viel Aufstoßen davon, bitte um Verzeihung, daß man davon spricht.
1. RITTER Schweig, Weggenosse. Laß den Grafen reden.
ADOLAR Und Hühner bring, gemästet und gebraten.
Und junge Tauben, Krammetsvögel, frischen Lachs,
Mit Indiens Gewürzen köstlich zubereitet.
LEOPOLD Entschuldigen schon...
ADOLAR Und Wein,
DIE RITTER *begeistert* Ja, Wein!
ADOLAR Und wieder Wein. Wir wollen zechen bis der Morgen graut.
3. RITTER Schweigt mir vom Kraut!
ADOLAR Es wird ein köstlich Liebesmahl, von ritterlichen Reden froh begleitet.
LEOPOLD *beiseite* Entschuldigen schon, Herr Chef, aber die Frau Vondrak hat leider schon zugsperrt, und beim zweiten Greisler

haben wir schon so viel aufn Büchel, daß er uns nix mehr geben will.

ADOLAR Fatal fürwahr, allein, du wirst es schaffen!
Die Zeit ist knapp, drum geh und säume nicht!
Oft führt den Zaudernden der harte Zwang
Zur ungeliebten Pflicht!

2. RITTER Schön gesagt! Das war sicher ein Zitat. So was freut mich!

3. RITTER Eine Art geistiges Frühstück, net wahr? Sinds net bös, Herr Kollege. Gelt ... Charmant!

LEOPOLD *kommt mit einer Serviette unter dem Arm* So, da bin ich schon, meine Herrn! *beiseite* Herr Chef, es ist von z'Mittag noch a bisserl was übrig, recht prima, *laut* Und die Herrn Ritter haben sicher schon an Hunger. Hunger, sag ich immer, ist der beste Koch, net wahr...

ADOLAR Trag auf, mein Freund, was unser Küche beut:
Und zaudre nicht, wir wollen essen.

3. RITTER Und trinken, wenns beliebt.

LEOPOLD *bringt Schüsseln, Krüge und Becher*

1. RITTER Und von dem rauhen Ritterhandwerk reden, das uns ziemt! *Man schenkt ein*

ADOLAR Das erste Glas sei ein Willkommentrunk.

3. RITTER Den zweiten Becher bring ich unserem Grafen.

2. RITTER Den dritten unserer Freundschaft.

1. RITTER Prost!

ALLE Es lebe, was wir lieben!

Man hört Kettengerassel, alles verstummt

1. RITTER Was war denn das?

ADOLAR Ah nix, gar nix. *Wieder Kettengeklirr*

2. RITTER Und jetzt wieder, ganz deutlich auch noch!

LEOPOLD Ja was denn? Was ist denn los, meine Herrn, warum greifens denn nicht zu?

3. RITTER Es hat wirklich ganz deutlich gerasselt.

LEOPOLD Na, und warum solls denn nicht? Wegen dem bisserl Rasseln. Dös kommt vor auf so an alten Schloß, irgendwie, net wahr, rasselts halt irgendwo.

Es klirrt von Neuem. Die Ritter stehen auf und greifen zu ihren Schwertern

LEOPOLD *beiseite* Der muß sich losgmacht haben, und ich hab ihn doch zu Mittag noch so fest angehängt.

2. RITTER   Erkläret mir, Graf Örindur!
3. RITTER   Adolar, Kollega! Net Örindur!
1. RITTER   Wer ist es, der das frohe Mahl uns stört? Gebt Antwort, Graf, beim Knaufe unseren Schwertes!
LEOPOLD   *beiseite* Jetzt geht die Uhr richtig!
ADOLAR   *sitzt in sich versunken da*
2. RITTER   Graf Adolar von Schreckenstein, ist Blut an Euren ritterlichen Händen?
3. RITTER   Na geh, wer wird denn gleich an so was denken!
1. RITTER   Nagt ungesühnte Schuld an diesen Mauern? Ich heische Antwort!
ADOLAR   *aufspringend* Gut denn! So höret was ich Euch zu sagen habe! Ich trugs bisher allein für mich im Busen, dem Schicksal untertan und schwieg, bis ich des Schweigens müde wurde. Nun habt ihr mich gefragt. Seis drum! So hört mich an und richtet mich darob nach ritterlichem Recht:

DIE BALLADE VON DER TÜRKISCHEN JUNGFRAU

Es war vor Jahr und Tag in einer Stadt im fernen Orient,
Daß ich, mein Schwert zur Seite, durch die Gassen ritt. Wir
Hatten eben einen harten Tag verbracht im Kampfe mit dem Türk,
Und die Walstatt war grausig anzusehn. Traun, fürwahr! Die
Nacht sank nieder. Stern auf Stern erschien am Himmelszelt.
Der Mond warf seinen bleichen Schein durch Palmenkronen.
Und in der Ferne heulte hungrig die Hyäne.
Da stand mit einem Mal ein Weib vor mir!
Das Weib schlechthin!

3. RITTER   Charmant!
ADOLAR   *fortfahrend* Gehüllt in sieben Schleier.
Ihr gülden-reiches Ohrgehäng sang leis im Wind.
Ich hielt mein Roß an, schwang mich aus dem Sattel und sprach:
»Fatima, könntest du mich lieben?«
Sie aber lachte nur, sie drehte sich in ihren schmalen Hüften,
Und verschwand mit einem Wort auf ihren Lippen,
Das ich nicht verstand.
ECHO   Bubi!
ADOLAR   Ich war allein. Vom fernen Lager der Janitscharen
Klang der Zapfenstreich.
Sie feierten mit Zimbeln, Geigen, Flöten die ruhevolle Nacht,

Indes ich einsam von Fatima träumte.
Die ganze Nacht. Der Mond verblaßte.
Die Sterne löschten aus und auf dem Himmel
Erschien das hehre Strahlenbild der Sonne.
Die Vöglein sangen, und in meiner Brust
Voll Sehnsucht klopfte mir das Herz in harten Schlägen.
Da kam ein Mann des Wegs.
Den fragte ich nach Fatima und klagte ihm mein Leid
Der unerfüllten Sehnsucht.
Er sah nach ihrem Haus, er lachte laut
Und sagte dann im flüssigsten Arabisch:

ECHO   Idiot!
LEOPOLD *für sich* Hat er recht ghabt, der Türk!
ADOLAR   So sagte er und nahm mir so den Glauben an das Weib.
Adolar und die Ritter sitzen mit gesenktem Kopf und seufzen
2. RITTER   Und das Kettengerassel?
3. RITTER   Ja, bittschön, ich wär schon so neugierig.
1. RITTER   Fahrt fort, Graf Schreckenstein!
ADOLAR   Der Mann, der mich in meiner Ohnmacht hat erschaut,
Ist hier im Schloß.
Er schmachtet dort im Turm von Schreckenstein
Und wartet auf die Stunde der Befreiung.
Die Ritter sind aufgesprungen und umringen Adolar
LEOPOLD   Das ist eine schöne Geschichte!
ADOLAR   Ich nahm ihn fest in jener fernen Stadt,
Führt ihn mit mir ins Abendland
Und schenkte ihm das Leben, da er mir versprach,
Daß er den Glauben an das Weib mir wiedergeben werde.
Die Ritter atmen sichtlich erleichtert auf, fallen aber sofort wieder in ihr Entsetzen zurück
Jedoch zur Buße sperrt ich ihm den Mund
Mit einem Vorhängeschloß.
So schweigt er denn.
Und schweigt.
Und schweigt für immer
Wenn er nicht halten kann,
Was er zu tun versprach.
DIE RITTER   Oh Grauen und Entsetzen!
Welch fürchterliche Tat!
Uh...

Jura Soyfer

Dachau-Lied

Stacheldraht, mit Tod geladen,
Ist um unsre Welt gespannt.
Darauf ein Himmel ohne Gnaden
Sendet Frost und Sonnenband.
Fern von uns sind alle Freuden,
Fern die Heimat, fern die Fraun,
Wenn wir stumm zur Arbeit schreiten,
Tausende im Morgengraun.
    Doch wir haben die Losung von Dachau gelernt
    Und wurden stahlhart dabei:
    Bleib ein Mensch, Kamerad,
    Sei ein Mann, Kamerad,
    Mach ganze Arbeit, pack an, Kamerad,
    Denn Arbeit, Arbeit macht frei!

Vor der Mündung der Gewehre
Leben wir bei Tag und Nacht.
Leben wird uns hier zur Lehre,
Schwerer, als wir's je gedacht.
Keiner mehr zählt Tag und Wochen,
Mancher schon die Jahre nicht.
Und gar viele sind zerbrochen
Und verloren ihr Gesicht.
    Doch wir haben die Losung von Dachau gelernt...

Schlepp den Stein und zieh den Wagen,
Keine Last sei dir zu schwer.
Der du warst in fernen Tagen,
Bist du heut schon längst nicht mehr.
Stich den Spaten in die Erde,
Grab dein Mitleid tief hinein,
Und im eignen Schweiße werde
Selber du zu Stahl und Stein.
    Doch wir haben die Losung von Dachau gelernt...

Einst wird die Sirene künden:
Auf, zum letzten Zählappell!
Draußen dann, wo wir uns finden,
Bist du, Kamerad, zur Stell.
Hell wird uns die Freiheit lachen,
Schaffen heißt's mit großem Mut,
Und die Arbeit, die wir machen,
Diese Arbeit, sie wird gut!
    Denn wir haben die Losung von Dachau gelernt...

FERDINAND RÖMHILD

Der Flüchtling

Er hatte den Herren viel Ärger gemacht;
Denn er wollte den Ketten entfliehen.
Sie hatten ihn bald wieder eingebracht,
Um ihn vor Gericht zu ziehen.

Wie ein Vogel war er dem Käfig entschlüpft,
Wenn die Frühlingsdüfte ihn grüßen.
Man sagte, er werde nun aufgeknüpft
Und sollte am Galgen büßen.

Man riß ihm die Lumpen vom Leib herab
Und band seine Hände mit Riemen,
So kühlte man an ihm die Wut erst ab
Und peitschte ihm blutige Striemen.

Sie schlugen ihn ohne Bedenken wund
Und taten bedenkenlos richten.
Er war ja viel weniger als ein Hund,
Ein Geschöpf, kaum wert zu vernichten.

Und als die Nacht, die friedvolle, kam,
Vernahm sie ein hilfloses Stöhnen.
Da rang sie die Hände in schweigendem Gram,
Und die Sterne glänzten wie Tränen.

GRETE WEIL

Weihnachtslegende 1943

*Ort: Irgendwo in Europa. Ein Theater, das als Sammelstelle für
zu deportierende Juden benutzt wird.
Zeit: Weihnachtsabend 1943*

*Vorne vor der Bühne sitzen, Hand in Hand, mit dem Rücken zu
den Zuschauern, der Mann und die Frau. Die Bühne ist fast leer. An
der Rampe befindet sich ein Mikrophon, davor steht ein Junge vom
Judenrat.*

JUNGE   Meine Damen und Herren. Mit Zustimmung der Wache
  findet heute abend ein Kabarett statt. Rauchen ist verboten.
  Lachen nicht.
FRAU   Sie können über ihr eigenes Unglück noch Witze machen.
MANN   Sie langweilen sich. Die Leere der Stunden frißt noch ihre
  letzte Kraft.
Der Tod kommt auf die Bühne, postiert sich vor dem Mikrophon
TOD   Willkommen, wertes Publikum.
  Ihr schaut erstaunt. Ihr blickt euch zögernd um.
  Seid ruhig, ich tu euch heute nichts zuleid,
  Ich lasse euch und ihr laßt mir noch Zeit.
  Ihr sollt auch eure Trübsal bald vergessen
  Und ich – bin grade etwas überfressen.
  Drum hab das Stundenglas ich gern vertauscht
  Hier mit dem Mikrophon. Seid still und lauscht
  Auf die Akteure, die ich euch beschwöre.
  Es sind ein paar ganz allerliebste Chöre.
  Nicht sehr erfahren noch in dem Agieren,
  Vielleicht, daß einige sich selbst genieren.
  Seid nicht zu streng. Und ist das Spiel zu Ende
  Gebrauchet mir gar fleißig eure Hände,
  Ich hab die Conference hier übernommen
  Um euch die Zeit ein wenig zu verkürzen
  Und sie mit meiner Künstlerschar zu würzen.
  Sie sind die Welt. Wie sie sich heut als Bild
  Uns zeigt. Großsprechend, blutig, wild

Und doch so arm. Vom Leben weit entfernt.
Sie haben nichts als Mord und Raub gelernt –
Und Sterben. Was sie tun, ist greulich.
Im Grunde find selbst ich es ganz abscheulich.
Doch was als Wirklichkeit schwer zu verdauen,
Soll als Symbol die Seele euch erbauen.
Und weil ihr leidet, seufzt, ergeht die Bitt
An Euch, ihr Lieben, spielet kräftig mit.
Verwandelt euch aus starren Marionetten
In Menschen, die sich in die Handlung retten'.
Ergreift die Tat! Und sei's auch nur im Spiel.
Ich wette, daß es euch am Schluß gefiel.
Agiert und spielt. Dann ist schon viel getan.
Am Ende sieht der Tod euch lächelnd an.
Theater alles und um zehn vorbei.
Der deutschen Wache mach den Platz ich frei.

SD-Kolonne
  Wenn andere Menschen schlafen
  Auf ihren Ruhekissen
  Die Bösen und die Braven
  Mit ruhigem Gewissen,

  Dann schlägt für uns die Stunde.
  Mit Stapel von Papieren
  Beginnen wir die Runde.
  Wir klopfen an die Türen.

  Die Menschen in den Betten
  Sie fürchten sich und zittern,
  Sie wollen sich noch retten.
  Das kann uns nicht erschüttern.

  Wir saufen ihre Weine,
  Wir fressen ihre Kuchen.
  Wir nehmen ihre Scheine.
  Wir wühlen und wir suchen

  In ihren Kostbarkeiten,
  In Fächern und in Kästen.
  Wie herrlich sind die Zeiten,
  Um unsern Bauch zu mästen.

Wenn voll sind unsre Taschen,
Versiegt die reiche Quelle,
Wenn gar nichts mehr zu naschen,
Dann gehts zur Sammelstelle.

Sorgfältig registrieret,
Quittiert und abgetragen.
Pro Stück wird honorieret.
Es lebt das freie Jagen.

Während der letzten Strophe ist der Hauptsturmführer, gefolgt vom Sprecher des Judenrates, aufgetreten und durch die Zuschauer bis zur Bühne gegangen.

SPRECHER Herr Hauptsturmführer, der Mann hat sich sehr verdient gemacht.

HAUPTSTURMFÜHRER Ach, was ihr so verdient nennt. Scheiße.

SPRECHER Er ist der einzige Facharbeiter seiner Branche, den wir hier noch haben.

HAUPTSTURMFÜHRER Soll in Polen sein Fach ausüben.

SPRECHER Die Frau ist hochschwanger, Herr Hauptsturmführer.

HAUPTSTURMFÜHRER Hat ihr jemand geraten, ein Kind zu bekommen? Ich will davon nichts mehr hören.

SPRECHER Kennen Herr Hauptsturmführer den Witz: Zwei Juden sitzen sich gegenüber in der Eisenbahn...

Sie gehen nach hinten, man versteht nichts mehr.

FRAU Sie sprechen über uns. Der Deutsche lächelt.

MANN Vielleicht läßt er uns frei bis du das Kind hast.

FRAU Er sieht so jung und freundlich aus.

MANN Sicher wird alles gut.

Der Hauptsturmführer und der Sprecher sind wieder nach vorn gekommen.

SPRECHER Herr Hauptsturmführer, hier ist diese Familie.

HAUPTSTURMFÜHRER *bleibt gelangweilt stehen* Warum haben Sie denn ein blau geschlagenes Auge? Haben sich drücken wollen, was?

MANN Herr Führer, Herr Oberführer, es ist, es kommt daher, weil...

HAUPTSTURMFÜHRER *scharf* Sie haben zu schweigen, wenn ich mit Ihnen spreche.

FRAU Herr Hauptsturmführer, ich erwarte nächsten Monat mein erstes Kind.

HAUPTSTURMFÜHRER Tja, liebe Frau, das ist sehr bedauerlich. Das haben Sie nicht sehr geschickt ausgesucht.
FRAU Herr Hauptsturmführer, wenn ich nach Polen muß, dann werd ich sterben und das Kind auch.
HAUPTSTURMFÜHRER *sieht sie betroffen an, dann im Weitergehen zum Publikum* Es sterben Hunderttausende. Kommt ja auf ein paar mehr oder weniger gar nicht an. Scheiße. *ab, gefolgt vom Sprecher des Judenrates.*
FRAU *sehr leise* Herr Hauptsturmführer!
TOD Die schaffen mir die großen, fetten Bissen,
Sie treiben mir die schönste Beute zu.
Glatt, kalt und elegant. Und wissen
Sie auch nicht ganz genau warum, so doch wozu.
Wenn einstmals sie sich meinem Winke beugen
Und sagen dann: Wir haben nur gemußt
Und nichts geahnt. Ihr alle wart hier Zeugen:
Sie tatens gern, sie taten es bewußt.
Sie tatens feige mit dem Mut im Munde,
Sie tatens ehrlos, spielten sich als Held.
Geduld, mein Publikum, es kommt die Stunde,
Da stehn sie einsam gegen eine Welt.
Kein Führer hilft, kein Gottesgnadentum,
Verantwortung trägt jeder nur allein.
Ihnen Vergessen. Doch euch bleibt der Ruhm,
Die Überwinder ihrer Tat zu sein.

BEDA

Kindermärchen

Es war einmal ein Drache,
Der hatt ein großes Maul
Und Zähne wie ein Tiger
Und Hufe wie ein Gaul.

Er hatte immer Hunger
Und fraß die ganze Stadt,
Fraß Länder auf und Völker
Und wurde doch nicht satt.

Er hat von früh bis abends
Gefressen und geschmatzt.
Doch bei dem letzten Bissen
Ist er am End zerplatzt.

Anonym

Wir leben ewig

Wir leben ewig! Es brennt eine Welt!
Wir leben ewig ohne einen Groschen Geld.
Allen Feinden zutrotz,
Die uns anschwärzen.
Wir leben ewig, wir sind da,
Wir leben ewig in jeder Stunde.
Wir wollen leben und erleben,
Und schlechte Zeiten überleben.
Wir leben ewig! Wir sind da!

Anhang

Anmerkungen

S. 14 *Die Liste der Opfer* – *Eugen Auerbach*, von Karl Kraus als musikalischer Begleiter seiner Rezitations-Programme geschätzt, war in den dreißiger Jahren als Komponist und Pianist für Erika Manns Exil-Kabarett *Die Pfeffermühle* tätig; 1940 wurde er in Paris verhaftet, nach Auschwitz deportiert und vergast. – *Carl Carlsen*, der Conferencier, war ein unerschrockener Nazi-Gegner, der trotz mehrfacher Warnungen nicht davon abließ, NS-Staat und Partei zu attackieren. Aufgrund einer Denunziation verhaftet, starb er 1943 an den Folgen der Folterungen durch die SS in Dresden. – *Alice Dorell* (* 1907), die nach ihrer Emigration in Holland das *DDD* gegründet hatte, kam über das Lager Westerbork nach Auschwitz, wo sie 1942 ermordet wurde. – *Robert Dorsay* (* 1904), der eigentlich Robert Stampa hieß, war als Conferencier eine der Stützen im *Kabarett der Komiker;* ein von der NS-Zensur abgefangener Brief, in dem er die Nazis verhöhnte, wurde ihm zum Verhängnis: vom Gericht der Wehrmachtskommandantur Berlin wegen »Wehrkraftzersetzung« zum Tode verurteilt, wurde er am 29. Oktober 1943 hingerichtet. – *Max Ehrlich*, 1892 in Berlin geboren, war als Schauspieler und Kabarettist vor allem als Interpret von Tucholskys »Wendriner« populär. Er betätigte sich noch bis 1939 als Leiter der Kleinkunstbühne im Berliner Jüdischen Kulturbund und emigrierte dann nach Holland. Nach dem Einmarsch der deutschen Wehrmacht verhaftet, leitete er die *Bühne Lager Westerbork*, wo er in mehreren Kabarett-Programmen mit eigenen Sketchen auftrat. Er starb 1944 im Konzentrationslager Auschwitz. – *Franz Engel* (* 1898), der Wiener Kabarettist, ging nach dem Einmarsch der Deutschen in Österreich in die Niederlande; von Westerbork aus, wo er sich am Lager-Kabarett beteiligte, wurde er nach Auschwitz deportiert und 1944 ermordet. – *Richard Fall* (* 1882), Schlagerkomponist und Kabarettmusiker, dessen Chansons Claire Waldoff bereits im frühen Kabarett der Kaiserzeit sang, war in den zwanziger Jahren mit seinen Nonsens-Schlagern (»Was machst du mit dem Knie, lieber Hans«, »Wo sind deine Haare, August«) populär geworden; der Bruder des Operettenkomponisten Leo Fall emigrierte 1938 von Wien nach Frankreich, wurde in Nizza verhaftet und 1943 nach Auschwitz deportiert, wo er, gerade 70 Jahre alt, ermordet wurde. – *Egon Friedell* (* 1878), eigtl. Egon Friedmann, Schauspieler, Kabarettist, Schriftsteller und Kritiker, der bereits in den Wiener Kabaretts *Die Hölle* und *Fledermaus* aufgetreten war, nahm sich wenige Tage nach dem deutschen Einmarsch in Österreich das Leben. Er entzog sich der Verhaftung durch einen Sprung aus dem Fenster seiner Wohnung. – *Kurt Gerron* (* 1897), eigtl. Kurt Gerson, war als Schauspieler und Regisseur eine der populärsten Gestalten des Kabaretts der zwanziger Jahre. Neben seinen Auftritten in der *Wilden Bühne*, in der *Rakete*, in Hollaender- und Nelson-Revuen, war er auch als Filmdarsteller (»Der blaue Engel«) bekannt. 1933 emigrierte er in die Niederlande, wo er nach dem Einmarsch der deutschen Truppen verhaftet und über das Lager Westerbork nach Theresienstadt deportiert wurde. Hier gründete er sein Lager-Kabarett *Das Karussell*, in dem er selbst auftrat. 1944 wurde er gezwungen, im Auftrag der SS den NS-Propagandafilm »Der Führer schenkt den Juden eine Stadt« über das Ghetto Theresienstadt zu drehen. Danach wurde er nach Auschwitz deportiert, wo er noch im gleichen Jahr ermordet wurde. – *Dora Gerson* (* 1899), Schauspielerin und Kabarettistin, war in der *Katakombe* aufgetreten; nach Hitlers Machtübernahme ging sie nach Holland, wo sie in verschiedenen Emigranten-Kabaretts, darunter im *Ping-Pong,* zu sehen war. Bei einem Fluchtversuch in die Schweiz verhaftet, starb sie 1943 im Konzentrationslager Auschwitz. – *Manfred Greiffenhagen* (* 1896), Schriftsteller und Kabarettautor, schrieb Texte für das Lager-Kabarett in Theresienstadt. Im Oktober 1944 nach Auschwitz deportiert, starb er im Januar 1945 im Konzentrationslager Dachau. – *Fritz Grünbaum* (* 1880), einer der bekanntesten Conferenciers der Wiener Kleinkunstszene, war während der zwanziger Jahre als Schauspieler, Schlagertexter und Operettenlibrettist bekannt. 1938 von den Nazis verhaftet, starb er im Januar 1941 im Konzentrationslager Dachau. – *Peter Hammerschlag* (* 1902), Kabarettist und Conferencier, begann seine Karriere 1930 in der *Katakombe* und war bis zum Einmarsch der Deutschen in Österreich für verschiedene Wiener Kabaretts tätig. 1942 verhaftet, wurde er in ein Arbeitslager im Osten deportiert, wo er vermutlich noch im gleichen Jahr ermordet wurde. – *Leo Hirsch* (* 1903), Journalist und Schriftsteller, war nach 1933 beim Jüdischen Kulturbund in Berlin tätig, für den er auch kabarettistische Abende (»Großer Bilderbogen«) inszenierte, mit denen er versuchte, die erzwungene Ghettosituation der Juden aufzuarbeiten. Hirsch starb 1943, gerade 40 Jahre alt, als Opfer der Zwangsarbeit in Berlin. – *Jakob van Hoddis* (* 1887), eigtl. Hans Davidsohn, war als Lyriker bereits vor dem Ersten Weltkrieg bei den *Neopathetikern* aufgetreten. Wenig später in eine psychiatrische Klinik eingewiesen, wurde er 1942 von den Nazis ermordet. – *J. Jushny,* Direktor und Conferencier des russischen Emigranten-Kabaretts *Der blaue Vogel,* das 1921 in Berlin gegründet worden war, gastierte nach der Machtübernahme der Nazis vor allem in Holland, versuchte aber 1937 noch einmal, bei einem Gastspiel in der Berliner *Scala* an seine alten Erfolge anzuknüpfen. Von den Nazis verfolgt und gejagt, nahm er sich noch im gleichen Jahr in einem Prager Hotel das Leben. – *Franz Eugen Klein,* Musiker, Hauskomponist und Kabarettist im Wiener *Lieben Augustin,* wurde nach dem Einmarsch der deutschen Truppen in Österreich nach Theresienstadt verschleppt, wo er als Dirigent an verschiedenen Operninszenierungen beteiligt war. Innerhalb weniger Wochen schrieb er um die Jahreswende 1943/44 eine Oper mit dem Titel »Der gläserne Berg«, die er aber nicht aufführen durfte. Im Oktober 1944 wurde er nach Auschwitz deportiert, wo der 32jährige Musiker unmittelbar nach seiner Ankunft, von Mengele selektiert, in den Gastod geschickt wurde. – *James Klein* (* 1884), Autor und Produzent der nach ihm benannten kabarettistischen *Klein-Revuen* in der Berliner Komischen Oper, emigrierte 1933 nach Frankreich. 1943 in Nizza verhaftet, starb er im gleichen Jahr im Konzentrationslager Auschwitz. – *Kurt Lilien* (* 1882), eigtl. Kurt Lilienthal, Schauspieler, Sänger und Kabarettist, war während der zwanziger Jahre in seiner Heimatstadt Berlin vor allem als Darsteller der *Haller-Revuen* bekannt. Im holländischen Exil war er eine der Stützen des Nelson-Ensembles. Er starb kurz vor Ende des Zweiten Weltkrieges im Konzentrationslager Auschwitz. – *Walter Lindenbaum*, Schriftsteller, Kabarettautor, trat nach seiner Verhaftung im Theresienstädter *John-Kabarett* als Conferencier auf. Er starb kurz vor Ende des Zweiten Weltkrieges im Konzentrationslager Buchenwald. – *Fritz Löhner* (* 1883), der unter seinem Pseudonym Beda Schlagertexte, Operettenlibretti und Kabarett-Texte schrieb, verfaßte im KZ das berühmt gewordene Buchenwald-Lied. Er starb im Dezember 1942 in Auschwitz. – *Hans Meyer-Hanno*, Schauspieler und Kabarettist, gehörte 1929 zum Gründungsensemble der Berliner *Katakombe*, später war er Mitglied der *Truppe 1931*. Im Juli 1944 wurde er verhaftet und vor dem Volksgerichtshof wegen Vorbereitung zum Hochverrat und Feindbegünstigung angeklagt; das Urteil lautete auf drei Jahre Gefängnis. Am 22. April 1945 wurde er in Dresden, unmittelbar vor seiner Befreiung durch die Alliierten, von den Nazis ermordet. – *Ernst Morgan*, Kabarettist, war während der zwanziger Jahre im Wiener *Simplicissimus* und in verschiedenen Berliner Kabaretts, darunter im *Meran* und bei den *Unmöglichen*, aufgetreten. Nach seiner Emigration wirkte er in Holland in der *Nelson-Revue* mit. Von den Nazis verhaftet und in Theresienstadt interniert, beteiligte er sich dort am Lager-Kabarett, darunter als Partner von Bobby John. Er starb, kurz vor Ende des Zweiten Weltkrieges, in Auschwitz. – *Paul Morgan* (* 1886), eigtl. Paul Morgenstern, Schauspieler, Autor, Kabarettist, trat bereits 1914 im Wiener *Simplicissimus* als Conferencier auf; zehn Jahre später eröffnete er zusammen mit Kurt Robitschek und Max Hansen das Berliner *Kabarett der Komiker*. Nach Wien emigriert, fiel er dort 1938 den Nazis in die Hände, die ihn zunächst ins Konzentrationslager Dachau, später nach Buchenwald verschleppten. Dort starb er im Dezember 1938 an Entkräftung. – *Erich Mühsam*, (* 1878), Schriftsteller, Politiker, Kabarettautor, der bereits im frühen Kneipenbrettl wie dem *Hungrigen Pegasus* und dem *Kabarett zum Peter Hille* aufgetreten war, wurde 1933, in der Nacht des Reichstagsbrandes, verhaftet und starb im Juli 1934 im Konzentrationslager Oranienburg einen qualvollen Tod nach Folterungen durch die SS-Wachmannschaften. – *Erich Ohser* (* 1903), 1930 als Schnellzeichner und Bühnenbildner Ensemblemitglied der Berliner *Katakombe*, einem größeren Publikumskreis unter seinem Pseudonym E. O. Plauen als Schöpfer der Bilderserie »Vater und Sohn« bekannt geworden, wurde Opfer einer Denunziation. Ende März 1944 verhaftet, wurde er zusammen mit seinem Freund, dem Schriftsteller und Schlagertexter Erich Knauf, wegen »defätistischer Äußerungen im Luftschutzkeller« vor dem Volksgerichtshof angeklagt. Ohser erhängte sich Anfang April, einen Tag vor der Urteilsverkündung, in seiner Zelle im Zuchthaus Brandenburg; sein Freund Knauf wurde am 2. Mai 1944 hingerichtet. – *Paul O'Montis* (* 1894), der aus Budapest stammende Sänger und Komiker, der eigentlich Paul Wendel hieß und in den zwanziger Jahren als »flüsternder Chansonnier« Star im *Meran*, im *Carlott-Kasino* und im *Kabarett der Komiker* war, ging nach 1933 ins Ausland, wo er in Holland, in Österreich und in der Schweiz Kabarett spielte. Von den Nazis als Homosexueller verfolgt und verhaftet, starb er im Juli 1940 im Konzentrationslager Sachsenhausen. – *Hans Otto* (* 1900), Schauspieler am Berliner Staatstheater, der gegen Ende der zwanziger Jahre maßgeblich am Aufbau der linksengagierten Agitpropgruppen und ihrer Kabarett-Revuen beteiligt war, wurde nach der Machtübernahme verhaftet und im berüchtigten Columbia-Haus in Berlin am 24. November 1933 zu Tode gemartert. – *Willy Rosen* (* 1894), eigtl. Wilhelm Julius Rosenbaum, populärer Schlagerkomponist, Texter und Kabarettist, der mit seinen Solo-Auftritten im *Kabarett der Komiker* unter dem Motto »Text und Musik von mir« stürmischen Erfolg hatte, konnte nach einem 1933 über ihn verhängten Auftrittsverbot nur noch auf der Kleinkunstbühne des Berliner Jüdischen Kulturbunds gastieren. In Holland von den Nazis verhaftet, wurde er in Westerbork interniert; hier baute er zusammen mit Max Ehrlich ein Lager-Kabarett auf. 1944 wurde er nach Auschwitz verschleppt und dort umgebracht. – *Willy Schürmann-Horster* (* 1900), Schauspieler und Regisseur, hatte 1930 in Düsseldorf die linksengagierte Berufstheatergruppe *Truppe im Westen* gegründet und leitete zeitweise die Agitpropgruppe *Kolonne Stehkragen;* 1934 gründete er das Düsseldorfer Kabarett *Der Klimperkasten*. Zwei gegen ihn eingeleitete Gerichtsverfahren wegen kommunistischer Betätigung und »Vorbereitung zum Hochverrat« endeten mit einem Freispruch. Im Oktober 1942 erneut verhaftet, wurde er vom Volksgerichtshof zum Tode verurteilt und am 9. September 1943 in Berlin-Plötzensee hingerichtet. – *Moritz Seeler* (* 1888), Schriftsteller, Regisseur, Kabarettautor, Leiter der *Jungen Bühne Berlin,* hatte 1927 zusammen mit Friedrich Hollaender die Kabarett-Revue »Bei uns um die Gedächtniskirche rum« verfaßt und war 1929 als Autor des Films »Menschen am Sonntag« bekannt geworden. Nach 1933 für das Theater des Jüdischen Kulturbunds tätig, wurde er 1942 ins Ghetto von Riga deportiert; er starb in KZ-Haft. – *Jura Soyfer* (* 1912), Schriftsteller, Kabarettautor, schrieb für verschiedene Wiener Kabaretts; bei dem Versuch, vor den Nazis über die Schweizer Grenze zu fliehen, wurde er im März 1938 verhaftet und ins KZ Dachau gebracht, wo sein Lagerlied entstand. Er starb am 16. Februar 1939, 26 Jahre alt, im Konzentrationslager Buchenwald an Typhus. – *Leo Strauß* (* 1897), Schriftsteller, Kabarettist, wurde Anfang Oktober 1942 ins Ghetto Theresienstadt verschleppt, wo er sich mit einem eigenen Ensemble am Lager-Kabarett beteiligte; im Oktober 1944 nach Auschwitz deportiert, endete er in der Gaskammer. – *Myra Strauß* (* 1900), Kabarettistin, war im Ghetto Theresienstadt mehrfach auf Kabarettveranstaltungen, darunter als Mitglied des *Strauß-Ensembles* und in Kurt Gerrons *Karussell* aufgetreten. Am 12. Oktober 1944 nach Auschwitz verschleppt, teilte sie das Schicksal ihres Mannes Leo Strauß. – *Otto Wallburg* (* 1889), eigtl. Otto Wasserzug, Schauspieler, Kabarettist, durch zahlreiche Filme sowie als Darsteller der Spoliansky-Revue »Es liegt in der Luft« populär, ging nach Holland, wo er Mitglied des Willy Rosen-Kabaretts *Theater der Prominenten* war und in Nelson-Revuen spielte. Von Westerbork aus wurde er über Theresienstadt nach Auschwitz deportiert und dort umgebracht. – *Geza L. Weisz,* Kabarettist, spielte 1931 in Werner Fincks *Katakombe* und zwei Jahre später, nach seiner Emigration in die Niederlande, im Emigranten-Kabarett *Ping-Pong*. Später wurde er verhaftet und in Auschwitz vergast.

S. 20   *Herbst 1932* – vorgetragen vom Autor *1932* in der *Katakombe.*

S. 20   *Ganz rechts zu singen* – das 1930 entstandene Chanson hat Kästner für Kate Kühl geschrieben, die es in verschiedenen Kabaretts vortrug. Das Lied wurde rasch auch im Ausland populär; bald gehörte der Song vom Rechtsgesang zum festen Repertoire des Exil-Kabaretts. – Ullstein war ein Pressekonzern, der zur Zeit der Weimarer Republik in der Mehrzahl liberale Zeitschriften herausbrachte; Geheimrat Emil Kirdorf, Exponent der Schwerindustrie, war neben Thyssen, Krupp und Flick einer der Finanziers Hitlers.

S. 22 *Die Sage vom Großen Krebs* – veröffentlicht in der »Weltbühne«, einen Tag nach dem Reichstagsbrand. Noch in der gleichen Nacht flüchtete Mehring mit der Bahn nach Paris.

S. 23 *Die Nationalstrolchisten* – 1932 im Kabarett *Die Pille* vorgetragen. Der Autor, der das Gedicht im gleichen Jahr in seiner Satire-Zeitschrift »Die Ente« abdruckte, merkt dazu an, er habe den Wortschatz dem NS-Blatt »Der Angriff« entnommen. – Der Hinweis auf die weißen Mäuse, die durchs volle Haus toben, bezieht sich auf die Demonstration der Nazis gegen den pazifistischen Remarque-Film »Im Westen nichts Neues« im Jahre 1930, als rechtsgerichtete Kreise, an ihrer Spitze der einstige Brecht-Freund und Ex-Links-Literat Arnolt Bronnen, unter anderem im Kino Stinkbomben warfen und weiße Mäuse freisetzten.

S. 25 *Das dritte Reich* – 1930 unter dem Tucholsky-Pseudonym Theobald Tiger in der »Weltbühne« abgedruckt, wurde das Gedicht bald darauf in linken Kabaretts vorgetragen.

S. 26 *Höchste Eisenbahn* – Titelchanson der gleichnamigen Hollaender-Revue, die Ende 1932 im Berliner *Tingel-Tangel-Theater* Premiere hatte; die Musik schrieb Friedrich Hollaender. Der Revue-Titel war so politisch gemeint, wie die Nationalsozialisten ihn verstanden: das Programm wurde mehrfach durch randalierende SA-Schläger gestört, die dem Kabarett-Hausherrn auf die Finger spuckten. Hollaender ging kurz darauf, im Frühjahr 1933, in die Emigration.

S. 28 *Marschliedchen* – 1932 in der »Weltbühne« unter dem Titel »Denn ihr seid dumm« veröffentlicht, gehörte das Gedicht zum Repertoire des linksengagierten Kabaretts. Im gleichen Jahr als »Marschliedchen« in die Kästner-Anthologie »Gesang zwischen den Stühlen« aufgenommen, fehlen zwei Strophen, die sich auf das 1932 gesungene Marschlied der Nazis beziehen, in dem weitermarschiert werden soll, »bis alles in Scherben fällt«. Bei Kästner heißt es dazu: »Ihr wollt, daß man euch hört. Ihr wollt nicht hören. / Ihr haltet mit der Dummheit gleichen Schritt. / Wer nichts mehr zu verlieren hat, läuft mit. / Und fragt man, was ihr wollt, ruft ihr: ›Zerstören!‹« Und weiter: »Drum exerziert vor alten Generälen, / Und schmeißt die Beine bis zum Himmelszelt! / Doch daß davon die Welt zusammenfällt, / Das könnt ihr eurem Großpapa erzählen.«

S. 29 *Das Führerproblem* – aus dem Gedichtband »Gesang zwischen den Stühlen«, der 1932 erschien.

S. 29 *Der Bücherkarren* – Vorgetragen 1931 von Willi Schaeffers im Berliner *Korso*-Kabarett. Auch Willi Kollo, der die Musik zu Krügers zeitkritischen Versen schrieb, hat die Nummer bis 1933 im Rahmen seiner unterhaltend-politischen Solo-Programme, mit denen er in verschiedenen Häusern, darunter im *Kadeko* gastierte, zum Vortrag gebracht. Dabei benutzte er verschiedene Textvarianten. So hieß es statt der Vollbart-Zeile bei Kollo über Hitler: »Wird er Juden noch im deutschen Reiche dulden, oder macht er selbst bei ihnen auch noch Schulden?« – Felix Dahn (1834–1912), der völkisch-reaktionäre Erfolgsschrifsteller (»Ein Kampf um Rom«), stand schon wegen seiner antisemitischen Haltung bei den Nazis hoch im Kurs. Emil Ludwig (1881–1948), ebenfalls ein Schriftsteller mit hohen Auflagen, galt im Dritten Reich als »Asphalt-Literat« und wurde wegen seiner jüdischen Abstammung und wegen seines bürgerlichen Namens Emil Cohn mehrfach verhöhnt (s.S. 219). Seine Bücher wurden 1933 öffentlich verbrannt; Ludwig rettete sich durch die Flucht ins Ausland. Hermann Haller (1871–1943) war Chef und Schöpfer der nach ihm benannten Haller-Revuen. Max Reinhardt (1873–1943), wie Haller und Ludwig jüdischer Abstammung, hieß mit bürgerlichem Namen Max Goldmann. Auch der berühmte Regisseur, Theaterleiter und *Schall und Rauch*-Gründer ging ins Exil.

S. 30 *Große Zeiten* – im Mai 1931, mit dem Zusatz »neueste Ausgabe«, in der »Weltbühne« veröffentlicht.

S. 31 *Porträt nach der Natur* – veröffentlicht in der »Weltbühne« vom 1. März 1932. Mehring merkt dazu an, er habe den Text im Februar 1932 in der Empfangshalle des Berliners Hotels »Kaiserhof« notiert, wo er Hitler, teetrinkend und auf die Machtübernahme wartend, angetroffen habe.

S. 32 *Aufbruch der Nation* – der Text von der aufbrechenden Nation entstand 1933. Sein Autor, Robert Gilbert, ging im gleichen Jahr ins Exil.

S. 38 *Es weht ein frischer Wind* – vorgetragen im Herbst 1933 vom Autor in der *Katakombe*. Finck rief in seinem Kabarettprogramm dazu auf, seinem »Kampfbund für harmlosen deutschen Humor« beizutreten, und stimmte dann zur Melodie »Stimmt an mit hellem hohen Klang« das KfhdH-Kampflied an, das er auch im Programmheft abdrucken ließ. Es mußte später aus dem Programm entfernt werden.

S. 38 *Ich steh auf dem Boden der Tatsachen* – 1931 von Rudolf Platte in der *Katakombe* vorgetragen. Die Musik schrieb Otto Stransky. Arendt textete auch nach der Machtübernahme der Nazis für die *Katakombe* unter dem Pseudonym Hermann Flack.

S. 40 *Existenz im Wiederholungsfalle* – vorgetragen im September 1933 von den drei »Katakombenjungs« Wilhelm Meißner, Manfred Dlugi und Heinz Woezel in der *Katakombe*. Die Musik zu dem Kästner-Gedicht, das bereits 1929 in seiner Gebrauchslyrik-Sammlung »Lärm im Spiegel« veröffentlicht worden war, schrieb Edmund Nick. Das Programmheft der *Katakombe* nannte Emil Fabian als Textautor, ein Pseudonym, das Kästner sich unter Anspielung auf seinen »Fabian«-Roman zugelegt hatte, nachdem seine Bücher am 10. Mai 1933 von den Nazis auf den Scheiterhaufen geworfen worden waren.

S. 41 *Sinn des Lebens...?* – vorgetragen im November 1933 von den drei »Katakombenjungs« Manfred Dlugi, Wilhelm Meißner und Heinz Woezel in der *Katakombe*. Die Musik schrieb Edmund Nick.

S. 41 *Gruß aus dem Mumienkeller* – vorgetragen 1932 von der Autorin im Berliner *Kohlkopp*.

S. 42 *Volkslied* – vorgetragen 1934 von den drei »Katakombenjungs« Wilhelm Meißner, Manfred Dlugi und Heinz Woezel in der *Katakombe*. Die Musik zu dem bereits 1923 im »Simplicissimus« veröffentlichten Ringelnatz-Gedicht schrieb Edmund Nick.

S. 42 *Eine Seefahrt* – vorgetragen 1935 in der *Katakombe* von Isa Vermehren, die sich dazu selbst auf dem Akkordeon begleitete. Die Vermehren hatte im November 1933 unter ihrem Künstlernamen Hanna Dose ein vielbeachtetes Kabarett-Debüt gegeben, war mit ihren Seemannsliedern rasch populär geworden, wurde für den Film entdeckt und besang zahlreiche Schallplatten. Ihre musikalische Visitenkarte, das Lied von der lustigen Seefahrt, fiel bei den NS-Behörden wenig später in Ungnade, weil die Textzeile vom Dreikäsehoch mit der ankerklüsengroßen Schnauze als Anspielung auf Reichsminister Joseph Goebbels verstanden wurde. 1936 wurde ihr ein Auftritt in ihrer Heimatstadt Lübeck untersagt. Im »Völkischen Beobachter« hieß es unter der Überschrift »Eine Seefahrt, die ist lustig, und ein Schlager fällt in Ungnade« dazu im einzelnen: »Selbstverständlich hat auch der deutsche Seemann Sinn für einen Spaß und auch derben Humor, er ist ja selber auch nicht zimperlich, und gegen ein wirklich lustiges Lied über die Seefahrt und den deutschen Seemann würden sich die Angehörigen der Handelsmarine am ehesten freuen. Wogegen sie sich aber wenden, ist die Verletzung ihrer Berufsehre.« Isa Vermehren wurde 1944, nachdem ihr Bruder sich ins Ausland abgesetzt hatte, verhaftet und ins Konzentrationslager eingeliefert. Sie überlebte Ravensbrück, Buchenwald und Dachau, tingelte nach Kriegsende zusammen mit Werner Finck auf der Kabarettbühne und ging 1951 ins Kloster.

S. 44 *Die Kuhfort-Conference* – vorgetragen vom Autor 1934 in der *Katakombe*. – Der kabarettistische Monolog blieb über längere Zeit im Programm und wurde von Finck immer wieder aktualisiert. Kuhfort ist ein kleiner Ort bei Potsdam, in dem sich der Kabarettist ein Landhaus mit einem Obst- und Gemüsegarten gekauft hatte. Die Spitze seiner Conference richtete sich gegen die »Blut und Boden« – Mythologie der Nazis. Finck über seine Anspielungen: »Für die Katakombe war die Zeit der raffinierten Andeutung gekommen. Man brauchte nur mit einem kleinen Hämmerchen an ein kleines Glöckchen zu schlagen, schon übertrug sich das wie das Läuten einer Sturmglocke.«

S. 45 *Gang durch die Kuhherde* – vorgetragen 1934 vom Autor in der *Katakombe*.

S. 46 *Chanson vom Aberglauben* – vorgetragen von Helmut Käutner 1934 in der *Nachrichter*-Revue »Die Nervensäge«. Sie war eine Gemeinschaftsarbeit des *Nachrichter*-Teams Helmut Käutner, Bobby Todd und Kurd E. Heyne. Die Chansonmusik stammt von Heyne und Todd. Die letzte Strophe wurde, nach ersten Beanstandungen, weggelassen.

S. 48 *Sie müßten mal zum Dokter gehn, Herr Dokter* – aus der *Nachrichter*-Revue »Der Esel ist los«, die 1932 Premiere hatte. Das parodistische Kabarett-Stück aus der Feder des *Nachrichter*-Teams Helmut Käutner, Bobby Todd, Kurd E. Heyne steckt, angesiedelt im Jahr »300 v. Chr. (mindestens)«, voller Anspielungen auf die Zeit, in der es gespielt wurde; so wurde das von Frank Norbert (Norbert Schultze) und Bobby Todd vertonte Chanson vom Doktor, der mal zum Doktor müßte, als Goebbels-Persiflage verstanden. Trotzdem konnte sich das »Stück mit Musik in 9 Bildern nach dem Altgriechischen des Plagiates (16 Rollen), darunter Taxos, Eseltreiber, Concordia, ein Esel, 1 Rechtsanwalt, 1 Linksanwalt, Apropos, Bankier und Verleger« auch 1933 noch auf der Kabarettbühne halten. Todd spielte den Hals-, Nasen- und Ohrenarzt Anginos, Heyne den Eigenbrötler Diogenes und Käutner den Eseltreiber Taxos.

S. 49 *Emil seine Hände* – 1933 von Grethe Weiser im *Wintergarten*, später im Schaeffers-*Kabarett für Alle* sowie in der *Musenschaukel* vorgetragen. Das rasch populär gewordene Couplet, zu dem der Autor die Musik schrieb, wurde auch auf den Kabarettbühnen des Exils gesungen, so von Dora Paulsen in den Amsterdamer *Nelson-Revuen* und 1938 im niederländischen *ABC*-Kabarett von Dora Gerson.

S. 50 *Ein neuer Frühling* – vorgetragen von den Comedian Harmonists 1933 auf ihren Gastspielen, die sie auch mehrfach ins *Kabarett der Komiker* führten. Im gleichen Jahr noch wurde das Lied, zu dem Willy Engel-Berger und Will Meisel die Musik schrieben, von der populären Vokalgruppe auf Schallplatte gesungen. – Das Lied vom neuen Frühling, der da in die Heimat kommen soll, war ebenso erfolgreich wie mißverständlich: es liest sich wie eine Verbeugung vor der neuen Herrschaft, die im Januar 1933 an die Macht gekommen war und die der von wirtschaftlicher Misere, Arbeitslosigkeit und Depression gebeutelten Bevölkerung Aufbruch in bessere Zeiten und eine »nationale Revolution« versprach. Und dies wurde offensichtlich auch so verstanden: kurz nach der Platteneinspielung tauchten Fotopostkarten, auf denen SS-Männer in voller Montur als Verlobte grüßten und dazu der Refrain des neuen Frühlingsliedes abgedruckt war, im Handel auf und wurden im SS-Organ »Das Schwarze Korps« abgedruckt. Zur gleichen Zeit jedoch wurde das Frühlingslied zum Widerstandshymnus oppositioneller Jugendgruppen wie der Edelweiß-Piraten. Inwieweit der Text ursprünglich ironisch gemeint war, läßt sich schwer sagen; bereits ein Jahr zuvor hatte Textdichter Fritz Rotter zusammen mit *Kadeko*-Chef Kurt Robitschek an einem Schlagertext gebastelt, in dem es, auf nationaler Welle reitend, hieß: »Man trägt wieder treue Augen, so wie anno dazumal...« Als die Comedian Harmonists das Lied vom neuen Frühling aus der Taufe hoben, waren Robitschek und Rotter bereits vor den Nazis nach Wien geflüchtet. Zwei Jahre später mußte sich die Gesangsgruppe, wegen ihrer drei jüdischen Mitglieder von der NS-Presse angepöbelt, auf Befehl von Goebbels auflösen.

S. 51 *Das kitzlige Thema* – vorgetragen vom Autor 1934 im Münchner *Platzl*. – Der »Komiker des Dritten Reiches«, wie die »Münchner Post« den *Platzl*-Chef Weiß Ferdl nannte, bezieht sich in seinem Kabarett-Monolog auf das im März 1933 errichtete Konzentrationslager Dachau bei München. Wenn er sich selbst als »Dachauer« bezeichnet, so spielt der frühe NS-Sympathisant und Hitler-Verehrer darauf an, daß er 1907 als Mitglied der »1. Dachauer Bauernkapelle«, kurz die »Dachauer« genannt, ans *Platzl* engagiert worden war. 1934 hat Weiß Ferdl, dessen Text hier leicht gekürzt wiedergegeben wird, seinen Bericht »über die Lage« auch auf Schallplatte gesprochen.

S. 52 *Männeken steh!* – (gek. Fassung) vorgetragen vom Autor in den dreißiger Jahren in *Carows Lachbühne*. Carow erschien auf der Bühne mit einem Stehaufmännchen, das aus einer Zigarrenkiste emporschnellte.

S. 58 *Abschied im April* – geschrieben im April 1933 von Robert Gilbert, dem Autor sozialrevolutionärer Songs

(»Stempellied«) und populärer Schlager (»Das gibt's nur einmal«), der, von den Nazis aus politischen und rassischen Gründen verfolgt, kurz nach Hitlers Machtübernahme Berlin in Richtung Österreich verließ. Der Text wurde später im New Yorker Exil-Kabarett vorgetragen.

S. 59 *Der Emigrantenchoral* – 1934 in Mehrings »Chansons, Balladen und Legenden«-Sammlung »Und Euch zum Trotz« in Paris veröffentlicht, war der Choral – Zeitzeugen zufolge – bald in Pariser Emigrantenkreisen so etwas wie die »Nationalhymne« des Exils. Mehring trug sie im März 1934 anläßlich eines Basler Gastspiels der *Pfeffermühle* selbst vor; er war dort für die erkrankte Therese Giehse eingesprungen. *Pfeffermühle*-Chefin Erika Mann hatte ihn, den verarmten Dichter, der »ohne einen Rappen in der Tasche« war, auf der Straße getroffen und ihn kurzfristig engagiert. Später wurde die Emigrantenballade, von Walter Goehr vertont, durch Ernst Busch bekannt.

S. 60 *Diese Emigranten!* – ein 1934 in Holland kursierender Text aus unbekannter Feder, der im Exil-Kabarett vorgetragen wurde. – Reichsbischof Ludwig Müller, Oberhaupt der sogenannten »Deutschen Christen« und im Volksmund spöttisch »Reibi« genannt, betrieb in Hitlers Auftrag die Gleichschaltung im kirchlichen Bereich; er nahm sich 1945 das Leben. Die SA-Führer Ernst Röhm und Edmund Heines, deren gleichgeschlechtliche Neigungen seinerzeit in aller Munde waren, wurden im Zusammenhang mit dem sogen. Röhm-Putsch Ende Juni 1934 auf Befehl Hitlers erschossen.

S. 61 *Passagier der leeren Plätze* – vorgetragen im März 1934 vom Ensemble des Prager *Studio 34* im Programm »Passagiere der leeren Plätze«. Die Musik zu dieser Voiceband-Nummer, die hier stark gekürzt wiedergegeben ist, schrieb Rolf Jacoby. Über den Prager Auftritt der Kabarettisten um Hedda Zinner heißt es in einem Pressebericht: »Es ist eine völlig ungewohnte Kunstform. Sprechchöre von äußerster Präzision, miteinander, nebeneinander, sich überlagernd, ergänzend, unterstreichend, darüber hinweg oder eingefügt Einzelsprecher, Gesangsstimmen, Klopfgeräusche, Megaphone, alles wurde eingesetzt, floß, oft stark rhythmisiert und synkopisch kontrapunktiert, zu einem Ganzen zusammen.«

S. 62 *Ach, sie haben ihre Sprache verloren* – vorgetragen vom Autor 1939 in Los Angeles auf einem Bunten Abend des German Jewish Club. Bei dem Text handelt es sich um einen Auszug aus Hollaenders im gleichen Jahr von der »Tribüne« veröffentlichten »Emigrantenballade«, die er seiner Frau, der Kabarettistin Hedi Schoop, widmete. In einer Kritik der »Pariser Tageszeitung« vom 15. März 1939 heißt es darüber: »Es handelt sich um eine große innerliche Auseinandersetzung mit dem Schicksal der Emigration, um eine Wanderung durch die Stationen von der Austreibung bis zum Aufatmen in einer schwer und bitter errungenen neuen Heimat.«

S. 63 *Die Novaks aus Prag* – vorgetragen in den vierziger Jahren im New Yorker Emigranten-Kabarett *Kadeko* von Hermann Leopoldi, der auch die Musik zum Robitschek-Text schrieb. Leopoldi, ein namhafter Kabarettist der Wiener Kleinkunstszene, war 1939 aus dem Konzentrationslager Buchenwald freigekommen und in die USA emigriert.

S. 65 *Die braune Kuh* – vorgetragen vom Autor in Pariser Emigranten-

Kabaretts und auf Polit-Veranstaltungen. Claus Clauberg schrieb zu dem 1933 in Paris entstandenen Gedicht eine Musik unter Verwendung des Horst Wessel-Marsches.

S. 66 *Frau X* – vorgetragen von Therese Giehse 1933 in der *Pfeffermühle*, Zürich. Die Musik schrieb Magnus Henning.

S. 68 *Der Prinz vom Lügenland* – vorgetragen von der Autorin 1933 in der *Pfeffermühle*, Zürich. Erika Mann trug das Chanson zur Musik von Eugen Auerbach in folgender Kostümierung vor: Schwarze Reitstiefel und Reithosen, anliegende kurze Jacke aus glänzendem Silberlamé, Fliegerkappe aus dem gleichen Material, weiße Reitpeitsche. Kurz vor Schluß der Nummer, die laut Regieanweisung »mitten im Winter« spielt, trat die Vortragende nach vorn an die Rampe, riß sich die Kappe vom Haar und schleuderte die letzten vier Zeilen beschwörend ins Publikum.

S. 70 *Die Krankenschwester* – vorgetragen von Therese Giehse 1934 in der *Pfeffermühle*, Zürich. Die Musik schrieb Magnus Henning. – Die Szene, eine unverhohlene Anspielung auf die Nazi-Herrschaft im benachbarten Deutschland, führte im Zürcher Kursaal, wo die *Pfeffermühle* im November 1934 gastierte, zu Krawallen. Zeitzeugen, darunter der *Cornichon*-Musiker Tibor Kasics, berichten, daß sich ein randalierender Störtrupp von Schweizer Faschisten unter das Publikum gemischt hatte: »Bei der Textzeile ›Der Herr Professor weiß das besser...‹ brach der Sturm los; es gab eine regelrechte Schlägerei, es flogen Stuhlbeine und Stinkbomben.« Wenig später erging auf Druck der NS-Botschaft die »Lex Pfeffermühle«; sie verbot Erika Manns Kabarett jeden weiteren Auftritt im Kanton Zürich.

S. 72 *Ein Brief* – Anfang 1933 von Sybille Schloß in der *Pfeffermühle* vorgetragen. – Der Text, der im faschistischen Deutschland unter Oppositionellen in Abschriften zirkulierte, bezieht sich auf das Schicksal Ricki Hallgartens, mit dem der Autor seit früher Jugend eng befreundet war. Hallgarten hatte sich unmittelbar vor Antritt einer Persien-Reise, die er gemeinsam mit Klaus und Erika Mann unternehmen wollte, am 5. Mai 1932 erschossen. Klaus Mann: »Der Tod mir eine vertrautere Gegend geworden, seit ein so inniger Vertrauter meines irdischen Lebens sich ihm, dem Tode, der mir einst so fremd tat, freiwillig anvertraut hat. Wo ein Freund wohnt, kennt man sich doch schon aus, ehe man selber hinkommt.« Klaus Mann nahm sich 1949 das Leben.

S. 74 *Requiem* – Das Gedicht, am 1. April 1933 in Zürich geschrieben, ist ein Nachruf auf den Kabarettisten Paul Nikolaus, mit dem der Autor befreundet war. Nikolaus (1894–1933), eigtl. Paul Nikolaus Steiner, der geistreiche, schlagfertige und politisch hellwache Conferencier der zwanziger Jahre, war bereits in der *Wilden Bühne*, später in der *Gondel*, den *Wespen*, in der *Scala* und im *Wintergarten*, im *Tingel-Tangel* und vorzugsweise im *Kabarett der Komiker* aufgetreten. Max Herrmann-Neiße hat ihn einmal als den »Pionier der schlagenden Pointe« bezeichnet und seine Conference, 1926 in einer Kritik für das »Berliner Tageblatt«, »ein kleines Kunstwerk für sich« genannt: »treffsicher, scharf pointiert, stets auf vornehme Art aktuell, von einem eigenen, unabhängigen Standpunkt aus gegen schlimme Zeitzustände spöttisch, nicht sich einschmeichelnd bei der Publikumsmeinung, sondern auch gegen sie rebellisch, dabei in Distanz von ihr, aus Selbstbewußtsein liebenswürdig, und den Kollegen des Abends eine unmerkliche, zuverlässige Hilfe«. Nach dem Reichtagsbrand war Nikolaus in die Schweiz emigriert, hatte noch einmal seine Freunde gesehen und nahm sich am 31. März 1933 in einem Luzerner Hotel das Leben. Max Herrmann-Neiße erfuhr davon durch einen letzten Gruß: »Lieber Macke! Ich mußte Euch anlügen, Euch den Schmerz bereiten: es mußte so sein, alles war seit Wochen sorgfältig vorbereitet ...« Und in einem weiteren Abschiedsbrief heißt es: »Einmal kein Scherz: ich nehme mir das Leben. Warum? Ich könnte nicht nach Deutschland zurück, ohne es mir dort zu nehmen. Ich kann dort nicht arbeiten – jetzt, will dort nicht arbeiten und habe mich leider in mein Vaterland verliebt. Ich kann in dieser Zeit nicht leben. Zeitflucht? (Ist das eine Schmockerei? Dann ist es die erste und letzte meines Lebens.) Leben Sie wohl ... Grüßen Sie alle, die mich gern hatten; zur Trauer ist kein Anlaß. Lacht, wenn Ihr an mich denkt: das ist die schönste Pietät. Meinen komischen Körper vermache ich der Anatomie: ich hoffe, daß sie ihn nimmt, obwohl der Wurmfortsatz fehlt ... Die letzten Grüße, Nikolaus.«

S. 75 *Die alte Vogelscheuche* – 1934 in der *Pfeffermühle* vorgetragen. – Das Chanson, mit dem Hitler als »Menschenscheuche« vorgeführt wird, hatte Erika Mann bei Mehring in Auftrag gegeben. Mehring in einem Brief an die Chefin der *Pfeffermühle*: »Man trage das Chanson unpathetisch vor und etwas keifend, dergestalt, daß der Diktatorfimmel des Schneiderleins lächerlich wirke.« Eine weitere, ironische Anmerkung Mehrings zeigt, welchem Druck die Exil-Kabarettisten in der Schweiz und anderswo ausgesetzt waren, da es ihnen untersagt war, die Politik im benachbarten Deutschland auf der Bühne zu thematisieren: »Mit dem Schneiderlein ist natürlich ... gemeint, was ich energisch ableugne, weil es ganz unpolitisch ist.« – Die »Vogelscheuche« wurde 1939 auch im Londoner Exil-Kabarett *24 Schwarze Schafe* gespielt: »The Scarecrow«.

S. 82 *Mancher lebt!* – aus dem Programm »Liebe, Lenz und Tingel-Tangel«, vorgetragen vom Autor, 1935, im *Tingel-Tangel*.

S. 82 *Das Fragment vom Schneider* – vorgetragen von Ivo Veit (Schneider) und dem Autor im »Frühjahrsprogramm« 1935 der *Katakombe*. – Die Szene, die für die Kabarett-Besucher erkennbar Anspielungen auf Hermann Görings Ordenssucht und seine Parade-Uniformen (»Wie wünschen Sie die Revers?« – »Recht breit, damit ein bißchen was draufgeht.«), auf Konzentrationslager, auf den Ersten Weltkrieg (»14/18«), auf Kriegsende und Revolutionsunruhen (»18/19«), auf Hitlers Machtübernahme (»33«) enthielt und in der Finck vom gewünschten Anzug, der »nur nicht diesreihig« sein sollte, lächelnd nuschelte, daß es wie »nur nicht dies Reich!« klang, bot Goebbels die Handhabe, gegen die ihm verhaßte *Katakombe* vorzugehen. Die Spitzelberichte der Geheimen Staatspolizei, die dazu vorlagen, waren von einem Kriminal-Angestellten verfaßt und nicht ohne unfreiwillige Komik (»Das Fragment vom Schneider ist sehr anzüglich gehalten.«) Auf Anweisung des Reichspropagandaministeriums wurden das Programm am 10. Mai 1935 verboten, die *Katakombe* geschlossen, Werner Finck und seine *Katakomben*-Kollegen Walter Trautschold und Heinrich Giesen verhaftet und ins Konzentrationslager Esterwegen »überführt«. Nach sechs Wochen wieder frei, erhielten Finck und Trautschold, der als Schnellzeichner mit politischen Anspielungen gearbeitet hatte, ein befristetes Arbeitsverbot und 1936 vor dem Sondergericht des Landgerichts Berlin einen Prozeß wegen »Vergehens gegen das Heimtückegesetz«. Vor Gericht mußte die Schneider-Szene nachgespielt werden; dazu Finck später: »Die Anklageschrift bestand fast nur aus Sketchen, Chansons, politischen Witzen und Conferencen. Kein Wunder, daß es bei ihrer Verlesung in der nicht ausgeschlossenen Öffentlichkeit immer wieder zu ungeniertem Gelächter kam ... Die lebensgefährliche Pointe (›Aufgehobene Rechte‹) hatte ich beim Vorspielen entschärft, indem ich ›Erhobene Rechte‹ sagte.« Die Verhandlung endete mit Freispruch mangels ausreichender Beweise.

S. 83 *Die Miesmacher auf der Herrenpartie* – vorgetragen 1935 von Walter Gross, Walter Lieck und Günther Lüders im *Tingel-Tangel*-Programm »Liebe, Lenz und Tingel-Tangel«. – Die Szene der »drei Männer unterm Baum, von der Natur ganz zu schweigen«, ein harmlos witzelnder Spaß, der, wie es die Anmoderation zu dieser Herrenpartie ironisch vorgab, ganz im Sinne der offiziellen Propaganda Front gegen die »Miesmacher« machen wollte (»Verfolgt fühlen sich diese Helden ja immer, und doch können sie ihre Bemerkungen nicht lassen«), war Anlaß zum Verbot des Programms und zur Schließung des Kabaretts am 10. Mai 1935. Goebbels verfuhr hierbei wie im Fall der *Katakombe* (s. Anm. zu S. 82): Gross, Lieck und Lüders wurden verhaftet, verhört und für sechs Wochen ins Konzentrationslager Esterwegen eingeliefert. Nach ihrer Entlassung wurde gegen die Kabarettisten Anklage wegen »Vergehens gegen das Heimtückegesetz« erhoben, der Prozeß fand im Oktober 1936 vor dem Sondergericht des Landgerichts Berlin statt. In dem Verfahren, in dem auch die Katakomben-Kabarettisten Finck und Trautschold auf der Anklagebank saßen, ging es im wesentlichen um die »Miesmacher«-Szene und die Frage, ob Gross die Refrainzeile »Ei bloß wegen Bube, Dame, König und des As« so gedehnt gesungen habe, daß es wie »det Aas« geklungen habe, womit laut Anklage, die sich auf Gestapo-Berichte stützte, »ohne jeden Zweifel der Führer gemeint war«, immerhin habe das Publikum an der Stelle »im vollen Verständnis dieser Tatsache sich in Beifallsstürmen« ausgetobt. Zur Beweisaufnahme mußte die Szene vor Gericht noch einmal vorgespielt werden; die Sache verlief im Sande, das Urteil lautete auf Freispruch für alle Kabarettisten.

S. 86 *Gärten sehen dich an!* – aus dem Programm »Liebe, Lenz und Tingel-Tangel«, vorgetragen im Frühjahr 1935 vom Autor im *Tingel-Tangel*. – Das Gedicht gehörte zu den von den Nazis beanstandeten Nummern. In den Spitzelberichten an Goebbels heißt es dazu: »Lieck spricht unter deutlicher Anspielung auf die heutigen Verhältnisse von ›Mist‹, aus dem vielleicht auch wieder etwas Wertvolles wachsen könne.« Und weiter: »Auch das ›Tingel-Tangel‹ müßte ausgeräumt werden und Herr Walter Lieck in ein Konzentrationslager überführt werden.« So geschah es dann auch. Drei Tage nach dieser Empfehlung, am 10. Mai 1935, wurde das *Tingel-Tangel* geschlossen und Lieck, wie Werner Finck und andere *Tingel-Tangel*-Kollegen, ins Konzentrationslager Esterwegen eingeliefert. Nach sechswöchiger Haft entlassen, erhielt er Arbeitsverbot.

S. 88 *Winter a. D.* – vorgetragen von Vilma Beckendorf, Herti Kirchner, Elisabeth Lennartz, Walter Gross,

Walter Lieck und Günther Lüders im *Tingel-Tangel*-Programm »Liebe, Lenz und Tingel-Tangel«, 1935. Die Musik schrieb Günter Neumann. – Die frühlingverheißende Szene, mit der in verschlüsselter Form das allgemeine Klima vom März 1935 angesprochen, Gliederungen der NS-Hierarchie (Blockwart, Fachschaft, Ortsgruppe) persifliert, auf paramilitärische Übungen angespielt, die »Heil!«-Rufe verulkt und die Goebbels-Kampagne gegen »Mecker-, Nörgler- und Miesmachertum« der Lächerlichkeit preisgegeben werden, wurde von den Nazis beanstandet, das *Tingel-Tangel* bald darauf auf Befehl des Reichspropagandaministeriums geschlossen. Vorausgegangen waren Überwachungen durch Gestapo-Beamte und Polizeispitzel, die nach dem Kabarett-Besuch Geheim-Berichte an die Goebbels-Behörde lieferten. Darin heißt es: »Das im Programm unter I eingesetzte Schaustück ›Winter a.D.‹ deutet den jetzt herrschenden Eiszustand an und bringt die Hoffnung auf den kommenden Fühling zum Ausdruck.«

S. 92 *Himmlische Zustände* – Szene aus der Kabarett-Revue »Der Apfel ist ab«, vorgetragen in einer zensierten Fassung von Lizzi Waldmüller (Schlange), Robert Dorsay (Teufel), Willi Schaeffers (Petrus), Charlott Daudert (Eva) und Erik Ode (Adam) im *Kabarett der Komiker*, September 1938; die Musik schrieb Erwin Bootz. – Ursprünglich hatte die Revue, ein Kabarett-Stück der *Nachrichter* aus der Feder von Helmut Käutner, Bobby Todd und Kurd E. Heyne, im Oktober 1935 uraufgeführt werden sollen, wurde aber auf Befehl des Reichspropagandaministers verboten. Die Kabarettgruppe, der »Zuverlässigkeit und Eignung im Sinne der nationalsozialistischen Staatsführung« abgesprochen wurde, mußte sich auflösen. Der im NS-Sinne »nichtarische« Todd und Heyne, der mit einer Jüdin verheiratet war, gingen ins Ausland. Als Willi Schaeffers im September 1938 von Goebbels das *Kabarett der Komiker* übertragen wurde, bat er Käutner um Programmvorschläge; der offerierte ihm das ungespielte *Nachrichter*-Stück, strich es auf einen Akt zusammen, entschärfte die Polit-Pointen (»Obergruppenengel«, »Himmelreichsbezirk«, »Himmlischer Beobachter«), zeichnete nun als Alleinautor und nannte das Ex-Satire-Stück, in dem einst Luzifer Goebbelsche Züge trug, »ein Paradeisspiel«. Zehn Jahre später, 1948, verfilmte Käutner den »Apfel«-Stoff mit Bobby Todd, Bettina Moissi, Joana Maria Gorvin und Arno Assmann in den Hauptrollen, er selbst spielte den Petrus-Part des Professor Petri; die Leinwand-Satire wurde ein Mißerfolg.

S. 102 *Gleichgeschaltet* – 1933/34 vom Autor zur eigenen Coupletweise im Münchner *Platzl* und auf Schallplatte gesungen. Diese frühe Ergebenheitsadresse eines Kabarettisten an die NS-Machthaber ist später zuweilen als couragiert-kritische Äußerung mißverstanden worden, ebenso wie eine Vielzahl von Witzen, die zwischen 1933 und 1945 in der Bevölkerung kursierten, fälschlicherweise Weiß Ferdl zugeschrieben wurden und ihm den Ruf eines Nazi-Gegners einbrachten. Und so war dieses Kabarett-Couplet als Hohelied auf die von den Nazis betriebene Gleichschaltung auf allen politischen, gesellschaftlichen und kulturellen Gebieten gedacht, wenn auch nicht ausgeschlossen werden kann, daß der Münchner Volkskomiker dabei auch Beifall von der falschen Seite bekam. Er nahm ihn Zeit seines Lebens entgegen, woher er auch immer kam; schon 1918 hielt er's mit der Ambivalenz und freute sich darüber, daß sein »Revoluzzerlied« (s.*Kleinkunststücke* Bd. 2, S. 41), mit dem er gegen die Republik und für die alte Ordnung des Kaiserreichs Front machte, »allen Parteirichtungen gefallen hat.« Wie er damals tatsächlich über die neue Zeit dachte, zeigt ein kabarettistischer Silvester-Monolog, mit dem er im Rundfunk Rückschau auf das Jahr 1934 hielt: »Wohin man blickt, wurde gearbeitet, gebaut, gegraben, erneuert, erweitert, vergrößert, verbessert. Selbst die verbissensten Miesmacher müssen zugeb'n und wenn es ihnen noch so weh tut: Es rührt sich was! Die Autobahnen schreiten rüstig vorwärts, die Straßen und Brücken wurden breiter gemacht, krumme Wege gerade gezogen, wir gehen keine krummen Wege mehr, wir gehen kerzengeradeaus immer vorwärts im Gleichschritt... Es rührt sich was!«

S. 104 *Mir ist schon alles ganz egal* – vorgetragen vom Autor als parodistischer Figur Paul Neugebauer in dem Programm »Lachen in Runxendorf« anläßlich eines Lommel-Gastspiels in *Bendows Bunter Bühne*, 1934.

S. 105 *Die Humorspritze* – Szene aus der gleichnamigen Kabarett-Revue, die 1939 im *Kabarett der Komiker* gespielt wurde. Die Prosel-Revue, zu der Mario Dietmar die Musik schrieb, markiert die Geburtsstunde des harmlos biederen »K.d.K.-Humors«, der laut Goebbels »gutmütig, anständig und sauber« zu sein habe »und wenn nötig, auch derb und zugreifend sein kann« und der mit *Kadeko*-Chef Willi Schaeffers 1938 Einzug im einstmals renommierten Berliner Kabarett hielt. Schaeffers, von Goebbels für das *Kabarett der Komiker* mit der »Großen Lizenz« betraut, die ihm gewisse Zensur-Freiräume versprach, tritt denn auch in der »Humorspritze« als frischgewickelter Gottvater der völkischen »Kraft durch Freude«-Fröhlichkeit auf, und der Chor jubelt ihm zu: »Wir grüßen dich, wir grüßen dich, wir grüßen dich! Mit Humor, mit Humor, mit Humor...«

S. 107 *Winter* – vorgetragen 1938 vom Autor im *Kadeko*-Programm »Kinder, wie die Zeit vergeht«, in dem Hussels mit seinen »Gesammelten Werken« auftrat.

S. 107 *Der Mitmensch* – vorgetragen vom Autor in den dreißiger Jahren, der seine Auftritte als Parodist und Stimmenimitator im *Kabarett der Komiker*, in der *Scala* und anderswo zuweilen durch selbstgefertigte Gedichte und Conferencen auflockerte. Der an Eugen Roth geschulte »Mitmensch« findet sich auch in dem 1940 veröffentlichten Kroll-Bändchen, das den Titel »Der Murkelwurm und anderer Unfug« trägt.

S. 108 *Der Radfahrer* – vorgetragen wurde dieser Monolog, der zu Napps bekanntesten Nummern zählte, vom Autor im *Kabarett der Komiker*, in der *Scala*, im *Wintergarten* und anderen Varietés während der dreißiger und vierziger Jahre. Bereits 1932 hatte der melonenbehütete Volkskomiker, der mit »Rosinen aus dem Napp-Kuchen« handelte, den »Radfahrer« auf Schallplatte herausgebracht, die rasch populär wurde. – Napp, in der Regel volksnah und ohne politische Anspielungen, hatte 1938 auf der Bühne über den wegen seiner Liaison mit einer stadtbekannten Prostituierten demissionierten Reichskriegsminister Werner von Blomberg gewitzelt, der sei »zurückgetreten, weil man ihm das Ehestandsdarlehen verweigert« habe, bezog dafür einen Rüffel der NS-Behörden.

S. 111 *Nörgler hinterm Ofen* – vorgetragen vom Autor im Münchner *Simplicissimus* und im Berliner *Kadeko* sowie im eigenen Kölner Kabarett *Die Arche* während der dreißiger Jahre.

S. 112 *In der Bar zum Krokodil* – der Beda-Schlager, zu dem Willy Engel-Berger die Musik schrieb, war bereits Mitte der zwanziger Jahre entstanden und in Aufnahmen mit den Comedian Harmonists populär, erlebte zehn Jahre später ein Comeback als Kabarett-Song; 1938 wurde er zum erneuten Platten-Hit. Auf dem Plattenetikett fehlte allerdings der Name des Autors, der zu diesem Zeitpunkt bereits im Konzentrationslager Buchenwald einsaß und vier Jahre später in Auschwitz ermordet wurde. Stattdessen war Walter Fitz als Verfasser angegeben, der zu dem Ägypter-Song den mittleren Refrain beigesteuert hatte. Selbst der sonst so wachsame Propagandaminister Goebbels und die Göring-Gattin Emmy Sonnemann ließen sich, sichtlich amüsiert, den »Krokodil«-Schlager von dem Kabarett-Duo Patrick Hoffmann/Lothar Röhrig vorspielen, das damals damit in der *Scala* und anderswo Beifallsstürme entfachte. – Die Gemahlin des ägyptischen Pharaos Potiphar, so ist es im Alten Testament beschrieben, brachte den Sklaven Joseph ins Gefängnis und bezichtigte den von Gott Erwählten aus verletzter Eitelkeit und Rachsucht der Vergewaltigung, obwohl sie es war, die den integren Sklaven hatte verführen wollen.

S. 114 *Gemüse, Gemüse* – vorgetragen von Peter Igelhoff 1936 im *Kabarett der Komiker*, die Musik stammt von Georges Boulanger. Das Kabarett-Chanson, hinter dem die Nazis eine versteckte Kritik an der Politik des »Reichsnährstandes« witterten, wurde bald darauf verboten.

S. 115 *Fräulein Mabel* – 1938 vorgetragen vom Autor zu eigener Melodie im *Kabarett der Komiker*. Das Lied von dem Fräulein mit den säbeldünnen Beinen gehörte bald zu seinen Paradenummern und blieb für Jahrzehnte in seinem Programm. In den fünfziger Jahren wurde der Song, auf Schallplatten herausgebracht, zu einem bekannten Schlager. In einer späteren Anmerkung bittet Erhardt, der behauptete, die Mabel »seit Beginn seiner kabarettistischen Tätigkeit ungefähr 3137mal am Klavier vorgetragen« zu haben, »diesen Namen, wie so vieles heute englisch auszusprechen, also Mebel. Diese Bitte bezieht sich natürlich auch auf die entsprechenden Reimwörter. Danke!«

S. 116 *Jüterbog* – vorgetragen von Loni Heuser in verschiedenen Kabaretts ab 1937; im gleichen Jahr kam von dem Chanson, zu dem Günter Neumann die Musik schrieb, auch eine Plattenversion auf den Markt. Ursprünglich war das Lied nicht der kleinen Garnisonstadt im Bezirk Potsdam gewidmet, sondern lautete stattdessen: »Mein Herz schlägt wie ein Blasebalg für Pasewalk, für Pasewalk«. Dieser Text passierte allerdings nicht die Zensur, da Pasewalk als der Ort, in dem Hitler, im Lazarett liegend und zeitweise erblindet, das Ende des Ersten Weltkriegs erlebt hatte, längst Teil der NS-Geschichte war. – Emil Jannings, Gustav Fröhlich, Annabella und Hans Albers waren populäre Filmschauspieler.

S. 118 *Eukrasit is jut, weil neu!* – Solo eines fliegenden Fleckstiftverkäufers, mit dem der Autor im Dezember 1939 im Berliner *Kadeko* sein Kabarett-Debüt gab. Das Programm, in dem außer ihm Rosita Serrano, Loni Heuser und Peter Igelhoff auftraten, nannte sich »Bitte weitersagen!«

S. 119 *Reite, kleiner Reiter...* – uraufgeführt 1940, ein Jahr vor dem Überfall der deutschen Truppen auf die Sowjetunion, im *Kabarett der Komiker*. Die Interpretin war Zarah Leander, die das Lied vom kleinen Reiter, zu dem Ralph Maria Siegel unter Verwendung einer russischen Volksweise die Musik schrieb, auch auf Schallplatten populär machen half.

S. 120 *Die Liebe macht gewöhnlich blind* – vorgetragen vom Autor zur Musik von Kasiske im Programm der *Acht Entfesselten*, 1938. Das harmlosunbekümmerte Liedchen war typisch für den Kurs, den die Nazis mit dem von ihnen geförderten Godden-Kabarett steuern wollten. In einer Kabarettabhandlung, die sich 1938 für den »positiven Humor« stark machte, wird dem Ensemble bescheinigt, »für die Gestaltung des Kabaretts im neuen Deutschland richtungsweisend« zu sein, indes die »NS-Kulturgemeinde« die *Entfesselten* nach Kräften unterstützte, um »ihrer Aufgabe« nachzukommen, »für die Erfüllung aller geistigen und künstlerischen Interessen des Volkes in einer artgemäßen und wertvollen Form zu sorgen«. Die *Entfesselten* starben kurze Zeit später an »akutem Textmangel«.

S. 121 *Lili Marleen* – in der Vertonung von Rudolf Zink 1937 erstmals von Lale Andersen (damals noch Lale Wilke) im Münchner *Simplicissimus* vorgetragen. Auch die zweite musikalische Version des Leip-Liedes, diesmal eine Komposition des einstigen *Nachrichter*-Pianisten Norbert Schultze, hob die Andersen aus der Taufe: Anfang 1939 im *Kabarett der Komiker*. Aber erst als der deutsche Soldatensender Belgrad im Sommer 1941 das »Lied eines jungen Wachtpostens«, so der Plattentitel, zu seiner Erkennungsmelodie machte, wurde das Lied populär, auch jenseits der Fronten; man sang es in der britischen Armee, es wurde in Frankreich bekannt, selbst die Sowjets sangen es. Goebbels war es verhaßt, er beanstandete vor allem die letzten beiden Strophen, die einen möglichen Tod des Soldaten ansprechen; und Hans Hinkel, sein Beauftragter für die Truppenbetreuung, schmähte die »Lili Marleen« als »defätistisches Gesäusel, das die Kampfmoral der deutschen Soldaten zu untergraben sucht«. Es kursierten damals in Deutschland eine Unzahl von Textvarianten. Eine lautet: »Schweinefleisch ist teuer, / Ochsenfleisch ist knapp. / Gehn wir mal zu Meier, / Ob der noch Knochen hat. / Und alle Leute soll'n es sehn / Wenn wir bei Meier Schlange stehn / Wie einst Lili Marleen.« Und als Flüsterpropaganda war bekannt: »Unter der Laterne / Vor der Reichskanzlei, / Hängen alle Bonzen, / Der Führer hängt dabei. / Und alle Leute bleiben stehn –/ Sie wollen ihren Führer sehn.« Im Sommer 1942, nachdem Lale Andersen wegen eines abgefangenen Briefes, in dem sie ihren jüdischen Bekannten, den Komponisten Rolf Liebermann, um Fluchthilfe bat, in Ungnade gefallen war und Auftrittsverbot hatte, ließ Goebbels das »Lili«-Lied verbieten, er befürchtete, die Schultze-»Schnulze mit dem Leichengeruch« könne wehrkraftzersetzend wirken. Über die Ätherwellen der BBC tönte Lucie Mannheim ins Deutsche Reich: »Der Führer ist ein Schinder...« (s. S. 253).

S. 128 *Weltuntergang* – vorgetragen im Wiener Kabarett *ABC*, 1936. Das Journalisten-Chanson, zu dem Jimmy Berg die Musik schrieb, ist in einem längeren Kabarett-Stück gleichen Titels enthalten, das im *ABC*-Programm »Zwischen Himmel und

Hölle« gespielt wurde und als Autor das Soyfer-Pseudonym Walter West nennt. Im »Weltuntergang« geht es um die Bedrohung der Erde durch einen Kometen, der von der Sonne den Auftrag erhalten hatte, den Globus »wegen Störung der Sphärenharmonie« von den Menschen zu säubern. – Anthony Eden war 1936 britischer Außenminister.

S. 129 *Legende vom namenlosen Soldaten* – vorgetragen 1935 von Herbert Berghof im Programm »Seifenblasen« des Wiener Kabaretts *Der liebe Augustin*. Die Musik schrieb Franz Eugen Klein unter Verwendung der Melodie vom »Guten Kameraden«. Der Text bezieht sich auf Hitlers Anweisung, die Namen der rund 12 000 im Ersten Weltkrieg gefallenen deutschen Soldaten jüdischen Glaubens von den Kriegerdenkmälern zu entfernen.

S. 130 *Lied des einfachen Menschen* – vorgetragen in den Wiener Kabaretts der dreißiger Jahre, wurde das Lied 1940 im Programm »Von Adam bis Adolf« des Londoner Exil-Kabaretts *Laterndl* gebracht.

S. 131 *Kleine Betrachtung über das Heil* – vorgetragen 1937 vom Autor in Wiener Kabaretts wie dem *Lieben Augustin*.

S. 132 *Er ist an allem schuld* – vorgetragen 1938 im Zürcher Kabarett *Cornichon* von Mathilde Danegger und Zarli Carigiet als Moritatensänger im Programm »B.w.!«; die Musik schrieb Huldreich Georg Früh. – Der Lesch-Text, der sich mit Hitlers Rassenpolitik auseinandersetzt, wurde unter dem Eindruck des gewaltsamen Anschlusses Österreichs an das Deutsche Reich geschrieben.

S. 134 *Moritat im Paradies* – aus dem Kabarett-Stück »Der Lechner Edi schaut ins Paradies«, das 1936 in der Wiener *Literatur am Naschmarkt* aufgeführt wurde; die Musik schrieb Otto Andreas. Die Moritat wurde auch von Emigranten-Kabaretts nachgespielt, so 1940 von Peter Preses im Programm »Von Adam bis Adolf« des Londoner *Laterndl* mit der Musik von Käthe Förster. Der »Lechner Edi«, ein sozialanklägerisches Kabarett-Stück um einen Arbeitslosen, der auf der Suche nach der Ursache seiner Wirtschaftsmisere eine Reise in die Vergangenheit antritt und schließlich im Paradies ankommt, wurde 1939 unter dem Titel »Journey to Paradise« von der Refugee Artists Group in New York in englischer Sprache aufgeführt.

S. 135 *Großes Oratorium für Zufriedene* – aus dem Oktober-Programm des Zürcher Kabaretts *Cornichon*, vorgetragen 1934 von Elsie Attenhofer, Dora Gerson, Mathilde Danegger, Hilde Herter, Emil Hegetschweiler, Max Werner Lenz und Fritz Pfister. Die Musik schrieb Robert Blum.

S. 136 *Mensch ohne Paß* – vorgetragen 1935 vom Autor im Programm »Gradus!« des Zürcher Kabaretts *Cornichon*. Die Musik schrieb Otto Weissert. Die Nummer setzt sich mit den Nöten der deutschen Emigranten und der offiziellen Asylpolitik in der Schweiz und in Frankreich auseinander. Lenz, einen Emigranten darstellend, sang das Lied vor einem Grenzpfahl mit der Aufschrift »France/Schweiz«.

S. 137 *Erlebnis bei meinem Friseur* – vorgetragen vom Autor Anfang der dreißiger in Wiener Kabaretts. Er sprach das Friseur-Erlebnis 1934 in Wien auf Schallplatte.

S. 138 *Weltgeschichten aus dem Wiener Wald* – das ironisch vom Autor als

»kleine Nachtmusik« bezeichnete Gedicht wurde am Morgen jenes Tages geschrieben, an dem die deutschen Truppen in Österreich einmarschierten.

S. 140 *Der Anschluß* – 1934 veröffentlicht im deutschsprachigen »Pariser Tageblatt«, wurde die Kuh-Satire ein Jahr später von dem im Exil agierenden sozialdemokratischen Spielkollektiv *Truppe 35* gespielt. Zu der Szene, die im Frühjahr 1936 auch im Prager Urania-Saal aufgeführt wurde, merkt der Autor an: »Diese Geschichte, deren Augenzeuge ich war, spielt im Jahre 1929, lange vor Hitler und seinen Papierböllern.«

S. 148 *Was jeder hören kann* – erstmals 1938 in der Finck-Kolumne »Von mir aus – jede Woche« im »Berliner Tageblatt« veröffentlicht, wurde der Text auch in Fincks »Kautschbrevier« aufgenommen, einer Sammlung »gefaßter Prosa und zerstreuter Verse«, das im gleichen Jahr erschien. Wenig später, nachdem der Kabarettist wegen seines *Kadeko*-Auftritts aus der Reichskulturkammer ausgeschlossen worden war, kam das schmale Bändchen auf die »Liste des schädlichen und unerwünschten Schrifttums«; die restlichen Exemplare wurden auf Weisung des Reichspropagandaministeriums von der Gestapo sichergestellt und eingezogen.

S. 149 *Flugblätter* – diese und andere Pamphlet-Gedichte, vom Autor mit dem Obertitel »Die Gasgesellschaft« versehen, schrieb Kaiser, dessen Bücher 1933 auf dem Scheiterhaufen verbrannt worden waren, im Jahre 1936. Angeregt wurde er dazu von im Untergrund operierenden antifaschistischen Arbeitern, die die Kaiser-Verse hektographierten und als illegale Flugblätter in Betrieben und Gaststätten von Berlin-Siemensstadt verteilten. Außer den hier abgedruckten Schmäh-Versen, in denen Nazi-Größen mit Begriffen und Bildern aus dem Tier- und Fäkalbereich demaskiert werden, sind auch weitere bekannt, in denen die Hitler-Vasallen Alfred Rosenberg als »Mistbock«, Heinrich Himmler als »Gashahn«, Julius Streicher als »Scheißhund« und Wilhelm Keitel als »Afterseher« charakterisiert werden.

S. 150 *Pointen* – die Pointe vom Zahnarzt, wurde von Werner Finck und Ivo Veit 1935 in der *Katakombe* gespielt. In einem Bericht der Gestapo vom 2. Februar, der Goebbels vorgelegt wurde und am 10. Mai 1935 zur Schließung des Kabaretts führte, notierte Kriminalassistent Neumann dazu, die Szene sei »als eine politische Kritik evtl. zu werten. Die Pointe war die Beschneidung der Redefreiheit!« – Fincks Anspielung auf das von den Nazis propagierte »Tausendjährige Reich« und sein auf der *Katakomben*-Bühne geäußerter »Standpunkt, daß man alles sagen kann, was man denkt«, wurden von der NS-Kulturbehörde ebenso gerügt wie sein »KfhdH-Kampflied« vom frischen Wind (s. S. 38), das er im gleichen Jahr aus dem Programm nehmen mußte.

– Über einen Auftritt des Artisten und Kunstpfeifers Edgar Brönner alias Eddi Marlo in Schwäbisch Gmünd heißt es in einem Gestapo-Protokoll, er habe den Kolonien-Witz erzählt, für den auch Hans Lorenz gerügt wurde.

– Die Schaeffers-Sätze sind Teil einer Conference, die der *Kadeko*-Chef am 26. Oktober 1938 bei einem Gastspiel seines Kabaretts in der »Kameradschaft der deutschen Künstler« zum Besten gab. In einem als »Geheim« eingestuften Schreiben an den Präsidenten dieser NS-Einrichtung, in der sich auch Goebbels »unter Künstlern« zuhause fühlte und »erholte«, empörte sich Staatsrat Hinkel »mit der Bitte um weitere Veranlassung« wie folgt: »Diese Äußerung des KddK-Mitgliedes Willi Schaeffers wurde von einem Großteil des vollbesetzten Saales mit Gelächter beantwortet. Als SS-Führer fühlte ich mich verpflichtet, sofort die Veranstaltung zu verlassen und den Vorstandsmitgliedern der KddK von meiner entschiedenen Ablehnung solcher ›Witze‹ Kenntnis zu geben, denn bekanntlich ist das ›Schwarze Korps‹ mit über einer halben Million Auflage das amtliche Kampforgan der Schutzstaffeln der NSDAP und wird von dem Reichsführer-SS und Chef der deutschen Polizei, Heinrich Himmler, herausgeben.«

– Die Goebbels-Parodie, vorgetragen am 30. November 1943 vor Soldaten in seiner Stube der Kasseler Hindenburg-Kaserne, brachte Borchert auf Grund einer Denunziation einen Prozeß vor dem Gericht der Wehrmacht-Kommandantur in Berlin ein; die Anklage warf ihm vor, »öffentlich den Willen des deutschen Volkes zur wehrhaften Selbstbehauptung zu lähmen und zu zersetzen gesucht zu haben«. Borchert, wegen staatsfeindlicher Äußerungen bereits vorbestraft, wurde im September 1944 wegen »Zersetzung der Wehrkraft« zu neun Monaten Gefängnis verurteilt.

– Die Giesen-Gags sind Teil eines Kabarett-Solos, das 1935 in der *Katakombe* gespielt wurde und »Schriftleiter, wie sie nicht sein sollen« betitelt war. In einem Gestapo-Bericht vom 2. Mai 1935, der Goebbels vorgelegt wurde und wenig später zur Schließung des Kabaretts führte, wird der Auftritt als »Verächtlichmachung der Maßnahmen der Reichsregierung« gewertet und kommt zu dem sprachlich delikaten Schluß: »Behandelt wird das Pressefreiheitsverbot.« Heinrich Giesen wurde verhaftet und zusammen mit Finck und anderen Kabarett-Kollegen für sechs Wochen im Konzentrationslager Esterwegen interniert.

– Die Sätze über die Hundert- und Hundertfünfzigprozentigen stammen aus einer Conference, die der als »Schwabenhansel« bekannt gewordene Hans Lorenz 1938 in Bad Kissingen vorgetragen hat. Diese wie auch die Äußerung, die Deutschen verzichteten gern auf die Kolonien, »weil wir nicht wissen, wo wir den nackten Negern die Winterhilfe-Abzeichen hinstecken sollen«, führten zu mehrfachen Verhören und strenger Verwarnung.

– Die Weiß Ferdl-Frotzelei fand unter Gesinnungsfreunden statt: geäußert 1938 in einer geschlossenen *Platzl*-Vorstellung für NSDAP-Mitglieder.

– Die Loreley-Pointe war seinerzeit sehr verbreitet: Robert Ley war Chef der Deutschen Arbeitsfront und Leiter der Freizeit-Organisation »Kraft durch Freude«, BDM steht für die NS-Jugendorganisation »Bund Deutscher Mädchen«. Festgehalten ist sie in einem polizeilichen Spitzelbericht über die Conference des Ansagers Oskar Paulig im Varieté des *Liebich-Theaters;* weiter wird vermerkt, Paulig habe geäußert: »Wenn ich – ich bin katholisch – zur Beichte gehe, ziehe ich mir die Hosen aus und Stacheldraht an.«

– Die Schiffbrüchigen-Szene Bendows wurde 1944 in der *Scala* gespielt, die, nachdem das Stammhaus ausgebombt worden war, in ein Kino umquartiert worden war. Der Bendow-Satz, der vom Publikum mit donnerndem Applaus bedacht worden war, führte zu seiner Verhaftung und Einlieferung in ein Arbeitslager.

– Willi Kollos Operettenerfolg, den er hier politisierend verkalauerte, hieß »Lieber reich, aber glücklich« und war mit der Musik Walter Kollos im Berliner *Komödienhaus* Anfang 1933 uraufgeführt worden. Willi Kollo, der wegen seines Chansons vom »Bücherkarren« den Nazis ein Dorn im Auge und dessen Auftritt im *Kabarett der Komiker* im Januar 1933 vom »Berliner Tageblatt« als »Sieg der politischen Aktualität im Kabarett« gefeiert worden war, wurde wenig später verhaftet und ins Haus der »Kameradschaft der deutschen Künstler« transportiert. Von der dort versammelten NS-Prominenz, darunter Hanke, Göring und Röhm, wurde er aufgefordert, seine »schärfsten Kabarett-Sachen« vorzuspielen. Anschließend zog man ihn ins Gespräch: »Wir brauchen Sie. Lassen Sie die Finger vom Kabarett, schreiben Sie Operetten und Filmmusiken.« Kollo gehorchte.

– Der Satz über die Reichsautobahn ist in einem Bericht der Gestapo über Ernst Suppeks Auftritt im Breslauer Varieté *Wappenhof* enthalten, der mit der Bitte um »weitere Veranlassung« auf den Dienstweg nach oben gebracht wurde. Fritz Todt, Generalbevollmächtigter für die Bauwirtschaft und Leiter der nach ihm benannten »Organisation Todt«, einer Armee von dienstverpflichteten Arbeitern, galt als Schöpfer der Reichsautobahn.

– Das in Mainzer Dialekt abgefaßte Gedicht stammt aus einer Büttenrede, die Glückert 1935 während des Mainzer Karnevals hielt. Daraufhin ließ der Gauleiter von Hessen, Jakob Sprenger, am Morgen des 6. März 1935, des Aschermittwochs, das gesamte Komitee des Mainzer Carneval-Vereins verhaften und bis punkt 11.11 Uhr festsetzen – »ein Scherz!« Glückert, einer der wenigen Karnevalisten mit Zivilcourage, ließ sich nicht einschüchtern; in der folgenden Saison thematisierte er den Vorfall in seiner gereimten Büttenrede und kam zu dem Schluß: »Hier Kritik zu üben frei / – So an Dachau knapp vorbei – / Freude auslöst, immer wieder. / Auch bei euch – ich kenn euch Brüder! / Ihr habt recht, warum aach nit! / Wozu ha'mer dann die Bütt? / Um zu hören mit Gemüt. / Was mer nit zu lese krieht.«

– Die Sätze vom *Kadeko*-Conferencier Robert Dorsay alias Stampa finden sich in einem Privatbrief, der von der Gestapo abgefangen wurde. Darin berichtet Dorsay, der als Kraftfahrer zur Wehrmacht einberufen worden war, einem Freund über die Stimmung bei seiner Einheit: »Hier wimmelt es jetzt nur so von neuen Rekruten. Neue schon – aber alte –. Ich sehe sie schon im Kampf mit unseren Feinden – Gott, werden die lachen. Wann ist endlich Schluß mit dieser Idiotie. Idiotie!« Im Juni 1943 wurde vor dem Gericht der Wehrmacht-Kommandantur Berlin Anklage gegen ihn erhoben, »öffentlich den Willen des deutschen Volkes zur wehrhaften Selbstbehauptung zu zersetzen gesucht zu haben«. Am 8. Oktober des gleichen Jahres wurde das Todesurteil verkündet, am 29. Oktober 1943 wurde Robert Dorsay hingerichtet.

– »Die politische Witzemacherei ist ein liberales Überbleibsel. Im vergangenen System konnte man damit noch etwas erreichen. Wir sind in diesen Dingen zu gescheit und zu erfahren, als daß wir sie ruhig weitertreiben ließen«, schrieb Joseph Goebbels im Februar 1939 im »Völkischen Beobachter«; zwei Jahre später erließ der Propagandaminister eine »Anordnung betreffend Verbot des Conference- und Ansagewesens«.

S. 153 *Zehn kleine Meckerlein* – die anonymen Verse, nach der Melodie der zehn kleinen Negerlein zu singen, tauchten 1939 erstmals in Deutschland auf, wo sie rasch Verbreitung fanden. Sie machten auch unter deutschen Emigranten im Ausland die Runde und wurden mehrfach, so 1944 in der in

Mexiko herausgegebenen Exil-Zeitschrift »Freies Deutschland«, abgedruckt. Auch finden sie sich auf einem Flugblatt der Roten Armee, mit dem deutsche Soldaten der Ostfront zum Überlaufen aufgefordert werden: »Der eine ließ nun dies Gedicht am falschen Orte sehn,« heißt es da in Abwandlung der letzten Textzeilen, »Drauf bracht' man ihn nach Dachau hin – da waren's wieder zehn!/ Der Adolf dacht': ›Jetzt hab ich euch! Jetzt ist's um euch geschehn!‹ / Doch draußen waren's mittlerweil schon wieder zehnmal zehn!« – Dr. Ley, auf dessen sprichwörtliche Trunksucht hier angespielt wird, war Leiter der NS-Arbeitsfront; Alfred Rosenberg war der Chefideologe der Nazis, sein Buch »Der Mythus des 20. Jahrhunderts«, allgemein als »Mythos« bekannt, wurde nach Hitlers »Mein Kampf« zur zweiten Bibel der NS-Bewegung.

S. 154 *SOS* – vorgetragen vom Autor in seiner Rolle als »Filmstar« im Kölner *Gürzenich*, 1939. Der Kölner Karnevalist, durch seine Popularität in gewisser Weise geschützt, hatte auch bei anderen Gelegenheiten satirische Spitzen gegen »die da oben« abgefeuert; er spottete über die Planwirtschaft und Lebensmittelknappheit, über Sammelwut und Rassenwahn. In einer Büttenrede, die er auf einer Karnevalsveranstaltung am 12. Januar 1939 hielt, hob er den Arm zum Hitlergruß und fragte: »Ob et rähnt?« Dann ballte er die Faust und murrte: »Nä, su e Wedder!« Wenig später wurde über Küpper von den Nazis ein »lebenslängliches Redeverbot« verhängt. – Das Karnevals-Solo spielt auf den Germanenkult der Nazis an, der sich auch in den nationalsozialistischen Spielfilmen niederschlug. Die Schorfheide war Görings Stammsitz und bevorzugtes Jagdrevier.

S. 155 *Wenn ich einmal der Herrgott wär* – 1942 geschrieben, fand sich dieses nach der Melodie »Da streiten sich die Leut herum« zu singende Couplet im Valentin-Nachlaß. Ob es je öffentlich vorgetragen wurde, ist ungewiß.

S. 156 *Die deutsche Laugenbretzel* – diese Hitler-Parodie, während des Zweiten Weltkriegs geschrieben, fand sich im Nachlaß der Valentin-Partnerin. Ein öffentlicher Vortrag konnte nicht nachgewiesen werden.

S. 157 *Die Tokioten kommen!* – vorgetragen 1939 im *Wiener Werkel* von Hermann van Dyk, Rosl Dorena, Wilhelm Hufnagl, Franz Haas und Adolf Müller-Reitzner. Die Szene ist Teil eines längeren Kabarett-Stücks mit dem Titel »Das chinesische Wunder oder Der wandernde Zopf« und behandelt die »Heimholung Österreichs ins Deutsche Reich« als japanisch-chinesische Parabel; die Verfremdung ist nur mäßig und allzu offensichtlich: aus Wien wurde Wi-En, aus der österreichischen Mitzi die chinesische Mi-tsi, aus dem reichsdeutschen Piefke der japanische Pif-keh. Das Stück, im Untertitel als »Spiel um den Chinesen, der net untergeht« bezeichnet, wurde im *Wiener Werkel* bejubelt; es gibt die Stimmung wieder, mit der ein Teil der Wiener Bevölkerung auf den »Anschluß« Österreichs reagierte. Der Pe-cha-tschek-Satz »Mir wer'n s' schon demoralisieren« wurde bald zum geflügelten Wort. Nach heftigen Protesten linientreuer Nazis, die im »Chinesischen Wunder« eine »Verunglimpfung nationalen Gutes« sahen, erschien Gauleiter Bürckel, seinerzeit NS-Statthalter in Österreich, im *Wiener Werkel* und ließ sich die Szenenfolge vorspielen. Sei es, daß man ihn unter Alkohol gesetzt hatte, sei es, daß Bürckel als gebürtiger Rheinpfälzer des Wiener Dialekts nicht mächtig war

– er amüsierte sich wie Bolle und gab das Stück frei. Es blieb bis zum 31. August 1939, einen Tag vor dem Überfall der Deutschen auf Polen, im Programm. Da Eckhardt »Halbjude« war, wurde auf den Programmzetteln Franz Paul als Autor genannt.

S. 159 *Der Wiener Januskopf* – vorgetragen 1940 von zwei gleich gekleideten, als Heurigensänger kostümierten Darstellern im *Wiener Werkel*. Die von Josef C. Knaflitsch vertonte Nummer, die von der NS-Presse als »übermütiger Scherz« gewürdigt wurde, der »uns die zwei Seelen zeigt, die, ach, in unserer wienerischen Brust nebeneinander wohnen«, nämlich die des sonnigen Optimisten und die des nörglerischen Raunzers, führte zum Eklat, als Goebbels Anfang Dezember 1940 nach Wien kam. Er hatte seine Frau ins *Wiener Werkel* geschickt, die ihm empört über den »Januskopf« und eine weitere Szene (»Ein Mann kehrt heim nach Ithaka«) berichtete, in der Goebbels selbst in der Maske des Götterboten Hermes verhöhnt worden war. Der Minister befahl den *Werkel*-Chef, Adolf Müller-Reitzner, zu sich ins Hotel Bristol. Nach der Unterredung notierte er in sein Tagebuch: »Den Direktor des Wiener Werkel, eines Lokalkabaretts, zurechtgestaucht. Das Etablissement gefällt sich in versteckter Kritik und Wiener Raunzerei. Ich mache den Herrn sehr eindeutig auf die Gefährlichkeit seines Tuns aufmerksam. Er wird sich nun hüten.« Aus dem Bristol zurück, gab Müller-Reitzner seinen Kollegen einen Bericht zur Lage: »Eine einstündige Sportpalastrede hat er mir gehalten. Er hat erklärt, in seiner Villa könne man Witze machen so viel man wolle, dort sei man unter sich, aber es sei einfach unglaublich, wie ich mir einfallen lassen könne, mitten im Krieg und vor einem breiten Publikum ein solches Programm zu spielen. Das sei unerhört und noch nicht dagewesen. Ich kam während der ganzen Unterredung kaum zu Wort. Als ich darauf hinwies, selbst Parteimitglied zu sein, schrie er: ›Dann müßten doch gerade Sie wissen, wie man sich zu verhalten hat! Dieses Programm wird ab heute nicht mehr gespielt. Und wenn mir je zu Ohren kommt, daß in Wien so etwas noch einmal vorkommt, dann wandern nicht nur Sie ins KZ, sondern auch die Autoren und die Schauspieler!‹« Müller-Reitzner gab ein neues Programm in Auftrag, das keine Polit-Spitzen enthielt; er ist im März 1943 gestorben. – Die Äußerung des Optimisten, er habe in der Zeitung gelesen, daß man ihm »d'Gmüatlichkeit« vorhalte, bezieht sich auf eine in Wien gehaltene Göring-Rede, in der es hieß: »Gemütlichkeit bei der Arbeit ist Faulheit.« – Die Fußballmannschaft von Schalke 04 hatte im Juni 1939 im Berliner Olympiastadion vor rund 100 000 Zuschauern mit dem Rekordergebnis von 9:0 über Admira Wien ihre vierte deutsche Fußballmeisterschaft gewonnen.

S. 161 *Lüneburger Heide und Simmeringer Had* – vorgetragen 1941 im *Wiener Werkel* von Christl Räntz und Erich Nikowitz. Das Duett, zu dem Josef C. Knaflitsch die Musik schrieb, ist von Peter Hammerschlag, der damals als jüdischer Autor verfolgt wurde und untergetaucht war, seinem Kabarettkollegen Rudolf Weys übergeben worden, unter dessen Namen das Lied dann ins Programm des *Wiener Werkel* genommen wurde. Die Liebesgeschichte zwischen der Wiener Mitzi und dem reichsdeutschen Fritz wurde zwiespältig aufgenommen, ein Teil des Publikums sah darin ein Hohelied, das auf die Kollaboration gesungen wurde.

S. 163 *Interview mit einer Kuh* – vorgetragen 1940 von Walter von Varndal im *Wiener Werkel*. Die Szene, zu der Josef C. Knaflitsch die Musik schrieb, ist mehrfach umgearbeitet und teilweise entschärft worden. So wurde aus dem Herrn vom Reichsnährstand auf der Bühne dann ein Reporter. Dennoch sind die Anspielungen auf die Fragebogen-Aktionen der Nazis, auf die offizielle Rassenpolitik sowie auf die »Blut und Boden«-Ideologie der NS-Bauernführung unübersehbar. Das Kuh-Interview passierte zwar die Wiener Zensur, blieb aber für Gastspiele in der Steiermark gesperrt. Von Feldner kursierte 1944 hinter der *Werkel*-Bühne ein Fünfzeiler: »Man ist besorgt und das mit Grund, / Wie wird man überwintern? / Es fehlt bereits der letzte Schund, / Nimmt man ein Blatt sich vor den Mund, / Dann fehlt es für den Hintern.« – KdF ist die Abkürzung für die Organisation »Kraft durch Freude«, die im Dritten Reich für Freizeitgestaltung zuständig war.

S. 165 *Der losgelassene Spießer* – vorgetragen 1942 von Wilhelm Hufnagl im *Wiener Werkel*. Das Porträt eines österreichischen Kleinbürgers, der mit der Zeit geht und selbst zu Hause preußische Zustände schaffen will, wurde von Josef C. Knaflitsch vertont. – »U.v.D.« steht für: Unteroffizier vom Dienst; der Winkel, ohne den der Kinderwagen nicht mehr verkehren darf, bezieht sich auf eine Anordnung, nach der während des Krieges zum Verkehr zugelassene Kraftwagen besonders gekennzeichnet sein mußten.

S. 166 *Neubau Berlins* – vorgetragen 1939 im Januar-Programm »Es geht nicht ohne Liebe« des *Kabaretts der Komiker* von den Drei Rulands. Dazu trat das populäre Gesangstrio in weißen Architekten-Kitteln auf und besang den Neubau Berlins in Quodlibet-Manier, d. h. unter Verwendung bekannter Melodien (»Stellen Sie sich vor, ich bin ein wilder Räuber«, »Eine Frau wird erst schön durch die Liebe«, »Ich hab die schönen Maderln nicht erfunden«, »Das ist Lützows wilde, verwegene Jagd«, »Das war in Schöneberg«, »Was machst du mit dem Knie, lieber Hans«, »Ich hab mir in Grinzing einen Dienstmann engagiert«, »C'est la vie de bohème«). Aktueller Anlaß war die von Hitler bei seinem Monumental-Architekten Albert Speer in Auftrag gegebene Neugestaltung der Reichshauptstadt, die 1950 abgeschlossen sein sollte. Hitler hatte, beseelt von seinem »Sendungs«-Bewußtsein, erste Skizzen dazu bereits 1925 angefertigt; zu seinem 50. Geburtstag, am 20. April 1939, meldete Speer die Fertigstellung der Ost-West-Achse: »Möge das Werk für sich selber sprechen!« Berlin glich einer Riesenbaustelle: Selbst die alte Siegessäule vor dem ausgebrannten Reichstag wurde abtransportiert und fand am »Großen Stern«, und um sechseinhalb Meter angehoben, einen neuen Standpunkt. Die Presse reagierte auf die Rulands-Nummer positiv, selbst nach dem Urteil der NS-Zeitung »Der Angriff« wurden die Kabarettisten als »Söhne Berlins gefeiert, gaben eine glanzvolle Probe ihrer Umschulung auf das Bauprogramm zum Besten«. Im Reichspropagandaministerium sah man das anders. Goebbels notierte in sein Tagebuch: »Im Ministerium Bericht über *Kabarett der Komiker*. Durchweg negativ. Freche Verhöhnung des Staates und der Partei. Ich greife nun mit schärfsten Maßnahmen ein.« Vier Tage später meldet Funk und Presse, daß die Drei Rulands, wie ihre Kabarettkollegen Werner Finck und Peter Sachse, mit denen sie neben Tatjana Sais, Werner Kroll und Claire Waldoff das Januar-Programm des *Kadeko* bestritten hatten, aus der Reichskulturkammer ausgeschlossen worden sind und ihnen damit »für die Zukunft jedes weitere öffentliche Auftreten in Deutschland verboten ist«. *Kadeko*-Chef Schaeffers, zu Goebbels zitiert, bittet um Nachsicht: »Es war doch alles genehmigt, Herr Reichsminister. In der Premiere bat mich sogar Minister Frick, die Drei Rulands für seinen Kameradschaftsabend zu verpflichten, so gut hätten sie ihm gefallen.« Darauf Goebbels: »Nun, auch ein Minister kann sich irren!« Wenig später werden die Rulands eingezogen – Wilhelm Meißner und Helmut Buth zur Wehrmacht, Manfred Dlugi zur Arbeit in einem Rüstungsbetrieb. – Bleibt nachzutragen, daß die hin und wieder aufgestellte Behauptung, die Rulands seien wegen Verunglimpfung des Leiters der Deutschen Arbeitsfront, Robert Ley, in Ungnade gefallen, weil sie gesungen hätten: »Alles neu macht der Ley und die Arbeitsfront«, in den Bereich der Legende verwiesen werden muß. Dazu Helmut Buth, einer der Rulands, in einem Schreiben an den Herausgeber: »Unser Prinzip war immer: keine direkte Nennung von Politikern. Also: Alles neu macht der Mai – in Text und Musik original. Unser Sinn: Trotz Wegrasur grünt alles wieder, kommt Zeit, kommt Rat...« – Unter dem »Knie« versteht man in Berlin die Gegend um den heutigen Ernst Reuter-Platz.

S. 170 *Haben wir eigentlich Humor?* – Antwort auf eine Umfrage des »Berliner Tageblatt«, dort am 25. Dezember 1938 veröffentlicht »in der Hoffnung«, wie es im redaktionellen Vorspann hieß, »daß selbst die Skeptiker unter Ihnen zu dem Ergebnis kommen, daß wir doch Humor haben«. Finck überschrieb seinen Beitrag: »Humor – Von mir aus immerzu«. Sechs Wochen später griff Minister Goebbels die Frage von sich aus noch einmal auf, nachdem er Finck wegen eines unerwünschten *Kadeko*-Auftritts aus der Reichskulturkammer ausgeschlossen und mit Berufsverbot belegt hatte. Unter der Überschrift »Haben wir eigentlich noch Humor?« stellte er im »Völkischen Beobachter« fest: »Humor gibt es in Deutschland noch genug und übergenug... Wir glauben, es herrscht heute in keinem Lande Europas so viel Freude wie in Deutschland.«

S. 170 *Werner Finck beim Agenten* – ab Dezember 1938 von Werner Finck im Berliner *Kabarett der Komiker* vorgetragen; in dem »Es geht nicht ohne Liebe« betitelten Programm gab er auch Proben aus seinem »Kautschbrevier« zum Besten. Finck später über seinen *Kadeko*-Auftritt: »In einer Szene, in der ich mich bücken mußte, um durch einen zu niedrigen Türrahmen gehen zu können, sagte ich: ›Jetzt habe ich mich schon so geduckt und wäre doch beinahe wieder oben angestoßen.‹ Und schließlich: Ich beendete eine Conference, indem ich auf meine Armbanduhr sah mit den Worten: ›Sie müssen entschuldigen, ich habe schon ein bißchen über meine Zeit gesprochen. Ich höre also auf. Da ich über die Zeit nicht sprechen will.‹« Einen Zuruf aus dem Publikum: »Frecher Judenbengel!« konterte Finck: »Sie irren! Ich sehe nur so intelligent aus!« Goebbels war aufgebracht, er zitierte *Kadeko*-Chef Willi Schaeffers ins Ministerium. Über die Aussprache, die zwei Stunden dauerte, notierte sich der Minister ins Tagebuch: »Langer Kampf um das Kabarett der Komiker. Ich stauche Schaeffers zurecht. Er weint mir etwas vor. Aber ich bleibe bei meinem Standpunkt. Der politische Witz wird ausgerottet. Und zwar mit Stumpf und Stiel.« Erste Maßnahme, mit Hitler abgesprochen: Werner Finck und seine *Kadeko*-Kollegen, der Conferencier

Peter Sachse und die Drei Rulands, erhalten Auftrittsverbot und werden aus der Reichskulturkammer ausgeschlossen. Die gleichgeschaltete Presse erläuterte die »Maßregelung« mit gleichlautender Erklärung: »Der Schauspieler und Schriftsteller Werner Finck wurde bereits im März 1935 gelegentlich der Schließung des Kabaretts ›Die Katakombe‹ ernstlich verwarnt, weil er in seinen Darbietungen Einrichtungen der Partei und des Staates öffentlich lächerlich zu machen versucht hatte. Trotz dieser Verwarnung hat er auch neuerdings in seinem Auftreten jede positive Einstellung zum Nationalsozialismus vermissen lassen und damit in der Öffentlichkeit und vor allem bei den Parteigenossen schwerstes Ärgernis erregt.« Und Goebbels schob in einem Kommentar für den »Völkischen Beobachter« unter dem Titel »Haben wir eigentlich noch Humor?« nach: »Wir haben keine Lust, weiterhin unsere Partei, unseren Staat und unsere öffentlichen Einrichtungen von intellektuellen Nichtskönnern anblödeln zu lassen.« Finck meldete sich wenig später freiwillig zur Wehrmacht. – Der zitierte Gustaf Gründgens, bekannter Film- und Bühnendarsteller, von Göring zum Preußischen Staatsrat und Generalintendanten der Preußischen Staatstheater ernannt, war wegen seiner gleichgeschlechtlichen Neigungen bekannt, Finck spielt hier offensichtlich auf gefälligkeitsbestimmte »Vetternwirtschaft« an. Anthony Eden war im Februar 1938 als britischer Außenminister zurückgetreten.

S. 173 *Brief aus Rußland* – vorgetragen 1943 vom Autor im Hamburger *Bronzekeller* in der Neustädter Straße. Der Kabarett-Auftritt, zu dem Borchert von der Schlagersängerin Maria von Schmedes ermuntert worden war, fand während eines Fronturlaubs statt. Der Beifall des Publikums war mäßig; ein Kabarettbesucher reagierte mit dem Zuruf: »Kleiner, du mußt mal an die Ostfront!« Borchert konterte: »Bin ich schon gewesen.«

S. 174 *Die Zeit der Witze ist vorbei* – vorgetragen vom Autor im November 1937 im Programm der *Touristen*, einem im gleichen Jahr von Elow gegründeten »Kabarett jüdischer Autoren«, das im Berliner Brüdervereinshaus, Kurfürstenstraße, auftrat. Der Abend, der bald darauf wiederholt wurde, fand im Rahmen der Kulturarbeit des Jüdischen Kulturbundes statt, wurde von der Gestapo überwacht und durfte nur von Juden besucht werden. Der Programmzettel verzeichnet Beiträge von Elow, Martha Wertheimer, Lucian Schnell, Hilde Marx, Mala Laaser und Wilhelm Graff, die von den Autoren selbst wie den Schauspielern Ernst Nußbaum, Werner Hinzelmann, Gina Friedman, Martin Rosen, Stella Ehrlich-Hay, Steffi Rosenbaum-Ronau und Kurt Süßmann gespielt wurden. Die Elow-Conference, die hier im Auszug erstmals gedruckt vorgelegt wird, dokumentiert einen bisher weitgehend unbekannt gebliebenen Aspekt des Kabaretts im Dritten Reich: Die Arbeit der jüdischen Kleinkunstbühnen im Ghetto. Der Elow-Text, der dem Reichspropagandaministerium einzureichen war und vom Reichskulturwart Hans Hinkel freigegeben wurde, enthält weiterhin eine harmlose Witzelei über die Schlagerbranche wie auch Kästners »Ankündigung einer Chansonette« (s. *Kleinkunststücke* Bd. 2, S. 292), der Autor wurde allerdings nicht genannt. Musikalisch umrahmt wurde das *Touristen*-Programm von Hildegard Lewin und Lieselotte Jaffé an zwei Flügeln. Auf dem Programmzettel heißt es weiter: »Bühnenbilder: Keine. Kostüme: Eigene. Bärte: Eigentum.« Die jüdische Presse reagierte auf den Kleinkunstabend verhalten wohlwollend. »Ein Kabarett ist nicht dazu bestimmt«, schreibt das Berliner »Gemeindeblatt der Jüdischen Reformgemeinde«, in einer Kritik, »ausschließlich die Lachmuskeln zu reizen, namentlich nicht in unserer Lage... Es soll uns vielmehr in gefälliger künstlerischer Form zu den Tagesfragen, Tagessorgen und Tagesverquertheiten Stellung nehmend, dennoch darüber hinausheben. Das haben die ›Touristen‹ getan.« In der »Jüdischen Rundschau« klingt es kritischer: »Wir hörten an diesem Abend Gedichte, Chansons, kleine Szenen, und es gab nur ganz wenige, die nicht zündeten. Aber der literarische Wert erscheint doch sehr zweifelhaft.« Und die jüdische »C.V.-Zeitung« ergänzt: »Es gibt (und gab immer) Erlebnisse, deren Ernst sie für gewisse Kunstformen, wie es das Chanson ist, ungeeignet macht.« Neben den *Touristen* gab es die von Max Ehrlich geleitete *Kleinkunstbühne* des Jüdischen Kulturbundes in Berlin, die vorzugsweise im Kulturbundsaal in der Kommandantenstraße bis kurz vor Kriegsausbruch kabarettistische Abende veranstaltete. Zusammen mit seinem Freund und Kollegen Willy Rosen schrieb Ehrlich Unterhaltungs-Revuen, die er »Bitte einsteigen!«, »Gemischtes Kompott«, »Essig und Öl« oder »Kunterbunt« nannte und in denen – unter strenger Aufsicht durch NS-Kulturwart Hinkel vom Reichspropagandaministerium – gespielte Witze, Sketche, Possen und Chansons geboten wurden. Ihre Abschiedsvorstellung, vor der Ausreise nach Holland, gaben Ehrlich und Rosen, auf den Plakaten bereits mit den von den Nazis diktierten zusätzlichen Vornamen Israel versehen, im März 1939 mit ihrer »Revue der Revuen«. – Der in der Elow-Conference zitierte Moritz Heimann (1868-1925) schrieb Dramen, Komödien, Prosa, Novellen und zahlreiche Aphorismen (»Es ist nichts Unnatürliches darin, seine Bahn mit zwei Mittelpunkten zu laufen; einige Kometen tun es und die Planeten alle.«)

S. 176 *Vom Schweigen* – veröffentlicht im »Simplicissimus«, Dez. 1941.

S. 182 *Neujahrsgruß* – der anonyme Text kursierte 1934 unter deutschen Exil-Kabarettisten in Holland.

S. 182 *Ode an Berlin* – vorgetragen 1934 von Kurt Gerron in deutschen Emigranten-Kabaretts in Frankreich, darunter auch in der *Laterne*. Der bereits im Juli 1933 in der deutschsprachigen Emigranten-Zeitschrift »Das Neue Tagebuch« veröffentlichte Text wurde vom Autor mit einem »Kleinen Sprachführer für Landesfreunde« versehen: »Defte Plauze – sanfter Schmerbauch, Deez – Schädel, Feez – Fest, peesen – sich ergehen, jriene Minna – Gefangenenwagen vom 1. und 2. Reich, assählen – erzählen, Breejen – Gehirn, Blaues Abführmittel – Wachmann (1. Reich), Zossen – Droschkenpferd.«

S. 184 *Ballade von der Unzulänglichkeit* – vorgetragen 1938 von Dora Gerson im niederländischen Kabarett *ABC*. Die Musik stammt vom Autor, der die 1937 entstandene Ballade ebenfalls in Wiener Kabaretts gesungen hat.

S. 185 *Tempo, Tempo, Tempo!* – vorgetragen von Alice Dorell im *DDD (Dorell's Drie Dames-cabaret)*, Den Haag, Holland, 1935. Die Musik schrieb Rosa van Hessen.

S. 187 *Abgelaufen!* – vorgetragen Mitte der dreißiger Jahren von Harold Horsten in Rudolf Nelsons Amsterdamer *Gaîté*-Kabarett. Horsten brachte das Chanson als Straßenfeger. Die Musik schrieb Rudolf Nelson.

S. 188 *Ich hab so das Gefühl* – vorgetragen Mitte der dreißiger Jahre im Kabarett *La Gaîté*, Amsterdam, von Dora Paulsen. Die Musik schrieb Rudolf Nelson.

S. 190 *Lied von Finsternis und Licht* – vorgetragen in der Revue »Die Bäume schlagen aus oder Ewig Dein« im Londoner Exil-Kabarett *Kleine Bühne*. Die Musik schrieb Ernst Hermann Meyer.

S. 192 *Winterhilfe* – im Mai 1938 zusammen mit sieben weiteren Szenen aus »Furcht und Elend des Dritten Reiches« unter dem Titel »99 %« vor deutschen Emigranten in Paris uraufgeführt. Unter der Regie von Slatan Dudow spielten Helene Weigel die alte Frau, Friedel Ferrari die junge Frau, Hans Altmann den ersten SA-Mann, Ludwig Turek den zweiten SA-Mann. Die Szenenfolge »Furcht und Elend« wurde später in Paris und unter dem Titel »The Private Life of the Master Race« in New York und San Francisco aufgeführt.

S. 194 *Berlin 1940* – vorgetragen im New Yorker *Kabarett der Komiker* von Ilse Bois, 1940.

S. 194 *Solo einer Scheuerfrau* – vorgetragen 1942 von Annemarie Hase in der Revue »Mr. Gulliver Goes to School« des Londoner Exil-Kabaretts *Kleine Bühne*. Die Musik schrieb Allan Gray. – Das Adlon war seinerzeit eines der Berliner Luxushotels. Heinrich Himmler war oberster SS-Führer und zuständig für die sogenannte »Endlösung der Judenfrage«. Die Verben »streichern« und »sauckeln« sind Anspielungen auf Julius Streicher, den Herausgeber des antisemitischen Hetzblattes »Der Stürmer«, und Fritz Sauckel, der als Generalbevollmächtigter für den Arbeitseinsatz verantwortlich war für die Verschleppung von Millionen von osteuropäischen »Fremdarbeitern«, die er der deutschen Rüstungsindustrie zuführte.

S. 196 *Resolution der bombardierten Babies* – vorgetragen 1944 im New Yorker *Kabarett der Komiker*.

S. 197 *Ballade von der »Judenhure« Marie Sanders* – entstanden 1935 als Reaktion auf die im September 1935 von den Nazis erlassenen Nürnberger »Judengesetze« und die verstärkten Pogrome in Deutschland. Die erste Vertonung stammt von Hanns Eisler. Die »Judenhure« wurde in verschiedenen Exil-Kabaretts gebracht, darunter 1939 im Programm »Going, Going – Gong!« der Londoner *24 Schwarzen Schafe* mit der Musik von Fred Manfeld. – Julius Streicher, Gauleiter von Franken, war Herausgeber des antisemitischen Hetzblattes »Der Stürmer«.

S. 198 *Lorelei* – 1943 vorgetragen in der New Yorker *Arche*. Die Musik schrieb Jimmy Berg unter Verwendung der bekannten Lorelei-Melodie. Das sich auf das Heine-Gedicht beziehende Lied erwähnt den expressionistischen Schriftsteller Arnolt Bronnen (1895–1959), der später mit den Nazis paktierte, und den Leiter der Deutschen Arbeitsfront, Robert Ley, der für seine antisemitischen Hetzreden bekannt war. – Heines Lorelei wurde im Dritten Reich mit dem Zusatz »Verfasser unbekannt« versehen; das Exil-Kabarett hat diesen Tatbestand mehrfach in Chansons und Sketchen thematisiert. So schrieb Egon Larsen 1940 für die Londoner *Kleine Bühne* ein Lorelei-Lied, in dem es heißt: »Einst hat man von mir gesungen / Im ganzen deutschen Land, / Jetzt heißt es, ich sei entsprungen / Einem Dichter Unbekannt. / Man läßt mich nicht kämmen und singen, / Man braucht keine Lorelei –/ Ich wollte, die Wellen verschlingen / Die ganze Narretei!«

S. 200 *Die Kosmopolitin* – vorgetragen von Agnes Bernelle 1940 in der Kabarett-Revue »Was bringt die Zeitung?« der Londoner *Kleinen Bühne*. Die Musik schrieb Allan Gray.

S. 201 *Der Reisepaß erzählt* – vorgetragen von Oscar Teller im Programm »Reisende der Weltgeschichte« der New Yorker *Arche*, 1943. – Affidavit wurde die Bürgschaftserklärung für Asylbewerber durch einen Staatsbürger des Gastlandes genannt.

S. 203 *Die Welt ist weit geworden* – vorgetragen von Dora Gerson 1934 im Kabarett *Ping-Pong*, Amsterdam, zur Musik von Curt Bry. Eine Schallplattenaufnahme dieses Chansons mit Dora Gerson und dem Orchester Petruschka wurde in den dreißiger Jahren auf dem Platten-Label »Lukraphon« für Mitglieder des Jüdischen Kulturbunds auf den Markt gebracht. Auch Bry selbst hat sein Lied von der Welt mehrfach in Exil-Kabaretts gesungen; in einer Vertonung von Rudolf Nelson sang es 1937 Dora Paulsen im Amsterdamer *La Gaîté*. – Jack Hylton war Leiter einer berühmten Jazzband.

S. 204 *Ein neues Kinderlied* – 1943 von Herbert Nelson, der auch die Musik schrieb, in seinem Untergrund-Kabarett vorgetragen, das er in seiner Amsterdamer Wohnung, Merwedeplein 23, unterhielt und wo er vor untergetauchten Freunden und Bekannten, meist Holländern, spielte.

S. 206 *Das Leben geht weiter* – vorgetragen 1941 im *Nelson-Kabarett*, Amsterdam, das zur Zeit der deutschen Besatzung in Holland in der »Joodschen Schouwburg«, dem jüdischen Theater, nur noch vor jüdischem Publikum spielen durfte. Das Lied wurde zum Thema-Song der Revuen, der zu einer Melodie Rudolf Nelsons von Ensemble und Publikum gemeinsam jeweils als Finale gesungen wurde.

S. 206 *Die große Straße* – vorgetragen 1940 im *Nelson-Kabarett*, das im jüdischen Theater »Joodsche Schouwburg« in Amsterdam vor ausschließlich jüdischem Publikum spielen durfte. Die Musik schrieb Herbert Nelson. Das Lied, zur Zeit der deutschen Besatzung geschrieben und aufgeführt, gelangte später nach Theresienstadt, wo es im dortigen Lager-Kabarett mit neuen Textzeilen gesungen wurde (»Einer läuft zu großen Bankgeschäften, / Spekuliert auf einen Reingewinn, / Und ein andrer ist schon ganz von Kräften / Und sinkt hungrig auf der Straße hin. / Einer hat im Herzen tief ein Sehnen / Und ein andrer lacht sich förmlich tot, / Einer kämpft vergebens gegen Tränen / Und weint heimlich sich die Augen rot.«)

S. 208 *Doppelconference* – 1941 vorgetragen von Armin Berg und Karl Farkas im New Yorker *Old Europe*.

S. 208 *Die seltsame Reise des Professor Blitz* – vorgetragen Anfang der vierziger Jahre von der Autorin in ihrer New Yorker *Beggar Bar*. Die Reaktion des Publikums auf die teilweise mit Pantomime und Grotesktanz durchsetzten Auftritte, bei denen die Gert unter anderem ein »Interview mit einer Neunzigjährigen über Hitler« brachte, blieb gemischt, die New Yorker Emigranten-Zeitung »Aufbau« bescheinigte ihr »an extremely bad taste«. Dennoch blieb die Blitz-Nummer in ihrem Programm, obwohl das Publikum, wie 1946 in ihrem Kabarettlokal *Valeska's* in Provincetown, heftig reagierte: »Meine Erzählung«, berichtete sie später, »wurde von einem Bombardement unterbrochen: Flaschen und Kürbisse flogen durch die Luft...«

S. 210 *Die Pointe* – 1933 vorgetragen vom Autor zu eigener Musik im Kabarett *Ping-Pong*, Amsterdam.

S. 216 *Gruß der Kleinkunst* – vorgetragen zur Jahreswende 1939/40 vom *Kadeko*-Chef in einer Funksendung für die Soldaten. Jupp Hussels, Lotte Werkmeister, Rosita Serrano und Peter Igelhoff waren populäre Künstler, die seinerzeit im *Kabarett der Komiker* auftraten. Das angesprochene »Wunschkonzert für die Wehrmacht« war eine unmittelbar nach Ausbruch des Zweiten Weltkrieges ins Leben gerufene volkstümliche Rundfunksendung mit dem Ansager Heinz Goedecke, in der gegen Geld- und Sachspenden für die Front musikalische Hörerwünsche erfüllt wurden.

S. 217 *Lachen ist gesund* – vorgetragen 1944 zur eigenen Melodie im Wehrmacht-Nachtkabarett *Atlantis,* das das Amt Truppenbetreuung des Reichspropagandaministeriums am Berliner Potsdamer Platz für durchreisende Soldaten eingerichtet hatte. Der Lach-Song, von Udo Vietz zu seiner musikalischen Visitenkarte erklärt, erklang dort allnächtlich in einem wahllos zusammengestellten Muntermacher-Programm zwischen 23 und 5 Uhr früh vor zeitweise tausend uniformierten Zuhörern, die ohne Unterkunft waren. »Lachen ist gesund« blieb die Vietz-Devise auch nach Kriegsende: in den fünfziger Jahren als launiger Funkplauderer eingesetzt, sang er das Lied bei öffentlichen Veranstaltungen wie auch neu auf Schallplatte.

S. 218 *Ich bin so froh, ich bin kein Intellektueller* – 1940 vom Autor zu eigener Couplet-Weise im Münchner *Platzl,* im »Wunschkonzert für die Wehrmacht« und in einem Spielfilm vorgetragen sowie für die Schallplatte besungen. Vor dem Hintergrund zahlreicher Hitler- und Goebbels-Reden, in denen Intellektuelle als »Volksschädlinge« gebrandmarkt wurden, nimmt sich das Weiß Ferdl-Bekenntnis ebenso hintersinnig wie gefolgschaftshörig aus; dennoch wurde der Titel des Couplets zuweilen als kritische Äußerung mißverstanden. »Ich bin kein Intellektueller!« ist auch der Titel eines »heiteren Buches«, mit dem Weiß Ferdl 1940 außer dem hier zitierten Text Prosastücke von derber Landserkomik und bayerischer Landluft-Gaudi vorlegte.

S. 219 *Wilde Tiere* – aus einem im Mai 1935 gesendeten Programm des Funkkabaretts *Die Brennessel,* mit dem für die wenige Monate später verabschiedeten Nürnberger »Judengesetze« Stimmung gemacht werden sollte. Im Jahre 1935 wurden von Seiten der Nazis verstärkte Anstrengungen unternommen, das Kabarett als »Führungsmittel« einzusetzen. »Das Kabarett«, heißt es dazu in einer linientreuen Abhandlung aus dieser Zeit, »kann mit seinen Darbietungen die glücklichste Synthese zwischen Kunst und Politik sein« und »beim kulturellen Aufbau des Dritten Reiches und bei der Propagierung der nationalsozialistischen Weltanschauung... gute Dienste tun«. Und im Herbst 1935 verkündete die Reichs-Rundfunkgesellschaft: »In den bevorstehenden Wintermonaten soll an den deutschen Sendern, die bisher noch nicht näher mit Kleinkunst-Sendeformen vertraut geworden sind, eine beim größten Teil der Hörerschaft bald beliebte Einrichtung in stärkerem Umfang durchgeführt werden, nämlich: das politische Kabarett.« Versuche in dieser Richtung erwiesen sich als wenig effektiv; NS-Kabarettgründungen überlebten in der Mehrzahl nicht einmal eine einzige Saison. Wenig später schaltete Goebbels um und verordnete die kaffeekränzchenhafte KdF-Fröhlichkeit, wie sie in den vierziger Jahren dann im *Kabarett der Komiker* zum Programm erhoben wurde. – Paul Löbe (1875–1967), sozialdemokratischer Politiker, zwischen 1920 und 1924 sowie zwischen 1925 und 1932 Präsident des Reichstags, wurde 1933 vorübergehend in »Schutzhaft« genommen, im Sommer 1944 erneut verhaftet und in ein KZ eingeliefert. Der Theaterkritiker Alfred Kerr (1867–1948) war auch mit Beiträgen für den Rundfunk hervorgetreten; am 15. Februar 1933 floh er über Prag, Wien und Zürich nach Paris, am 10. Mai wurden seine Bücher öffentlich verbrannt, am 23. August des gleichen Jahres wurde ihm die deutsche Staatsbürgrschaft aberkannt. Emil Ludwig (1881–1948), eigtl. Cohn, vielgelesener Autor zumeist biographischer Romane, war bereits 1932 Schweizer Staatsbürger geworden und lebte ab 1940 in den USA; auch seine Bücher wurden 1933 öffentlich verbrannt.

S. 220 *Ham Se nicht den kleinen Cohn gesehn?* – vorgetragen von den Drei Rulands in der Sendung »Rulandseck« des Reichssenders Leipzig im November 1938. Für das in Quodlibet-Manier gesungene Hetzlied, von Herbert Heinemann am Klavier begleitet, wurde die seit der Jahrhundertwende als populärer Gassenhauer bekannte Cohn-Melodie des jüdischen Schlagermacher Emil Rosendorff, Ludwig Renner und Julius Einödshofer verwendet. Auch das finale Schlagerpotpourri bedient sich zur »Sigismund«-Melodie des 1933 emigrierten Robert Gilbert textcollagierend fast ausschließlich der Zitate jüdischer Autoren: Julius Brammer, Fritz Rotter, Otto Stransky, Willy Rosen, Paul Abraham, Werner Richard Heymann, Ernst Neubach, Robert Liebmann, Beda, Friedrich Hollaender, Wilhelm Grosz, Alfred Grünwald, Walter Jurmann, Walter Reisch und Armin L. Robinson – nicht wenige von ihnen wurden Opfer antisemitischer Verfolgung.

S. 223 *Das Gerücht* – propagandistischer Film-Sketch, der 1943 als Vorprogramm in den Kinos lief. Unter der Regie von Eugen York spielten Gerhild Weber (Liese) und Brigitte Mira (Miese).

S. 226 *Tran und Helle hören fremd* – propagandistischer Film-Sketch, der 1940 als Vorprogramm in den Kinos lief. Unter der Regie von Johannes Guter spielten Ludwig Schmitz (Tran) und Jupp Hussels (Helle). Mit der Szene sollte auf unterhaltsamkomische Weise an die Beachtung und Einhaltung der unmittelbar nach Kriegsausbruch erlassenen »Verordnung über außerordentliche Rundfunkmaßnahmen« erinnert werden, die das Abhören ausländischer Rundfunksender verbot und die für die Weiterverbreitung von deren Nachrichten sogar die Todesstrafe androhte. Trotz hoher Strafen waren vor allem die Sendungen des deutschen Dienstes der BBC London während des Krieges in Deutschland allgemein verbreitet. Allein bis 1943 wurden mehr als 3 000 Personen verurteilt, weil sie ihr Radio auf ausländische Sender eingestellt hatten; im Oktober 1942 wurde ein 17jähriger als Hoch- und Landesverräter hingerichtet, weil er »feindliche« Nachrichten abgehört und weitergegeben hatte. Die »Tran und Helle«-Serie, auf die Goebbels großen Wert legte und die er redaktionell mitbearbeiten half, umfaßte insgesamt 63 Folgen und lief vom September 1939 bis zum Herbst des folgenden Jahres als Bestandteil der Wochenschau; die Themen reichten vom Hamstern, über Spionage, Trunkenheit, Schleichhandel, Aberglaube bis zu gutem Benehmen und Luftschutzübung. Die Filmdarsteller der Sketche, Schmitz und Hussels, wurden rasch so populär, daß sie 1940 sogar ein »Tran und Helle«-Gastspiel in der Berliner *Scala* geben mußten. Auch in Buchform wurden die Botschaften der »Tran und Helle«-Filme unter die Leute gebracht. In einem Begleitwort zum Thema »Der politische Witz« formulierte Hussels das Credo des angepaßten Kabarettisten: »Früher war es lächerlich leicht, politische Witze zu machen. Man glossierte nur eine Partei nach der anderen, veräppelte die fortgesetzt wechselnden Minister oder sprach über die Hilflosigkeit der Regierung, das wirkte immer. Wer aber ist heute so instinktlos und vermessen, unsere Führung glossieren zu wollen? Ist es nicht billig und dumm, Maßnahmen der Regierung, die nur zum Wohle des Volkes in unermüdlicher Arbeit erdacht und getroffen werden, zu bewitzeln?«

S. 227 *So you left me* – ein von der Rundfunkabteilung des Auswärtigen Amtes ausgearbeiteter parodistischer Propagandatext, der im Juni 1942 von dem Berliner Kurzwellensender zur Musik der bekannten Swing-Nummer »So you left me for the leader of a Swing-Band« für die Hörer in Großbritannien und Nordamerika ausgestrahlt wurde. Gesungen wurde dieser Propaganda-Jazz von Karl »Charlie« Schwedler, der von einem Jazzorchester unter der Leitung von Lutz Templin begleitet wurde. Die Live-Sendungen, in denen auch englischsprachige Sketche mit der in NS-Diensten stehenden US-Schauspielerin Mildred Gillars alias »Axis Sally« und deutsch-freundliche Kommentare des britischen Faschisten William Joyce alias »Lord Haw-Haw« gebracht wurden, war die Goebbels-Antwort auf die nach Deutschland hineingefunkten deutschsprachigen Programme der ausländischen Sender und diente der psychologischen Kriegsführung. Nach dem Muster des hier gekürzt wiedergegebenen Textes wurden ab 1940 mit »Charlie And His Orchester«, hinter dem sich bekannte deutsche Jazzmusiker wie Fritz »Freddie« Brocksieper, Karl »Charly« Tabor, Willy Berking und Eugen Henkel verbargen, mehr als 250 Swing-Nummern mit neuen Antitexten versehen und, möglichst eng am Original entlang, im Sinne der Feindpropaganda »angepropt«: vom »St. Louis Blues« bis zu Cole Porters »Night and Day«. – »So you left me for the Leader of the Soviets« richtet sich an die britischen Hörer und bezieht sich auf den im Juli 1941 zwischen Großbritannien und der Sowjetunion geschlossenen Beistandspakt, der ein Jahr später, im Mai 1942, anläßlich des Molotow-Besuches in London, bekräftigt wurde.

S. 228 *Columbus* – 1943 vorgetragen von Willi Schaeffers im Berliner *Kabarett der Komiker*. Die Musik schrieb Edmund Kötscher. Der *Kadeko*-Chef sang die Anti-US-Schnulze auch auf Schallplatte; die Rückseiten-Nummer lautet, recht beziehungsreich: »Ich bin nur ein einfacher Mann – und doch ist was dran...«

S. 229 *In der Feuerwehrwache* – aus der Neumann-Revue »Nacht muß sein«, die am 6. September 1939, fünf Tage nach Ausbruch des Zweiten Weltkrieges und am Tag der ersten Verdunkelung in Berlin, im Rahmen der »Festspiele der Kleinkunst« im Berliner *Kabarett der Komiker* Premiere hatte. Die Musik schrieb Günter Neumann, unter den Mitwirkenden waren Hubert von Meyerinck und Joe Furtner. Das hier abgedruckte Chanson-Pamphlet aus dem 9. Bild der »Nacht«-Revue – von Chamberlain und Roosevelt in Feuerwehrmontur zu singen – will suggerieren, Großbritannien und die USA hätten Wichtigeres zu erledigen, als Deutschland nach dem am 1. September 1939 erfolgten Überfall auf Polen den Krieg zu erklären; dennoch hatte die Regierung Chamberlain bereits am 3. September in den Krieg eingegriffen, die Vereinigten Staaten wurden erst Ende 1941 durch die Kriegserklärung Deutschlands in die weltweite kriegerische Auseinandersetzung hineingezogen. – Mit der Achse, von der in der »Feuerwehrwache« die Rede ist, ist die im November 1936 zwischen Mussolini und Hitler vereinbarte Zusammenarbeit, die sogenannte »Achse Berlin-Rom«, gemeint.

S. 230 *Lied vom Arsch der Welt* – 1942 vom Frontkabarett *Die Eichkater* vorgetragen, das an der Ostfront eingesetzt war und in vorderster Linie mit derben Späßen über die »Urlaubsdauerwurst 42« und ähnliches volksmusikalisch witzelte. Die Laiengruppe in Uniform nannte sich auch nach ihrem Einsatzgebiet »Die zehn Kuriere aus Rshew«. Im Schallplattenkatalog der Telefunken ist im Januar 1943 über die *Eichkater* zu lesen: »Diese verteufelten zehn Landser kamen unmittelbar von der Ostfront in den Sendesaal des Berliner Rundfunks und in unser Aufnahmestudio. Sie vermitteln der Heimat ganz und gar das Erlebnis jenes Soldatenhumors, der aus der Schwere des Fronterlebnisses geboren ist.« Katalog-Nachsatz: »Wehrmacht und Export gehen vor zivilen Bedarf!«

S. 231 *Man muß zufrieden sein mit zehn Prozent* – aus der musikalischen Revue »Durch's Schlüsselloch«, die 1941, nach dem deutschen Überfall auf die Sowjetunion, im Berliner *Kabarett der Komiker* Premiere hatte. Die Musik schrieb Hans Carste, der ein Jahr später als Soldat in sowjetische Gefangenschaft geriet.

S. 232 *Das muß den Seelord doch erschüttern* – Textparodie auf den 1939 durch den Tonfilm »Paradies der Junggesellen« bekannt gewordenen Michael Jary-Schlager »Das kann doch einen Seemann nicht erschüttern«, der durch die Leinwand-Darsteller Hans Brausewetter, Josef Sieber und Heinz Rühmann auch auf Schallplatten zu hören war. U-Boot-Kommandant Günther Prien, der mit seiner »U 47«-Besatzung im Oktober 1939 in der Bucht von Scapa Flow das britische Schlachtschiff »Royal Oak« versenkte, berichtete in einem Interview, dieses Lied habe ihm und seiner Mannschaft die Kraft zum Durchhalten gegeben. Als Prien wenig später von seiner »Feindfahrt« zurückkehrte, wurde ihm, inzwischen von der NS-Propaganda zum Bilderbuch-Held hochstilisiert, ein begeisterter Empfang bereitet. Im Berliner Funkhaus ist er Gast des »Wunschkonzertes für die Wehrmacht«, wo das Filmtrio Brausewetter-Sieber-Rühmann ihm zu Ehren und zur Freude des anwesenden Propagandaministers Goebbels zur bekannten Seemann-Melodie nun den neuen Seelord-Text intoniert. – Chamberlain war seinerzeit britischer Premierminister, Churchill Erster Seelord der britischen Admiralität.

S. 233 *Wehrkunde-Unterricht* – vorgetragen 1943 vom Gefreiten Peter Frankenfeld in einem Fronttheater bei Ingulez an der Ostfront. Frankenfeld, seinerzeit vom Dienst befreit und damit beauftragt, ein regimentseigenes Truppenbetreuungs-Kommando zusammenzustellen, über die Premiere: »Das Ballistik-Solo kam am besten an. Herr General lachten ohne Unterlaß.« Das also erprobte Solo blieb auch nach Kriegsende im Repertoire; Frankenfeld trat damit in den fünfziger und sechziger Jahren wiederholt im Rundfunk auf.

S. 234 *Das Lied von den Lügenlords* – 1940 vorgetragen von Wilhelm Strienz, der das »Lügenlied«, begleitet von der Kapelle Willi Rudek, auch auf Schallplatte aufnahm. Ähnliche Töne, mit dem die leichte Muse persiflierenderweise gegen die Kriegsgegner mobil machte, gab es auch beim einstigen *Nachrichter*-Musiker Norbert Schultze, der in seinem »Lied vom deutschen U-Boot-Mann« auf die Frage, wer auf dieser Erde wohl den größten Mund habe, die Antwort gibt: »Der Herr Premier Seiner brit'schen Majestät!« – Mit dem »kleinen Mann«, der nicht die Wahrheit sagen kann, ist Lord Chamberlain, der britische Premier, gemeint. Reuter ist eine Nachrichtenagentur mit Sitz in London. Der »schöne Mann« ist der stets elegant gekleidete Kriegsminister, Lord Halifax war britischer Außenminister, Duff Cooper, hier als »Doof Cooperlein« annonciert, britischer Informationsminister, Winston Churchill war seinerzeit Erster Seelord der britischen Admiralität.

S. 236 *Wann ist Frieden in Berlin?* – im Oktober 1941 vorgetragen von Lotar Olias, einem Mitglied des Frontkabaretts *Der Knobelbecher* im Waldai-Gebiet/Ostfront. Es ist zu vermuten, daß Text und Musik des Friedensliedes von Olias stammen, der vor Ausbruch des Krieges im *Kabarett der Komiker* arbeitete. *Der Knobelbecher*, auf Initiative des Generalfeldmarschalls Busch gegründet, war bis 1944 in Sachen Truppenbetreuung unterwegs; das Soldatenkabarett unterschied sich von anderen Ensembles dieser Art dadurch, daß ihm ausschließlich Landser angehörten, die vor dem Krieg als Berufskünstler gearbeitet hatten. Rudi Greiner, einst am Stadttheater Kiel engagiert, erinnert sich: »Wir spielten in Frontlazaretten, in vorgeschobenen Hauptverbandsplätzen, in Bunkern und zerschossenen Kirchen.« Über das *Knobelbecher*-Programm »Von der Maas bis an den Kreml« jubelte die Soldatenzeitung im Februar 1942: »Jawohl, das ist wirkliche Kleinkunst, Brettl, Kabarett in des Wortes bester Bedeutung! Spritzig, temperamentvoll, lustig, geistreich und jedem Soldaten verständlich... Die Melodien und manches treffende Wort, von Soldaten für Soldaten gedichtet, gesprochen und gesungen, gehen mit in den harten Alltag des Krieges...«

S. 237 *Hurra!* – vorgetragen 1940 vom Funker Werner Finck in einem Frontkabarett in Frankreich. – Das Verb »rommeln« bezieht sich auf den damaligen General Erwin Rommel, der ebenfalls an der Westfront eingesetzt war.

S. 238 *Herr Hauptmann, Herr Hauptmann...* – vorgetragen 1943/44 von MG-Schütze Wolfgang Neuss in Unterständen und Lazaretten an der Ostfront. Über seine Anfänge als Kabarettist berichtet er: »Willi hieß er. Der hat mir alles beigebracht. Er war Gefreiter bei den Ortelsburger Jägern. Ein richtiger Profi. Willi sagte: ›Paß mal auf, Hansi. Hier beim Kommiß gibt es nur zwei Möglichkeiten. Entweder Spähtrupp oder Kartoffelschälen. So wie du aussiehst, mit den Sommersprossen, wenn du'n paar Witze auf Lager hast, ist alles klar. Man muß dich mögen.‹ Willi konnte gut Witze erzählen. Von ihm hab ich alles gelernt. Ich hab die Witze, die er mir erzählt hat, geübt. Bis ich sie konnte. Und dann bin ich auf die Soldaten los. Mit Willis Witzen. Ich ging also raus, hebe die rechte Hand zum deutschen Gruß und sage auf der Bühne gleich zu Beginn: ›Verwundete spielen für Verwundete.‹ Das war schon der erste Lacher.«

S. 244 *An die Gleichgeschalteten* – 1935 vom Autor im Moskauer Rundfunk gesprochen.

S. 246 *Frau Wernicke singt uffn Hof* – vorgetragen im Mai 1942 von Annemarie Hase im deutschen Dienst der BBC London. Die Frau Wernicke, die monologisierende Berliner »Volksjenossin«, Typ Kleinbürgersfrau mit flottem Mundwerk und wachem Verstand, war eine der erfolgreichsten Satire-Serien im »Ätherkrieg«.

S. 247 *Mies und Meck* – kabarettistische Skizze, für den Funk geschrieben. Brecht hat in den späten dreißiger Jahren mehrere solcher antifaschistischen »Mies und Meck«-Sketche im Berliner Jargon verfaßt, die aktuelle politische Themen wie die Besetzung Österreichs und den Hitler-Stalin-Pakt behandelten; sie wurden wahrscheinlich nie gesendet. Angeregt zu dem Serientitel wurde Brecht vermutlich durch eine Fotomontage von John Hartfield, die 1934 unter dem Titel »Mies und Meck im Dritten Reich« in der Exil-AIZ erschienen war.

S. 248 *Grüß Gott, Herr Hinz!* – vorgetragen im September 1942 von Karl Farkas und Oskar Karlweis in der deutschsprachigen Sendereihe »We Fight Back«, die von der Stimme Amerikas verbreitet wurde. In dem Polit-Quodlibet, bei dem Musikzitate von Franz Lehár, Joseph Offenbach, Werner Richard Heymann und Robert Stolz verwendet werden und das hier leicht gekürzt wiedergegeben ist, wurde ein altes kabarettistisches Grundmuster (»Grüß Gott, Herr Hinz! Grüß Gott, Herr Kunz!«) benutzt, das schon in den zwanziger Jahren von Farkas popularisiert worden war. – Mit dem Tapezierer ist Hitler gemeint, der Stimmungsführer mit dem kurzen Bein ist Goebbels, und als Profitierer wird Göring bezeichnet. General Rommel war damals als Befehlshaber des Deutschen Afrikakorps bekannt. Berchtesgaden war Hitlers Stammsitz.

S. 250 *Kometenlied 1941* – vorgetragen im Mai 1941 von Martin Miller im deutschen Dienst der BBC London. Die aktuellen Zeitstrophen, die in enger Anlehnung an das Knierim-Couplet aus Nestroys »Lumpazivagabundus« geschrieben wurden, behandeln den Englandflug von Hitler-Stellvertreter Rudolf Heß am 10. Mai 1941. – Österreich wurde nach dem »Anschluß« als Ostmark bezeichnet. Baldur von Schirach war ab 1940 Gauleiter und Reichsstatthalter von Wien. Heinrich Himmler war oberster SS-Führer.

S. 251 *Frau Wernicke und der Feindsender* – vorgetragen 1941 von Annemarie Hase im deutschen Dienst der BBC London. Mit dem Doktor ist Reichspropagandaminister Goebbels gemeint. Die Satire-Szene behandelt das im September 1939 von den Nazis erlassene »Abhörverbot feindlicher Sender«. Zuwiderhandlungen wurden seinerzeit schwer bestraft: Allein bis zum August 1940 wurden mehr als 4 000 Personen unter dem Verdacht festgenommen, ausländische Sender abgehört zu haben; Anfang 1941 wurde das erste Todesurteil vollstreckt. Der

Volksmund machte sich seinen eigenen Reim: »Lieber Gott, mach mich taub, daß ich nicht am Radio schraub!«

S. 253 *Lili Marleen 1943* – gesungen nach der Schultze-Melodie von Lucie Mannheim, Anfang April 1943, im deutschen Dienst der BBC London. Die Parodie-Fassung bezieht sich auf die veränderte militärische Lage nach der deutschen Niederlage in Stalingrad. Lale Andersen, die das Lili Marleen-Lied (s. S. 121) populär gemacht hatte, unterlag zum Zeitpunkt der BBC-Ausstrahlung in Deutschland einem Auftrittsverbot. – Lucie Mannheim hat mehrfach über BBC London deutsche Schlager parodiert; so sang sie im Mai 1943 ihre Version des Marika Rökk-Liedes »Es geht alles vorüber« und kam angesichts des deutschen Rückzugs an der Ostfront und an der Afrikaküste zu dem Schluß: »So geht alles vorüber, so geht alles vorbei – Stalingrad im Dezember und Tunis im Mai.«

S. 254 *Wir fahren immer hin und her* – vorgetragen Anfang Januar 1944 im deutschen Dienst der BBC London von Tony Galento; hinter diesem Pseudonym verbarg sich Mischa Spoliansky, der auch die Musik zu dem Lied schrieb. Es bezieht sich auf einen Vorfall, demzufolge ein deutscher Soldat, nachdem seine Einheit zuerst nach Polen, dann Frankreich und schließlich nach Rußland verlegt worden war, mit Kreide an die Waggontür seines Transports geschrieben haben soll: »Wir fahren immer hin und her, wir haben keine Heimat mehr.« Das Lied wurde auch in Deutschland bekannt. Um seine Wirkung abzuschwächen, wurde es vom Reichspropagandaministerium »adoptiert« und als »Lied der deutschen Flak« umgedichtet: »Wir fahren hin, wir fahren her, wir fahren kreuz, wir fahren quer.«

S. 254 *Das Lied vom Weib des Nazisoldaten* – 1942 war das Gedicht unter dem Titel »Und was bekam des Soldaten Weib?« in der in Mexiko herausgegebenen Exil-Zeitschrift »Neues Deutschland« erschienen, noch im gleichen Jahr sang es, von Mischa Spoliansky vertont, Lucie Mannheim im deutschen Dienst der BBC London. Zu einer Kurt Weill-Melodie trat im April 1943 Lotte Lenya damit erstmals in New York vor die Öffentlichkeit, sie wurde von Weill am Klavier begleitet. Das Lied, für das dann auch Hanns Eisler und Paul Dessau Kompositionen vorlegten, wurde später in Brechts »Schweyk im Zweiten Weltkrieg« verwendet; das Stück wurde 1956 in Warschau uraufgeführt.

S. 256 *Brief des Gefreiten Adolf Hirnschal* – Mitte November 1943 im deutschen Dienst der BBC London gesprochen von Fritz Schrecker. Aus der satirischen Serie vom deutschen Landser, der von 1940 bis 1945 fast hundert Briefe an seine Frau daheim in Zwieselsdorf schreibt; sie beginnen mit der rührend-liebenswerten Standardfloskel: »Teure Amalia, vielgeliebtes Weib!« Hirnschal, eine reichsdeutsche Mischung aus Filser und Schwejk, der sich naiv und zugleich schlaubergernd seine Gedanken über die Kriegswirren macht, denen er ausgesetzt ist, geht auf eine Figur zurück, die der Autor bereits zehn Jahre zuvor für das Wiener Agitprop-Kabarett *Rote Spieler* in einem Programm benutzt hatte, das sich »Hirnschal macht Weltgeschichte« nannte und den österreichischen Spießer nach England reisen läßt. Dort wirklich angekommen, mauserte er sich zum kleinen Mann im Landser-Look, an dem sich Weltgeschichte vollzieht, was er staunend zur Kenntnis nimmt. Die »Hirnschal«-Sendungen des Londoner Rundfunks waren während des Krieges so populär, daß Hirnschal und sein Freund Jaschke als Marionetten 1943, zur Zeit der deutschen Besatzung in den Niederlanden, von einem im Untergrund wirkenden illegalen Puppenspiel-Ensemble der *Hollandgruppe Freies Deutschland* auf die Puppenbühne gebracht wurden. – Der vorliegende Text wurde in dieser, von der ausgestrahlten Sendefassung unwesentlich abweichenden Fassung 1943/44 als Flugblatt über deutschem Gebiet abgeworfen und enthielt außer Hinweisen auf Sendezeiten und Frequenzen des deutschsprachigen BBC-Dienstes ein Hitler-Zitat (»Niemals werden wir in den Fehler des Jahres 1918 verfallen, nämlich etwa eine Viertelstunde vor zwölf Uhr die Waffen niederzulegen.«) Und die Feststellung: »Jeder Tag, den Hitler gewinnt, ist für die Zukunft des deutschen Volkes verloren.«

S. 258 *Kurt und Willi* – gesprochen im deutschen Dienst der BBC von Peter Ille (Illing) und Fritz Wendhausen, Anfang April 1945. Die hier gekürzt wiedergegebene Szene stammt aus einer der beliebtesten Satire-Reihen des Londoner Senders; in dieser Hörfolge traf sich regelmäßig einmal in der Woche der naiv-gescheite Oberstudienrat Kurt Krüger mit seinem Freund Willi Schimanski, der im Propagandaministerium beschäftigt ist.

S. 259 *Der Führer spricht* – im Februar 1940 von Martin Miller im Programm »Blinklichter« des Londoner Exil-Kabarett *Laterndl* vorgetragen. Am 1. April 1940 wurde die Hitler-Parodie von der BBC gesendet. Nach dem großen Erfolg dieses Auftritts lieh Miller seinem verhaßten Landsmann noch öfter die Stimme; zu Silvester 1941 verkündete er im Rundfunk mit groß angelegtem »Führer«-Pathos: »Meine heutige Botschaft fällt zusammen mit dem Ablauf eines Jahres, für das ich Ihnen den Endsieg garantiert habe. Aber dieses Jahr ist nur im Kalender abgelaufen, in jenem gregorianischen Kalender, den ein vom internationalen Judentum und von den Freimaurern bestochener römischer Papst namens Gregor der germanischen Welt aufgedrängt hat. Wollen wir Nationalsozialisten, die wir der Welt eine neue Ordnung geschenkt haben, uns von fremdstämmigen Dunkelmännern vorschreiben lassen, wann ein Jahr beginnt und aufhört? Nein, meine Volksgenossen, wann das deutsche Jahr anbricht und zu Ende geht, darüber habe ich ganz allein zu entscheiden.« – Karl May war bekanntlich Hitlers Lieblingsautor. Winston Churchill war seinerzeit Erster Seelord der britischen Admiralität, Duff Cooper war britischer Informationsminister, Eduard Beneš war Präsident der tschechischen Exilregierung in London, Franklin D. Roosevelt war US-Präsident, Cordell Hull sein Außenminister und Fiorello Laguardia Bürgermeister von New York.

S. 261 *Der Führer* – 1942 vom Autor im Moskauer Rundfunk gesprochen. Das »deutsche Volkslied« wurde auch als Flugblatt hinter den deutschen Linien an der Ostfront abgeworfen, mit dem zur Desertion aufgerufen wurde. Nach dem Zweiten Weltkrieg wurde es, in der Vertonung von Hanns Eisler, durch die Interpretation von Ernst Busch bekannt.

S. 268 *Einladung* – vorgetragen von Leo Strauß zwischen 1942 und 1944 im Lager-Kabarett des Konzentrationslagers Theresienstadt.

S. 269 *Es ist serviert* – vorgetragen zwischen 1942 und 1944 im Lager-

Kabarett des Konzentrationslagers Theresienstadt, vermutlich vom *Strauß-Ensemble*.

S. 270 *Spuk in der Kaserne* – vorgetragen 1944 im Lager-Kabarett des Konzentrationslagers Theresienstadt. Die Magdeburger Kaserne war der Sitz der Selbstverwaltung im Ghetto, hier fanden auch Kabarettveranstaltungen statt.

S. 271 *Bad Blockhaus* – vorgetragen zwischen 1942 und 1944 vom *Hofer-Ensemble* des Lager-Kabaretts in Theresienstadt, vermutlich von Hans Hofer selbst. Seine Truppe spielte im Freien, in Krankenbaracken, in Altenhäusern sowie in der Magdeburger Kaserne. Die Musik zum »Blockhaus« schrieb Wolfi Lederer. – Die Straßen im Ghetto waren mit Buchstaben bezeichnet.

S. 272 *Theresienstädter Fragen* – vorgetragen vom Ensemble des *Strauß-Kabaretts* im Konzentrationslager Theresienstadt zwischen 1942 und 1944. – Ein »Cvokárna-Kandidat« ist reif für die Psychiatrie.

S. 273 *Als ob* – vorgetragen vom Lager-Kabarett des Konzentrationslagers Theresienstadt zwischen 1943 und 1944, vermutlich von Leo Strauß. – Das erwähnte Caféhaus wurde im Januar 1943 im Rahmen der sogenannten »Stadtverschönerung« eröffnet, die dem Lager ein möglichst ziviles Aussehen geben sollte. In diesem Café spielten unter anderem die »Ghetto-Swingers«. Der »Als ob«-Song war nach Aussagen überlebender Lagerinsassen das in Theresienstadt populärste Kabarettlied.

S. 275 *Herr Fröhlich und Herr Schön* – vorgetragen im März 1944 in der *Bühne Lager Westerbork* von Franz Engel und Max Ehrlich im Konzentrationslager Westerbork. Die Fröhlich-Schön-Nummern waren wie die Hinz-Kunz-Duos alte Kabarett-Standards, die in den zwanziger Jahren entwickelt wurden; sie waren beliebt und eingängig, das feste Schema erlaubte, aktuelle Bezüge einzubauen, hier und da sogar Improvisationen. Engel hatte diese Lieder mit der bekannten Melodie bereits mit seinem Partner Fritz Wiesenthal in Wien gesungen und populär gemacht. Zur gleichen Zeit, da er die fröhlich-schöne Weise nun in Westerbork sang, erklang sie auch im entfernten Theresienstadt, wo Bobby John und Ernst Morgan mit dem alten Lied der Ghetto-Situation neue Verse abzugewinnen versuchten: »In der Küche war Kontrolle / Von neunundzwanzig Herrn. / Warum so viel auf einmal? – / Die essen alle gern!«

S. 276 *Die Thermosflasche* – vorgetragen zwischen 1942 und 1944 von Hans Hofer im Lager-Kabarett des Konzentrationslagers Theresienstadt. Der in Anlehnung an Otto Reutters Couplet »Der Überzieher« (s. *Kleinkunststücke* Bd. 1, S. 203) geschriebene Text wurde zur Reutter-Melodie gesungen. – »Ostmark« ist eine von den Nazis benutzte Bezeichnung für Österreich; Terezín = Theresienstadt. BV war der Sitz der Ghetto-Selbstverwaltung, OD = Ordnungsdienst, eine Art Ghetto-Polizei, OW = Ordnerwache.

S. 278 *Die Ochsen* – 1944 vorgetragen in einem der Lager-Kabaretts im Konzentrationslager Theresienstadt.

S. 279 *Der Pojaz* – 1944 geschrieben im Konzentrationslager Theresienstadt. Der Autor, Willy Rosen, war hier im Herbst 1944 aus Westerbork eingetroffen; er wurde mit den Oktober-Transporten nach Auschwitz gebracht und dort ermordet.

S. 280 *Keine Angst!* – Teil einer Conference, die Werner Finck im Juni 1935 als »Schutzhäftling« auf einer Kabarettveranstaltung im Konzentrationslager Esterwegen vorgetragen hat. – Der Maler Adolf Bender, ein Mithäftling Fincks, erinnert sich noch an einen weiteren Auftritt des populären Kabarettisten im Lager. Dabei soll Finck in der Rolle eines Transportarbeiters zu sehen gewesen sein, der auf die improvisierte Bühne eine Kiste geschleppt hat, in der er dann vier von Bender gezeichnete Porträts – sie zeigten Hitler, Göring, Goebbels und Himmler – verschwinden ließ; auf der Rückseite der Kiste, die Finck vorsichtig schulterte, stand in schwarzer Schablonenschrift: Vorsicht! Nicht stürzen! – Finck selbst vermochte sich später an diese Szene nicht zu erinnern.

S. 280 *Baron Münchhausen erzählt* – vorgetragen Anfang der vierziger Jahre auf Kabarettveranstaltungen in den französischen Internierungslagern, wo Peter Pan eine Reihe von Revuen wie »Radio Polyglotte«, »Schmocks höhnende Wochenschau« und »Zwischen Himmel und Hölle« zusammenstellte. Die Musik schrieb Charles Leval. – Mit dem Maler, der den »Lebensraum« erfand, ist Hitler gemeint.

S. 282 *Die Hölle – im Himmel!* – eine der Kabarettnummern, mit denen der berühmte Wiener Conferencier Fritz Grünbaum am Silvesterabend 1940, bereits vom Tode gezeichnet, in der Krankenbaracke des Konzentrationslagers Dachau seine Mithäftlinge unterhielt; vierzehn Tage später war er, wie es im Totenschein hieß, »an Herzlähmung abgegangen«. – Die Solonummer, die zu Grünbaums Paradestücken gehörte und hier gekürzt wiedergegeben ist, stammt aus dem Jahr 1917.

S. 285 *Ansprache des Generaldirektors* – vorgetragen von Leo Strauß zwischen 1942 und 1944 im Lager-Kabarett des Konzentrationslagers Theresienstadt.

S. 287 *Karussell* – vorgetragen 1944 von Kurt Gerron in seinem Kabarett *Karussell* im Konzentrationslager Theresienstadt. Die Musik zu dem Titel-Song schrieb Martin Roman.

S. 288 *Die Consi-Ballade* – vorgetragen im März 1944 vom Gesangs-Duo Johnny & Jones in der *Bühne Lager Westerbork* des Konzentrationslagers Westerbork. Musik: Johnny & Jones. – Consi war eine Zigarettenmarke; das jiddische »emess« heißt so viel wie: wirklich.

S. 290 *Wenn man kein Glück hat* – vorgetragen im März 1944 vom holländischen Gesangs-Duo Johnny & Jones in der *Bühne Lager Westerbork* des KZ Westerbork. Die Musik stammt von Willy Rosen.

S. 290 *Na ja!* – vorgetragen im April 1944 von Bruno Apitz, der auch die Musik dazu schrieb, im Kinosaal des Konzentrationslagers Buchenwald. Apitz erinnert sich an seinen Auftritt: »Ich sah entsetzlich grotesk aus. Ich war lang und dürr und hatte mir einen Häftlingsanzug gemacht, der mir viel zu groß war und an mir herumschlotterte. Außerdem trug ich eine Mütze und eine Brille sowie eine Maske aus fleischfarbenem Stoff, so daß man keine Haare sehen konnte; zudem hatte ich mich bleich geschminkt. Ich war ein sehr armseliger Häftling und lag in ständigem Kampf mit meinem Kapo. Auf der Bühne entspann sich mit diesem zunächst ein witziger Dialog. Dann sollte ich arbeiten. Dazu hatten wir uns Requisiten anfertigen lassen, besonders präpariertes Holz und einen hohlen Baumstamm, dem man dies nicht ansah. Ich sollte sägen. Da ich es aber nicht konnte, zeigte es mir der Kapo selbst. Dann erhielt ich den Auftrag, Holz zu spalten. Das Beil saß jedoch im Klotz so fest, daß ich es nicht herausbekam. Der Kapo half ziehen und flog, als sich das Beil endlich gelöst hatte, mit großem Schwung in einen gefüllten Wassereimer, während ich, die Hand im Holzscheit eingeklemmt, in einen Stuhl fiel, dessen Sitz zersplitterte. Es war eine richtige Zirkushumoreske und brachte die Zuschauer zum Lachen – und das war unter den Bedingungen des KZ schon viel wert. Der Kapo wurde nun immer gemeiner. Er trat mich aus dem Stuhl heraus, daß ich kopfüber in den Eimer stürzte. Dann schleppte er mich am Rockkragen bis zur Mitte der Bühne und schüttelte mich: ›Was willst du bloß noch?‹ Und jetzt kam die große Pointe, indem ich sagte: ›Schonung!‹ Das war das Zauberwort für alle Gefangenen. Daraufhin rannte der Kapo weg, und ich stand allein auf der Bühne. Jetzt folgte das berühmte Couplet ›Klagelied eines Häftlings‹. In ihm wurde dargestellt, wie schwer es manchem Menschen fiel, sich auf die Verhältnisse im KZ umzustellen.«

S. 292 *Ich warte!* – vorgetragen vom Autor im Herbst 1942 im Konzentrationslager Buchenwald; wenig später wurde Beda nach Auschwitz transportiert, wo er im Dezember starb.

S. 292 *Lied vom alten Eisenbahner* – vorgetragen von Erwin Geschonneck auf einer Weihnachtsfeier 1944 im Konzentrationslager Neuengamme. Die Musik schrieb Charles Amberg. Geschonneck trug während des Liedvortrags eine Stallaterne in der Hand.

S. 294 *Transport* – vorgetragen 1944 im Lager-Kabarett des Konzentrationslagers Theresienstadt, wo um diese Zeit die Deportationen nach Auschwitz begannen. Auch der Autor konnte ihnen nicht entgehen.

S. 295 *Abschied von Westerbork* – geschrieben im August 1944, unmittelbar vor Rosens Abtransport, der ihn über Theresienstadt nach Auschwitz brachte. Das Gedicht trägt den Untertitel »Abschied eines alten Kampinsassen«. – stamppot: Eintopf; vuilnisbak: Mülleimer; E.H.B.U., eine in Westerbork gebräuchliche Abkürzung, wörtlich »Erste Hilfe bei Unfällen«, steht für: Sanitätsstation; Driepoeder ist eine Arznei; die Ipa, ein unter den Westerbork-Häftlingen ironisch benutztes Codewort, steht für etwas, was es gar nicht gab: Israelitische Presse-Agentur; von der Ipa war immer die Rede, wenn Gerüchte auftauchten, auch Klatschgeschichten, die von einer Wende zum Guten wissen wollten und an die sich die KZ-Insassen hoffnungsvoll klammerten.

S. 297 *Apokalypse* – geschrieben im Konzentrationslager Buchenwald, Anfang der vierziger Jahre.

S. 297 *Neue Zuchthausballade* – 1944 geschrieben im Zuchthaus Brandenburg, wo Busch, wegen »Vorbereitung zum Hochverrat« zu vier Jahren Freiheitsentzug verurteilt, einsaß. Er war einem Arbeitskommando zugeteilt worden, das in der für die Kriegsindustrie arbeitenden Firma Motz & Co., von Busch kurzerhand in »Rotz & Kotz« umbenannt, eiserne Knöpfe und Ladestreifen herzustellen hatte.

S. 299 *Song von der Kuhle* – 1944 von Erwin Geschonneck vorgetragen auf einer Weihnachtsfeier im Konzentrationslager Neuengamme. Den Refrain des Songs, für den Burian auch die Musik schrieb, sang ein Chor mit.

S. 300 *Moabit 1944* – geschrieben im Gefängnis BerlinMoabit, wo Borchert 1944, weil er Goebbels parodiert hatte, auf seinen Prozeß wegen »Zersetzung der Wehrkraft« wartete.

S. 300 *Enfant terrible* – in den vierziger Jahren in NS-Haft geschrieben. Odeman notierte sich die Verse, da er über kein Schreibpapier verfügte, auf Zwiebacktüten. Dieses und andere Gedichte wurden von Odemans Kolleginnen Pamela Wedekind und Ursula Herking aus dem Gefängnis geschmuggelt.

S. 302 *Doch auch für uns kommt mal die Zeit* – 1944 aufgeführt auf einer Kulturveranstaltung im Konzentrationslager Buchenwald.

S. 304 *Der Mond lügt* – s. Anmerkung zu S. 300.

S. 305 *Wir sind noch einmal davongekommen* – vorgetragen 1943 vom Autor auf einer Kabarettveranstaltung in einem Schweizer Arbeitslager, die von Colpet conferiert wurde. Der Titel bezieht sich auf die Tatsache, daß Colpet aus einem Internierungslager im besetzten Frankreich die Flucht in die Schweiz gelungen war. Hier fühlten sich die erneut internierten Flüchtlinge vor den Deutschen relativ sicher.

S. 306 *Emigrantenlied* – 1942 vom Autor in seinem Kabarett vorgetragen, das er im italienischen Internierungslager Eboli eingerichtet hatte. Die Revue, aus der das Emigrantenlied stammt, hieß »I Emigranti«.

S. 308 *Die Moorsoldaten* – vorgetragen im August 1933 auf einer als »Zirkus Konzentrazani« betitelten Kabarettveranstaltung im Konzentrationslager Börgermoor. Sechzehn Männer, vorwiegend ehemalige Mitglieder des Solinger Arbeitergesangvereins, marschierten dazu mit geschultertem Spaten, der Komponist des Liedes, Rudi Goguel, dirigierte mit einem abgebrochenen Spatenstiel. Das Lied, zwei Tage nach seinem Erstvortrag verboten, fand rasche Verbreitung, wurde abgeschrieben und vervielfältigt und von Exil-Zeitungen nachgedruckt. 1935 gelangte es in die Hände von Ernst Busch, der es in der musikalischen Bearbeitung von Hanns Eisler auf Schallplatte aufnahm und es auf Großveranstaltungen, auf der Kabarettbühne und im Rundfunk sang.

S. 309 *Buchenwald-Lied* – vorgetragen Ende 1938 von Häftlingen des Konzentrationslagers Buchenwald. Es entstand auf Befehl des KZ-Kommandanten Rödl. Der Komponist des Liedes, der Kabarettist Hermann Leopoldi, erinnert sich: »Dieser Buchenwaldmarsch gefiel dem Lagerführer außerordentlich; in seiner Beschränktheit sah er gar nicht, wie revolutionär das Lied eigentlich war. Von diesem Tag an mußten wir den Marsch früh, mittags und abends singen. Marschierten Kolonnen zur Arbeit, so wurde schon nach wenigen Schritten das Lied angestimmt. Rödl pflegte zu der Melodie zu tanzen, während auf einer Seite die Lagermusik spielte und auf der anderen Seite die Leute ausgepeitscht wurden.« Und Buchenwald-Häftling Robert Siewert gesteht: »Immer, wenn wir es sangen, haben wir unseren ganzen Haß und unsere ganze Zuversicht hineingelegt.« Das Buchenwald-Lied, dessen Autorenschaft im Lager aus Furcht vor Repressalien der SS verheimlicht wurde, fand rasche Verbreitung. Es wurde auch in anderen Konzentrationslagern gesungen, aber auch von ausländischen Rundfunkstationen gesendet.

S. 310 *Die Blutnacht auf dem Schrekkenstein* – Szene aus dem ersten Akt des

»komisch-schaurigen Ritterstückes in drei Aufzügen mit Musik«, das mit vollem Titel »Die Blutnacht auf dem Schreckenstein oder Ritter Adolars Brautfahrt und ihr grausiges Ende oder Die wahre Liebe ist das nicht« hieß und im Juni 1943 im Konzentrationslager Dachau aufgeführt wurde. Unter der Regie von Erwin Geschonneck spielten Gustl Eberle den Leopold, Hans Quack, Karl Schwendemann und Hans Hertl die drei Ritter und Geschonneck den Adolar. Das Stück wurde an sechs Wochenenden vor jeweils rund eintausend Häftlingen und »Ehrengästen« der SS gepielt; die »lachten manchmal verlegen mit, wenn die Gefangenen lachten« erinnert sich Autor Kalmar, der auch die Musik zu dem Schauerstück um Mord und Totschlag schrieb, aber daß »sie einer Hitler-Parodie beiwohnten, kam ihnen nicht zum Bewußtsein.« Dabei waren die Anspielungen nicht zu übersehen, zumal Adolar-Darsteller Geschonneck stimmlich wie gestisch den Diktator vorsichtig, aber genau persiflierte: »Er hielt sich in der pompösen Aufmachung seiner Raubritterrolle Wort für Wort an den genehmigten Text und vermied – wie alle übrigen Mitglieder – jedes anzügliche Extempore. Aber er betonte in seinen Tiraden die Zeitwörter gegen den inneren Sinn der jeweiligen Phrase und ritardierte komplizierte Perioden, um sie plötzlich gegen den Schluß mit dem aufgeregten Fortissimo eines wütenden Hundes herauszubellen. Anstatt ›Soldaten‹ sagte er beharrlich ›Soldatten‹ und unterstrich bei passendem Anlaß auch noch durch hämmernde Gesten mit geballter Faust, was ihm aus der Sprachparodie allein nicht deutlich genug zu sein schien. Der Adolar des Erwin Geschonneck war die Hitler-Persiflage einer ›Pfeffermühle‹ im Konzentrationslager und wurde von den Gefangenen auch als solche erkannt.« Der Schlußchor der Satire klang nach Happy-End: »Ist alles auch ganz schlecht./ Es wird schon wieder recht/ Durch dieses Zauberwort: Humor, Humor!« Kalmars Fazit: »Unser Ritterstück war als Lachtheater gedacht. Es wurde, ohne daß wir es eigentlich wollten, zu einem Gleichnisstück vom kleinen Geist des großen Reiches.«

S. 316 *Dachau-Lied* – entstanden im August 1938 im Konzentrationslager Dachau. Soyfer interpretiert dabei die zynische Inschrift über dem Tor des Konzentrationslagers, »Arbeit macht frei«, auf seine Weise. Die Musik schrieb Herbert Zipper, er war es auch, der das Lied nach seiner Entlassung nach Frankreich brachte, wo es in den dortigen Internierungslagern vorgetragen wurde. Im März 1940 sang es das Ensemble des Londoner Exil-Kabaretts *Laterndl* im Programm »Von Adam bis Adolf«.

S. 317 *Der Flüchtling* – vorgetragen 1942 vom Autor im Konzentrationslager Buchenwald.

S. 318 *Weihnachtslegende 1943* – Szene aus dem gleichnamigen Stück, das zu Weihnachten 1943 vom *Gefesselten Theater* der illegalen *Hollandgruppe Freies Deutschland* als Marionettenspiel für Untergetauchte in Amsterdam inszeniert wurde.

S. 321 *Kindermärchen* – geschrieben um 1940 im Konzentrationslager Buchenwald.

S. 322 *Wir leben ewig* – das Lied stammt aus der Revue »Moshe, halt aus!«, die 1943 von einem jüdischen Kabarett im Wilnaer Ghetto aufgeführt wurde. Im Zuschauerraum saßen auch deutsche Soldaten und die SS, die das Ghetto noch im gleichen Jahr »liquidierten«.

Autoren

Bruno Adler (1889–1968), Schriftsteller, Kunsthistoriker, war in den zwanziger Jahren am Bauhaus in Weimar tätig, schrieb Romane und Biographien. 1933 floh er nach Prag, 1936 ging er nach England. Für den deutschen Dienst der BBC schrieb er eine Reihe von Radio-Satiren, darunter die Unterhaltungen zwischen »Herrn und Frau Schickedanz«, »Kurt und Willi« und den »Barber Propagandist«. Besonders bekannt wurden die Monologe der »Frau Wernicke«, einer berlinernden »Volksjenossin« mit flottem Mundwerk und wachem Verstand, der die Berliner Kabarettistin Annemarie Hase ihre Stimme lieh.

Charles Amberg (1894–1946), Schlagertexter und Komponist, schrieb in den zwanziger Jahren eingängige Texte für die berühmten Haller-Revuen und wurde durch zahlreiche Saisonschlager (»Ich reiß mir eine Wimper aus«, »Mein Bruder macht beim Tonfilm die Geräusche«) bekannt. Charles »Charlie« Amberg, in den dreißiger Jahren vor allem für die Filmindustrie tätig und mit einer Reihe von Schlagertexten (»Hein Mück aus Bremerhaven«) sehr erfolgreich, schrieb daneben auch einige *Scala*-Revuen, darunter »Zirkusluft« mit Trude Hesterberg. Während des Zweiten Weltkrieges wurde er im Konzentrationslager Neuengamme interniert.

Rolf Anders (1907–1981), eigtl. Rolf Thoel, Schriftsteller, floh vor den Nazis in die Tschechoslowakei und ging 1939 nach England, wo er für den Freien Deutschen Kulturbund tätig war und Texte für Kabarett-Revuen der *Kleinen Bühne* schrieb. Nach Kriegsende kehrte er nach Deutschland zurück; er war zuletzt in Hamburg als Journalist tätig.

Julian Arendt (1895–1938), Kabarettautor, war für die Theaterbühne und den Kleinkunstkeller tätig. Einige seiner Revue-Songs wurden in den zwanziger Jahren zu Schlagern, so die Couplets, die er für Claire Waldoff schrieb. Seine Polit-Songs, von Otto Stransky und Hanns Eisler vertont, wurden vor allem durch die Interpretation von Ernst Busch bekannt. Arendt, der auch nach 1933 unter dem Pseudonym Hermann Flack für die *Katakombe* schrieb, leitete zeitweise die Kabarettgruppe *Die Brücke*.

Beda (1883–1942), eigtl. Fritz Löhner, Schlagertexter, Librettist und Satiriker, schrieb bereits für das Wiener Kabarett der frühen k. u. k.-Jahre. Der promovierte Jurist gehörte bald zu den gefragtesten Hitmachern der zwanziger Jahre (»Wo sind deine Haare, August«, »Ausgerechnet Bananen«, »Ich hab mein Herz in Heidelberg verloren«, »O Donna Clara«), schrieb Theaterstücke, Revuen und Kabarettnummern. Der Text-Lieferant für Lehár-Operetten wie »Land des Lächelns« und »Friederike«, dessen Wiener Schmäh-Schnulze »Dein ist mein ganzes Herz« Weltberühmtheit erlangte, wurde 1938 von den Nazis verhaftet und in Konzentrationslager gebracht: Dachau, Buchenwald und Auschwitz, wo er im Dezember 1942 an Entkräftung starb.

Armin Berg (1883–1956), Komiker, Conferencier, Coupletsänger, Kabarettautor, gehörte zur Wiener Kleinkunstszene und wurde vor allem durch seine »Trommel-Verse« bekannt.

Daneben war er als Coupletsänger populär, der in Österreich das Repertoire Otto Reutters unter die Leute brachte. Nach dem »Anschluß« Österreichs ging er nach Amerika, wo er sich als Vertreter für Büromaterial durchschlug und hin und wieder im New Yorker Emigrantencafé *Old Europe* auftrat. Nach Kriegsende kehrte Berg nach Wien zurück.

Jimmy Berg (*1909), Kabarettmusiker und Texter, begann 1935 als musikalischer Leiter des Wiener Kabaretts *ABC*. Flucht vor den Nazis in die USA, wo er für das 1943 von Oscar Teller gegründete jüdisch-politische Kabarett *Die Arche* tätig war. Nach dem Zweiten Weltkrieg war Berg Redakteur der »Voice of America«.

Emmerich Bernauer (*1906), Kabarettautor, Journalist. Der Sohn des Kabarettisten und Regisseurs Rudolf Bernauer arbeitete zunächst als Zeitungsredakteur in Berlin. Von 1935 an neben Herbert Nelson Haupttexter, zeitweise auch Regisseur und Bühnenbildner der *Nelson-Revuen*, für die Rudolf Nelson, von den Nazis aus Deutschland vertrieben, in Holland ein neues Zuhause gefunden hatte. 1938 übersiedelte Bernauer in die USA, wo er unter dem Autorennamen Emery Bernauer journalistisch arbeitete und mehrere Bücher veröffentlichte. Lebt in Hollywood.

Wolfgang Borchert (1921–1947), Schriftsteller, Schauspieler, Kabarettist. Nach der Ausbildung als Buchhändler und Schauspieler Einberufung als Soldat an die Ostfront. Mehrfach Verhaftung und Verurteilung zu Gefängnisstrafen durch Militärgerichte. Auftritte als Conferencier und Rezitator in Kabaretts und Fronttheatern. Obwohl durch NS-Haft gesundheitlich stark geschwächt, schrieb er nach Kriegsende mehrere Erzählungen sowie das pazifistische Drama »Draußen vor der Tür«. Die Uraufführung fand 1947, einen Tag nach Borcherts Tod, in den Hamburger Kammerspielen statt.

Bertolt Brecht (1898–1956), Lyriker, Dramatiker, Regisseur, trat in jungen Jahren gelegentlich als Balladensänger mit eigenen Texten auf, so 1922 in Trude Hesterbergs *Wilder Bühne*. Mit den Songs seiner »Hauspostille« und der 1928 uraufgeführten »Dreigroschenoper« entwickelte Brecht eine neue, eigene Form der Gebrauchslyrik, die bald zum festen Programm des politisch-literarischen Kabaretts gehörte. Am 28. Februar 1933, einen Tag nach dem Reichstagsbrand, floh er über Prag, Wien, Zürich und Paris nach Dänemark, später nach Schweden und Finnland. Reisen in die Sowjetunion, 1941 Emigration nach Los Angeles. Nach Kriegsende kehrte Brecht nach Ostberlin zurück, wo er am Schiffbauerdammtheater das Berliner Ensemble aufbaute.

Die Brennessel, NS-Funkkabarett der dreißiger Jahre mit deutlich völkischer bis antisemitischer Tendenz. Vieles deutet darauf hin, daß sich die Autoren aus der Redaktionsmannschaft der 1928 gegründeten gleichnamigen Zeitschrift rekrutierten, die von Anbeginn an einen nationalsozialistischen Kurs steuerte. Zu den Freunden und Förderern der *Brennessel*-Mannschaft gehörte der einstmals linke Satiriker Hans Reimann.

Curt Bry (1902–1974), Kabarettist, Autor, Komponist, begann 1930 als Pianist in Werner Fincks *Katakombe*, für die er auch textete – nach 1933 unter dem Pseudonym Rudolf Aldach. Nach

Hitlers Machtübernahme emigrierte Bry zunächst nach Österreich, wo er für das *ABC*, den *Regenbogen* und den *Lieben Augustin* komponierte und Texte schrieb. Daneben trat er im Kabarett *Ping-Pong* auf, das in Holland, später in der Schweiz vorläufige Zuflucht gefunden hatte. Bry, der auch für das *Cornichon* in Zürich arbeitete, gelang es 1938, in die USA einzureisen, wo er sich in Los Angeles niederließ.

Emil F. Burian (1904–1959), Regisseur, progressiver Bühnenleiter und Theatertheoretiker. Seine in Prag Anfang der dreißiger Jahre praktizierte *Voice-Band*, ein kabarettistisches »Stimm-Orchester«, mit dem Burian auch über die Grenzen seiner tschechoslowakischen Heimat hinaus Lob und Anerkennung fand, regte deutsche Emigranten wie Hedda Zinner zu ähnlichen Versuchen an, die sie in ihrem *Studio 34* realisierte. Nach dem Überfall Hitlers auf die Tschechoslowakei verhaftet, wurde Burian ins Konzentrationslager Dachau eingeliefert, später nach Neuengamme überführt. Dort schrieb er Texte für kabarettistische Veranstaltungen, auf denen der Schauspieler Erwin Geschonneck auftrat. Nach der Befreiung leitete Burian in Prag wieder ein Theater, das er vor allem auch dem Werk Bertolt Brechts öffnete.

Ernst Busch (1900–1980), Schauspieler, Sänger, Kabarettist, Autor. Der gelernte Maschinenschlosser nahm Schauspielunterricht, kam 1927 nach Berlin, spielte bei Piscator, in zahlreichen Kabarett-Revuen, trat bei den *Wespen* und in der *Katakombe* auf und wirkte in Filmen mit, darunter in »Kuhle Wampe«. 1933 ging der als »Barrikaden-Tauber« populäre Interpret sozialrevolutionärer Songs zunächst nach Holland, dann über Belgien, Frankreich, die Schweiz und Österreich in die Sowjetunion. 1937 nahm er am spanischen Bürgerkrieg teil, später gründete er in Antwerpen das Kabarett *Der silberne Stier*. 1940, nach dem Einmarsch der deutschen Truppen in Belgien, wurde Busch verhaftet und in verschiedenen französischen Lagern, darunter in Gurs, interniert. 1943 nach Berlin verschleppt, wurde er wegen Hochverrats zu vier Jahren Zuchthaus verurteilt. Nach Kriegsende lebte er in Ostberlin.

Erich Carow (1893–1956), Volkskomiker, Kabarettist. Nach Lehrjahren beim Wanderzirkus und Schmierentheater gründete er 1927 die im Berliner Norden am Weinbergsweg gelegene *Carows Lachbühne,* auf der er zusammen mit seiner Frau Lucie vornehmlich »für den kleinen Mann im großen Berlin« derbe Komikkost verabreichte und für den lauten Lacher im volkstümlichen Varieté-Betrieb sorgte. Im Dritten Reich genoß Carow, den Tucholsky einmal einen berlinerischen Schwejk genannt hatte, Popularität und Ansehen. Während des Krieges avancierte die *Lachbühne* zur »Heilungsstätte für genesende Soldaten« und Carow zum WHW-Abzeichen: die NS-Winterhilfe nahm einen Porzellan-Erich in ihre Straßensammlungs-Serie »Berliner Originale« auf. 1943 wurde die *Lachbühne* ausgebombt, 1955 eröffnete Erich Carow im Berliner Stadtteil Gatow sein *Haus am See.*

Hans Carste (1909–1971), eigtl. Hans Häring, Komponist, Orchesterleiter, schrieb Orchesterstücke, Tänze, Filmmusiken und Schlager (»Küß mich, bitte, bitte küß mich«). Sein Titel »Sie will nicht Blumen, will nicht Schokolade« galt unter den »Swing-Heinis« der NS-Zeit als heimlicher Hit, sein

Marschlied »Lebe wohl, du kleine Monika« wurde zum Soldatenschlager. 1941 schrieb er für das *Kabarett der Komiker* die Revue »Durch's Schlüsselloch«. Inzwischen zur Wehrmacht einberufen, geriet Carste 1942 in russische Gefangenschaft, aus der er sechs Jahre später nach Berlin zurückkehrte. Der inzwischen zum RIAS-Abteilungsleiter avancierte Komponist schrieb weiterhin Schlager und Filmmusik, sowie eine Operette (»Lump mit Herz«) und das Musical »Rampenlicht«.

Max Colpet (*1905), eigtl. Max Kolpenitzky, Schriftsteller, Kabarettist, Schlagertexter, machte sich als Max Kolpe in den zwanziger Jahren einen Namen als Texter für die *Katakombe*, für Nelson- und Hollaender-Revuen und als Conferencier im eigenen Kabarett *Anti*. 1933 aus Deutschland vertrieben, ließ er sich in Frankreich nieder. 1940 Flucht vor den deutschen Truppen, Internierung in Frankreich und der Schweiz, wo er ein Lager-Kabarett gründen half. Max Colpet, wie er sich seit seiner Emigration nennt, ging 1948 nach Hollywood, zehn Jahre später kehrte er nach Europa zurück. Er textete für die *Stachelschweine*, die *Lach- und Schießgesellschaft*, die *Kleine Freiheit*. Von den Chansons, die er für Marlene Dietrich schrieb, wurde die deutsche Version von »Sag mir, wo die Blumen sind« am bekanntesten.

Alice Dorell (1907–1942), eigtl. Alice Droller, Schauspielerin, Autorin, Kabarettistin, stammt aus Mannheim. Sie schrieb für die Mannheimer »Volksstimme«, debütierte auf der Bühne des Nationaltheaters, hatte erste Kabarett-Auftritte. Nach der Machtübernahme der Nazis floh sie nach Frankreich, wo sie sich als Zimmermädchen und Souffleuse durchschlug, bevor sie Ende 1933 nach Holland kam. In Den Haag gründete sie 1935, zusammen mit den niederländischen Kabarettistinnen Rosa van Hessen und Annie Prins, ein politisch-satirisches Frauenkabarett, *Dorell's Drie Damescabaret*, kurz *DDD* genannt. Auf dem Programm standen theatralische Szenen, Monologe von Cocteau, selbstverfaßte Sketche und Chansons, die die Dorell in deutscher, holländischer und französischer Sprache vortrug. Ein Jahr später arbeitete sie dann im Kabarett *De Spotvogel* und *De Lantaarn* und machte mit ihren kompromißlos zeitkritischen Programmen »Alice in Wonderland«, »Warenhuis« und »Wereldstad« vor allem niederländische Theaterfreunde auf sich aufmerksam. 1939 hatte sie, als Autorin wie Darstellerin längst ganz der Sprache ihrer neuen Heimat verpflichtet, Erfolg und Wirkung mit dem Kabarett *Pinguin*. Von den Deutschen mehrfach verhaftet, kam sie 1942 über das Lager Westerbork nach Auschwitz, wo sie noch im gleichen Jahr ermordet wurde.

Die Drei Rulands, parodistisches Gesangs-Trio, bestand aus Helmut Buth, Manfred Dlugi und Wilhelm Meißner. Sein Debüt hatte das Trio als »Katakombenjungs« 1933 in der *Katakombe*, wo es von Finck als »The Singing Goys« annonciert wurde; damals sang noch Heinz Woezel anstelle von Buth. Als 1935 die *Katakombe* auf Anweisung von Goebbels geschlossen wurde, suchten sich Buth, Dlugi und Meißner einen neuen Namen – erst als *Rolands,* dann als die *Drei Rulands* traten sie vornehmlich im *Kabarett der Komiker* auf, wo sie mit ihren »Parodien zu Tagesfragen« rasch bekannt wurden. Wegen einer Gesangsnummer, die den Neubau Berlins zum Thema hatte (s. S. 166), erhielt das inzwischen durch Film, Funk und Schallplatte berühmt gewordene Trio Auftrittsverbot; die Kabarettisten wurden aus der Reichskulturkammer ausgeschlossen, Buth und Meißner wurden zur Wehrmacht eingezogen, Dlugi in einen Rüstungsbetrieb zwangsverpflichtet. Nach Kriegsende formierten sich die Drei Rulands neu; für Helmut Buth, der auch als Helmut Ruland in der DDR musikalisch wirkte, vervollständigte nun Franz Bieger das Trio.

Fritz Eckhardt (*1907), Schauspieler, Schriftsteller, Kabarettist. Nach Engagements in der österreichischen Provinz stieß er 1935 zum *Lieben Augustin*. Wenig später conferierte, schrieb und inszenierte er im Wiener *ABC*. Nach dem Einmarsch der Deutschen verfaßte Eckhardt, im Nazi-Jargon ein »Halbjude«, zwischen 1939 und 1944 Texte für das *Wiener Werkel*, für die Texterkollege Franz Paul seinen Namen hergab. Nach Kriegsende war er kurze Zeit Direktor des wiedererstandenen *Lieben Augustin* und schrieb für verschiedene Kabaretts. Daneben verfaßte er mehrere Bühnenstücke und machte Karriere als Fernsehdarsteller, der sich seine TV-Rollen, wie die des Tatort-Inspektors Marek, oft genug auf den eigenen Leib schrieb.

Die Eichkater, deutsches Soldaten-Kabarett, dessen auf Durchhaltehumor abgestellte Landser-Witzchen während des Rußland-Feldzuges über Rundfunk und Schallplatte verbreitet wurden. Als sich nach der Schlacht um Stalingrad 1943 eine Wende an der Ostfront abzeichnete, verstummten die »10 Kuriere aus Rshew«, wie sich die Eichkater auch nannten, rasch wieder.

Elow (1893–1978), eigtl. Erich Lowinsky, Conferencier, Werbefachmann, Kabarettleiter. Der gelernte Kaufmann war Initiator und Präsentator des berühmt-berüchtigten Berliner Kabaretts *Die Namenlosen*, das Erich Kästner in seinem »Fabian«-Roman als »Kabarett der Anonymen« verewigt hat: »Ein findiger Kerl hat Halbverrückte aufgelesen und läßt sie singen und tanzen. Er zahlt ihnen ein paar Mark, und sie lassen sich dafür vom Publikum beschimpfen und auslachen«. Die Spekulation auf das Amüsierbedürfnis des Großstadtpublikums machte auch in der Provinz Schule. 1933 wurde Elow von den Nazis mit Berufsverbot belegt. Dennoch gelang es ihm, im Rahmen der Jüdischen Kulturbundarbeit ein »Kabarett der jüdischen Autoren« zu gründen, das er *Die Touristen* nannte. Die Premiere, von Elow conferiert, fand im November 1937 im Berliner Brüdervereinshaus statt. 1939 gelang ihm die Ausreise in die USA. Dort ließ er sich an der Westküste nieder und veranstaltete ab 1941 eigene Kabarettabende.

Fred Endrikat (1890–1942), Schriftsteller, Kabarettist. Nach einer Schlosserlehre begann er erste Couplets zu schreiben, dann wagte er sich, Anfang der zwanziger Jahre, selbst auf die Kabarettbühne. Im *Simplicissimus* löste er Joachim Ringelnatz als »Hausdichter« ab, schrieb für die *Katakombe* und das Wiener *ABC* und reiste mit eigenen, skurril-kauzigen Versen durch die Lande. 1937 gründete er in Köln das Kabarett *Arche*, mit dem dezent auf NS-Kurs gegangen wurde, so wenn Endrikat nun plötzlich gegen »Miesmacher, Meckerer, Hamsterer und Intellektuelle« zu Felde zog.

Franz Engel (1898–1944), Schauspieler, Kabarettist der Wiener Kleinkunstszene. Doppelconference-Partner von Karl Farkas und Fritz Wiesenthal, mit denen er auch einige Schallplatten machte. 1938 ging er, nach dem Einmarsch der Deutschen in Österreich, nach Holland, wo er in den *Willy Rosen-Revuen* auftrat, bei Nelson spielte und mit Max Ehrlich Doppelconferencen machte. Simon Carmiggelt, der niederländische Schriftsteller, schrieb über Engel: »Das war ein dicker Mann und ein enormes komisches Talent. Mit einer einzigen Geste konnte er einen tobenden Saal auch wieder zur Ruhe bringen.« 1944 wurde er in Westerbork interniert, wo er zu den Stützen des Lager-Kabaretts gehörte. Noch im gleichen Jahr wurde er nach Auschwitz in den Tod geschickt.

Heinz Erhardt (1909–1979), Schauspieler, Kabarettist, Autor, wurde 1938 für das *Kabarett der Komiker* entdeckt. Während des Krieges Truppenbetreuung und Fronttheater bei der Marine. In den fünfziger und sechziger Jahren durch Tourneen, Film, Funk, Fernsehen und Schallplatte als Blödel-Barde (»Noch'n Gedicht!«) populär.

Johann Esser (1896–1971), Bergmann, Arbeiterdichter, wurde am Tag nach dem Reichstagsbrand verhaftet und im Konzentrationslager Börgermoor interniert. Hier schrieb er, angeregt durch seinen Mithäftling Wolfgang Langhoff, das Lagerlied »Die Moorsoldaten«, das im August 1933 auf einer als »Zirkus Konzentrazani« bezeichneten Kulturveranstaltung im Lager zum erstenmal gesungen wurde. Ende Juli 1934 aus der KZ-Haft entlassen, arbeitete Esser später wieder auf der Schachtanlage Rheinhausen.

Karl Farkas (1894–1971), Schauspieler, Kabarettist, Schriftsteller. Bereits seit Anfang der zwanziger Jahre war er als Partner Fritz Grünbaums populär, mit dem er die berühmten Doppelconferencen entwickelte. Ab 1927 leitete er den Wiener *Simpl*. In den dreißiger Jahren zahlreiche Revuen, darunter einige gemeinsam mit Grünbaum. 1938 flüchtete er über die Tschechoslowakei nach Frankreich, gründete hier das Exil-Kabarett *Impératrice*, trat in Amsterdam in der *Nelson-Revue* auf. In Frankreich interniert, schrieb, inszenierte und conferierte er im Lager Meslay du Maine das Kabarett-Programm »Meslay lacht wieder«. 1941 gelang es ihm, in die USA zu entkommen. Auftritte als Conferencier im Exil-Kabarett wie dem New Yorker *Old Europe*. 1946 nach Wien zurückgekehrt, übernahm Farkas wieder die Leitung des *Simpl*, für den er auch schrieb, inszenierte und conferierte.

Fritz Feldner (1892–1965), Werbeleiter und Kabarettautor aus Wien. Lieferte dem Kabarett *Wiener Werkel* zur NS-Zeit engagierte, versteckt kritische Texte. Nach dem Krieg arbeitete er weiter fürs Wiener Kabarett, gründete das *Gustobrettl*.

Werner Finck (1902–1978), Schauspieler, Conferencier, Kabarettautor, kam 1928 nach Berlin, wo er bereits ein Jahr später sein eigenes Kabarett, *Die Katakombe*, eröffnete. Fincks Eigenart, auf humorige Weise zu entlarven, was es zu attackieren gilt, wie auch seine Fähigkeit, nuschelnd-stotterig Pointen freizusetzen, ohne sie direkt auszusprechen, machten ihn im Dritten Reich bald unbeliebt. Goebbels soll geäußert haben, Finck sei nicht so sehr durch das gefährlich, was er sage, als vielmehr durch das, was er verschweige. 1935 wurde die *Katakombe* geschlossen, Finck und andere Kabarettisten kamen für einige Wochen ins Konzentrationslager. 1939 erhielt er endgültig Auftrittsverbot und wurde aus der Reichskulturkammer ausgeschlossen. Dennoch gelang es Finck während des Zweiten Weltkrieges, den er als EK-II-dekorierter Unteroffizier überstand, immer wieder bei Fronttheatern als Kabarettist aufzutreten. Nach 1945 ging er nach mehreren erfolglosen Kabarettgründungen *(Die Mausefalle)* mit seinen Solo-Programmen, in denen auch seine Erlebnisse im Dritten Reich immer wieder humorig bis anekdotisch aufgearbeitet wurden, auf Tournee.

Peter Frankenfeld (1913–1979), eigtl. Willi Frankenfeldt, Schauspieler, Conferencier, Kabarettist. Begann seine Karriere 1939 im Berliner *Kabarett der Komiker,* wo er conferierte, eigene Sketche spielte und Steptänze darbot. Als Soldat kam er schnell zur Truppenbetreuung: so wirkte er als Ansager beim Berliner Wehrmacht-Nachtkabarett *Atlantis* und organisierte ein eigenes Fronttheater an der Ostfront. Nach 1945 machte er Film-, Funk- und Fernsehkarriere; er wurde zum erfolgreichsten Showmaster der Nachkriegszeit.

Valeska Gert (1892–1978), eigtl. Gertrud Valesca Samosch, Tänzerin, Schauspielerin, Kabarettistin, gilt als Begründerin der modernen Grotesktanz-Pantomime. Auftritte im *Schall und Rauch,* im *Tingel-Tangel-Theater* und in der *Katakombe,* daneben mehrere Filmrollen wie in »Die freudlose Gasse« und der »Dreigroschenoper«. Ihr eigenes Kabarett, das sie 1932 eröffnete, nannte sie *Kohlkopp.* Nach der Machtübernahme der Nazis ging sie ins Ausland, ihre Gastspiele führten sie nach Paris, London und New York. 1939 wanderte sie in die USA aus, wo sie in verschiedenen Berufen tätig war, bis sie 1941 in New York ihre *Beggar Bar* eröffnete. Nach Kriegsende kehrte sie nach Europa zurück und versuchte mehrfach, nach dem Muster ihrer *Bettler-Bar* Kabarett-Lokale zu unterhalten, darunter *Café Valeska* und ihr *Küchenpersonal* in Zürich, die *Hexenküche* in Berlin und ab 1951 den *Ziegenstall* in Kampen auf Sylt.

Robert Gilbert (1899–1978), eigtl. Robert Winterfeld, Kabarettautor, Schlagertexter und Komponist. Der Sohn des Operettenkomponisten Jean Gilbert schrieb für Film, Operette, Musical und fürs Kabarett. Aus der Zusammenarbeit mit Werner Richard Heymann entstanden zahlreiche Tonfilm-Evergreens (»Das gibt's nur einmal«, »Das ist die Liebe der Matrosen«). Unter dem Pseudonym David Weber schrieb Gilbert sozialanklägerische Songs (»Stempellied«, »Ballade von der Krüppelgarde«), verfaßte Texte für Hanns Eislers Kantate »Tempo der Zeit«. 1933 aus Deutschland vertrieben, ging er nach Wien und Paris, später in die USA, wo er fürs New Yorker Exil-Kabarett textete. Nach Kriegsende nach München zurückgekehrt, war Gilbert weiter als Kabarettautor tätig und machte sich auch als Übersetzer amerikanischer Musicals (»My Fair Lady«, »Cabaret«) einen Namen.

Rudi Godden (1907–1941), eigtl. Rudolf Lißbauer-Goddeng, Kabarettist, Komponist, Texter, Operettensänger und Filmschauspieler. Nach dem Gesangsstudium tingelte er als Hauptattraktion der parodistischen Vokalgruppe *Blue Boys* und des Klavierduos *Bren & Godden* durch Europa. 1935 beteiligte er sich an der Gründung eines von den Nationalsozialisten geförderten »positiven Kabaretts«, das sich *Die acht Entfesselten* nannte und harmlos-fröhliche, unpolitische Unterhaltung bot, bis es 1939 an »akutem Mangel an guten Texten« einging. Godden, in der Zwischenzeit für den Film entdeckt (»Truxa«, »Es leuchten die Sterne«, »Hallo Janine«), wurde als Darsteller lebenslustiger, frischfröhlicher Kumpel-Typen populär und stand als gefeierter Metropol-Star auf Berliner Operettenbühnen.

Manfred Greiffenhagen (1896–1945), Schriftsteller. Von den Nazis verhaftet, wurde er im Januar 1944 in das Ghetto Theresienstadt eingeliefert, wo er neben Leo Strauß zu den hervorragenden Autoren des Lager-Kabaretts zählte. Seine Texte (»Spuk in der Kaserne«, »Ich muß sitzen...«, »Die Ochsen« und »Transport«) nehmen, bitter-ironisch im Ton, auf die Situation Bezug, in der sie entstanden sind. Greiffenhagen wurde Anfang Oktober 1944 nach Auschwitz deportiert; er starb im Januar 1945 im KZ Dachau.

Walter Gross (1904–1989), Schauspieler, Kabarettist, begann seine Kleinkunst-Karriere in einer Nelson-Revue, trat in Werner Fincks *Katakombe* auf und in Trude Kolmans *Tingel-Tangel*. Die von ihm mitverfaßte Szene »Die Miesmacher auf der Herrenpartie«, in der er zusammen mit Günther Lüders und Walter Lieck auftrat, wurde auf Befehl des Reichspropagandaministers Goebbels verboten, das Kabarett geschlossen und Gross zusammen mit seinen Kollegen für mehrere Wochen ins Konzentrationslager Esterwegen gebracht. Ein später eingeleitetes Gerichtsverfahren wegen »Vergehens gegen das Heimtückegesetz« endete mit Freispruch. Danach nahm Gross seine Film- und Bühnentätigkeit wieder auf. Nach dem Zweiten Weltkrieg wurde er durch Film, Funk und Fernsehen populär. Im West-Berliner *Insulaner*-Kabarett wurde Gross als »Jenosse Funzionär« zum Begriff.

Fritz Grünbaum (1880–1941), Schauspieler, Conferencier, Kabarettist, Schriftsteller. Der gelernte Jurist begann seine kabarettistische Karriere in der Wiener *Hölle* und wurde von Rudolf Nelson für das Berliner *Chat noir* entdeckt. In den zwanziger Jahren entwickelte Grünbaum zusammen mit Karl Farkas die Doppelconference, einen weitgehend improvisierten Kabarett-Dialog, der bald Nachahmung fand. Grünbaum, der seine frühen Conferencen bereits 1908 auf Schallplatten veröffentlichte und zu den Stars des Berliner *Kadeko* gehörte, schrieb Kabarett-Revuen, Sketche, Operettenlibretti (u. a. »Die Dollarprinzessin«), Filmdrehbücher, Chanson- und Schlagertexte (»Ich hab das Fräulein Helen baden sehn«, »Du sollst der Kaiser meiner Seele sein«). Nach dem deutschen Einmarsch in Österreich verhaftet, starb Grünbaum im Konzentrationslager Dachau.

Frank Günther (1899–1959), Conferencier, Kabarettautor, schrieb, auch unter seinem Pseudonym Peer Günther, bereits Chansons für Trude Hesterbergs *Wilde Bühne,* wo er auch mit eigenen Texten vors Publikum trat. Später conferierte er bei den linksengagierten *Wespen,* verfaßte Couplets – meist im »Milljöh«-Jargon – für Claire Waldoff und Grethe Weiser und schrieb 1934 zusammen mit Hans Fritz Beckmann für Trude Hesterbergs *Musenschaukel* die Kabarett-Revue »Windstärke 10«.

Hermann Hakel (1911–1987), Schriftsteller aus Wien, lebte zeitweise in Rumänien, Italien und Frankreich. Nach dem Einmarsch der Deutschen in Österreich zweimal verhaftet, floh er nach Italien, wo man ihn in verschiedenen »campi concentramenti« internierte. Im Lager Eboli verfaßte Hakel zu Silvester 1942 eine Kabarett-Revue, die er »I Emigranti« nannte; eine weitere

Revue hieß »Auf Wiedersehen in Wien«. Nach seiner Befreiung ging er nach Israel, von wo er 1947 nach Wien zurückkehrte. Hakel, der sich als Lyriker einen Namen machte, war Herausgeber und Redakteur mehrerer Kulturzeitschriften.

Otto Halle (1903–1987), als politischer Häftling ab 1933 fast ununterbrochen der Freiheit beraubt, beteiligte sich im Konzentrationslager Buchenwald an verschiedenen Kulturveranstaltungen und Kabarettauftritten. Er verfaßte Szenen wie »Bomber über Buchenwald« oder »Doch auch für uns kommt mal die Zeit« und wirkte am 30. Juli 1944 an einer Aufführung von Shakespeares »Was Ihr wollt« in der Kantine des Konzentrationslagers mit. Nach seiner Befreiung ging er in die DDR und schrieb seine Erlebnisse in dem Roman »Hart auf Hart« nieder.

Peter Hammerschlag (1902–1942), Conferencier, Kabarettautor, der »total meschuggene Blitzdichter« des von ihm mitbegründeten Wiener *Lieben Augustin,* begann seine Kabarettkarriere 1930 in Werner Fincks *Katakombe.* Ab 1936 schrieb er für die *Literatur am Naschmarkt.* Nach dem Einmarsch der Deutschen in Österreich floh er nach Jugoslawien, kehrte 1939 heimlich nach Wien zurück, wo er untertauchte und unter Pseudonym für das *Wiener Werkel* schrieb. 1941 wurde er verraten und verhaftet; 1942 verschleppte man ihn in eines der Vernichtungslager im Osten, wo er noch im gleichen Jahr ermordet wurde.

Max Herrmann-Neiße (1886–1941), eigtl. Max Herrmann, Lyriker, Dramatiker, Erzähler, Kabarettautor, Journalist. Schrieb Kabaretttexte für das *Schall und Rauch,* die Leipziger *Retorte* und Trude Hesterbergs *Wilde Bühne,* mit denen er dort auch selbst auftrat. Herrmann-Neiße galt zudem als kompetenter Kabarettkritiker der zwanziger Jahre. 1933 ging er in die Emigration, lebte zunächst in Zürich und Paris, später in London, wo er mit seiner Dichtung zum »Monolog auf fremder Bühne« gezwungen war.

Hans Hofer (1907–1973), eigtl. Hanus Schulhof, Schauspieler, Regisseur, Kabarettist, arbeitete in den dreißiger Jahren für das jüdische Kabarett in Prag. 1942 ins Ghetto Theresienstadt deportiert, gründete er ein eigenes Kleinkunst-Ensemble, das nach ihm benannte *Hofer-Kabarett,* in dem neben ihm Annie Frey, Berti Deutsch, die Wiener Komiker Bobby John und Ernst Morgan und Hofers Frau Elisabeth auf der Bühne der »Magdeburger Kaserne« standen. Gespielt wurden Revuen, die »Für Jugendliche verboten«, »Lach dich gesund«, »Alles mit Musik« und »Es tut sich was« betitelt waren und weitgehend unpolitische Unterhaltung boten. Gleichwohl versuchte Hofer, der auch in Theresienstädter Operetteninszenierungen wie der »Fledermaus« von Johann Strauß mitwirkte, in eigenen Kabaretttexten die Lagerwirklichkeit nicht auszusparen. Nachdem der von den Nazis befohlene Ghetto-Film »Der Führer schenkt den Juden eine Stadt«, für den Hofer Regisseur Kurt Gerron assistierte, abgedreht war, wurden die Künstler Theresienstadts nach Auschwitz verschleppt. Von dort kam Hofer ins Konzentrationslager Kaufering, ging nach seiner Befreiung zurück nach Prag und übersiedelte 1960 in die DDR, wo er am Volkstheater Rostock engagiert war.

Friedrich Hollaender (1896–1976), Kabarettautor, Komponist, Regisseur, debütierte 1919 mit eigenen Chansons im *Schall und Rauch,* vertonte Mehring, Tucholsky und Klabund und schrieb für Blandine Ebinger die »Lieder eines armen Mädchens«. Ab 1926 verfaßte er eigene Kabarett-Revuen, sogenannte »Revuettes«. Anfang der dreißiger Jahre hatte er in Berlin ein eigenes Kabarett-Theater, das er *Tingel-Tangel* nannte. Daneben schrieb er Schlager, Bühnen- und Filmmusiken, darunter die berühmt gewordenen Songs für den »Blauen Engel« (»Ich bin von Kopf bis Fuß auf Liebe eingestellt« und »Ich bin die fesche Lola«). 1933 ging Hollaender ins Exil; in Hollywood eröffnete er 1934 sein *Tingel-Tangel-Theatre,* das allerdings nach zwei Revuen (»High Time«, »Allez hopp!«) wieder schließen mußte. Stattdessen konnte er sich als Filmkomponist behaupten. In den fünfziger Jahren nach Deutschland zurückgekehrt, nahm er seine alte Revuette-Idee wieder auf, schrieb Musicals, Lustspiele und Filmmusiken.

Jupp Hussels (1901–1986), Schauspieler, Conferencier, Autor, begann als Maler und Karikaturist in seiner Heimatstadt Düsseldorf, bevor er als Ansager und Plauderer für den Rundfunk entdeckt wurde. 1934 trat er in *Bendows Bunter Bühne* auf, es folgten Engagements im Berliner *Kabarett der Komiker* und anderen Kabaretts. Der auch als Filmdarsteller bekannt gewordene Hussels war Autor und neben dem Volksschauspieler Ludwig Schmitz auch Titelfigur der ab September 1939 im Auftrag des Reichspropagandaministeriums hergestellten Kino-Serie »Tran und Helle«, die als Wochenschau-Vorfilm lief und mit kabarettistischen Sketchen »volksgenössische Aufklärung« im Sinne des NS-Regimes zu verbreiten suchte. Nach Kriegsende war Hussels weiterhin beim Film und beim Rundfunk beschäftigt.

Johnny & Jones, holländisches Gesangs-Duo, das durch zahlreiche Rundfunksendungen und Plattenaufnahmen populär war. Die beiden Musiker, Max Kannewasser (*1918) und Nol van Wezel (*1916), wurden nach dem Überfall der deutschen Armee auf die Niederlande aus rassischen Gründen verfolgt. 1943 wurden sie in das Konzentrationslager Westerbork verschleppt, wo sie in den Kabarett-Revuen der von Max Ehrlich geleiteten *Bühne Lager Westerbork* auftraten. Dabei brachte das parodistisch begabte, der Swingmusik verpflichtete Duo neben eigenen Titeln (»Westerbork-Serenade«) auch eine Reihe von Willy Rosen-Melodien zum Vortrag. Von einigen dieser Nummern, die Johnny & Jones in englischer, holländischer und deutscher Sprache sangen, existieren Plattenaufnahmen, die im Sommer 1944 heimlich mitgeschnitten wurden. Wenig später wurde das Duo über Theresienstadt und Auschwitz nach Bergen-Belsen deportiert, wo die beiden Musiker unmittelbar vor dem Ende des Zweiten Weltkrieges den Tod fanden: Nol van Wezel am 20. März, Max Kannewasser am 15. April 1945.

Erich Kästner (1899–1974), Schriftsteller, Kabarettautor, schrieb bereits unter dem Pseudonym Fabian für die *Wilde Bühne.* Seine satirischen Gedichte, ab 1928 in mehreren Bänden (»Herz auf Taille«, »Lärm im Spiegel«, »Ein Mann gibt Auskunft«, »Gesang zwischen den Stühlen«) erschienen, gehörten bald zum festen Repertoire der Kabaretts. Obwohl seine Bücher 1933 von den Nazis öffentlich verbrannt wurden, blieb Kästner in Deutschland. Unter Pseudonym schrieb er noch für Fincks *Katakombe* und die *Musenschaukel.* Zeitweise von Goebbels mit Schreibverbot belegt, verfaßte er unter dem Pseudonym

Berthold Bürger das Drehbuch zu dem Ufa-Farbfilm »Münchhausen«. Nach dem Zweiten Weltkrieg widmete sich der auch als Kinderbuchautor bekannt gewordene Kästner wieder dem Kabarett, schrieb Szenen und Chansons für die Münchner *Schaubude* und die *Kleine Freiheit*. 1957 hatte sein Satire-Stück »Die Schule der Diktatoren« in München Premiere.

Georg Kaiser (1878–1945), Dramatiker, Lyriker, in den zwanziger Jahren einer der meistgespielten modernen Autoren, war durch Stücke wie »Die Bürger von Calais« und »Gas« bekannt geworden. 1929 schrieb er das kabarettistische Revuestück »Zwei Krawatten« zur Musik von Mischa Spoliansky. Ein weiteres Werk Kaisers, »Der Silbersee«, 1933 von elf deutschen Bühnen zur Aufführung angenommen, führte zu einem von der SA inszenierten Theaterskandal und wurde kurz nach der Premiere verboten. Seine Polit-Polemiken »Die Gasgesellschaft« wurden vor Fabriktoren und in Arbeitersiedlungen verteilt. Nach zahlreichen Hausdurchsuchungen floh Kaiser im August 1938 über Holland in die Schweiz.

Rudolf Kalmar (1900–1974), Journalist, arbeitete lange Jahre für den »Wiener Tag«, bevor er 1938 von den Nazis verhaftet und ins Konzentrationslager Dachau verschleppt wurde. Hier wurde im Sommer 1943 das Ritterstück »Die Blutnacht auf dem Schreckenstein oder Ritter Adolars Brautfahrt und ihr grausiges Ende oder wahre Liebe ist das nicht« aufgeführt, das Kalmar im Lager verfaßt hatte. Ein Jahr später wurde er in ein Strafbataillon gesteckt und an die Front geschickt. Nach Kriegsende arbeitete Kalmar, dessen Erinnerungen unter dem Titel »Zeit ohne Gnade« als Buch erschienen, als Chefredakteur des »Neuen Österreich«.

Liesl Karlstadt (1892–1960), eigtl. Elisabeth Wellano, Schauspielerin, Kabarettistin, begann als Mitglied einer Dachauer Bauernkapelle, bevor sie 1911 den Volkskomiker und Kabarettisten Karl Valentin kennenlernte, dessen Bühnen- und Filmpartnerin sie wurde. Nach Valentins Tod war sie noch gelegentlich auf der Bühne und in Spielfilmen zu sehen. Aus ihrer Feder sind nur wenige Sketche überliefert.

Der Knobelbecher, Frontkabarett im Zweiten Weltkrieg, das zwischen 1941 und 1944 im Ostabschnitt in vorderster Linie in Lazaretten, Bunkern und Lagerhäusern vor deutschen Soldaten spielte. Initiiert worden war das Kabarett vom Kommandierenden der 16. Armee, Generalfeldmarschall Ernst Busch, im Rahmen der Aktion »Truppenbetreuung«. Dem Landser-Ensemble, das unter dem Motto »Von der Maas bis an den Kreml« auftrat, gehörte neben Berufsmusikern auch der nach Kriegsende als Kabarettist und Schlagerkomponist bekannt gewordene Lotar Olias an, der, seinerzeit im Range eines Unteroffiziers, für den *Knobelbecher* conferierte, komponierte, am Klavier begleitete und einen Großteil der Texte schrieb.

Hugo F. Königsgarten (1904–1975), Schriftsteller, Kabarettautor, war 1933 aus Deutschland nach Wien emigriert, wo er bald »Hausdichter« der *Literatur am Naschmarkt* wurde, aber auch für den *Lieben Augustin* schrieb. Nach dem Einmarsch der Deutschen in Österreich ging er nach London. Für das von ihm mitgegründete Exilkabarett österreichischer Emigranten, das *Laterndl*, verfaßte er zahlreiche Szenenfolgen, darunter das »Wiener Ringelspiel«, das wie andere Texte von ihm von der jüdisch-politischen Kleinkunstbühne *Die Arche* in New York nachgespielt wurde.

Werner Kroll (1913–1982), Parodist, Stimmenimitator, Komiker, trat ab 1931 in verschiedenen Varietés und Kabaretts, darunter vorzugsweise im Berliner *Kabarett der Komiker,* mit Gesangsparodien auf, in denen er die Größen des Film- und Schallplattengeschäfts imitierend persiflierte. Sein Erkennungsmerkmal war die Kostümierung als Trottel-Prof. (Knautschhut, Gehrock, Vatermörder, weiße Glacés, Stockschirm und Zwickel) sowie seine Standard-Ansage (»Se här'n de Aufnahme!«). Der durch Funk und Schallplatte populäre Parodist setzte nach Kriegsende seine Karriere fort; zu den Glanznummern seines Repertoires zählte die »Teestunde bei Zarah Leander«.

Hellmuth Krüger (1890–1955), Conferencier, Kabarettautor, war als Schauspieler am Deutschen Theater in Berlin engagiert, bevor er 1920 im *Schall und Rauch* erstmals mit eigenen Texten auftrat. Später conferierte er im *Kadeko,* in der *Rakete,* im *Korso,* im *Alt-Bayern* und bei den *Wespen,* schrieb Kabarett-Revuen, in denen er auch selbst mitspielte. Ab 1933 flüchtete er sich in die humorig-unverbindliche Unterhaltung. Nach Kriegsende trat Krüger als Conferencier in der Münchner *Schaubude* und im Berliner *Ulenspiegel* auf, außerdem wirkte er in Werner Fincks *Mausefalle* und bei der *Kleinen Freiheit* mit.

Karl Küpper (1905–1970), Karnevalist. Der gelernte Schriftsetzer und Buchdrucker wurde durch seine politisierenden Büttenreden weit über den Kölner Karneval hinaus bekannt. Sein Filmstar-Solo von 1939 brachte ihm Schwierigkeiten mit den NS-Oberen ein, die 1940 ein »lebenslängliches« Redeverbot über Küpper verhängten. Nach dem Zweiten Weltkrieg, den er als Soldat erlebte, gründete er die *Kleinkunstbühne Karl Küpper* und war bis 1959 im Kölner Karneval aktiv.

Anton Kuh (1891–1941), Schriftsteller, Kabarettautor, Conferencier, Stegreif-Polemiker des Wiener und Berliner Kabaretts; Tucholsky lobte ihn als »Sprechsteller«. Mitte der zwanziger Jahre siedelte er nach Berlin über, wo er Mitarbeiter der »Weltbühne« war. 1933 ging er nach Wien zurück, fünf Jahre später floh er vor den Nazis in die USA. Seine gesammelten Feuilletons, Essays und Aphorismen sind unter dem Titel »Hans Nebbich im Glück« und »Metaphysik und Würstel« erschienen.

Wolfgang Langhoff (1901–1966), Schauspieler, Regisseur, wurde Ende Februar 1933 verhaftet und im Konzentrationslager Börgermoor interniert; hier schrieb er zusammen mit Johann Esser das Lied von den Moorsoldaten. Ende März 1934 aus dem Konzentrationslager Lichtenburg entlassen, floh er in die Schweiz, wo er Mitglied des Zürcher Schauspielhaus-Ensembles wurde. Seine Erlebnisse in der NS-Haft schilderte er in dem Tatsachenbericht »Die Moorsoldaten«, das Buch lag bereits im April 1935 in sieben Sprachen vor. Nach Kriegsende ging Langhoff zunächst nach Düsseldorf und folgte 1946 einem Ruf als Intendant des Deutschen Theaters nach Ostberlin.

Egon Larsen (*1904), eigtl. Egon Lehrburger, Schriftsteller, Journalist, Kabarettautor, war vor 1933 Mitarbeiter des »Berliner Tageblatts«. Nach verhängtem Schreibverbot floh er 1935 nach Prag, war Korrespondent der »New York Times«. 1938 emigrierte er nach London, wo er für den deutschen Dienst der BBC tätig war und ab 1944 auch für den »Soldatensender Calais«. Larsen, der etwa 50 Bücher veröffentlichte, schrieb 1939 Texte für das Londoner Emigranten-Kabarett *24 Schwarze Schafe* und später für die *Kleine Bühne* des Freien Deutschen Kulturbundes.

Hans Leip (1893–1983), Schriftsteller, Maler, Grafiker, war Mitarbeiter des »Simplicissimus« und verfaßte mehrere Bücher, darunter historische Romane und Gedichtsammlungen (»Die Hafenorgel«). 1915 schrieb er, als Gardefüsilier in Berlin stationiert, das Gedicht »Lili Marleen«. Zwanzig Jahre später machte Lale Andersen die Leip-Zeilen in der Chansonvertonung von Rudolf Zink in Kabarettkreisen bekannt; drei Jahre später vertonte Norbert Schultze den Text neu. Erst in dieser Version wurde das Lied, wiederum von Lale Andersen vorgetragen, zum Welthit, der während des Zweiten Weltkrieges dies- und jenseits der Fronten gesungen wurde und inzwischen in mehr als achtzig Sprachen übersetzt worden ist. Leips Autobiographie nennt sich »Das Tanzrad«.

Max Werner Lenz (1887–1973), Schauspieler, Regisseur, Autor, Kabarettist, ist gebürtiger Schweizer. Von Schauspielengagements in Deutschland und Rumänien in seine Heimat zurückgekehrt, wurde er 1934 für das Zürcher Kabarett *Cornichon* als Darsteller, Autor, Regisseur und Conferencier verpflichtet.

Walter Lesch (1898–1958), Schriftsteller, Autor, Kabarettleiter, gründete 1928 das Zürcher Kabarett *Krater;* Ende 1933 war er an der Gründung des Kabaretts *Cornichon* beteiligt, das die Vorgänge im benachbarten Deutschland trotz Zensur immer wieder thematisierte. Lesch, künstlerischer Leiter des *Cornichon*, schrieb einen Großteil der Texte, die sich in den dreißiger und vierziger Jahren gegen den Faschismus und die ängstliche Neutralitätspolitik seiner Regierung richteten.

Walter Lieck (1906–1944), Schauspieler, Autor, Kabarettist, trat als Darsteller und Conferencier mit eigenen Texten im *Tingel-Tangel*-Programm auf, das im Mai 1935 auf Befehl von Reichspropagandaminister Goebbels verboten wurde. Zusammen mit seinen Mitspielern Günther Lüders und Walter Gross wurde er, nachdem das Kabarett geschlossen worden war, in das Konzentrationslager Esterwegen eingeliefert. Ein im Oktober 1936 eröffneter Prozeß vor dem Sondergericht Berlin-Moabit endete für die Kabarettisten mit Freispruch. Lieck, mit Berufsverbot belegt, schrieb das Libretto zu Norbert Schultzes Märchenoper »Schwarzer Peter«, die im Oktober 1936 ihre Uraufführung erlebte und ein großer Erfolg wurde. 1940 wird sein Stück »Annelie« in der Berliner Volksbühne inszeniert. Lieck, der in zahlreichen Filmen, darunter im »Münchhausen«, mitwirkte, schrieb außerdem für das Kabarett *Die acht Entfesselten*.

Ludwig Manfred Lommel (1891–1962), Humorist, Parodist, Autor, Stimmenimitator, betätigte sich zunächst als Textilvertreter, bevor er mit einer parodistischen Ein-Mann-Show durch seine schlesische Heimat tingelte. Mitte der zwanziger Jahre für den Rundfunk entdeckt, produzierte Lommel lustige Hörspiel-Sketche, deren Rollen er selber sprach. Daraus entwickelte sich seine Funkserie

»Sender Runxendorf auf Welle 0,5«, mit der er rasch bekannt wurde. Seine Standard-Figuren Paul und Pauline Neugebauer gaben auch den Titel für einen abendfüllenden Spielfilm mit Lommel in der Hauptrolle her, denen weitere folgten. Zahlreiche Plattenaufnahmen und seine Auftritte in verschiedenen Kabaretts und in der Berliner *Scala* begründeten Lommels Popularität, die auch nach Kriegsende anhielt.

Robert Lucas (1904–1984), eigtl. Robert Ehrenzweig, Schriftsteller, Journalist, Kabarettautor, gehörte zum Autorenkollektiv des Wiener *Politischen Kabaretts* und war ab 1932 Redakteur der »Politischen Bühne«, die als Organ der *Roten Spieler* galt. 1934 emigrierte er aus Protest gegen den Dollfuß-Putsch nach England und war bis zum Einmarsch der Deutschen Chefkorrespondent der Wiener »Neuen Freien Presse«. Seit 1938 war er Mitarbeiter des deutschen Dienstes der BBC London, für den er die Satire-Serie »Die Briefe des Gefreiten Adolf Hirnschal« entwickelte; die Schwejk-Figur gleichen Namens hatte er bereits 1930 für die Wiener *Roten Spieler* benutzt. Während des Zweiten Weltkrieges – Ehrenzweig hatte sich inzwischen in Lucas umbenannt – war aus dem österreichischen Spießer (»Hirnschal macht Weltgeschichte«) ein reichsdeutscher Landser geworden.

Friedrich Luft (*1911), Journalist, Theater- und Filmkritiker, betätigte sich Anfang der vierziger Jahre als Filmautor und verfaßte die Drehbücher zu der Sketch-Serie »Liese und Miese«, die als Kino-Vorprogramm lief und nach dem Willen des Propagandaministers Goebbels die »Moral der Volksgemeinschaft« stärken sollte, bald aber wieder abgesetzt wurde. Nach dem Zweiten Weltkrieg wurde Luft als »Welt«-Mitarbeiter sowie durch seine Berliner RIAS-Kolumne »Stimme der Kritik« bekannt.

Erika Mann (1905–1969), Schauspielerin, Schriftstellerin, Kabarettistin, war in den zwanziger Jahren bereits als Darstellerin in diversen Stücken ihres Bruders Klaus (»Anja und Esther«, »Revue zu vieren«) hervorgetreten. Im Januar 1933 gründete sie in München das antifaschistische Kabarett *Die Pfeffermühle,* das bereits im März des gleichen Jahres in die Schweiz übersiedeln mußte. Die *Pfeffermühle,* deren Leiterin, Darstellerin und Hauptautorin sie war, gastierte bis zum Sommer 1936 in fast allen westeuropäischen Ländern und gab mehr als tausend Vorstellungen. Der Versuch, das Kabarett im Februar 1937 als »Peppermill« in den USA heimisch zu machen, scheiterte. Bis Kriegsende arbeitete Erika Mann als Journalistin und Kriegsberichterstatterin auf amerikanischer Seite. Nach 1945 übersiedelte sie nach Zürich, verwaltete den Nachlaß ihres Vaters Thomas Mann und betrieb die Neuausgabe der Werke Klaus Manns. Sie schrieb Reise- und Jugendbücher, Erzählungen und Essays.

Klaus Mann (1906–1949), Schriftsteller, Schauspieler, Kabarettautor, versuchte sich 1924, nicht ganz 18jährig, als Kabarettist im *Tü-Tü*, schrieb Theaterkritiken und zwei Stücke (»Anja und Esther«, »Revue zu vieren«), mit denen er auf Tournee ging. Gemeinsame Auftritte mit seiner Schwester Erika in der *Pfeffermühle,* für die er auch Texte schrieb. 1933 verließ er Deutschland und reiste durch Europa, bevor er sich 1936 in den USA niederließ. Von seinen Romanen erregten »Symphonie Pathétique«, »Der Vulkan« und die verschlüsselte Gründgens-Biographie »Mephisto« Aufsehen. Seine Autobiographie schrieb er 1942 unter dem Titel »The Turning Point« in englischer Sprache. 1945 war er als Mitarbeiter der US-Armee-Zeitung »Stars and Stripes« nach Deutschland zurückgekehrt; am 21. Mai 1949 nahm er sich in Cannes das Leben.

Walter Mehring (1896–1981), Lyriker, Dramatiker, Kabarettautor, Essayist. Nach ersten expressionistischen Versuchen schloß er sich 1918 der Berliner Dada-Bewegung an und nahm an kabarettistischen Happenings teil. Ein Jahr später begann er, für Max Reinhardts *Schall und Rauch* Sketche, Songs und Chansons zu schreiben. Aggressive Kabarettexte gegen »Schleicher, Schieber, Kriecher, Bildungsviecher« lieferte er bald auch für Rosa Valettis *Größenwahn* und Trude Hesterbergs *Wilde Bühne*. 1920 erschienen seine Texte in dem Band »Das politische Cabaret«, 1929 entfesselte sein gesellschaftskritisches Zeitstück »Der Kaufmann von Berlin« auf der Piscator-Bühne einen Theaterskandal. 1933, unmittelbar nach dem Reichstagsbrand, gelang ihm die Flucht nach Paris. Mehrfach verhaftet und interniert, konnte er sich 1940 über Marseille in die USA retten. Nach Kriegsende ließ er sich in der Schweiz nieder.

Martin Miller (1899–1969), eigtl. Johann Rudolf Müller, Schauspieler, Regisseur, Kabarettist, gab sein Bühnendebüt 1921 am Wiener Raimund-Theater, spielte und inszenierte in Österreich und in der Tschechoslowakei und arbeitete für Wiener Kabaretts wie das *ABC* und die *Literatur am Naschmarkt*. Vom November 1938 an für den Jüdischen Kulturbund in Berlin tätig, emigrierte er Anfang März 1939 nach England. Bereits drei Monate später gründete er in London zusammen mit österreichischen Kabarettisten und Schauspielerkollegen das Emigranten-Kabarett *Laterndl*, für das er Texte schrieb, Regie führte und als Darsteller auf dem Brettl stand; besonders bekannt wurden seine Hitler-Parodien. Mitarbeit beim deutschen Dienst der BBC und Mitwirkung in mehr als 50 englischen Spielfilmen (u. a. »Arsen und Spitzenhäubchen«). Ab 1942 war Miller auch als Darsteller für englischsprachige Bühnen tätig. Er starb 1969 bei Außenaufnahmen zu dem Film »A Last Valley« in Innsbruck.

Herrmann Mostar (1901–1973), eigtl. Gerhart Herrmann, Schriftsteller, Kabarettautor, war zunächst Lehrer und Journalist, bevor er sich schriftstellerisch betätigte. Wegen seines Karl Marx-Romans »Der schwarze Ritter« von den Nazis geächtet, ging er 1933 zunächst nach Zürich, später nach Wien ins Exil. Dort schrieb er Texte für den *Lieben Augustin,* dessen Hausautor er bald wurde. 1940 von den Deutschen verhaftet, wurde er in ein Strafbataillon eingezogen. Nach Kriegsende war er Mitgründer des Reisekabaretts *Die Hinterbliebenen,* für die er auch Texte schrieb. Außerdem wurde er als Buchautor bekannt.

Die Nachrichter, literarisches Kabarett, begann als parodistisches Studentenensemble, bevor die drei Gründer und Protagonisten Helmut Käutner (1908–1980), Kurd E. Heyne (1906–1961) und Bobby Todd (1904–1980) im Frühjahr 1932 mit dem Kabarett-Stück »Hier irrt Goethe« ins Profilager wechselten. Als Pianist der zuweilen als *Vier Nachrichter* genannten Gruppe war Frank Norbert dabei, ein Pseudonym, hinter dem sich zeitweise die Schlagerkomponisten Werner Kleine und Norbert Schultze verbargen. Im Oktober 1935 wurden die *Nachrichter* von Goebbels verboten und mußten sich auflösen. Heyne emigrierte in die Schweiz, Todd (eigtl. Hans Karl Rohrer) ging nach Italien ins Exil. Käutner machte eine Karriere als Filmregisseur.

Carl Napp (1890–1957), Komiker, Varietékünstler, Kabarettist, hatte schon im Alter von acht Jahren als musikalisches Wunderkind auf der Bühne gestanden. Später trat er in verschiedenen Kabaretts und Varietés auf, darunter in der Wiener *Hölle,* während der dreißiger Jahre vor allem in der Berliner *Scala* und im *Wintergarten.* Während des Zweiten Weltkrieges war der auch durch Funk und Schallplatten bekannte Napp beliebter Gast auf KdF-Veranstaltungen und beim »Wunschkonzert für die Wehrmacht«. Der harmlos-derbe Klamauk seiner humoristisch-parodistischen Vorträge (»Rosinen aus dem Napp-Kuchen«) sicherte ihm auch nach 1945 seine Karriere als populärer Unterhaltungskünstler. Sein Name tauchte Mitte der siebziger Jahre wieder im Titel des Frankfurter Szene-Kabaretts *Karl Napps Chaos Theater* auf.

Herbert Nelson (1910–1988), Conferencier, Kabarettautor und -komponist, begann als Journalist. 1935 ging er ins Exil nach Amsterdam, wo der Sohn von Käte Erlholz und Rudolf Nelson bis 1939 die Texte zu rund sechzig *Nelson-Revuen* schrieb. Während des Zweiten Weltkrieges betrieb Nelson im besetzten Holland ein illegales Untergrund-Kabarett in einer Amsterdamer Privatwohnung, wo er mit eigenen Nummern auftrat. 1947 ging er in die Vereinigten Staaten, wo er für den Rundfunk arbeitete und seit Ende der fünfziger Jahre zusammen mit seiner Frau, der Chansonsängerin Eva Nelson, zweisprachiges Kabarett machte. In den achtziger Jahren gastierte das Nelson-Duo mit verschiedenen Programmen in Holland, der Bundesrepublik und West-Berlin.

Günter Neumann (1913–1972), Kabarettautor und -komponist, von Willi Schaeffers auf einer Nachwuchsmatinee entdeckt, saß bereits als Unterprimaner in der *Katakombe* am Klavier. Als das *Tingel-Tangel,* für das er textete, spielte und komponierte, 1935 geschlossen wurde, machte er Funkkabarett und schrieb Revuen für das *Kabarett der Komiker.* Zur Wehrmacht einberufen, wurde Neumann bald zur Truppenbetreuung abgestellt. 1947 schrieb er für den Berliner *Ulenspiegel* zwei Revuen, »Alles Theater« und »Schwarzer Jahrmarkt«. Ein Jahr später gab er die Satire-Zeitschrift »Insulaner« heraus, aus der er das RIAS-Funkkabarett *Die Insulaner* entwickelte, das, zur Hochzeit des Kalten Krieges, antikommunistische Frontstadt-Parolen ausgab und parteiplatte Kleinkunststimmung verbreitete. Neumann war auch als Drehbuchautor erfolgreich (»Berliner Ballade«, »Das Wirtshaus im Spessart«, »Herrliche Zeiten«, »Wir Wunderkinder«).

Wolfgang Neuss (1923–1989), Schauspieler, Autor, Kabarettist, wurde nach einer Metzgerlehre Soldat und machte als »Frontkomiker« Truppenbetreuung. Nach Kriegsende tingelte er als Ansager von Bunten Abenden durch die West-Zonen und etablierte sich in West-Berlin als »Mann mit der Pauke«. Mit seinem Kabarett-Partner Wolfgang Müller wurde er für den Film und die Musical-Bühne entdeckt. Ab 1963 avancierte Neuss, der auch mit zwei eigenen satirischen Kinofilmen (»Wir Kellerkinder«, 1960, und »Genosse Münchhausen«, 1962) von sich reden machte, mit drei Solo-Programmen (»Das jüngste Gerücht«, »Neuss Testament«, »Asyl im Domizil«) zum Star-Kabarettisten der Bundesrepublik. Anfang der siebziger Jahre zog er sich ins Privatleben zurück; seitdem nur gelegentliche Auftritte vor Fernsehkamera und Funkmikrophon.

Robert T. Odeman (1904–1985), Autor, Komponist, Kabarettist, fand über das Musikstudium zum Kabarett. Ab 1936 in Berlin, trat er bald als Alleinunterhalter mit eigenem Repertoire sowie als musikalischer Begleiter auf. Mehrfach wegen »allzu loser Zunge« verhaftet, erhielt er Berufsverbot. 1942 wurde er, weil er als Anonymus auf einer Wehrmachtstournee durch Italien am Klavier gesessen hatte und wegen homosexueller Neigungen ins Konzentrationslager Sachsenhausen eingeliefert. Nach seiner Befreiung setzte er seine Kabarettauftritte als Chansonbegleiter und Interpret eigener, elegant-skurriler Verse fort.

Dr. Owlglass (1873–1945), eigtl. Hans Erich Blaich, Schriftsteller und Satire-Autor, schrieb für den »Wahren Jacob«, bevor er ab 1905 Mitarbeiter und später Redakteur der Zeitschrift »Simplicissimus« wurde. Das Witzblatt paktierte im Dritten Reich, wie bereits während des Ersten Weltkrieges geschehen, mit der Staatsgewalt und verbreitete, ebenso unkomisch wie dreist, Bombenstimmung. 1944 wurde das Blatt wegen Papierknappheit eingestellt. Blaich, zeitweise praktizierender Arzt und Autor heiter-besinnlicher Verse und Erzählungen, starb ein Jahr später in Fürstenfeldbruck.

Peter Pan (1909–1976), eigtl. Alfred Nathan, Autor, Kabarettist, war vor der Machtübernahme Hitlers bereits in mehreren Berliner Kabaretts, darunter im *Küka*, aufgetreten; 1933 floh er nach Frankreich, wo er publizistisch tätig war und für das Pariser Emigranten-Kabarett *Die Laterne* schrieb. In verschiedenen Internierungslagern gefangengehalten, organisierte er Theater- und Kabarettveranstaltungen. Im Lagers Gurs entstanden ab 1940 mehrere politisch-satirische Zeitrevuen (»Radio Polyglotte«, »Der große Ausverkauf«, «Schmocks höhnende Wochenschau«, »Zwischen Himmel und Hölle«). 1943 gelang Pan die Flucht nach Spanien. Nach Kriegsende kehrte er nach Deutschland zurück und arbeitete bis zu seinem Tod als Kabarettist in der DDR.

Aldo v. Pinelli (1912–1967), Kabarettautor und Schlagertexter, schrieb für die Kabaretts *Katakombe* und *Tingel-Tangel*, später für das *Kabarett der Komiker*. Sein Sketch »Werner Finck beim Agenten« führte zum Ausschluß Fincks aus der Reichskulturkammer. Während des Zweiten Weltkrieges schrieb Pinelli Filmdrehbücher und textete harmlos-beschwingte Schlager (»Wir machen Musik«, »Haben Sie schon mal im Dunkeln geküßt«) und Illusionsschnulzen (»Kauf dir einen bunten Luftballon«). Auch nach Kriegsende belieferte er den Schlagermarkt mit Konfektion von der Texter-Stange.

Theo Prosel (1889–1955), Conferencier, Autor, Kabarettist, war gelernter Buchhalter. 1920 engagierte ihn Kathi Kobus an den Münchner *Simplicissimus*, dessen künstlerischer Leiter er bald wurde. Prosel leitete ab 1929 das *Simpl*-Kabarett, das während des Zweiten Weltkrieges ausgebombt wurde; nach Kriegsende eröffnete er es neu am »Platzl«, gegenüber dem Hofbräuhaus. Prosel schrieb für zahlreiche

Kabaretts, darunter für das Berliner *Kabarett der Komiker.*

Joachim Ringelnatz (1883–1934), eigtl. Hans Bötticher, Schriftsteller, Maler, Kabarettist, wurde 1909, ein damals gerade abgeheuerter Seemann, im Münchner *Simplicissimus* als Kabarett-Talent entdeckt und war bald eine anerkannte Brettl-Größe. Nach dem Ersten Weltkrieg, den er als Marineoffizier erlebte, trat er mit seinen »Turngedichten« und »Kuttel Daddeldu«-Versen im *Schall und Rauch* erstmals vor das Berliner Publikum. Wenig später war er auch in der *Wilden Bühne,* in der *Rakete,* in der *Retorte* und im *Kabarett der Komiker* zu sehen, wo er seinen Vortrag zuweilen mit Turnübungen unterstrich. Seine Gastspiele führten ihn auch ins Ausland. Die Nazis verhängten über ihn ein Auftrittsverbot, seine Verse galten als »unerwünscht«.

Kurt Robitschek (1890–1950), Schauspieler, Regisseur, Kabarettist, Schlagertexter und Chansonschreiber, begann seine Kabarett-Karriere als Conferencier im Wiener *Simplicissimus*. Mit Paul Morgan machte er die von Farkas und Grünbaum entwickelte Doppelconference in Berlin heimisch. Mitbegründer und Leiter des Berliner *Kabaretts der Komiker,* verfaßte und inszenierte er zahlreiche Kabarett-Revuen, schrieb Libretti und Schlagertexte (»Im Prater blühn wieder die Bäume«). 1933 emigrierte er über Prag, Wien, Paris und London in die USA, wo er versuchte, das *Kadeko* im Exil wiederaufleben zu lassen. Unter dem Namen Ken Robey machte er eine zweite Karriere als Konzertagent der amerikanischen Showbranche.

Ferdinand Römhild (1903–1950), sozialistischer Schriftsteller, politischer Häftling im Konzentrationslager Buchenwald, war dort Schreiber im Häftlingskrankenbau. Er beteiligte sich zusammen mit Bruno Apitz und anderen an einer Reihe von illegalen Kulturveranstaltungen, die im August 1943 und Februar 1944 in der »Pathologie« starken Zulauf fanden. Hier trug Römhild eigene, im Lager entstandene Polit-Lyrik vor. Er starb in seiner Heimatstadt Frankfurt/Main.

Willy Rosen (1894–1944), eigtl. Wilhelm Julius Rosenbaum, Kabarettist, Komponist, Schlagertexter, trat in den zwanziger Jahren als Interpret eigener Kabarett-Schlager (»Text und Musik von mir!«) im *Kabarett der Komiker* auf, für das er die Bühnenmusik zu der Operettenparodie und frühen Hitler-Persiflage »Quo vadis?« schrieb. 1933 mit Auftrittsverbot belegt, konnte er in Berlin nur noch auf der von Max Ehrlich geleiteten *Kleinkunstbühne* des Jüdischen Kulturbundes gastieren. Zwischendurch trat der durch Funk, Film und Schallplatte bekannt gewordene Rosen im europäischen Ausland auf, vor allem in den Niederlanden, wo er bereits Mitte der dreißiger Jahre mit seinem Emigranten-*Kabarett der Prominenten* gastierte. Im März 1939 gab er, bereits als Willy Israel Rosen annonciert, seine Berliner Abschiedsvorstellung. Nach dem Einmarsch der deutschen Truppen in Holland wurde er im Lager Westerbork interniert; hier baute er zusammen mit Ehrlich ein Lager-Kabarett auf, zu dessen Revuen (»Humor und Melodie«, »Bravo! Da capo!«, »Total verrückt!«) Rosen die Musik schrieb und die Künstler am Klavier begleitete. 1944 wurde er über Theresienstadt nach Auschwitz verschleppt und dort ermordet.

Fritz Rotter (1900–1984), Schlagertexter, Drehbuchautor, Komponist, Bühnenschriftsteller, verfaßte sein erstes Chanson als 17jähriger für den Wiener *Simplicissimus*. Nach Berlin übergesiedelt, schrieb er Texte für James Klein- und Rudolf Nelson-Revuen. Rotter lieferte außerdem die Texte zu Nonsens-Schlagern (»Was macht der Maier auf dem Himalaya«), zu Evergreens (»Ich küsse Ihre Hand, Madame«, »Wenn der weiße Flieder wieder blüht«, »Veronika, der Lenz ist da«) und zu Chansons (»Mein blondes Baby«). 1933 emigrierte er über Wien, Budapest, Paris, London in die USA, wo sein Stück »Letters to Lucerne« 1941 die Broadway-Premiere erlebte. Er schrieb Drehbücher für mehrere Hollywood-Filme (»September Affair«). Anfang der Fünfziger kehrte Rotter nach Europa zurück und ließ sich in Ascona nieder.

Willi Schaeffers (1884–1962), Conferencier, Schauspieler, Kabarettleiter, wurde 1910 von Rudolf Nelson im Berliner *Chat noir* für das Kabarett entdeckt. In den zwanziger Jahren spielte er in Nelson-Revuen, conferierte im *Kabarett der Komiker*, im *Korso* und im *Karussell*, trat in Bühnenstücken und Operetten auf, spielte in Filmen mit und gründete 1932 sein eigenes *Kabarett für Alle*. 1938 wurde er von Goebbels als Leiter des *Kabaretts der Komiker* eingesetzt, das er bis 1944 auf unterhaltsam-angepaßten KdF-Kurs brachte. Nach Kriegsende rief er das *Kadeko* neu ins Leben, unternahm Gastspielreisen mit eigenen Kabarett-Truppen, organisierte Jubiläumsfeiern und gründete 1958 das *Tingel-Tangel*, das seinen Betrieb allerdings bald wieder einstellen mußte.

Karl Schnog (1897–1964), Schriftsteller, Autor, Kabarettist, schrieb ab 1923 regelmäßig fürs Kabarett, stand aber bald auch selbst mit eigenen Texten in der *Wilden Bühne*, im *Größenwahn*, im *Küka*, im *Kadeko* und bei den *Wespen* auf dem Podium. Der politisch engagierte Kabarettist war Mitarbeiter von Satire-Blättern und arbeitete mit Piscator zusammen. 1933 emigrierte er in die Schweiz, wo er für das *Cornichon*-Kabarett Texte schrieb, ging später nach Frankreich und Luxemburg. 1940 verhaftet, überlebte er die Konzentrationslager Dachau, Sachsenhausen und Buchenwald. Nach der Befreiung war er in der DDR für den Berliner Rundfunk und als Chefredakteur der Satire-Zeitschrift »Ulenspiegel« tätig.

Günther Schwenn (*1903), eigtl. Günther Franzke, Kabarettautor und Schlagertexter, trat erstmals im Berliner *Küka*, dem linken Literatentreff in der Budapester Straße, mit eigenen Texten hervor, wo er sich, eigenen Angaben zufolge, als »Direktor, Klavierspieler, Texter und Rausschmeißer in Personalunion« betätigte. 1931 veröffentlichte er seine Kabarett-Chansons und Gedichte in einem von George Grosz illustrierten Band mit dem Titel »Gesänge gegen bar«. Im Dritten Reich nahm Franzke den Mädchennamen seiner Mutter an und machte als Günther Schwenn eine Karriere als Schlagertexter (»Im Leben geht alles vorüber«, »Für eine Nacht voller Seligkeit«, »Die Julischka aus Budapest«). Auch nach dem Zweiten Weltkrieg war Schwenn als Verseschmied für Spielfilme, Musicals und Operetten tätig. Er lebt heute in der Schweiz.

Ralph Maria Siegel (1911–1972), Komponist, Texter, Schlagersänger, schrieb Operetten, Musicals und Kabarett-Revuen, trat 1934 als Leiter einer Tanzkapelle vor die Öffentlichkeit und machte sich einen Namen als Schlagerkomponist (»Unter der roten Laterne von St. Pauli«) und Textdichter (»O mia bella Napoli«, »Capri-Fischer«). Nach Kriegsende war der Schlagermacher als Musikverleger tätig.

Jura Soyfer (1912–1939), Schriftsteller, Kabarettautor, schrieb Zeitgedichte für die Wiener »Arbeiterzeitung« und war als Texter für die Kabaretts *ABC* und *Literatur am Naschmarkt* tätig. Von seinen umfangreicheren Kabarett-Stücken wurden vor allem »Weltuntergang oder Die Welt steht auf kein' Fall mehr lang« sowie »Der Lechner Edi schaut ins Paradies« bekannt. Bei dem Versuch, vor den Deutschen in die Schweiz zu flüchten, wurde er im März 1938 verhaftet und ins Konzentrationslager Dachau gebracht; hier entstand sein Dachau-Lied. Soyfer war ein vielgespielter Autor des Exil-Kabaretts. Er starb im KZ Buchenwald an Typhus.

Leo Strauß (1897–1944), Kabarettist, Autor, kam 1942 ins Konzentrationslager Theresienstadt, wo er sich im Rahmen der »Freizeitgestaltung« am Lager-Kabarett beteiligte, ein eigenes Kabarett-Ensemble gründete, Texte schrieb und selber auftrat. Daneben war er auch für Kurt Gerrons *Karussell* tätig. Leo Strauß, ein Sohn des als Operettenkomponist (»Walzertraum«) bekannt gewordenen Überbrettl-Musikers Oscar Strauß (der sich in Abgrenzung zur Wiener Walzer-Dynastie Oscar Straus nannte), wurde im Oktober 1944 zusammen mit seiner Frau Myra nach Auschwitz deportiert, wo sie kurz nach ihrer Ankunft ermordet wurden.

Kurt Tucholsky (1890–1935), Publizist, Schriftsteller, Kabarettautor, hatte ersten Kontakt mit dem literarischen Kabarett bei den *Neopathetikern* in Berlin. 1919 gehörte er zu den Hauptautoren des *Schall und Rauch*, textete für das *Größenwahn*, die *Wilde Bühne* und die *Gondel*. Der Mitarbeiter der »Weltbühne«, für die er auch unter den Pseudonymen Peter Panter, Ignaz Wrobel, Theobald Tiger und Kaspar Hauser schrieb, lieferte auch Beiträge für verschiedene Unterhaltungsrevuen des *Nelson-Theaters* (»Total Manoli«, »Bitte zahlen«, »Wir steh'n verkehrt«); einige seiner Nummern (»Fang nie was mit Verwandtschaft an«) zeichnete er mit Erich Glaser, ein Pseudonym, das er sich von Nelsons Inspizient gleichen Namens auslieh. 1933 wurden Tucholskys Schriften öffentlich verbrannt. Im schwedischen Exil, in das er sich bereits 1929 zurückgezogen hatte, nahm er sich das Leben.

Karl Valentin (1882–1948), eigtl. Valentin Ludwig Fey, Kabarettist, Komiker, Autor, begann als Solist; versuchte sich als Musikalclown und Volkssänger, bis er 1911 auf seine Partnerin Liesl Karlstadt traf, mit der er über drei Jahrzehnte lang auf dem Kabarettpodium und auf der Leinwand Sketche, Einakter und absurdkomische Szenen im Stegreif-Stil aufführte. Mitte der zwanziger Jahre gab er ein vielbeachtetes Berlin-Gastspiel im *Kabarett der Komiker*. Nach 1933 drehte er noch eine Reihe von Spielfilmen, darunter die Kino-Groteske »Die Erbschaft«, die wegen »Elendstendenzen« 1936 verboten wurde. Von den Nazis boykottiert, zog sich Valentin während des Zweiten Weltkrieges ins Privatleben zurück. 1947 war er mit seiner Partnerin Liesl Karlstadt wieder im Münchner *Bunten Würfel* und ein Jahr später im *Simplicissimus* zu sehen.

Udo Vietz (1906–1965), Conferencier, Autor, wurde durch Kabarettauftritte und als Ansager von Unterhaltungssendungen im reichsdeutschen Rundfunk bekannt. Während des Zweiten

Weltkrieges war er als plaudernder »Truppenbetreuer« tätig und ab 1944 als Leiter und conferierende Stimmungskanone im Berliner Wehrmacht-Nachtkabarett *Atlantis* aktiv; seiner Devise »Lautes Lachen hält munter, muntere Soldaten sind bessere als müde« gab er auch in seinem Erkennungslied »Lachen ist gesund« Ausdruck. Nach Kriegsende setzte er seine Karriere als Funk- und Bühnenplauderer fort, darunter als muntermachender Ansager beim »Frankfurter Wecker« des Hessischen Rundfunks.

Grete Weil (*1906), geb. Dispeker, Schriftstellerin, emigrierte 1936 nach Holland, wo sie nach dem Einmarsch der Deutschen im Untergrund lebte; ihr Mann kam im Konzentrationslager Mauthausen ums Leben. Für die illegale *Hollandgruppe Freies Deutschland* schrieb sie das Puppenspiel »Weihnachtslegende 1943«, in der sie sich kritisch mit den Kabarettauftritten deutscher Juden unter SS-Bewachung auseinandersetzte. 1947 in die Bundesrepublik zurückgekehrt, veröffentlichte sie zahlreiche Bücher, darunter »Ans Ende der Welt«, »Tramhalte Beethovenstraat«, »Meine Schwester Antigone« und »Der Brautpreis«.

Erich Weinert (1890–1953), Schriftsteller, Kabarettautor, Kabarettist, verfaßte politisch engagierte Chansons, zu denen er zuweilen selbst die Musik schrieb, für das Leipziger Kabarett *Die Retorte;* hier trat er auch als Darsteller auf. In Berlin wirkte er an Piscators *Revue Roter Rummel* mit, trug seine bissigen Satiren im *Küka* und bei den *Wespen* vor und trat bei Massenveranstaltungen mit eigenen Versen auf, die ihn rasch populär machten. 1933 mußte er Deutschland verlassen; über die Schweiz, Frankreich und Spanien gelangte er in die Sowjetunion, wo er am Moskauer Sender und an der Front vor Stalingrad antifaschistische Polit-Propaganda betrieb. Nach Kriegsende kehrte er in die DDR zurück.

Weiß Ferdl (1883–1949), eigtl. Ferdinand Weisheitinger, Münchner Volkssänger und Komiker, begann als Mitglied der Dachauer Bauernkapelle im Münchner *Platzl*, dessen Direktor er später wurde. Der Ex-Truppenbetreuer des Ersten Weltkriegs sympathisierte schon früh mit den Nationalsozialisten und war mit humoristischen Einlagen bei einer »Großen Deutschen Weihnachtsfeier« im Dezember 1921 mit von der NS-Partie, auf der Adolf Hitler die »Julrede« hielt und *Überbrettl*-Baron von Wolzogen eigene Dichtungen vortrug. Vom »Führer« geschätzt, drehte der Parteigenosse und Parade-Bayer nach 1933 mehrere Spielfilme, veröffentlichte Bücher mit »bayerischen Schmankerln« und derbem Soldatenhumor und witzelte daheim im Münchner *Platzl* gutmütig-harmlos über die allgemeine Lage, ohne ernsthaft anzuecken. Erstaunlicherweise wurden ihm eine Vielzahl der während des Dritten Reiches gegen »die da oben« gerichteten Flüsterwitze zugeschrieben, was ihm den Ruf eines heimlichen Widerständlers einbrachte. Tatsächlich war seine »Satire«, so ein Zeitungsbericht 1934, »frei vom Geist der Negation, voll des aufbauenden und versöhnenden Humors, der nottut«. Sie blieb es auch nach 1945; von einer Spruchkammer als »Mitläufer« eingestuft, trat er wieder in Bierkneipen und im Volkstheater auf.

Rudolf Weys (1898–1978), Schriftsteller, Kabarettautor, gründete 1933 den »Bund junger Autoren Österreichs«, aus dem bald das Kabarett *Literatur am Naschmarkt* hervorging, dessen

Hauptautor er wurde. Weys entwickelte das sogenannte Mittelstück, eine längere kabarettistische Szenenfolge, die »zwischen Servier- und Zahlpause placiert« war. Nach dem Einmarsch der deutschen Truppen in Österreich beteiligte er sich am *Wiener Werkel*, für das er auch textete. Nach 1945 schrieb er Kabarettexte, arbeitete für den Funk, verfaßte Filmkritiken und mehrere Bücher.

Lothar Wichmann (1885–1961), Lehrer und Songtexter. Der Berliner Studienrat für Mathematik und Physik schrieb für seine Schüler Theaterstücke, entwickelte Denkspielaufgaben und neue Rätselformen. Einige seiner Texte wurden durch Georges Boulangers Vertonung bekannt.

Herbert Witt (1900–1980), Schauspieler, Tänzer, Kabarettautor, trat zusammen mit seiner Schwester Traute Witt in der *Katakombe* und im *Tingel-Tangel* auf und schrieb Kabarettexte, darunter Chansons für die *Scala*- und *Wintergarten*-Diseusen Tatjana Sais und Loni Heuser. Später arbeitete er für den Rundfunk und verfaßte Filmdrehbücher (»Träumerei«). Nach Kriegsende schrieb er für die Münchner *Schaubude,* das Düsseldorfer *Kom(m)ödchen* und den Berliner *Ulenspiegel.*

Hardy Worm (1896–1973), Journalist, Kabarettautor, war Mitarbeiter linksorientierter Blätter und Mitbegründer des Kabaretts *Rote Nachtigall*. Er schrieb Chansons im »Milljöh«-Jargon für Resi Langer und Annemarie Hase; seine unter dem Pseudonym Ferry Rocker verfaßten Kriminalromane erreichten hohe Auflagen. Eberhard Friedrich Worm, der bereits in der Weimarer Republik wegen Antikriegspropaganda zu sechsmonatiger Gefängnisstrafe verurteilt worden war, floh 1933 über Paris nach London. Nach Kriegsende kehrte er nach Berlin zurück.

Max Zimmering (1909–1973), Schriftsteller, Kabarettautor, war Schaufensterdekorateur, bevor er 1932 arbeitslos wurde. Mitarbeiter linksgerichteter Zeitungen und der Dresdner Agitprop-Gruppe *Linkskurve*. 1933 ging er in die Emigration: Frankreich, Palästina, England, Australien. Für die *Kleine Bühne* des Freien Deutschen Kulturbundes schrieb er zahlreiche Texte, die zumeist von Ernst Hermann Meyer vertont wurden. Nach Kriegsende kehrte er in die DDR zurück.

Hedda Zinner (*1905), Schriftstellerin, begann als Schauspielerin für die politische Sprechbühne. 1933 emigrierte sie mit ihrem Mann, dem Schriftsteller Fritz Erpenbeck, nach Prag, wo sie ein Jahr später, angeregt durch E. F. Burians »Stimm-Orchester«, das antifaschistische Kabarettensemble *Studio 34* gründete, für das sie die Texte lieferte. 1935 ging sie nach Moskau, wo sie Hörspiele und die kabarettistische Szenenfolge vom »ewig meckernden Giesecke« für den deutschen Dienst des Moskauer Rundfunks schrieb. Nach Kriegsende in die DDR zurückgekehrt, machte sie sich einen Namen als Buchautorin und Dramatikerin.

Chronik

1933
Die Nazis an der Macht: Hitler wird Reichskanzler – Reichstagsbrand löst Massenverhaftungen aus – Der Exodus beginnt: viele Künstler gehen ins Ausland – Wahlen bringen knappe Mehrheit für die Nationalsozialisten – Goebbels wird Propagandaminister – Boykott jüdischer Geschäfte – Die ersten Konzentrationslager werden eingerichtet – Kabarettist Paul Nikolaus nimmt sich in der Schweiz das Leben – Bücherverbrennung von Werken antifaschistischer und jüdischer Autoren – »Moorsoldaten« im KZ Börgermoor – Hollaender-Revue »Höchste Eisenbahn« in Zürich und Wien – Reichskulturkammer gegründet: Die Gleichschaltung des Kulturlebens beginnt – Erika Manns *Pfeffermühle* in der Schweiz neu eröffnet – Das *Ping-Pong* spielt in Holland – Deutschland tritt aus dem Völkerbund aus – Erste Wahlen im Einparteienstaat bringen 92 Prozent für die NSDAP – Trude Hesterberg eröffnet Berliner *Musenschaukel* – Der »Volksempfänger« kommt in den Handel

1934
Hakenkreuz wird zum Emblem der Reichswehr – *ABC* in Wien, das *Cornichon* in Zürich eröffnet – Österreichs Kanzler Dollfuß ermordet – Röhm-»Putsch« niedergeschlagen – Erich Mühsam im KZ Oranienburg ermordet – Kabarett-Gründungen im Exil: *Laterne* in Paris, *Tingel-Tangel-Theatre* in Hollywood, Nelsons *La Gaîté* in Amsterdam, *Studio 34* in Prag – NS-Parteitag in München (»Triumph des Willens«) – Nach Hindenburgs Tod wird Hitler auch Reichspräsident – *Überbrettl*-Gründer Wolzogen stirbt in München, Ringelnatz in Berlin

1935
Die Saar wird deutsch – Einführung der allgemeinen Wehrpflicht – Erstes Fernsehprogramm wird in Berlin ausgestrahlt – Deutschland übt den Luftschutz – Kabaretts *Katakombe* und *Tingel-Tangel* geschlossen, Finck und andere Kabarettisten kommen ins KZ – Arbeitsdienst wird zur Pflicht – Die *Acht Entfesselten* werden gegründet, die *Nachrichter* verboten – Verkündung der antisemitischen »Nürnberger Gesetze« – Verbot von »Nigger-Jazz« im Rundfunk – Tucholsky nimmt sich in Schweden das Leben

1936
Deutsche Truppen besetzen das Rheinland – SS-Führer Himmler wird Chef der Polizei – Volksbefragung: 99 Prozent der Stimmen billigen Hitler-Politik – Verbot für »entartete Kunst« – Schmeling besiegt Joe Louis – Spanischer Bürgerkrieg beginnt – Mussolini und Hitler bilden Achse Rom-Berlin – Olympische Spiele in Berlin – Reichsparteitag beschließt verstärkte Rüstung – Karl Kraus stirbt in Wien – Goebbels verbietet Kunstkritik – Prozeß gegen Finck, Gross, Lüders und andere Kabarettisten endet mit Freispruch – Friedensnobelpreis für Ossietzky

1937
Die *Pfeffermühle* tritt in New York auf – Ausstellung »Entartete Kunst« eröffnet – Deutsche Legion Condor bombardiert Basken-Ort Guernica – Luftschiff »Hindenburg« geht in Flammen auf – KZ Buchenwald errichtet – Italien tritt dem Japan-Deutschland-Pakt bei – Paul Graetz stirbt in Hollywood, Rosa Valetti in Wien – Hitler will die »Raumfrage« mit Gewalt lösen – *Touristen* spielen vor Berliner Juden

1938
Hitler übernimmt Oberbefehl über die Wehrmacht – Pastor Niemöller im KZ – Einmarsch der deutschen Truppen in Österreich – Egon Friedell nimmt sich in Wien das Leben – Willi Schaeffers übernimmt das *Kabarett der Komiker* – Paul Morgan stirbt im KZ Buchenwald – Münchner Abkommen – Ossietzky stirbt in Berlin – Hitler annektiert das Sudetengebiet – KdF-Auto Volkswagen geht in Serie – November-Pogrome (»Reichskristallnacht«) wüten in Deutschland – Juden werden gezwungen, zusätzliche Vornamen (Sara/Israel) zu führen, ihre Pässe werden mit einem großen »J« versehen – Otto Hahn berichtet über Kernspaltung

1939
Wiener Werkel gegründet – Werner Finck, Peter Sachse und die Drei Rulands erhalten Auftrittsverbot – Ernst Toller nimmt sich in New York das Leben – Deutsche Truppen marschieren in der Tschechoslowakei ein – 12 Mill. Rundfunkhörer in Deutschland – Memelgebiet wird annektiert – Freud stirbt in London – Nichtangriffspakt zwischen Moskau und Berlin – Deutscher Überfall auf Polen – Max Ehrlich und Willy Rosen geben »Abschieds«-Kabarett im jüdischen Kulturbund Berlin – Jura Soyfer stirbt im KZ Buchenwald – Exil-Kabaretts *Laterndl* und *24 Schwarze Schafe (4 & 20 Black Sheep)* in London – Erste Judendeportationen nach Polen

1940
Überfall auf Norwegen und Dänemark – Deutsche Truppen besetzen Holland, Belgien, Luxemburg und Frankreich – Himmler befiehlt Errichtung des KZ Auschwitz – Trotzki wird in Mexiko ermordet – Veit Harlan dreht antisemitischen Hetzfilm »Jud Süß« – Luftkrieg gegen England – Abschluß eines Dreimächtepaktes zwischen Deutschland, Japan und Italien – Warschauer Ghetto wird errichtet – Hitler verkündet vor Militärs den »Fall Barbarossa«: Kriegsvorbereitungen gegen die Sowjetunion

1941
Fritz Grünbaum stirbt im KZ Dachau – NS-Verordnung: Juden müssen Judenstern tragen – Goebbels verbietet die Kabarett-Conference – »Lili Marleen« im Soldatensender Belgrad – Ex-Kaiser Wilhelm stirbt in Holland – Hitlers Stellvertreter Heß landet in England – Göring beauftragt SS mit »Evakuierung« der Juden Europas – Deutscher Überfall auf die Sowjetunion – Erste Vergasungen im Konzentrationslager Auschwitz – Liebeneiner-Film »Ich klage an« rechtfertigt Euthanasie-Morde – Japaner überfallen US-Hafen Pearl Harbor – Deutschland erklärt den USA den Krieg

1942
Wannsee-Konferenz beschließt »Endlösung der Judenfrage« – Spielfilme verherrlichen Fridericus und Bismarck – Massenvernichtung in Auschwitz beginnt – Deutsches Afrikakorps nimmt Tobruk ein – Freisler wird Präsident des Volksgerichtshofs – Bombenangriffe auf deutsche Städte – SS-Führer Heydrich ermordet – Alliierte landen in Nordafrika – Beginn der sowjetischen Gegenoffensive – Alice Dorell und Peter Hammerschlag sterben im KZ – »Ätherkrieg« beginnt

1943
Deutsche Armee kapituliert in Stalingrad – Geschwister Scholl hingerichtet – Goebbels fordert im Berliner Sportpalast den »totalen Krieg« – Kästner schreibt »Münchhausen«-Film zum

Ufa-Jubiläum – Aufstand im Warschauer Ghetto: Mehr als 50 000 Juden werden ermordet – Erster Düsenjäger wird erprobt – Amerikaner und Briten landen auf Sizilien – Mussolini wird gestürzt – Italien kapituliert – BBC-London sendet verstärkt Anti-Hitler-Satiren – Dora Gerson stirbt in Auschwitz – Max Ehrlich richtet im KZ Westerbork ein Lager-Kabarett ein – Max Reinhardt stirbt in New York – Alliierten-Konferenz in Teheran

1944
US-Truppen im Pazifik erfolgreich – Sowjets stoßen zur Krim vor – Todesstrafe für E. O. Plauen – Aliierte landen in Frankreich – Massaker von Oradour – Hans Hyan stirbt in Berlin, Yvette Guilbert in Aix-en-Provence – »Vergeltungswaffe« V 1 bombardiert England – Attentat auf Hitler – Gerron-Kabarett *Karussell* in Theresienstadt – Lager Westerbork wird aufgelöst – Goebbels befiehlt Schließung der Theater und Kabaretts – Hitler ordnet Volkssturm an – Paris und Brüssel werden befreit – Otto Hahn erhält den Nobelpreis – Englische Truppen nehmen Holland ein – Amerikaner stoßen zur deutschen Grenze vor – Die Sowjets erreichen Ostpreußen – »Künstler-Ghetto« Theresienstadt wird aufgelöst: in Auschwitz sterben Kurt Gerron, Max Ehrlich, Willy Rosen, Franz Engel, Kurt Lilien, Leo Strauß, Otto Wallburg und Franz Eugen Klein – Käutner-Film »Große Freiheit Nr. 7« verboten

1945
Ostpreußen von der Roten Armee eingeschlossen – Veit Harlan-Film »Kolberg« soll Durchhaltewillen stärken – Alliierter Angriff auf Dresden – Jalta-Konferenz der »Großen Drei« – Amerikaner überqueren den Rhein – Sowjets stoßen nach Berlin vor – Roosevelt stirbt – Hitler begeht Selbstmord – Der Zweite Weltkrieg endet mit Deutschlands bedingungsloser Kapitulation

Rechtsnachweis

Für die erteilten Abdruckgenehmigungen danken wir dem Atrium Verlag, Zürich, für E. Kästner (Marschliedchen, Das Führerproblem, aus: Gesang zwischen den Stühlen; Die Existenz im Wiederholungsfalle, aus: Lärm im Spiegel; Ganz rechts zu singen, Große Zeiten, aus: Bei Durchsicht meiner Bücher); Elsie Attenhofer, Bassersdorf/Schweiz, für M.W. Lenz, Aufbau-Verlag, Berlin (DDR), für E. Weinert und M. Zimmering; Rita Börner, Lubmin (DDR), für L. Wichmann; Buchverlag Der Morgen, Berlin (DDR), für H. Zinner; Irene Busch, Berlin (DDR), für E. Busch; Helmut Buth, Berlin (DDR), für Die Drei Rulands; Claassen Verlag, Düsseldorf, für W. Mehring (Die Sage vom großen Krebs, Porträt nach der Natur, aus: Chronik der Lustbarkeiten, 1981; Der Emigrantenchoral, Die alte Vogelscheuche, Ode an Berlin, aus: Staatenlos im Nirgendwo, 1981); Michael Conti-Czischka, München, für H. Witt; Dreiklang-Dreimasken Verlag, München, für F. Hollaender (Höchste Eisenbahn); Edition Spangenberg, München, für Erika Mann und Klaus Mann; Europa Verlag, Wien, für J. Soyfer; Fackelträger Verlag, Hannover, für H. Erhardt (aus: Das große Heinz-Erhardt-Buch, 1970); Gisela Gilbert, Orselina/Schweiz, für R. Gilbert; Henssel Verlag, Berlin, für J. Ringelnatz (aus: ders., Das Gesamtwerk, Bd. 1); Herbig Verlagsbuchhandlung, München, für P. Frankenfeld und W. Finck; Elisabeth Hofer-Schulhof, Rostock, für H. Hofer; Emmerich Kolovic, Wien, für H. Hakel; Hella Krüger, München, für H. Krüger; Gerhard Küpper, Köln, für K. Küpper; Michaela Lenz-Mostar, Vence, für H. Mostar; Matthias Lieck, Berlin, für W. Lieck; Löcker Verlag, Wien, für F. Grünbaum und Anton Kuh; Mrs. I. Lucas, London, für R. Lucas; Eva Nelson, New York, für H. Nelson; Günter-Neumann-Stiftung, Berlin, für G. Neumann; Günther Odemann-Nöring, Berlin, für R.T. Odeman; Piper Verlag, München, für K. Valentin und L. Karlstadt; Rowohlt Verlag, Reinbek, für W. Borchert (aus: ders., Das Gesamtwerk, 1949) und K. Tucholsky (aus: ders., Gesammelte Werke, 1960); Hedi Schoop-Verebes, Kalifornien, für F. Hollaender (Ach, sie haben...); Musikverlag B. Schott's Söhne, Mainz, für H. Leip; Thomas Sessler Verlag, Wien, für K. Farkas, R. Kalmar, M. Miller und K. Farkas/A. Berg; Staatliches Jüdisches Museum, Prag, für L. Strauß und M. Greiffenhagen; Henriette Stolper, Los Angeles, für C. Bry; Suhrkamp Verlag, Frankfurt/M., für B. Brecht (aus: ders., Gesammelte Werke, 1967); Gertrud Thoel, Hamburg, für R. Anders; Ufa-Musik- u. Bühnenverlage, München, für Ch. Amberg, W. Rosen (Wenn man kein Glück hat) und Beda (In der Bar zum Krokodil); Ullstein Verlag, Berlin, für G. Kaiser; West Ton Verlag/Edition Turicaphon, Frankfurt/M., für R. M. Siegel; Zweitausendeins, Frankfurt/M., für M. Herrmann-Neiße.

Trotz intensiver Recherchen konnte für einige Autoren und Texter der Verbleib der Urheberrechte nicht geklärt werden. Berechtigte Ansprüche werden selbstverständlich abgegolten.

Abbildungen

Umschlag	Kukryniksy, Heil Beil!
S. 32	Walter Trier, Im Gleichschritt;
S. 52	Signet der *Katakombe*;
S. 76	Walter Mehring, Die Menschenscheuche;
S. 96	Erich Ohser, Dienst am Volk;
S. 122	Hans Leip, Erika;
S. 142	Karl Arnold, Der Münchner;
S. 176	Gustaf Axel Bergmann, Signet des *Wiener Werkel*;
S. 210	Signet des Pariser Exil-Kabaretts *Laterne*;
S. 238	Signet des Soldaten-Kabaretts *Der Knobelbecher*;
S. 262	A. Paul Weber, ... und kommen nach kurzer Pause wieder;
S. 322	Zdenek Adla, Widerstand hinter Stacheldraht;

Abdruckrechte für Kukryniksy, Karl Arnold und A. Paul Weber werden durch die VG Bild/Kunst, Bonn, vertreten.

THEATER UND KABARETT BEI QUADRIGA

Dieter Dorn, Jürgen Rose, Michael Wachsmann
**William Shakespeare
Troilus und Cressida**
168 Seiten, 122 Abb., Broschur
ISBN 3-88679-155-6

Annette Graczyk
Vorhang auf für die Revolution
Das französische Theater 1789–1794
312 Seiten, Broschur, 19 Abb.
ISBN 3-88679-179-3

Christina Haberlik
Peter Lühr
Ein Portrait
Mit Beiträgen von D. Dorn, T. Holtzmann, P. Stein, G. Tabori und R. Wilson.
168 Seiten, 32 Abb., Leinen
ISBN 3-88679-183-1

Kabuki
Das klassische japanische Volkstheater, Hrsg. von Thomas Leims und Manuel Trökes
120 Seiten, 47 farbige Abb., Leinen
ISBN 3-88679-157-2

Kleinkunststücke
Kabarett-Bibliothek in 5 Bänden
Hrsg. von Volker Kühn

Bereits erschienen:
**Kleinkunststücke 1
Donnerwetter – tadellos
Kabarett zur Kaiserzeit
1900–1918**
284 Seiten, zahlr. Abb., Leinen
ISBN 3-88679-161-0

**Kleinkunststücke 2
Hoppla, wir beben
Kabarett einer gewissen
Republik 1918–1933**
379 Seiten, zahlr. Abb., Leinen
ISBN 3-88679-162-9

**Kleinkunststücke 3
Deutschlands Erwachen
Kabarett unterm Hakenkreuz
1933–1945**
396 Seiten, zahlr. Abb., Leinen
ISBN 3-88679-163-7

Volker Kühn
Das Kabarett der frühen Jahre
Ein freches Musenkind macht erste Schritte
184 Seiten, 159 Abb., Leinen
ISBN 3-88679-172-6

QUADRIGA

Verlagsgesellschaft mbH
Weinheim, Berlin